後漢書（四）

〔南朝宋〕范曄 撰
〔唐〕李賢等 注

荊楚文庫編纂出版委員會
崇文書局

後漢書卷五十四

楊震列傳第四十四 子秉　孫賜　曾孫彪　玄孫脩

　　楊震字伯起，弘農華陰人也。八世祖喜，〔一〕高祖時有功，封赤泉侯。〔1〕高祖敞，昭帝時為丞相，封安平侯。父寶，〔2〕習《歐陽尚書》。哀、平之世，隱居教授。居攝二年，與兩龔、蔣詡俱徵，遂遁逃，不知所處。〔3〕光武高其節。建武中，公車特徵，老病不到，卒於家。

【注】

〔1〕《史記》曰，喜追殺項羽，以功封。

〔2〕《續齊諧記》曰："寶年九歲時，至華陰山北，見一黃雀為鴟梟所搏，墜於樹下，為螻蟻所困。寶取之以歸，置巾箱中，唯食黃花，百餘日毛羽成，乃飛去。其夜有黃衣童子向寶再拜曰：'我西王母使者，君仁愛救拯，實感成濟。'以白環四枚與寶：'令君子孫潔白，位登三事，當如此環矣。'"

〔3〕龔勝字君賓，龔舍字君倩，蔣詡字元卿，並以高節著名。見《前書》。

　　震少好學，受《歐陽尚書》於太常桓郁，明經博覽，無不窮究。諸儒為之語曰："關西孔子楊伯起。"常客居於湖，〔1〕不荅州郡禮命數十年，〔2〕衆人謂之晚暮，而震志愈篤。後有冠雀銜三鱣魚，飛集講堂前，〔3〕都講取魚進曰："蛇鱣者，卿大夫服之象也。數三者，法三台也。

先生自此升矣。"年五十,乃始仕州郡。

【注】
〔1〕今湖城縣。
〔2〕《續漢(志)[書]》曰〔二〕"教授二十餘年,州請召,數稱病不就。少孤貧,獨與母居,假地種殖,以給供養,諸生嘗有助種藍者,震輒拔,更以距其後,鄉里稱孝"也。
〔3〕冠音貫,即鸛雀也。鱓音善。《韓子》云:"鱓似蛇。"臣賢案:《續漢》及謝承《書》"鱓"字皆作"鱔",然則"鱓""鱔"古字通也。鱓魚長者不過三尺,黄地黑文,故都講云"蛇鱔,卿大夫之服象也"。郭璞云"鱓魚長二三丈,音知然反",安有鸛雀能勝二三丈乎?此為鱓明矣。

大將軍鄧騭聞其賢而辟之,舉茂才,四遷荊州刺史、東萊太守。當之郡,道經昌邑,〔1〕故所舉荊州茂才王密為昌邑令,謁見,至夜懷金十斤以遺震。震曰:"故人知君,君不知故人,何也?"密曰:"暮夜無知者。"震曰:"天知,神知,我知,子知。何謂無知!"密愧而出。後轉涿郡太守。性公廉,不受私謁。子孫常蔬食步行,故舊長者或欲令為開產業,震不肯,曰:"使後世稱為清白吏子孫,以此遺之,不亦厚乎!"

【注】
〔1〕昌邑故城在今兗州金鄉縣西北也。

元初四年,徵入為太僕,遷太常。先是博士選舉多不以實,震舉薦明經名士陳留楊倫等,〔1〕顯傳學業,諸儒稱之。

【注】
〔1〕倫字仲桓。〔三〕謝承《書》云:"薦楊仲桓等五人,各從家拜博士。"

永寧元年，代劉愷為司徒。明年，鄧太后崩，內寵始橫。安帝乳母王聖，因保養之勤，緣恩放恣；聖子女伯榮出入宮掖，傳通姦賂。震上疏曰："臣聞政以得賢為本，理以去穢為務。[1]是以唐虞俊乂在官，四凶流放，天下咸服，以致雍熙。[2]方今九德未事，[3]嬖倖充庭。[4]阿母王聖出自賤微，得遭千載，奉養聖躬，雖有推燥居溼之勤，[5]前後賞惠，過報勞苦，而無厭之心，不知紀極，[6]外交屬託，擾亂天下，損辱清朝，塵點日月。《書》誡牝雞牡鳴，[7]《詩》刺哲婦喪國。[8]昔鄭嚴公從母氏之欲，恣驕弟之情，幾至危國，然後加討，《春秋》貶之，以為失教。[9]夫女子小人，近之喜，遠之怨，實為難養。[10]《易》曰：'無攸遂，在中饋。'[11]言婦人不得與於政事也。宜速出阿母，令居外舍，斷絕伯榮，莫使往來，令恩德兩隆，上下俱美。惟陛下絕婉孌之私，割不忍之心，[12]留神萬機，誠慎拜爵，減省獻御，損節徵發。令野無《鶴鳴》之歎，[13]朝無《小明》之悔，[14]《大東》不興於今，[15]勞止不怨於下。[16]擬蹤往古，比德哲王，豈不休哉！"奏御，帝以示阿母等，內倖皆懷忿患。而伯榮驕淫尤甚，與故朝陽侯劉護從兄瓌交通，[17]瓌遂以為妻，得襲護爵，位至侍中。震深疾之，復詣闕上疏曰："臣聞高祖與群臣約，非功臣不得封，故經制父死子繼，兄亡弟及，以防篡也。[18]伏見詔書封故朝陽侯劉護再從兄瓌襲護爵為侯。護同產弟威，今猶見在。臣聞天子專封封有功，諸侯專爵爵有德。今瓌無佗功行，但以配阿母女，一時之間，既位侍中，又至封侯，不稽舊制，不合經義，行人諠譁，百姓不安。陛下宜覽鏡既往，順帝之則。"書奏不省。

【注】

〔1〕《墨子》曰："夫尚賢者，政本也。"《左傳》曰："為國者，如農夫之務去草焉。"

〔2〕《尚書》曰："四罪而天下咸服。"又曰："黎人於變時雍，庶績咸熙。"雍，和也。熙，廣也。

〔3〕《尚書·皋繇謨》曰："亦行有九德：寬而栗，柔而立，愿而龔，亂而

敬，擾而毅，直而溫，簡而廉，剛而塞，強而誼。"又曰："九德咸事，俊乂在官。"

〔4〕《謚法》曰："賤而得愛曰嬖。"

〔5〕《孝經援神契》曰"母之於子也，鞠養殷勤，推燥居溼，絕少分甘"也。

〔6〕《左傳》曰，縉雲氏有不材子，聚斂積實，不知紀極。

〔7〕牝，雌也。牡，雄也。《尚書》："古人有言，牝雞無晨，牝雞之晨，唯家之索。"

〔8〕《詩·大雅》曰："哲夫成城，哲婦傾城。"

〔9〕嚴公，莊公也，避明帝諱改焉。《左傳》，鄭莊公殺母弟段，稱鄭伯，譏失教也。

〔10〕《論語》曰"唯女子與小人為難養，近之則不遜，遠之則怨"也。

〔11〕《家人卦》六二爻辭也。鄭玄注曰："二為陰爻，得正於內；五，陽爻也，得正於外。猶婦人自修正於內，丈夫脩正於外。無攸遂，言婦人無敢自遂也。爻體離，又互體坎，火位在下，水在上，餁之象也。饋，食也，故云在中饋也。"

〔12〕《詩·國風·候人篇》序曰："曹共公遠君子而近小人。"其詩曰："婉兮孌兮，季女斯飢。"婉，少貌。孌，好貌也。

〔13〕《詩·小雅》序曰："《鶴鳴》，誨宣王也。"鄭玄注云："教周宣王求賢人之未仕者。"其詩曰："鶴鳴于九皋，聲聞于野。"言身隱而名著，喻賢者雖隱居，人咸知之。

〔14〕《詩·小雅》序曰："《小明》，大夫悔仕於亂也。"小明者，言周幽王日小其明，損其政事，以至於亂。

〔15〕《詩·小雅》序："《大東》，刺亂也。"其詩曰："小東大東，杼柚其空。"鄭玄注云："小亦於東，大亦於東，言賦斂多也。"

〔16〕《詩·大雅》序曰："《人勞》，刺厲王也。"其詩曰"人亦勞止，迄可小康"也。

〔17〕護，泗水王歙之從曾孫。

〔18〕《公羊傳》曰:"劉子、單子以王猛入于王城者何?西周也。其言入何?篡辭也。〔四〕冬十月,王子猛卒。此未踰年之君,其稱王子猛卒何?不予當也。不予當者,不與當父死子繼,兄亡弟及也。"

延光二年,代劉愷為太尉。帝舅大鴻臚耿寶薦中常侍李閏兄於震,震不從。寶乃自往候震曰:"李常侍國家所重,欲令公辟其兄,寶唯傳上意耳。"〔1〕震曰:"如朝廷欲令三府辟召,故宜有尚書勑。"遂拒不許,寶大恨而去。皇后兄執金吾閻顯亦薦所親厚於震,震又不從。司空劉授聞之,〔2〕即辟此二人,旬日中皆見拔擢。由是震益見怨。

【注】
〔1〕言非己本心,傳在上之意。
〔2〕《漢官儀》:"授字孟春,武原人。"

時詔遣使者大為阿母脩第,中常侍樊豐及侍中周廣、謝惲等更相扇動,傾搖朝廷。震復上疏曰:"臣聞古者九年耕必有三年之儲,故堯遭洪水,人無菜色。〔1〕臣伏念方今灾害發起,彌彌滋甚,〔2〕百姓空虛,不能自贍。重以螟蝗,羌虜鈔掠,三邊震擾,戰鬬之役至今未息,兵甲軍糧不能復給。大司農帑藏匱乏,殆非社稷安寧之時。伏見詔書為阿母興起津城門內第舍,〔3〕合兩為一,連里竟街,〔4〕雕修繕飾,窮極巧伎。今盛夏土王,而攻山採石,其大匠左校別部將作合數十處,〔5〕轉相迫促,為費巨億。周廣、謝惲兄弟,與國無肺腑枝葉之屬,依倚近倖姦佞之人,與樊豐、王永等分威共權,屬託州郡,傾動大臣。宰司辟召,承望旨意,招來海內貪汙之人,受其貨賂,至有臧錮棄世之徒復得顯用。〔6〕白黑溷淆,清濁同源,天下讙譁,咸曰財貨上流,為朝結譏。臣聞師言:'上之所取,財盡則怨,力盡則叛。'怨叛之人,不可復使,故曰:'百姓不足,君誰與足?'〔7〕惟陛下度之。"豐、惲等見震連切諫不從,無所顧忌,遂詐作詔書,調發司農錢穀、大匠見徒材木,各起家舍、園池、廬觀，役費無數。

【注】

〔1〕言有儲蓄，人無食菜之飢色也。
〔2〕彌彌猶稍稍也。韋孟詩曰"彌彌其失"也。
〔3〕津城門，洛陽南面西頭門也。
〔4〕合兩坊而為一宅。里即坊也。
〔5〕《續漢志》將作大匠，秩二千石。左校令，秩六百石。
〔6〕有臧賄禁錮之人也。
〔7〕《論語》有若對魯哀公之詞。

震因地震，復上疏曰："臣蒙恩備台輔，不能奉宣政化，調和陰陽，去年十（一）[二]月四日，京師地動。〔五〕臣聞師言：'地者陰精，當安靜承陽。'而今動搖者，陰道盛也。其日戊辰，三者皆土，位在中宮，〔1〕此中臣近官盛於持權用事之象也。臣伏惟陛下以邊境未寧，躬自菲薄，宮殿垣屋傾倚，枝柱而已，〔2〕無所興造，欲令遠近咸知政化之清流，商邑之翼翼也。〔3〕而親近倖臣，未崇斷金，〔4〕驕溢踰法，多請徒士，盛修第舍，賣弄威福。道路讙譁，眾所聞見。地動之變，近在城郭，殆為此發。又冬無宿雪，春節未雨，百僚燋心，而繕修不止，誠致旱之徵也。《書》曰：'僭恒陽若，臣無作威作福玉食。'〔5〕唯陛下奮乾剛之德，〔6〕棄驕奢之臣，以掩訛言之口，奉承皇天之戒，無令威福久移於下。"

【注】

〔1〕戊干辰支皆土也，并地動，故言三者。
〔2〕倚，邪也。柱音竹主反。
〔3〕《詩·商頌》"商邑翼翼，四方之極"也。
〔4〕《易·繫辭》曰："二人同心，其利斷金。"言邪佞之臣，不與上同

心。

〔5〕《尚書・洪範》之詞也。僭，差也。若，順也。君行僭差，則常陽順之也。言唯君得專威福，為美食。

〔6〕《易》曰："大哉乾乎！剛健中正，純粹精也。"

震前後所上，轉有切至，帝既不平之，而樊豐等皆側目憤怨，俱以其名儒，未敢加害。尋有河閒男子趙騰詣闕上書，指陳得失。帝發怒，遂收考詔獄，結以罔上不道。震復上疏救之曰："臣聞堯舜之世，諫鼓謗木，立之於朝；〔1〕殷周哲王，小人怨詈，則還自敬德。〔2〕〔六〕所以達聰明，開不諱，博採負薪，盡極下情也。今趙騰所坐激訐謗語為罪，與手刃犯法有差。乞為虧除，全騰之命，以誘芻蕘輿人之言。"〔3〕帝不省，騰竟伏尸都市。

【注】

〔1〕《帝王紀》曰："堯置敢諫之鼓，舜立誹謗之木。"

〔2〕《尚書》曰"自殷王中宗及高宗及祖甲及我周文王，茲四人迪哲。厥或告之曰小人怨女詈女，則皇自敬德"也。

〔3〕輿，眾也。《詩》曰："詢于芻蕘。"《左氏傳》曰"聽輿人之謀"也。

會三年春，東巡岱宗，樊豐等因乘輿在外，競修第宅，震部掾高舒召大匠令史考校之，〔1〕得豐等所詐下詔書，具奏，須行還上之。豐等聞，惶怖，會太史言星變逆行，遂共譖震云："自趙騰死後，深用怨懟；〔2〕且鄧氏故吏，有恚恨之心。"〔3〕及車駕行還，便時太學，〔4〕夜遣使者策收震太尉印綬，於是柴門絕賓客。豐等復惡之，乃請大將軍耿寶奏震大臣不服罪，懷恚望，有詔遣歸本郡。震行至城西几陽亭，〔七〕乃慷慨謂其諸子門人曰：〔5〕"死者士之常分。吾蒙恩居上司，疾姦臣狡猾而不能誅，惡嬖女傾亂而不能禁，何面目復見日月！身死之日，以雜木為棺，布單被裁足蓋形，勿歸冢次，勿設祭祠。"因飲酖而卒，時年七十餘。弘農太守移良[6]承樊豐等旨，遣吏於陝縣留停震喪，露棺道側，[7]謫震諸子代郵行書，道路皆為隕涕。[8]

【注】

〔1〕史謂府吏也。

〔2〕懟，怨怒也。

〔3〕震初鄧騭辟之，故曰故吏。

〔4〕且於太學待吉時而後入也，故曰便時。《前書》"便時上林延壽門"也。

〔5〕慷慨，悲歎。

〔6〕《風俗通》曰："齊公子雍食菜於移，其後氏焉。"

〔7〕謝承《書》曰："震臨沒，謂諸子以牛車薄窆，載柩還歸。"

〔8〕《說文》："郵，境上行書舍也。"《廣雅》曰："郵，驛也。"

歲餘，順帝即位，樊豐、周廣等誅死，震門生虞放、陳翼詣闕追訟震事。朝廷咸稱其忠，乃下詔除二子為郎，贈錢百萬，以禮改葬於華陰潼亭，[1]遠近畢至。先葬十餘日，有大鳥高丈餘，集震喪前，俯仰悲鳴，淚下霑地，葬畢，乃飛去。郡以狀上。[2]時連有災異，帝感震之枉，乃下詔策曰："故太尉震，正直是與，俾匡時政，而青蠅點素，同茲在藩。[3]上天降威，災眚屢作，爾卜爾筮，惟震之故。朕之不德，用彰厥咎，山崩棟折，我其危哉！[4]今使太守丞以中牢具祠，魂而有靈，儻其歆享。"於是時人立石鳥象於其墓所。

【注】

〔1〕墓在今潼關西大道之北，其碑尚存。

〔2〕《續漢書》曰："大鳥來止亭樹，下地安行到柩前，正立低頭淚出。衆人更共摩撫抱持，終不驚駭。"謝承《書》曰："其鳥五色，高丈餘，兩翼長二

丈三尺，人莫知其名也。"

〔3〕藩，樊也。《詩》云："營營青蠅，止於樊，愷悌君子，無信讒言。"青蠅，污白使黑，污黑使白，喻佞人變亂善惡也。

〔4〕《禮記》曰："孔子將終，歌曰：'泰山其頹乎！梁木其壞乎！'"

震之被譖也，高舒亦得罪，以減死論。及震事顯，舒拜侍御史，至荊州刺史。

震五子。長子牧，富波相。〔1〕

【注】
〔1〕富波，縣，屬汝南郡。

牧孫奇，靈帝時為侍中，帝嘗從容問奇曰：〔八〕"朕何如桓帝？"對曰："陛下之於桓帝，亦猶虞舜比德唐堯。"帝不悅曰："卿強項，真楊震子孫，〔1〕死後必復致大鳥矣。"出為汝南太守。帝崩後，復入為侍中衛尉，從獻帝西遷，有功勤。及李傕脅帝歸其營，奇與黃門侍郎鍾繇誘傕部曲將宋曅、楊昂令反傕，傕由此孤弱，帝乃得東。〔2〕後徙都許，追封奇子亮為陽成亭侯。〔3〕

【注】
〔1〕強項，言不低屈也，光武謂董宣為"強項令"也。
〔2〕《魏志》曰，繇為黃門侍郎，傕脅天子，繇與尚書郎韓斌同策謀。天子得出長安，繇有力焉。
〔3〕亮舊宅在閿鄉縣西南。

震少子奉，奉子敷，篤志博聞，議者以為能世其家。敷早卒，子眾，亦傳先業，以謁者僕射從獻帝入關，累遷御史中丞。及帝東還，夜走度河，眾率諸官屬步從至太陽，拜侍中。〔1〕建安二年，追前功封蒥亭

侯。〔2〕

【注】

〔1〕太陽,縣,屬河東郡。
〔2〕《郡國志》桃林縣有蓩鄉,〔九〕音莫老反。

震中子秉。

秉字叔節,〔一〇〕少傳父業,兼明《京氏易》,博通書傳,常隱居教授。年四十餘,乃應司空辟,拜侍御史,頻出為豫、荆、徐、兗四州刺史,遷任城相。自為刺史、二千石,計日受奉,餘禄不入私門。故吏齎錢百萬遺之,閉門不受。以廉潔稱。

桓帝即位,以明《尚書》徵入勸講,〔1〕拜太中大夫、左中郎將,遷侍中、尚書。帝時微行,私過幸河南尹梁胤府舍。〔2〕〔一一〕是日大風拔樹,晝昏,秉因上疏諫曰:"臣聞瑞由德至,災應事生。傳曰:'禍福無門,唯人所召。'〔3〕天不言語,以災異譴告,是以孔子迅雷風烈必有變動。《詩》云:'敬天之威,不敢驅馳。'〔4〕王者至尊,出入有常,警蹕而行,靜室而止,〔5〕自非郊廟之事,則鑾旗不駕。〔6〕故《詩》稱'自郊徂宮',〔7〕《易》曰'王假有廟,致孝享也'。〔8〕諸侯如臣之家,《春秋》尚列其誡,〔9〕況以先王法服而私出槃游!〔10〕降亂尊卑,等威無序,〔11〕侍衛守空宮,綟璽委女妾,設有非常之變,任章之謀,〔12〕上負先帝,下悔靡及。臣奕世受恩,〔13〕得備納言,〔14〕又以薄學,充在講勸,特蒙哀識,〔一二〕見照日月,恩重命輕,義使士死,敢憚摧折,略陳其愚。"帝不納。秉以病乞退,出為右扶風。太尉黃瓊〔一三〕惜其去朝廷,上秉勸講帷幄,不宜外遷,留拜光禄大夫。是時大將軍梁冀用權,秉稱病。六年,冀誅後,乃拜太僕,遷太常。

【注】

〔1〕勸講，猶侍講也。

〔2〕胤，梁冀子也。

〔3〕《左傳》閔子馬之詞。

〔4〕《詩·大雅》曰"敬天之怒，無敢戲豫，敬天之渝，無敢馳驅"，與此文稍異也。

〔5〕蹕，止行人也。靜室謂先使清宮也。《前書音義》曰，漢有靜室令也。

〔6〕《漢官儀》曰"前驅有雲罕，皮軒鑾旗車"也。

〔7〕《詩·大雅·雲漢》之詞也。郊，祭天也。

〔8〕《萃卦》詞也。假，至也。假音格。

〔9〕《左傳》，齊莊公如崔杼之家，為杼所殺也。

〔10〕法服謂天子服，日、月、星辰、山、龍、華蟲、藻、火、粉、米、黼、黻十二章。〔一四〕

〔11〕等威謂威儀有等差也。《左傳》曰"貴有常尊，賤有等威"也。

〔12〕《前書》曰，代郡太守任宣坐謀反誅，宣子章為公車丞，亡在渭城界中，夜玄服入廟，居郎閒，〔一五〕執戟立於廟門，待上至，欲為逆，發覺伏誅也。

〔13〕奕猶重也。

〔14〕納言，尚書。

延熹三年，白馬令李雲以諫受罪，秉爭之不能得，坐免官，歸田里。〔1〕其年冬，復徵拜河南尹。先是中常侍單超弟匡〔一六〕為濟陰太守，以贓罪為刺史第五種所劾，窘急，乃賂客任方刺兗州從事衛羽。事已見《種傳》。及捕得方，因繫洛陽，匡慮秉當窮竟其事，密令方等得突獄亡走。尚書召秉詰責，秉對曰："《春秋》不誅黎比而魯多盜，〔2〕方等無狀，釁由單匡。刺執法之吏，害奉公之臣，復令逃竄，寬縱罪身，元惡大憝，終為國害。乞檻車徵匡考覈其事，則姦慝蹤緒，必可立得。"而秉竟坐輸作左校，以久旱赦出。

【注】
〔1〕謝承《書》曰："秉免歸，雅素清儉，家至貧寠，并日而食。任城故孝廉景廬齎錢百餘萬，就以餉秉，秉閉門距絶不受。"
〔2〕《左傳》曰："邾庶其以漆閭丘來奔，於是魯多盜。"臣賢案：黎比，莒國之君，恐別有所據也。

會日食，太山太守皇甫規等訟秉忠正，不宜久抑不用。有詔公車徵秉及處士韋著，二人各稱疾不至。有司並劾秉、著大不敬，請下所屬正其罪。尚書令周景與尚書邊韶議奏："秉儒學侍講，常在謙虛；著隱居行義，以退讓為節。俱徵不至，誠違側席之望，然逶迤退食，足抑苟進之風。[1]夫明王之世，必有不召之臣，[2]聖朝弘養，宜用優游之禮。可告在所屬，[一七]喻以朝庭恩意。如遂不至，詳議其罰。"於是重徵，乃到，拜太常。

【注】
〔1〕《詩·國風·羔羊》詩曰："退食自公，委蛇委蛇。"退食謂減膳也。從於公謂正直順於事也。委蛇，委曲自得之貌。
〔2〕堯時許由，禹時伯成子高，湯時務光等。

五年冬，代劉矩為太尉。是時宦官方熾，任人及子弟為官，[1]布滿天下，競為貪淫，朝野嗟怨。秉與司空周景上言："內外吏職，多非其人，自頃所徵，皆特拜不試，致盜竊縱恣，怨訟紛錯。舊典，中臣子弟不得居位秉執，而今枝葉賓客布列職署，或年少庸人，典據守宰，上下忿患，四方愁毒。可遵用舊章，退貪殘，塞災謗。請下司隸校尉、中二千石、二千石、城門五營校尉、北軍中候，各實覈所部，應當斥罷，自以狀言，三府廉察有遺漏，續上。"帝從之。於是秉條奏牧守以下匈奴中郎將燕瑗、青州刺史羊亮、遼東太守孫誼等五十餘人，或死或免，天下莫不肅然。

【注】
〔1〕任謂保任。

時郡國計吏多留拜為郎，秉上言三署見郎七百餘人，〔1〕帑臧空虛，浮食者衆，而不良守相，欲因國為池，澆濯釁穢。宜絕橫拜，以塞覬覦之端。〔2〕自此終桓帝世，計吏無復留拜者。

【注】
〔1〕三署郎，解見《和帝紀》。
〔2〕《左傳》曰："下無覬覦。"杜預注曰："無冀望上位。"

七年，南巡園陵，特詔秉從。南陽太守張彪與帝微時有舊恩，以車駕當至，因傍發調，多以入私。秉聞之，下書責讓荊州刺史，以狀副言公府。〔1〕及行至南陽，左右並通姦利，詔書多所除拜。秉復上疏諫曰："臣聞先王建國，順天制官。〔2〕太微積星，名為郎位，〔3〕入奉宿衞，出牧百姓。皋陶誡虞，在於官人。〔4〕頃者道路拜除，恩加豎隸，爵以貨成，化由此敗，所以俗夫巷議，白駒遠逝，〔5〕穆穆清朝，遠近莫觀。宜割不忍之恩，以斷求欲之路。"於是詔除乃止。

【注】
〔1〕南陽郡，荊州所部也。
〔2〕《尚書》曰："明王奉若天道，建邦設都。"孔安國注云："天有日、月、北斗、五星、二十八宿，皆有尊卑相正之法。明王奉順此道，建國設都。"
〔3〕《史記·天官書》曰，太微宮五帝坐，後聚二十五星蔚然，曰郎位。

積,聚也。

〔4〕《尚書》皋陶誡舜曰"在知人,在官人"也。

〔5〕孔子曰:"天下有道,庶人不議。"《詩·小雅》曰:"皎皎白駒,食我場苗,所謂伊人,於焉逍遙。"言宣王官失其人,賢者乘白駒而去之。

時中常侍侯覽弟參為益州刺史,累有臧罪,暴虐一州。明年,秉劾奏參,檻車徵詣廷尉。參惶恐,道自殺。[1]秉因奏覽及中常侍具瑗曰:"臣案國舊典,宦豎之官,本在給使省闥,司昏守夜,而今猥受過寵,執政操權。其阿諛取容者,則因公褒舉,以報私惠;有忤逆於心者,必求事中傷,肆其凶忿。居法王公,富擬國家,飲食極肴饍,僕妾盈紈素,雖季氏專魯,穰侯擅秦,何以尚茲![2]案中常侍侯覽弟參,貪殘元惡,自取禍滅,覽顧知釁重,[一八]必有自疑之意,臣愚以為不宜復見親近。昔懿公刑邴歜之父,奪閻職之妻,而使二人參乘,卒有竹中之難,《春秋》書之,以為至戒。[3]蓋鄭詹來而國亂,四佞放而衆服。[4]以此觀之,容可近乎?覽宜急屏斥,投畀(有)[豺]虎。[5][一九]若斯之人,非恩所宥,請免官送歸本郡。"書奏,尚書召對秉掾屬曰:[6]"公府外職,而奏劾近官,經典漢制有故事乎?"秉使對曰:"《春秋》趙鞅以晉陽之甲,逐君側之惡。[7]傳曰:'除君之惡,唯力是視。'[8]鄧通慢慢,申屠嘉召通詰責,文帝從而請之。[9]漢世故事,三公之職無所不統。"尚書不能詰。帝不得已,竟免覽官,而削瑗國。每朝廷有得失,輒盡忠規諫,多見納用。

【注】

〔1〕謝承《書》曰:"秉奏'參取受罪臧累億。牂柯男子張脩,居為富室,參橫加非罪,云造訛言,殺脩家八人,没入廬宅。又與同郡諸生李元之官,共飲酒,醉飽之後,戲故相犯,誣言有淫慝之罪,應時搥殺。以人臣之勢,行桀紂之態,傷和逆理,痛感天地,宜當亂持,以謝一州'。又曰'京兆尹袁逢於長安客舍中得參重車三百餘乘,金銀珍玩,不可稱記'。"

〔2〕季氏，魯卿，世專魯政。孔子曰："季氏富於周公。"《史記》曰，穰侯魏冉者，秦昭王母宣太后弟也，為秦相國，侈富於王室。尚猶加也。

〔3〕《左傳》曰"齊懿公之為公子也，與邴歜之父爭田弗勝。及即位，乃掘而刖之，而使歜僕。納閻職之妻，而使職驂乘。夏五月，公游于申池。歜以扑抶職，職怒，歜曰：'人奪汝妻而不怒，一抶汝，庸何傷？'職曰：'與刖其父而弗能病者何如？'乃謀殺懿公，納諸竹中，歸，舍爵而行"也。

〔4〕《公羊傳》曰："鄭詹自齊逃來，何以書？甚佞也，曰佞人來矣。"後魯莊公取齊淫女，卒為後敗。四佞即四凶也。

〔5〕畀，與也。《詩·小雅》曰："取彼譖人，投畀豺虎。"

〔6〕召秉掾屬問之。

〔7〕《公羊傳》曰："趙鞅取晉陽之甲，以逐荀寅、士吉射。曷為此？逐君側之惡人也。"

〔8〕《左傳》曰晉寺人披言也。〔二〇〕

〔9〕《前書》鄧通，文帝幸臣，為太中大夫，居上傍怠慢。丞相申屠嘉罷朝，坐府中，召通至，不為禮，責曰："通小臣，戲殿上，大不敬，當斬。"通頓首，首盡出血。上使使持節召通而謝丞相："此吾弄臣，君釋之。"

秉性不飲酒，又早喪夫人，遂不復娶，所在以淳白稱。嘗從容言曰："我有三不惑：酒，色，財也。"八年薨，時年七十四，賜塋陪陵。子賜。

賜字伯獻。〔二一〕少傳家學，篤志博聞。常退居隱約，教授門徒，不苔州郡禮命。後辟大將軍梁冀府，非其好也。出除陳倉令，因病不行。公車徵不至，連辭三公之命。後以司空高第，再遷侍中、越騎校尉。

建寧初，靈帝當受學，詔太傅、三公選通《尚書》桓君章句宿有重名者，三公舉賜，乃侍講于華光殿中。[1]遷少府、光祿勳。

【注】

〔1〕《洛陽宮殿名》曰:"華光殿在崇光殿北。"

熹平元年,青蛇見御坐,帝以問賜,賜上封事曰:"臣聞和氣致祥,乖氣致灾,休徵則五福應,〔1〕咎徵則六極至。〔2〕夫善不妄來,灾不空發。王者心有所惟,意有所想,雖未形顏色,而五星以之推移,陰陽為其變度。以此而觀,天之與人,豈不符哉?《尚書》曰:'天齊乎人,假我一日。'是其明徵也。〔3〕夫皇極不建,則有蛇龍之孽。〔4〕《詩》云:'惟虺惟蛇,女子之祥。'〔5〕故《春秋》兩蛇鬭於鄭門,昭公殆以女敗;〔6〕康王一朝晏起,《關雎》見幾而作。〔7〕夫女謁行則讒夫昌,讒夫昌則苞苴通,故殷湯以之自戒,終濟亢旱之災。〔8〕惟陛下思乾剛之道,別內外之宜,崇帝乙之制,受元吉之祉,抑皇甫之權,割豔妻之愛,〔10〕則蛇變可消,禎祥立應。殷戊、宋景,其事甚明。"〔11〕

【注】

〔1〕休,美也。徵,驗也。五福:一曰壽,二曰富,三曰康寧,四曰攸好德,五曰考終命。

〔2〕咎,惡也。六極:一曰凶短折,二曰疾,三曰憂,四曰貧,五曰惡,六曰弱。並見《尚書》。

〔3〕我謂君也。天意欲整齊于人,必假於君也。今《尚書》文"假"作"俾"。俾,使也,義亦通。

〔4〕《洪範五行傳》曰。皇,大也。極,中也。建,立也。孽,灾也。君不合大中,是謂不立。蛇龍,陰類也。

〔5〕《詩·小雅》也。虺蛇,穴居,陰之類,故為女子之祥也。

〔6〕《洪範五行傳》曰:"初,鄭厲公劫相祭仲而篡兄昭公,立為鄭君。後雍糾之難,厲公出奔,鄭人立昭公。既立,內蛇與外蛇鬭鄭南門中,內蛇死。是時傅瑕仕於鄭,欲內厲公,故內蛇死者,昭公將敗,厲公將勝之象也。是時昭公宜布恩施惠,〔二二〕以撫百姓,舉賢崇德,以厲群臣,觀察左右,以省姦謀,

則內變不得生,外謀無由起矣。昭公不覺,果殺於傅瑕,二子死而厲公入,此其效也。《詩》云:'惟虺惟蛇,女子之祥。'鄭昭公殆以女子敗矣。"

〔7〕《前書》曰:"佩玉晏鳴,《關雎》歎之。"《音義》曰:"后夫人,雞鳴佩玉去君所。周康王后不然,故詩人歎而傷之。此事見《魯詩》,今亡失也。"

〔8〕《説苑》曰:"湯自伐桀後,大旱七年,洛川竭,使人持三足鼎祝於山川曰:'政不節邪?使人疾邪?苞苴行邪?讒夫昌邪?宮室榮邪?女謁行邪?何不雨之極!'言未已而天大雨。"

〔9〕《易·泰卦》六五曰"帝乙歸妹,以祉元吉"也。

〔10〕豔妻,周幽王后褒姒也。皇甫卿士等皆后之黨,用后嬖寵而居位也。《詩》曰"皇甫卿士,豔妻煽方處"也。

〔11〕殷王太戊時,桑穀共生於朝,修德而桑穀死。景公時,〔二三〕熒惑守心,修德而星退舍。並見《史記》。

二年,代唐珍為司空,以灾異免。復拜光祿大夫,秩中二千石。五年,代袁隗為司徒。是時朝廷爵授,多不以次,而帝好微行,遊幸外苑。賜復上疏曰:"臣聞天生蒸民,不能自理,〔1〕故立君長使司牧之,〔2〕是以唐虞兢兢業業,〔3〕周文日昃不暇,〔4〕〔二四〕明慎庶官,俊乂在職,三載考績,〔5〕以觀厥成。而今所序用無佗德,有形執者,旬日累遷,守真之徒,歷載不轉,勞逸無別,善惡同流,《北山》之詩,所為訓作。〔6〕又聞數微行出幸苑囿,觀鷹犬之埶,極槃遊之荒,〔7〕政事日墮,〔8〕大化陵遲。陛下不顧二祖之勤止,〔9〕追慕五宗之美蹤,〔10〕而欲以望太平,是由曲表而欲直景,卻行而求及前人也。〔11〕宜絕慢慠之戲,念官人之重,割用板之恩,慎貫魚之次,〔12〕無令醜女有四殆之歎,〔13〕遐邇有憤怨之聲。臣受恩偏特,忝任師傅,不敢自同凡臣,括囊避咎。〔14〕謹自手書密上。"

【注】

〔1〕蒸，衆也。

〔2〕司，主也。牧，養也。

〔3〕兢兢，戒慎。業業，危懼。《尚書·皋陶謨》曰："兢兢業業，一日二日萬機。"

〔4〕《尚書》曰："文王自朝至於日中昃，〔二五〕弗遑暇食。"

〔5〕《尚書》曰"三載考績，黜陟幽明"也。

〔6〕《詩·小雅》曰："陟彼北山，言採其杞。偕偕士子，朝夕從事。大夫不均，我從事獨賢。"

〔7〕槃，樂也。《詩》曰："槃于遊田。"《書》曰："內作色荒，外作禽荒。"

〔8〕許規反。

〔9〕二祖，高祖、光武也。《詩》曰："文王既勤止。"

〔10〕文帝太宗、武帝世宗、宣帝中宗、明帝顯宗、章帝肅宗也。

〔11〕《孫卿子》曰："猶立枉木而求其影之直也。"《韓詩外傳》曰："夫明鏡所以照形也，往古所以知今也。夫知惡往古之惡而不知修今之善，惡往古之所以危亡而不知襲積其所以安存，則無以異乎却行而求逮於前人也。"

〔12〕板謂詔書也。《易·剝卦》曰："貫魚，以宮人寵。"言王者御宮人，如貫魚之有次序也。

〔13〕劉向《列女傳》曰："鍾離春者，齊無鹽邑之女，齊宣王之正后也。其為人也，極醜無雙，臼頭深目，長壯大節，〔二六〕卬鼻結喉，肥項少髮，折曆出匈，〔二七〕皮膚若漆。年四十，〔二八〕行嫁不售，〔二九〕自謁宣王，舉手拊膝曰：'殆哉！殆哉！'曰：'今王之國，西有衡秦之患，南有強楚之讎，外有二國之難，一旦山陵崩弛，社稷不安，此一殆也。漸臺五重，萬人罷極，此二殆也。賢者伏匿於山林，諸諛者強於左右，此三殆也。飲酒沈湎，以夜繼晝，外不脩諸侯之禮，內不秉國家之政，此四殆也。'"

〔14〕括，結也。《易》曰："括囊無咎無譽。"

後坐辟黨人免。復拜光祿大夫。光和元年，有虹蜺晝降於嘉德殿前，[1]帝惡之，引賜及議郎蔡邕等入金商門崇德署，[2]使中常侍曹節、王甫問以祥異禍福所在。賜仰天而歎，謂節等曰：“吾每讀《張禹傳》，未嘗不憤恚歎息，既不能竭忠盡情，極言其要，而反留意少子，乞還女壻。[3]朱游欲得尚方斬馬劍以理之，固其宜也。[4]吾以微薄之學，充先師之末，累世見寵，無以報國。猥當大問，死而後已。”乃書對曰：“臣聞之經傳，或得神以昌，或得神以亡。[5]國家休明，則鑒其德；邪辟昏亂，則視其禍。今殿前之氣，應為虹蜺，皆妖邪所生，不正之象，詩人所謂蝃蝀者也。[6]於《中孚經》曰：‘蜺之比，無德以色親。’[7]方今內多嬖倖，外任小臣，上下並怨，諠譁盈路，是以災異屢見，前後丁寧。今復投蜺，可謂勑矣。[8]案《春秋讖》曰：‘天投蜺，天下怨，海內亂。’[9]加四百之期，亦復垂及。[10]昔虹貫牛山，管仲諫桓公無近妃宮。[11]《易》曰：‘天垂象，見吉凶，聖人則之。’[12]今妾媵嬖人閹尹之徒，共專國朝，欺罔日月。又鴻都門下，招會群小，造作賦說，以蟲篆小技見寵於時，[13]如驩兜、共工更相薦說，[14]旬月之閒，並各拔擢，樂松處常伯，任芝居納言。郤儉、梁鵠俱以便辟之性，佞辯之心，各受豐爵不次之寵，而令搢紳之徒委伏畎畝，口誦堯舜之言，身蹈絕俗之行，棄捐溝壑，不見逮及。冠履倒易，陵谷代處，[15]從小人之邪意，順無知之私欲，不念《板》《蕩》之作，虺蜴之誡。[16]殆哉之危，莫過於今。[17]幸賴皇天垂象譴告。《周書》曰：‘天子見怪則修德，諸侯見怪則修政，卿大夫見怪則修職，士庶人見怪則修身。’惟陛下慎經典之誡，圖變復之道，[18]斥遠佞巧之臣，速徵鶴鳴之士，內親張仲，外任山甫，[19]斷絕尺一，抑止槃游，留思庶政，無敢怠遑。冀上天還威，眾變可弭。老臣過受師傅之任，數蒙寵異之恩，豈敢愛惜垂沒之年，而不盡其惓惓之心哉！”[20]書奏，甚忤曹節等。蔡邕坐直對抵罪，徙朔方。賜以師傅之恩，故得免咎。

【注】

〔1〕《洛陽記》,殿在九龍門内。郭景純注《爾雅》曰:"雙出,色鮮盛者為雄,曰虹;闇者為雌,曰蜺。"

〔2〕戴延之《西征記》曰:"太極殿西有金商門。"

〔3〕張禹,成帝時為丞相,以師傅恩,禹每疾,輒以起居聞,車駕日臨問之,拜禹牀下。禹頓首謝恩,言"老臣有四男一女,愛女甚於男,遠嫁為張掖太守蕭咸妻,不勝父子私情,思與女相近"。上即時徙咸為弘農太守。又禹少子未有官,上臨候禹,禹數視其少子,〔三〇〕上即禹牀下拜為黃門給事中也。

〔4〕朱雲字游。張禹以帝師尊重,雲上書求見,公卿在前,雲曰:"今朝廷大臣不能匡主,臣願得尚方斬馬劍,斷佞臣一人頭,以厲其餘。"上問:"誰也?"對曰:"安昌侯張禹。"尚方,少府之屬官也,作供御器物,故有斬馬劍,利可以斬馬也。並見《前書》。

〔5〕《左傳》曰:"有神降于莘,周内史過曰:'國之將興,明神降之,監其德也。將亡,神又降之,觀其惡也。故有得神以興,亦有以亡。'"《國語》曰"昔夏之興也,祝融降於崇山;其亡也,回祿信於黔遂。商之興也,檮杌次於(平)〔丕〕山;〔三一〕其亡也,夷羊在牧。周之興也,鸑鷟鳴於岐山;其衰也,杜伯射王於鄗"也。

〔6〕《韓詩》序曰:"《蝃蝀》,刺奔女也。蝃蝀在東,莫之敢指,詩人言蝃蝀在東者,邪色乘陽,人君淫佚之徵。臣子為君父隱臧,故言莫之敢指。"蝃音帝。蝀音董。〔三二〕

〔7〕《易稽覽圖·中孚經》之文也。比,類也。鄭玄注曰:"霓,邪氣也。陰無德,以好色得親幸於陽也。"

〔8〕孰,成也。

〔9〕《春秋演孔圖》曰:"霓者,斗之亂精也。失度投霓見。"宋均注曰:"投霓,投應也。"

〔10〕漢終于四百年,解見《獻帝紀》。

〔11〕《春秋文曜鉤》曰:"白虹貫牛山,管仲諫曰:'無近妃宫,君恐失權。'齊侯大懼,退去色黨,更立賢輔,使后出望,上牛山四面聽之,以厭

神。"宋均注曰:"山,君位也。虹蜺,陰氣也。陰氣貫之,君惑於妻黨之象也。望謂祭以謝過也。"流俗本"山"作"升"者,誤也。

〔12〕《上繫》之詞。則,效也。

〔13〕《法言》曰"賦者,童子彫蟲篆刻,壯夫不為"也。

〔14〕《尚書》驩兜曰:"都,共工方鳩僝功。"

〔15〕《楚詞》曰:"冠履兮雜處。"《詩》曰"高岸為谷,深谷為陵"也。

〔16〕《詩·大雅》序曰:"《板》,凡伯刺厲王也。"其《詩》曰:"上帝板板,下人卒癉。""《蕩》,邵穆公傷周室大壞也。"其《詩》曰:"蕩蕩上帝,下人之辟。"又云:"哀今之人,胡為虺蜴。"注云:"蜴,蠑螈也。虺蜴之性,見人則走。哀哉,今之人何為如是!傷時政也。"

〔17〕無鹽之詞也,解見上。

〔18〕謂變改而銷復之。

〔19〕《詩》曰:"張仲孝友。"又曰:"袞職有闕,仲山甫補之。"皆周宣王賢臣也。

〔20〕僂僂猶勤勤也。音力侯反。

其冬,行辟雍禮,引賜為三老。復拜少府、光禄勳,代劉郃為司徒。帝欲造畢圭靈琨苑,賜復上疏諫曰:"竊聞使者並出,規度城南人田,欲以為苑。昔先王造囿,裁足以脩三驅之禮,薪萊芻牧,皆悉往焉。先帝之制,左開鴻池,右作上林,〔1〕不奢不約,以合禮中。今猥規郊城之地,以為苑囿,壞沃衍,〔2〕廢田園,驅居人,畜禽獸,殆非所謂'若保赤子'之義。〔3〕今城外之苑已有五六,〔4〕可以逞情意,順四節也,〔5〕宜惟夏禹卑宮,〔6〕太宗露臺之意,〔7〕以尉下民之勞。"書奏,帝欲止,以問侍中任芝、中常侍樂松。松等曰:"昔文王之囿百里,人以為小;齊宣五里,〔三三〕人以為大。〔8〕今與百姓共之,無害於政也。"帝悅,遂令築苑。

【注】

〔1〕鴻池在洛陽東，上林在西。

〔2〕杜預注《左傳》曰："衍沃，平美之地也。"

〔3〕《書》曰"若保赤子，唯人其康乂"也。

〔4〕陽嘉元年起西苑，延熹二年造顯陽苑。《洛陽宮殿名》有平樂苑、上林苑。桓帝延熹元年置鴻德苑也。

〔5〕逞，快也。四節謂春蒐、夏苗、秋獮、冬狩也。

〔6〕孔子曰"禹惡衣服，卑宮室"也。

〔7〕文帝欲作露臺，召匠計之，直百金。帝曰"百金，中人十家之產。吾奉先帝宮室，常恐羞之，何以臺為"也。

〔8〕《孟子》齊宣王問曰："文王之囿方七十里，人猶以為小；寡人之囿方四十里，人猶以為大。何也？"曰："文王之囿方七十里，芻蕘者往焉，雉兔者往焉，與人同之，人以為小，不亦宜乎？"此云文王百里，齊宣五里，與《孟子》不同也。

四年，賜以病罷。居無何，拜太常，詔賜御府衣一襲，〔1〕自所服冠幘綬，玉壺革帶，金錯鉤佩。〔2〕

【注】

〔1〕衣單複具曰襲。

〔2〕金錯，以金閒錯其文。

五年冬，復拜太尉。中平元年，黃巾賊起，賜被召會議詣省閤，切諫忤旨，因以寇賊免。先是黃巾帥張角等執左道，稱大賢，以誑燿百姓，天下繦負歸之。賜時在司徒，召掾劉陶告曰："張角等遭赦不悔，而稍益滋蔓，今若下州郡捕討，恐更騷擾，速成其患。且欲切勅刺史、二千石，簡別流人，各護歸本郡，以孤弱其黨，然後誅其渠帥，可不勞而定，何如？"陶對曰："此孫子所謂不戰而屈人之兵，廟勝之術也。"[1]賜遂上書言之。會去位，事留中。[2]後帝徙南宮，閱錄故事，得賜所上張角奏及前侍講注籍，[3]乃感悟，下詔封賜臨晉侯，邑千五百户。[4]初，賜與太尉劉寬、司空張濟[5]並入侍講，自以不宜獨受封賞，上書願分户邑於寬、濟。帝嘉歎，復封寬及濟子，拜賜尚書令。數日出為廷尉，賜自以代非法家，言曰："三后成功，惟殷于民，皋陶不與焉，蓋吝之也。"[6]遂固辭，以特進就第。

【注】

[1]《孫子》曰："未戰而廟勝，得筭多也。未戰而廟不勝，得筭少也。"

[2]謂所論事留在禁中，未施用之。

[3]所注之籍錄。

[4]臨晉，縣，屬馮翊，故城在今同州朝邑縣西南。

[5]濟字元江，細陽人也，張（輔）[酺]曾孫。[三四]

[6]吝，恥也。殷，盛也。《尚書》曰："伯夷降典，折人惟刑，禹平水土，主名山川，稷降播種，農殖嘉穀，三后成功，惟殷於人。"言皋陶不預其數者，蓋恥之。

二年九月，復代張溫為司空。其月薨。天子素服，三日不臨朝，贈東園梓器襚服，賜錢三百萬，布五百匹。策曰："故司空臨晉侯賜，華嶽所挺，九德純備，[1]三葉宰相，輔國以忠。朕昔初載，授道帷幄，[2]遂階成勳，以陟大猷。師範之功，昭于内外，庶官之務，勞亦勤止。七在卿校，殊位特進，五登袞職，弭難乂寧。雖受茅土，未荅厥勳，哲人其萎，將誰諮度！朕甚懼焉。[3]禮設殊等，物有服章。今使左中郎將郭儀持節追位特進，[4]贈司空驃騎將軍印綬。"及葬，又使侍御史持節送喪，蘭臺令史十人發羽林騎輕車介士，[5]前後部鼓吹，又勑驃騎將軍官屬司空法駕，送至舊塋。[6]公卿已下會葬。謚文烈侯。及小祥，又會焉。子彪嗣。[7]

【注】

〔1〕挺,生也。九德即《皋陶謨》九德。

〔2〕《詩·大雅》曰:"文王初載。"毛萇注云:"載,識也。"

〔3〕《禮記》曰:"孔子負手曳杖,消摇於門,歌曰:'太山其穨乎,梁木其壞乎,哲人其萎乎!'"

〔4〕《前書》,張禹為丞相,以老罷就第,以列侯朝朔望,位特進,見禮如丞相。《漢雜事》曰:"諸侯功德優盛,朝廷所敬異,賜位特進,在三公下。"

〔5〕《續漢志》:"輕車,古之戰車也,洞朱輪輿,不巾不蓋,菑矛戟幢麾。"菑音側事反。菑謂插也。

〔6〕《續漢志》"三公、列侯車,倚鹿、伏熊,黑轓,朱班輪,鹿文飛軨,九游降龍。騎吏四人,皆帶劒持棨戟為前列,三百石長導從,置門下五吏,賊曹、功曹皆帶劒車道,〔三五〕主簿、主記兩車為從"也。

〔7〕《禮》"朞而小祥","又朞而大祥"。鄭玄注曰:"祥,吉也,言其漸即吉也。"

彪字文先,少傳家學。初舉孝廉,州舉茂才,辟公府,皆不應。熹平中,以博習舊聞,公車徵拜議郎,〔1〕遷侍中、京兆尹。光和中,黃門令王甫使門生於郡界辜榷官財物七千餘萬,〔2〕彪發其姦,言之司隸。司隸校尉陽球因此奏誅甫,天下莫不愜心。徵還為侍中、五官中郎將,遷潁川、南陽太守,復拜侍中,三遷永樂少府、太僕、衛尉。

【注】

〔1〕華嶠《書》曰:"與馬日磾、盧植、蔡邕等著作東觀。"

〔2〕華嶠《書》曰:"甫使門生王翹辜榷。"解見《靈帝紀》。

中平六年,代董卓為司空,其冬,代黃琬為司徒。明年,關東兵起,董卓懼,欲遷都以違其難。〔1〕乃大會公卿議曰:"高祖都關中十有一世,光武宮洛陽,於今亦十世矣。〔三六〕案《石包讖》,宜徙都長安,以應天人之意。"百官無敢言者。彪曰:"移都改制,天下大事,故盤庚五遷,殷民胥怨。[2][昔]關中遭王莽變亂,〔三七〕宮室焚蕩,民庶塗炭,百不一在。光武受命,更都洛邑。今天下無虞,[3]百姓樂安,明公建立聖主,光隆漢祚,無故損宗廟,棄園陵,恐百姓驚動,必有糜沸之亂。[4]《石包室讖》,妖邪之書,豈可信用?"卓曰:"關中肥饒,故秦得并吞六國。且隴右材木自出,致之甚易。又杜陵南山下有武帝故瓦陶竈數千所,并功營之,可使一朝而辨。百姓何足與議!若有前卻,我以大兵驅之,可令詣滄海。"[5]彪曰:"天下動之至易,安之甚難,惟明公慮焉。"卓作色曰:"公欲沮國計邪?"[6]太尉黃琬曰:"此國之大事,楊公之言得無可思?"卓不荅。司空荀爽見卓意壯,恐害彪等,因從容言曰:"相國豈樂此邪?山東兵起,非一日可禁,故當遷以圖之,此秦、漢之執也。"卓意小解。爽私謂彪曰:"諸君堅爭不止,禍必有歸,故吾不為也。"議罷,卓使司隸校尉宣播以災異奏免琬、彪等,詣闕謝,即拜光祿大夫。十餘日,遷大鴻臚。從入關,轉少府、太常,以病免。復為京兆尹、光祿勳,再遷光祿大夫。三年秋,代淳于嘉為司空,以地震免。復拜太常。興平元年,代朱儁為太尉,錄尚書事。及李傕、郭汜之亂,彪盡節衛主,崎嶇危難之間,幾不免於害。語在《董卓傳》。及車駕還洛陽,〔三八〕復守尚書令。

【注】

〔1〕違,避也。

〔2〕盤庚,殷王之名也。胥,相也。遷都於亳,殷人相與怨恨。湯遷亳,仲丁遷嚻,河亶甲居相,祖乙居耿,并般庚五也。

〔3〕虞,度也。言無可度之事也。《書》曰:"四方無虞。"

〔4〕如糜粥之沸也。《詩》曰:"如沸如羹。"

〔5〕言不敢避險難也。

〔6〕沮,止也。

建安元年，從東都許。時天子新遷，大會公卿，兗州刺史曹操上殿，見彪色不悅，恐於此圖之，未得讌設，託疾如廁，因出還營。彪以疾罷。時袁術僭亂，操託彪與術婚姻，誣以欲圖廢置，奏收下獄，劾以大逆。將作大匠孔融聞之，不及朝服，往見操曰：〔1〕"楊公四世清德，海內所瞻。《周書》父子兄弟罪不相及，〔2〕況以袁氏歸罪楊公。《易》稱'積善餘慶'，徒欺人耳。"〔3〕操曰："此國家之意。"融曰："假使成王殺邵公，周公可得言不知邪？今天下纓緌搢紳〔4〕所以瞻仰明公者，以公聰明仁智，輔相漢朝，舉直厝枉，致之雍熙也。今橫殺無辜，則海內觀聽，誰不解體！〔5〕孔融魯國男子，明日便當拂衣而去，不復朝矣。"〔6〕操不得已，遂理出彪。

【注】

〔1〕《獻帝春秋》曰："〔融見〕操〔曰〕：〔三九〕'刑之不濫，君之明也。楊彪獲罪，懼者甚衆。'"

〔2〕《左傳》曰："《康誥》曰：'父不慈，子不祗，兄不友，弟不恭，不相及也。'"

〔3〕《易·文言》曰："積善之家，必有餘慶。"

〔4〕《說文》曰："纓，冠索也。"鄭玄注《禮記》曰："緌，冠飾也。紳，帶也。搢，插也，插笏於紳也。"或作"緟"者，淺赤，言帶之色。

〔5〕《左傳》曰，季文子謂晉韓穿曰："四方諸侯，誰不解體！"杜預注曰："言不復肅敬也。"

〔6〕若以非罪殺彪，融則還為魯國一男子，不復更來朝也。

四年，復拜太常，十年免。十一年，諸以恩澤為侯者皆奪封。〔1〕彪見漢祚將終，遂稱脚攣不復行，積十年。後子脩為曹操所殺，操見彪問曰："公何瘦之甚？"對曰："愧無日磾先見之明，猶懷老牛舐犢之愛。"〔2〕操為之改容。

【注】

〔1〕彪父賜，以師傅封臨晉侯。

〔2〕《前書》曰，金日磾子二人，武帝所愛，以為弄兒。其後弄兒壯大，不謹，自殿下與宮人戲，日磾適見之，惡其淫亂，遂殺弄兒。

脩字德祖，好學，有俊才，為丞相曹操主簿，〔1〕用事曹氏。及操自平漢中，欲因討劉備而不得進，欲守之又難為功，護軍不知進止何依。操於是出教，唯曰"雞肋"而已。外曹莫能曉，脩獨曰："夫雞肋，食之則無所得，弃之則如可惜，公歸計決矣。"乃令外白稍嚴，操於此迴師。脩之幾決，多有此類。脩又嘗出行，籌操有問外事，乃逆為荅記，勑守舍兒："若有令出，依次通之。"既而果然。如是者三，操怪其速，使廉之，知狀，〔2〕於此忌脩。且以袁術之甥，慮為後患，遂因事殺之。〔3〕

【注】

〔1〕《典略》曰："脩，建安中舉孝廉，除郎中，丞相請署倉曹屬主簿。是時軍國多事，脩總知內外事，皆稱意。自魏太子以下，並爭與交好。"

〔2〕廉，察也。

〔3〕《續漢書》曰："人有白脩與臨淄侯曹植飲醉共載，從司馬門出，謗訕鄢陵侯章。太祖聞之大怒，故遂收殺之，時年四十五矣。"

脩所著賦、頌、碑、讚、詩、哀辭、表、記、書凡十五篇。

及魏文帝受禪，欲以彪為太尉，先遣使示旨。彪辭曰："彪備漢三公，遭世傾亂，不能有所補益。耄年被病，豈可贊惟新之朝？"遂固辭。乃授光祿大夫，賜几杖衣袍，〔1〕因朝會引見，令彪著布單衣、鹿皮冠，杖而入，待以賓客之禮。年八十四，黃初六年卒於家。自震至彪，四世太尉，德業相繼，與袁氏俱為東京名族云。〔2〕

【注】

〔1〕《續漢書》曰"魏文帝詔曰：'先王制几杖之賜，所以賓禮黃耇。太尉楊彪，乃祖以來世著名績，其賜公延年杖。延請之日便使杖入'"也。

〔2〕華嶠《書》曰："東京楊氏、袁氏，累世宰相，為漢名族。然袁氏車馬衣服極為奢僭；能守家風，為世所貴，不及楊氏也。"

論曰：孔子稱"危而不持，顛而不扶，則將焉用彼相矣"。[1]誠以負荷之寄，不可以虛冒，[2]崇高之位，憂重責深也。延、光之閒，震為上相，抗直方以臨權枉，[3]先公道而後身名，可謂懷王臣之節，[4]識所任之體矣。遂累葉載德，[5]繼踵宰相。信哉，"積善之家，必有餘慶"。先世韋、平，方之蔑矣。[6]

【注】

〔1〕《論語》載孔子之言也。相扶持者，諭臣當輔君也。
〔2〕負荷之寄，周公、霍光之儔。
〔3〕《坤》六二曰"直方大不習無不利"也。
〔4〕《易》曰："王臣蹇蹇，匪躬之故。"
〔5〕《易》曰："德積載。"載，重也。
〔6〕韋賢、平當父子並相繼為丞相。

贊曰：楊氏載德，仍世柱國。[1]震畏四知，秉去三惑。賜亦無諱，彪誠匪忒。[2]脩雖才子，渝我淳則。[3]

【注】

〔1〕言世為國柱臣也。
〔2〕忒，差也。
〔3〕渝，變也。

【校勘記】

〔一〕八世祖喜　按：《集解》引惠棟説，謂《太尉楊震碑》作"熹"，喜讀為熹也。

〔二〕續漢（志）〔書〕曰　《集解》引沈欽韓説，謂"志"當作"書"，今據改。按：《御覽》九百九十六引作"謝承《後漢書》"。

〔三〕倫字仲桓　按：《集解》引惠棟説，謂案《儒林傳》，倫字仲理，東昏人。倫理名字相副，作"桓"者未詳。

〔四〕篡辭也　按："辭"原譌"亂"，逕據汲本、殿本改正。

〔五〕去年十（一）〔二〕月四日京師地動　按：延光二年十二月戊辰，京師及郡國三地震。《通鑑考異》謂下文"其日戊辰"，十一月丙申朔，戊辰乃十二月四日也。今據改。

〔六〕小人怨詈則還自敬德　汲本"還自敬德"作"皇自敬德"，《群書治要》作"洗目改聽"。按：李慈銘謂案《無逸》"皇自敬德"《今文尚書》作"況自敬德"，《隸釋》載漢熹平石經《尚書》殘碑"況"作"兄"，兄即古況字，王肅《尚書》注訓為滋益。石經用今文，楊震受《歐陽尚書》，故此疏用今文作"況自敬德"，因誤作"洗目改聽"，皆因形近致譌。章懷注僅引《古文尚書》"皇自敬德"，後人不解"況"字，遂改作"還"字，幸《治要》四字皆誤，轉可推求而得。

〔七〕震行至城西几陽亭　汲本、殿本"几"作"夕"。《集解》引惠棟説，謂《東觀記》作"洛陽都亭"，袁宏《紀》作"洛陽沈亭"，《通鑑》作"几陽亭"。今按：清胡克家翻刻元刊胡注本《通鑑》作"夕陽亭"，章鈺校宋刊本《通鑑》三種及明孔天胤本，並作"几陽亭"。

〔八〕帝嘗從容問奇曰　按："嘗"原作"常"，逕據汲本、殿本改。

〔九〕桃林縣有荔鄉　按："桃林"當作"弘農"。《集解》引惠棟説，謂《郡國志》宏農郡宏農縣有桃邱聚，故桃林，有荔鄉。桃林非縣名，注訛。

〔一〇〕秉字叔節　按：《校補》引柳從辰説，謂《御覽》二百七引張璠《漢記》作"字叔卿"。

〔一一〕私過幸河南尹梁胤府舍　按：《集解》引沈欽韓説，謂袁宏《紀》

云幸梁不疑府,梁冀子為河南尹在元嘉初元之後,袁《紀》是。

〔一二〕特蒙哀識 《集解》引王補説,謂袁《紀》"哀識"作"光識"。按:《校補》謂"哀"字疑當作"表"。

〔一三〕太尉黄瓊 按:《校補》引柳從辰説,謂"太尉"袁《紀》作"太常",又袁《紀》載秉上疏在元嘉元年,而瓊為太尉在永興二年,則作"太常"是也。

〔一四〕日月星辰山龍華蟲藻火粉米〔黼黻〕十二章 據汲本、殿本補。

〔一五〕居郎閒 汲本、殿本"郎"譌"廊"。按:《前書》顔注,郎著皁衣,故章玄服以廁也。

〔一六〕中常侍單超弟匡 按:《集解》引錢大昕説,謂案《第五種傳》以匡為超兄子,《宦者傳》以為超弟子。

〔一七〕可告在所屬 按:《刊誤》謂案文多一"在"字。

〔一八〕覽顧知釁重 汲本、殿本"顧"作"固"。按:顧固通。

〔一九〕投畀(有)〔豺〕虎 《刊誤》謂"有"當作"豺",注無它説,知與《詩》同。今據改。

〔二〇〕左傳曰晉寺人披言也 "言"原譌"吉",逕改正。按:"曰"字疑衍。

〔二一〕賜字伯獻 按:《集解》引惠棟説,謂《太尉楊公碑》及《文烈楊公碑》皆云字伯獻,袁宏《紀》字子獻。又引沈欽韓説,謂謝承《書》作"伯欽"。又《校補》引柳從辰説,謂今袁《紀》作"字子獻",又《東觀記》作"字伯獻",與此同。

〔二二〕布恩施惠 按:"惠"原譌"志",逕改正。

〔二三〕景公時 按:陳景雲謂"景公"上脱"宋"字。

〔二四〕周文日昃不暇 汲本、殿本"昃"作"昗"。按:昗本作厢,昃為厢之或字。

〔二五〕文王自朝至於日中仄 汲本、殿本"仄"作"昗"。按:仄昗通。

〔二六〕長壯大節 《集解》引沈欽韓説,謂《列女傳》"壯"作"指"。今按:《初學記》引作"壯"。

〔二七〕折罢出匈　汲本、殿本"出"作"凸"。按：《列女傳》作"出"，《初學記》引同。

〔二八〕年四十　按：《集解》引沈欽韓説，謂"四十"《新序》及《初學記》並作"三十"。

〔二九〕行嫁不售　按：《集解》引沈欽韓説，謂《列女傳》"行"作"街"。

〔三〇〕禹數視其少子　按："少"原譌"小"，逕改正。

〔三一〕檮杌次於（平）〔丕〕山　據殿本改。

〔三二〕蝀音董　按：汲本"董"作"東"。

〔三三〕齊宣五里　按：《集解》引惠棟説，謂王懋云《世説》舉樂松之語，云齊五十里，乃知非五里也，當時史文于"五"字下脱一"十"字。蓋七十里近于百里，四十里近于五十里，樂松舉其大要耳。

〔三四〕張（輔）〔酺〕曾孫　據《校補》引柳從辰説改。按：張濟為張酺曾孫，已見《酺傳》。

〔三五〕三百石長導從置門下五吏賊曹功曹皆帶劒車道　按：《刊誤》謂案《後漢志》文，此不合有"三百石長"四字。又云"賊曹、督盜賊、功曹皆帶劒，三車導"，此文少"督盜賊"三字，又少一"三"字，又誤"導"字也。蓋門下五吏，賊曹一，督盜賊一，功曹一，主簿一，主記一，凡五車也。

〔三六〕光武宮洛陽於今亦十世矣　按：沈家本謂《魏志·董卓傳》注"十世"作"十一世"，是也。此奪"一"字。

〔三七〕〔昔〕關中遭王莽變亂　據汲本、殿本補。

〔三八〕及車駕還洛陽　按："還"原譌"遷"，逕改正。

〔三九〕〔融見〕操〔曰〕　據《刊誤》補。按：此注原在"劫以大逆"下，據《刊誤》説移此。

後漢書卷五十五

章帝八王傳第四十五〔一〕

孝章皇帝八子：宋貴人生清河孝王慶，梁貴人生和帝，申貴人生濟北惠王壽、河閒孝王開，四王不載母氏。

千乘貞王伉，建初四年封。和帝即位，以伉長兄，甚見尊禮。立十五年薨。

子寵嗣，一名伏胡。永元七年，改國名樂安。立二十八年薨，是為夷王。父子薨于京師，皆葬洛陽。

子鴻嗣。安帝崩，始就國。鴻生質帝。質帝立，梁太后下詔，以樂安國土卑溼，租委鮮薄，改〔封〕鴻（封）勃海王。〔1〕〔二〕立二十六年薨，是為孝王。

【注】
〔1〕委謂委輸也。

無子，太后立桓帝弟蠡吾侯悝為勃海王，奉鴻（嗣）〔祀〕。〔1〕〔三〕延熹八年，悝謀為不道，有司請廢之。帝不忍，乃貶為癭陶王，食一縣。

【注】
〔1〕悝,蠡吾侯翼子,河間王開孫也。

悝後因中常侍王甫求復國,許謝錢五千萬。帝臨崩,遺詔復為勃海王。悝知非甫功,不肯還謝錢。甫怒,陰求其過。初,迎立靈帝,道路流言悝恨不得立,欲鈔徵書,而中常侍鄭颯、[1]中黃門董騰並任俠通剽輕,數與悝交通。[2]王甫司察,以為有姦,密告司隸校尉段熲。熹平元年,遂收颯送北寺獄。[3]使尚書令廉忠誣奏颯等謀迎立悝,大逆不道。遂詔冀州刺史收悝考實,又遣大鴻臚持節與宗正、廷尉之勃海,迫責悝。悝自殺。妃妾十一人,子女七十人,伎女二十四人,皆死獄中。傅、相以下,以輔導王不忠,悉伏誅。悝立二十五年國除。眾庶莫不憐之。

【注】
〔1〕音立。
〔2〕剽,疾也。
〔3〕北寺,獄名,屬黃門署。《前書音義》曰即若盧獄也。

平春悼王全,[1]以建初四年封。其年薨,葬於京師。無子,國除。

【注】
〔1〕《續漢志》平春,縣,屬江夏郡也。

清河孝王慶,母宋貴人。貴人,宋昌八世孫,扶風平陵人也。[1]父楊,以恭孝稱於鄉閭,不應州郡之命。楊姑即明德馬后之外祖母也。馬后聞楊二女皆有才色,迎而訓之。永平末,選入太子宮,甚有寵。肅宗即位,並為貴人。建初三年,大貴人生慶,[四]明年立為皇太子,徵楊為議郎，褒賜甚渥。貴人長於人事，供奉長樂宮，身執饋饌，太后憐之。太后崩後，竇皇后寵盛，以貴人姊妹並幸，慶為太子，心內惡之，與母比陽主謀陷宋氏。[2] 外令兄弟求其纖過，內使御者偵伺得失。[3] 後於掖庭門邀遮得貴人書，云"病思生菟，令家求之"，因誣言欲作蠱道祝詛，以菟為厭勝之術，日夜毀譖，貴人母子遂漸見疏。

【注】
〔1〕昌，文帝時為中尉，以代邸功封壯武侯。
〔2〕比陽主，東海王彊女。
〔3〕偵，候也，音丑政反。《廣雅》曰："偵，問也。"

慶出居承祿觀，數月，竇后諷掖庭令誣奏前事，請加驗實。七年，帝遂廢太子慶而立皇太子肇。肇，梁貴人子也。乃下詔曰："皇太子有失惑無常之性，爰自孩乳，至今益章，恐襲其母凶惡之風，不可以奉宗廟，為天下主。大義滅親，況降退乎！[1] 今廢慶為清河王。皇子肇保育皇后，承訓懷衽，導達善性，將成其器。蓋庶子慈母，尚有終身之恩，[2] 豈若嫡后事正義明哉！今以肇為皇太子。"遂出貴人姊妹置丙舍，使小黃門蔡倫考實之，皆承諷旨傅致其事，[3] 乃載送暴室。二貴人同時飲藥自殺。[4] 帝猶傷之，勑掖庭令葬於樊濯聚。[5] 於是免楊歸本郡。郡縣因事復捕繫之，楊友人前懷令山陽張峻、左馮翊沛國劉均等奔走解釋，得以免罪。楊失志憔悴，卒于家。慶時雖幼，而知避嫌畏禍，言不敢及宋氏，帝更憐之，勑皇后令衣服與太子齊等。太子特親愛慶，入則共室，出則同輿。及太子即位，是為和帝，待慶尤渥，諸王莫得為比，常共議私事。

【注】
〔1〕《左傳》，衛石碏殺其子厚，君子曰："石碏純臣也，惡州吁而厚預焉。大義滅親，其是之謂乎！"
〔2〕《儀禮‧喪服》曰："慈母如母。"謂妾子之無母，父命妾養之，故曰

慈母。如母者,貴父之命也。

〔3〕傅讀曰附。

〔4〕《續漢志》曰"暴室,署名,主中婦人疾病"也。

〔5〕在洛陽城北也。

後慶以長,別居丙舍。永元四年,帝移幸北宮章德殿,講於白虎觀,慶得入省宿止。帝將誅竇氏,欲得《外戚傳》,[1]懼左右不敢使,乃令慶私從千乘王求,夜獨內之;又令慶傳語中常侍鄭眾求索故事。[2]及大將軍竇憲誅,慶出居邸,賜奴婢三百人,輿馬、錢帛、帷帳、珍寶、玩好充仞其第,又賜中傅以下至左右錢帛各有差。[3]

【注】

〔1〕《前書·外戚傳》也。

〔2〕謂文帝誅薄昭,武帝誅竇嬰故事。

〔3〕《前書音義》曰:"中傅,宦者也。"〔五〕

慶多被病,或時不安,帝朝夕問訊,進膳藥,所以垂意甚備。慶小心恭孝,自以廢黜,尤畏事慎法。每朝謁陵廟,常夜分嚴裝,衣冠待明;[1]約勅官屬,不得與諸王車騎競驅。常以貴人葬禮有闕,每竊感恨,至四節伏臘,輒祭於私室。竇氏誅後,始使乳母於城北遙祠。及竇太后崩,慶求上冢致哀,帝許之,詔太官四時給祭具。慶垂涕曰:"生雖不獲供養,終得奉祭祀,私願足矣。"欲求作祠堂,恐有自同恭懷梁后之嫌,遂不敢言。[2]常泣向左右,以為沒齒之恨。[3]後上言外祖母王年老,遭憂病,下土無毉藥,願乞詣洛陽療疾。於是詔宋氏悉歸京師,除慶舅衍、俊、蓋、暹等皆為郎。

【注】

〔1〕分,半也。

〔2〕恭懷梁后，和帝母梁貴人。

〔3〕沒，終；齒，年也。

十五年，有司以日食陰盛，奏遣諸王侯就國。詔曰："甲子之異，責由一人。諸王幼稚，早離顧復，弱冠相育，[1]常有《蓼莪》《凱風》之哀。[2]選懦之恩，知非國典，且復須留。"[3]至冬，從祠章陵，詔假諸王羽林騎各四十人。後中傅衞訴私為臧盜千餘萬，詔使案理之，并責慶不舉之狀。慶曰："訴以師傅之尊，選自聖朝，臣愚唯知言從事聽，不甚有所糺察。"帝嘉其對，悉以訴臧財賜慶。及帝崩，慶號泣前殿，嘔血數升，因以發病。

【注】

〔1〕《詩·小雅》曰："父兮生我，母兮鞠我，顧我復我，出入腹我。"

〔2〕《詩·小雅》曰："蓼蓼者莪，匪莪伊蒿。哀哀父母，生我劬勞。"，《詩·國風》曰："凱風自南，吹彼棘心。棘心夭夭，母氏劬勞。"

〔3〕選懦，仁弱慈戀不決之意也。懦音仁兗反。《東觀記》"須留"作"宿留"。

明年，諸王就國，鄧太后特聽清河王置中尉、內史，賜什物皆取乘輿上御，以宋衍等並為清河中大夫。[1]慶到國，下令：[六]"寡人生於深宮，長於朝廷，[2]仰恃明主，垂拱受成。[3]既以薄祐，[七]早離顧復，屬遭大憂，[4]悲懷感傷。蒙恩大國，職惟藩輔，新去京師，憂心煢煢，夙夜屏營，未知所立。[5]蓋聞智不獨理，必須明賢。今官屬並居爵任，失得是均，庶望上遵策戒，下免悔咎。其糺督非枉，明察典禁，無令孤獲怠慢之罪焉。"

【注】

〔1〕《續漢（書）[志]》曰：[八]"中大夫，秩六百石，無員，掌奉王使至京師。"

〔2〕魯哀公與孔子言曰："寡人生於深宮之中，長於婦人之手。"事見《孫卿子》也。

〔3〕垂拱言無為也。《尚書》曰："垂拱仰成。"

〔4〕屬，近。

〔5〕煢煢，孤特也。屏營，仿偟也。

鄧太后以殤帝襁抱，遠慮不虞，[1]留慶長子祐[九]與嫡母耿姬居清河邸。至秋，帝崩，立祐為嗣，是為安帝。太后使中黃門送耿姬歸國。

【注】

〔1〕襁以繒帛為之，即今之小兒繃也。繃音必衡反。

帝所生母左姬，字小娥，小娥姊字大娥，犍為人也。初，伯父聖坐妖言伏誅，家屬沒官，二娥數歲入掖庭，及長，並有才色。小娥善《史書》，喜辭賦。和帝賜諸王宮人，因入清河第。慶初聞其美，賞傅母以求之。及後幸愛極盛，姬妾莫比。姊妹皆卒，葬於京師。

慶立凡二十五年，乃歸國。其年病篤，謂宋衍等曰："清河埤薄，[1]欲乞骸骨於貴人冢傍下棺而已。朝廷大恩，猶當應有祠室，庶母子并食，魂靈有所依庇，死復何恨？"乃上書太后曰："臣國土下溼，願乞骸骨，下從貴人於樊濯，雖歿且不朽矣。及今口目尚能言視，冒昧干請。命在呼吸，願蒙哀憐。"遂薨，年二十九。遣司空持節與宗正奉弔祭；又使長樂謁者僕射、中謁者二人副護喪事；賜龍旂九旒，虎賁百人，儀比東海恭王。[2]太后使掖庭丞送左姬喪，與王合葬廣丘。

【注】

〔1〕埤音婢。

〔2〕旂有九旒，天子制也。恭王彊葬，贈以殊禮，升龍、旂頭、鸞輅、龍旂，虎賁百人。

子愍王虎威嗣。永初元年，太后封宋衍為盛鄉侯，分清河為二國，封慶少子常保為廣川王，子女十一人皆為鄉公主，食邑奉。明年，常保薨，無子，國除。

虎威立三年薨，亦無子。鄧太后復立樂安王寵子延平為清河王，是為恭王。[1]

【注】
[1]寵即千乘王伉之子。

太后崩，有司上言："清河孝王至德淳懿，載育明聖，承天奉祚，為郊廟主。漢興，高皇帝尊父為太上皇，宣帝號父為皇考，[1]序昭穆，置園邑。（太）[大]宗之義，[一〇]舊章不忘。[2]宜上尊號曰孝德皇，皇妣左氏曰孝德后，孝德皇母宋貴人追謚曰敬隱后。"乃告祠高廟，使司徒持節與大鴻臚奉策書璽綬[之]清河，[一一]追上尊號；又遣中常侍奉太牢祠典，護禮儀侍中劉珍等及宗室列侯皆往會事。尊陵曰甘陵，廟曰昭廟，置令、丞，設兵車周衛，比章陵。[3]復以廣川益清河國。尊耿姬為甘陵大貴人。又封女弟侍男為涅陽長公主，別得為舞陰長公主，久長為濮陽長公主，直得為平氏長公主。餘七主並早卒，故不及進爵。追贈敬隱后女弟小貴人印綬，追封謚宋楊為當陽穆侯。[4]楊四子皆為列侯，食邑各五千戶。宋氏為卿、校、侍中、大夫、謁者、郎吏十餘人。孝德后異母弟次及達生二人，諸子九人，皆為清河國郎中。耿貴人者，牟平侯舒之孫也。貴人兄寶，襲封牟平侯。帝以寶嫡舅，寵遇甚渥，位至大將軍，事已見《耿舒傳》。[一二]

【注】
[1]宣帝父諱進，武帝時號史皇孫，坐戾太子事遇害。帝即位，追尊皇考，立廟。
[2]（太）[大]宗謂繼嗣也。《左傳》季桓子曰"舊章不可忘"也。

〔3〕皇考南頓君陵。
〔4〕當陽,今荊州也。

[延平]立三十五年薨,〔一三〕子蒜嗣。沖帝崩,徵蒜詣京師,將議為嗣。會大將軍梁冀與梁太后立質帝,罷歸國。

蒜為人嚴重,動止有度,朝臣太尉李固等莫不歸心焉。初,中常侍曹騰謁蒜,蒜不為禮,宦者由此惡之。及帝崩,公卿皆正議立蒜,而曹騰説梁冀不聽,遂立桓帝。語在《李固傳》。蒜由此得罪。

建和元年,甘陵人劉文與南郡妖賊劉鮪交通,〔一四〕訛言清河王當統天下,欲共立蒜。事發覺,文等遂劫清河相謝暠,將至王宮司馬門,〔1〕曰:"當立王為天子,暠為公。"暠不聽,罵之,文因刺殺暠。於是捕文、鮪誅之。有司因劾奏蒜,坐貶爵為尉氏侯,徙桂陽,〔一五〕自殺。立三年,國絕。

【注】
〔1〕帝紀"謝"作"射",蓋紀傳不同。

梁冀惡清河名,明年,乃改為甘陵。梁太后立安平孝王子經侯理為甘陵王,〔1〕奉孝德皇祀,是為威王。

【注】
〔1〕安平王德,河閒王開子。

理立二十五年薨,子貞王定嗣。
定立四年薨,子獻王忠嗣。黃巾賊起,忠為國人所執,既而釋之。靈帝以親親故,詔復忠國。忠立十三年薨,嗣子為黃巾所害,建安十一年,以無後,國除。

濟北惠王壽,母申貴人,潁川人也,世吏二千石。貴人年十三,入掖庭。壽以永元二年封,分太山郡為國。和帝遵肅宗故事,兄弟皆留京師,恩寵篤密。有司請遣諸王歸藩,不忍許之,及帝崩,乃就國。永初元年,鄧太后封壽舅申轉為新亭侯。壽立三十一年薨。自永初已後,戎狄叛亂,國用不足,始封王薨,減賵錢為千萬,布萬匹;嗣王薨,五百萬,布五千匹。時唯壽最尊親,特賵錢三千萬,布三萬匹。

子節王登嗣。永寧元年,封登弟五人為鄉侯,皆別食太山邑。

登立十五年薨,子哀王多嗣。

多立三年薨,無子。永和四年,立戰鄉侯安國為濟北王,〔一六〕是為釐王。〔1〕

【注】
〔1〕釐音僖也。

安國立（十）〔七〕年薨,〔一七〕子孝王次嗣。本初元年,封次弟猛為亭侯。次九歲喪父,至孝。建和元年,梁太后下詔曰:"濟北王次以幼年守藩,躬履孝道,父沒哀慟,焦毀過禮,草廬土席,衰杖在身,頭不枕沐,體生瘡腫。諒闇已來二十八月,自諸國有憂,未之聞也,朝廷甚嘉焉。《書》不云乎:'用德章厥善。'〔1〕《詩》云:'孝子不匱,永錫爾類。'〔2〕今增次封五千戶,廣其土宇,以慰孝子惻隱之勞。"

【注】
〔1〕《尚書·盤庚》之辭也。言以道德明之,使競為善也。
〔2〕《詩·大雅》也。匱,竭也。類,善也。永,長也。言孝子之行,無有匱竭,長賜與汝之族類,教道天下。

次立〔十〕七年薨,〔一八〕子鸞嗣。鸞薨,子政嗣。政薨,無子,建安十一年,國除。

河間孝王開,以永元二年封,分樂成、勃海、涿郡為國。延平元年就國。開奉遵法度,吏人敬之。永寧元年,鄧太后封開子翼為平原王,奉懷王勝祀;〔1〕子德為安平王,奉樂成王黨祀。〔2〕〔一九〕

【注】
〔1〕勝,和帝子。
〔2〕黨,明帝子也。

開立四十二年薨,子惠王政嗣。政慠佷,不奉法憲。順帝以侍御史吳郡沈景有彊能稱,故擢為河閒相。景到國謁王,王不正服,箕踞殿上。侍郎贊拜,景峙不為禮。〔1〕問王所在,虎賁曰:"是非王邪?"景曰:"王不服,〔二〇〕常人何別!今相謁王,豈謁無禮者邪!"王慙而更服,景然後拜。出住宮門外,請王傅責之曰:"前發京師,陛下見受詔,以王不恭,使相檢督。諸君空受爵祿,而無訓導之義。"因奏治罪。詔書讓政而詰責傅。景因捕諸姦人上案其罪,〔2〕殺戮尤惡者數十人,出冤獄百餘人。政遂為改節,悔過自脩。陽嘉元年,封政弟十三人皆為亭侯。

【注】
〔1〕峙,立也。
〔2〕上,奏上也,音市丈反。

政立十年薨,子貞王建嗣。建立十年薨,子安王利嗣。利立二十八年薨,子陔嗣。陔立四十一年,魏受禪,以為崇德侯。

蠡吾侯翼,元初六年鄧太后徵濟北、河閒王諸子詣京師,奇翼美儀容,故以為平原懷王後焉。〔1〕留在京師。歲餘,太后崩。安帝乳母王聖與中常侍江京等譖鄧騭兄弟及翼,云與中大夫趙王〔二一〕謀圖不軌,闚覦神器,懷大逆心。〔2〕貶為都鄉侯,遣歸河閒。翼於是謝賓客,閉門自處。

永建五年，父開上書，願分蠡吾縣以封翼，順帝從之。

【注】
〔1〕平原王得無子，故立之也。
〔2〕神器喻帝位也。《老子》曰："天下神器，不可為也。"

翼卒，子志嗣，為大將軍梁冀所立，是為桓帝。梁太后詔追尊河間孝王為孝穆皇，夫人趙氏曰孝穆后，廟曰清廟，陵曰樂成陵；蠡吾先侯曰孝崇皇，廟曰烈廟，陵曰博陵。皆置令、丞，使司徒持節奉策書、璽綬，祠以太牢。建和二年，更封帝（兄）〔弟〕都鄉侯碩為平原王，〔二二〕留博陵，奉翼後。尊翼夫人馬氏為孝崇博園貴人，以涿郡之良鄉、故安，河間之蠡吾三縣為湯沐邑。碩嗜酒，多過失，帝令馬貴人領王家事。建安十一年，國除。

解瀆亭侯淑，以河間孝王子封。淑卒，子（長）〔萇〕嗣。〔二三〕（長）〔萇〕卒，子宏嗣，為大將軍竇武所立，是為靈帝。建寧元年，竇太后詔追尊皇祖淑為孝元皇，夫人夏氏曰孝元后，陵曰敦陵，廟曰靖廟；皇考萇為孝仁皇，夫人董氏為慎園貴人，陵曰慎陵，廟曰奐廟。皆置令、丞，使司徒持節之河間奉策書、璽綬，祠以太牢，常以歲時遣中常侍持節之河間奉祠。

熹平三年，使使拜河間安王利子康為濟南王，〔二四〕奉孝仁皇祀。

康薨，子贇嗣，建安十二年，為黃巾賊所害。子開嗣，〔二五〕立十三年，魏受禪，以為崇德侯。

城陽懷王淑，以永元二年分濟陰為國。立五年薨，葬於京師。無子，國除，還并濟陰。

廣宗殤王萬歲，以永元五年封，分鉅鹿為國。其年薨，葬於京師。無子，國除，還并鉅鹿。

平原懷王勝，和帝長子也。不載母氏。少有痼疾，延平元年封。立八年薨，葬於京師。無子，鄧太后立樂安夷王寵子得為平原王，奉勝後，是為哀王。

得立六年薨，無子，永寧元年，太后又立河閒王開子都鄉侯翼為平原王嗣。安帝廢之，國除。

論曰：傳稱吳子夷昧，甚德而度，有吳國者，必其子孫。[1]章帝長者，事從敦厚，繼祀漢室，咸其苗裔，古人之言信哉！

【注】

〔1〕夷昧，吳君之名。《左傳》屈狐庸謂趙文子曰："若天所啓，其在今嗣君乎？甚德而度，德不失人，度不失事，有吳國者，必此君之子孫也。"杜預注云："嗣君謂夷昧也。"

贊曰：章祚不已，本枝流祉。質惟伉孫，安亦慶子。河閒多福，桓、靈承祀。濟北無驕，皇恩寵饒。平原抱痼，三王薨朝。[1]振振子孫，或秀或苗。[2]

【注】

〔1〕平春王全、廣宗王萬歲、城陽王淑並薨於京師也。

〔2〕振振，仁厚貌也，音之人反。《詩·國風》曰："宜爾子孫振振兮。"《論語》曰："苗而不秀者有矣夫，秀而不實者有矣夫！"苗謂早夭，秀謂成長也。

【校勘記】

〔一〕章帝八王傳第四十五　按：《集解》引黃山說，謂八王中平原王勝既為和帝子，應稱"章和八王"，如《前書》"宣元六王"之例，"帝"蓋誤字。

〔二〕改〔封〕鴻（封）勃海王　《校補》謂案文"鴻封"當作"封鴻"。今據改。

〔三〕奉鴻（嗣）〔祀〕　據汲本、殿本改。

〔四〕大貴人生慶　按：《集解》引惠棟說，謂《續漢書》云"小貴人"。

〔五〕中傅宦者也　按：汲本"宦者"作"官名"。

〔六〕慶到國下令　按：《刊誤》謂"令"下少一"曰"字。

〔七〕既以薄祐　按："祐"當作"祜"，汲本正作"祜"。然范《書》"祜"字皆作"祐"，或別有所諱，參閱《周章傳》校記。

〔八〕續漢（書）〔志〕曰　按："書"當作"志"，各本皆失正，今改。

〔九〕留慶長子祐　《集解》引惠棟說，謂按《說文》當作"祜"。今按：范《書》"祜"皆作"祐"，參閱《周章傳》校記。

〔一〇〕（太）〔大〕宗之義　按：殿本《考證》謂何焯校本"太"改"大"，是。今據改。注同。

〔一一〕使司徒持節與大鴻臚奉策書璽綬〔之〕清河　《校補》謂案文"清河"上少一"之"字。今據補。

〔一二〕事已見耿舒傳　"已"原作"以"，逕據汲本、殿本改。按：已以通。

〔一三〕〔延平〕立三十五年薨　據《刊誤》補。

〔一四〕甘陵人劉文與南郡妖賊劉鮪交通　按：《集解》引洪頤煊說，謂《李固傳》"甘陵劉文，魏郡劉鮪，各謀立蒜為天子"。甘陵、魏郡皆與清河近，此作"南郡"，誤。又"劉鮪"《朱穆傳》作"嚴鮪"。

〔一五〕坐貶爵為尉氏侯徙桂陽　按：《集解》引惠棟說，謂《天文志》"徙為犍為都鄉侯，薨，國絕"。

〔一六〕立戰鄉侯安國為濟北王　按：《集解》引惠棟說，謂"戰鄉"疑作"闡鄉"。又引錢大昕說，謂《和帝紀》封故濟北王壽子安為濟北王，無"國"

字。

〔一七〕安國立（十）〔七〕年薨　張熷謂案文"十"當為"七"。《質帝紀》永嘉元年四月，濟北王安薨，距永和四年止七年耳。今據改。

〔一八〕次立〔十〕七年薨　張森楷《校勘記》謂次以本初元年嗣，若立七年，當薨於元嘉二年，而本紀於延熹五年乃有次薨之文，則相距十七年矣，"七"上明奪"十"字。今據補。

〔一九〕永寧元年至奉樂成王黨祀　按：《集解》引錢大昕説，謂《安帝紀》是年與平原王同封者，乃濟北王壽之子樂成王萇也。其明年為建光元年，鄧太后崩，樂成王萇亦以罪廢。又明年為延光元年，始改樂成國為安平，封河閒王開子得為王，得與德本一人也。此傳蓋有脱文，不可考矣。

〔二○〕王不服　按：《刊誤》謂"服"上少一"王"字。

〔二一〕中大夫趙王　按：《集解》引惠棟説，謂蔣果云"中大夫"疑當作"中大人"。又殿本《考證》謂"王"字疑當作"玉"，《鄧太后紀》有宮人趙玉。

〔二二〕更封帝（兄）〔弟〕都鄉侯碩為平原王　按："兄"當依《桓帝紀》作"弟"。《桓帝紀》校補引侯康説，謂《東觀記》稱桓帝為蠡吾侯長子，則帝不得有兄也。今據改。

〔二三〕子（長）〔萇〕嗣　《刊誤》謂案紀"長"作"萇"，他書亦然，明此誤。今據改。

〔二四〕康為濟南王　按：《集解》引錢大昕説，謂案光武子有濟南安王康，此濟南王亦名康，先後同國同名，亦可疑也。《御覽》引《續漢書》，此濟南王名庚。

〔二五〕子開嗣　按：《集解》引惠棟説，謂開為孝王六世孫，不應與始封之祖同諱，有誤。

後漢書卷五十六

張王种陳列傳第四十六

張晧〔一〕字叔明,犍為武陽人也。六世祖良,高帝時為太子少傅,封留侯。晧少游學京師,(初)永元中,歸仕州郡,〔二〕辟大將軍鄧騭府,五遷尚書僕射,職事八年,出為彭城相。[1]

【注】
[1] 明帝子彭城王恭之相也。

永寧元年,徵拜廷尉。晧雖非法家,而留心刑斷,數與尚書辯正疑獄,多以詳當見從。[1]時安帝廢皇太子為濟陰王,晧與太常桓焉、太僕來歷廷爭之,不能得。事已具《來歷傳》。退而上疏曰:"昔賊臣江充,造構讒逆,至令戾園興兵,終及禍難。[2]後壺關三老一言,上乃覺悟,雖追前失,悔之何逮![3]今皇太子春秋方始十歲,未見保傅九德之義,[4]宜簡賢輔,就成聖質。"書奏不省。

【注】
[1] 詳審而平當也。
[2] 趙人江充,字次倩。武帝時,為直指繡衣,劾太子家吏行馳道中,恐為太子所誅,見上年老,意多所惡,因言左右皆為巫蠱。上乃使充捕案巫蠱。

既知上意太子,乃言宮中有蠱氣,遂掘蠱太子宮,得桐木人。時上疾在甘泉宮,太子懼,不能自明,收充斬之,發兵與丞相劉屈氂戰,敗,亡走湖,自殺。後太子孫宣帝即位,追謚太子曰戾,於湖置園邑奉祠,故曰戾園。

〔3〕逮,及也。太子死後,壺關三老令狐茂上書訟太子冤,武帝感寤,憐太子無辜,乃族滅江充,作思子宮,為歸來望思之臺於湖,天下聞而悲之。事見《前書》。

〔4〕《尚書》皋繇陳九德,曰"寬而栗,柔而立,愿而恭,亂而敬,擾而毅,直而溫,簡而廉,剛而塞,彊而誼"也。

及順帝即位,拜晧司空,在事多所薦達,天下稱其推士。時清河趙騰上言災變,譏刺朝政,章下有司,收騰繫考,所引黨輩八十餘人,皆以誹謗當伏重法。晧上疏諫曰:"臣聞堯舜立敢諫之鼓,三王樹誹謗之木,《春秋》採善書惡,聖主不罪芻蕘。〔1〕騰等雖干上犯法,所言本欲盡忠正諫。如當誅戮,天下杜口,塞諫爭之源,非所以昭德示後也。"帝乃悟,減騰死罪一等,餘皆司寇。〔2〕四年,以陰陽不和策免。

【注】

〔1〕《左氏傳》曰:"《春秋》之稱,微而顯,志而晦,懲惡而勸善,非聖人誰能修之。"

〔2〕《前書音義》曰:"司寇,二歲刑也。"輸作司寇,因以名焉。

陽嘉元年,復為廷尉。其年卒官,時年八十三。遣使者弔祭,賜葬地於河南縣。子綱。

綱字文紀。少明經學。雖為公子,而履布衣之節。舉孝廉不就,司徒辟高第為[侍]御史。〔三〕時順帝委縱宦官,有識危心。綱常感激,慨然歎曰:"穢惡滿朝,不能奮身出命掃國家之難,雖生吾不願也。"退而上書曰:"《詩》曰:'不愆不忘,率由舊章。'[1]尋大漢初隆,及中興之世,文、明二帝,德化尤盛。觀其理為,易循易見,但恭儉守節,約身尚德而已。中官常侍不過兩人,近倖賞賜裁滿數金,惜費重人,故家給人足。夷狄聞中國優富,任信道德,所以姦謀自消而和氣感應。而頃者以來,不遵舊典,無功小人皆有官爵,富之驕之而復害之,非愛人重器,承天順道者也。[2]伏願陛下少留聖思,割損左右,以奉天心。"書奏不省。

【注】

[1]《詩·大雅》也。愆,過也。率,循也。言成王令德,不過循用舊典之文。

[2]器謂車服也。言無功小人不可妄授也。《左傳》曰"唯器與名不可以假人"也。

漢安元年,選遣八使徇行風俗,皆耆儒知名,多歷顯位,[1]唯綱年少,官次最微。餘人受命之部,而綱獨埋其車輪於洛陽都亭,曰:"豺狼當路,安問狐狸!"[2]遂奏曰:"大將軍冀,河南尹不疑,蒙外戚之援,荷國厚恩,以芻蕘之資,居阿衡之任,不能敷揚五教,翼讚日月,而專為封豕長蛇,肆其貪叨,[3]甘心好貨,縱恣無底,多樹諂諛,[四]以害忠良。誠天威所不赦,大辟所宜加也。謹條其無君之心十五事,斯皆臣子所切齒者也。"[4]書御,京師震竦。[5]時冀妹為皇后,內寵方盛,諸梁姻族滿朝,帝雖知綱言直,終不忍用。

【注】

[1]《周舉傳》曰:"詔遣八使巡行風俗,同時俱拜,天下號曰'八俊'。[五]刺史、二千石有臧罪者,驛馬上之,墨綬已下便收;其有清勤忠惠宜表異者,狀聞。"八使名見《順帝紀》。

[2]《前書》京兆督郵侯文之辭。

〔3〕《左傳》申包胥曰"吳為封豕長蛇，荐食上國"也。

〔4〕《左傳》曰"有無君之心，而後動於惡"也。《前書》鄒陽謂蓋侯王長君曰："太后怫鬱泣血，切齒側目於貴臣矣。"

〔5〕御，進也。

時廣陵賊張嬰等眾數萬人，殺刺史、二千石，寇亂揚徐間，積十餘年，朝廷不能討。冀乃諷尚書，以綱為廣陵太守，因欲以事中之。前遣郡守，率多求兵馬，綱獨請單車之職。既到，乃將吏卒十餘人，徑造嬰壘，以慰安之，求得與長老相見，申示國恩。嬰初大驚，既見綱誠信，乃出拜謁。綱延置上坐，問所疾苦。乃譬之曰："前後二千石多肆貪暴，〔1〕故致公等懷憤相聚。二千石信有罪矣，然為之者又非義也。今主上仁聖，欲以文德服叛，故遣太守，思以爵祿相榮，不願以刑罰相加，今誠轉禍為福之時也。若聞義不服，天子赫然震怒，荊、揚、兗、豫大兵雲合，豈不危乎？若不料彊弱，非明也；棄善取惡，非智也；去順效逆，非忠也；身絕血嗣，〔六〕非孝也；〔2〕背正從邪，非直也；見義不為，非勇也：六者成敗之幾，利害所從，公其深計之。"嬰聞，泣下，曰："荒裔愚人，不能自通朝廷，不堪侵枉，遂復相聚偷生，若魚遊釜中，喘息須臾閒耳。今聞明府之言，乃嬰等更生之（晨）〔辰〕也。〔七〕既陷不義，實恐投兵之日，不免孥戮。"綱約之以天地，誓之以日月，嬰深感悟，乃辭還營。明日，將所部萬餘人與妻子面縛歸降。綱乃單車入嬰壘，大會，置酒為樂，散遣部眾，任從所之；親為卜居宅，相田疇；〔3〕子弟欲為吏者，皆引召之。人情悅服，南州晏然。朝廷論功當封，梁冀遏絕，乃止。天子嘉美，徵欲擢用綱，而嬰等上書乞留，乃許之。

【注】

〔1〕二千石謂太守也。

〔2〕凡祭皆用牲，故曰血嗣。

〔3〕相，視也。田並畔曰疇。

綱在郡一年,年四十六卒。百姓老幼相攜,詣府赴哀者不可勝數。綱自被疾,吏人咸為祠祀祈福,皆言"千秋萬歲,何時復見此君"。張嬰等五百餘人〔八〕制服行喪,送到犍為,負土成墳。詔曰:"故廣陵太守張綱,大臣之苗,剖符統務,正身導下,班宣德信,降集劇賊張嬰萬人,息干戈之役,濟蒸庶之困,未升顯爵,不幸早卒。嬰等縗杖,若喪考妣,朕甚愍焉!"拜綱子續為郎中,賜錢百萬。

王龔字伯宗,山陽高平人也。世為豪族。初舉孝廉,稍遷青州刺史,劾奏貪濁二千石數人,安帝嘉之,徵拜尚書。建光元年,擢為司隸校尉,明年遷汝南太守。政崇溫和,好才愛士,引進郡人黃憲、陳蕃等。憲雖不屈,蕃遂就吏。蕃性氣高明,初到,龔不即召見之,乃留記謝病去。龔怒,使除其錄。功曹袁閬請見,言曰:"聞之傳曰'人臣不見察於君,不敢立於朝'。蕃既以賢見引,不宜退以非禮。"龔改容謝曰:"是吾過也。"乃復厚遇待之。由是後進知名之士莫不歸心焉。閬字奉高。數辭公府之命,不修異操,而致名當時。

永建元年,徵龔為太僕,轉太常。四年,遷司空,以地震策免。

永和元年,拜太尉。在位恭慎,自非公事,不通州郡書記。其所辟命,皆海內長者。龔深疾宦官專權,志在匡正,乃上書極言其狀,請加放斥。諸黃門恐懼,各使賓客誣奏龔罪,順帝命亟自實。〔1〕前掾李固時為大將軍梁商從事中郎,乃奏記於商曰:"今旦聞下太尉王公勑令自實,未審其事深淺何如。王公束脩厲節,敦樂蓺文,不求苟得,不為苟行,〔2〕但以堅貞之操,違俗失衆,橫為讒佞所構毀,衆人聞知,莫不歎慄。夫三公尊重,承天象極,未有詣理訴冤之義。〔3〕纖微感槩,輒引分決,是以舊典不有大罪,不至重問。〔4〕王公沈靜內明,不可加以非理。卒有它變,則朝廷獲害賢之名,群臣無救護之節矣。昔絳侯得罪,袁盎解其過,〔5〕魏尚獲戾,馮唐訴其冤,〔6〕時君善之,列在書傳。今將軍內倚至尊,外典國柄,言重信著,指撝無違,宜加表救,濟王公之艱難。語曰:

'善人在患，飢不及餐。'斯其時也。"商即言之於帝，事乃得釋。

【注】

〔1〕亟，急也，音紀力反。

〔2〕《前書》曰，楊子雲曰："蜀嚴湛冥不作苟見，不為苟得。"

〔3〕三公承助天子，位象三台，故曰承天象極。哀帝時，丞相王嘉有罪，召詣廷尉詔獄。主簿曰"將相不對理陳冤，相踵以為故事，君侯宜引決"也。

〔4〕大臣獄重，故曰重問。成帝時，丞相薛宣、御史大夫翟方進有罪，上使五二千石雜問。《音義》云："大獄重，故以二千石五人同問之。"

〔5〕文帝時，丞相絳侯周勃免就國，人告以為反，諸公莫敢為言，唯郎中袁盎明絳侯無罪。絳侯得釋，盎有力也。

〔6〕馮唐，安陵人，文帝時為郎署長。上與論將帥，唐曰："臣聞魏尚為雲中守，坐上功首虜差六級，陛下下之吏，削其爵，罰作之。臣愚以為陛下法太明，罰太重。"文帝悅，捨尚復官也。

龔在位五年，以老病乞骸骨，卒於家。子暢。

論曰：張晧、王龔，稱為（雅）[推]士，〔九〕若其好通汲善，明發升薦，仁人之情也。夫士進則世收其器，賢用即人獻其能。能獻既已厚其功，器收亦理兼天下。〔1〕其利甚博，而人莫之先，豈同折枝於長者，以不為為難乎？〔2〕昔柳下惠見抑於臧文，〔3〕淳于長受稱于方進。〔4〕然則立德者以幽陋好遺，顯登者以貴塗易引。故晨門有抱關之夫，〔5〕柱下無朱文之軫也。〔6〕

【注】

〔1〕言賢人見用，則人競獻其所能。但有能即獻，動必有功，功多賞厚，故言已厚其功。有才器必被收用，用則海內蒙福，故曰理兼天下。

〔2〕以不為為難，言不之難也。謂進賢達士，同折枝之易，而不為之。孟子謂齊宣王曰："今恩足以及禽獸，而不能加於百姓者何？非力不能，是不為

也。"王曰:"不能不為,二者謂何也?"孟子曰:"夫挾太山以超北海,王能乎?"王曰:"不能。""為長者折枝,王能乎?"曰:"不能也。"孟子曰:"夫挾太山以超[北]海,〔一〇〕是實不能,不可彊也。為長者折枝甚易,而王不為,非不能也。老吾老,以及人之老,幼吾幼,以及人之幼,天下可運諸掌,何為不能加於百姓乎?"劉熙注《孟子》曰:"折枝,若今之案摩也。"

〔3〕柳下惠姓展,名禽,字獲,食邑於柳下,謚曰惠。臧文仲,魯大夫,姓臧孫,名辰。《左傳》仲尼曰:"臧文仲不仁者三,下展禽,廢六關,妾織蒲。"言文仲知柳下惠之賢而使在下位,故曰抑之。

〔4〕成帝時,定陵侯淳于長以太后姊子為九卿。翟方進為丞相,獨與長交,稱薦之。

〔5〕《論語》:"子路宿於石門。晨門曰:'奚自?'"注云:"石門,魯城外門也。晨,主守門,晨夜開閉也。"《史記》,侯嬴,夷門抱關者。守門必抱關,故兼言之。

〔6〕《神仙傳》曰:"老子,周宣王時為柱下史。"朱文,畫車為文也。軫,車後橫木也。言貧賤之人,多被淪弃,所以晨門之下必有抱關之賢,柱下之微永無朱文之轍也。

暢字叔茂。少以清實為稱,無所交黨。初舉孝廉,辭病不就。大將軍梁商特辟舉茂才,四遷尚書令,出為齊相。〔1〕徵拜司隸校尉,轉漁陽太守。所在以嚴明為稱。坐事免官。是時政事多歸尚書,桓帝特詔三公,令高選庸能。〔2〕太尉陳蕃薦暢清方公正,有不可犯之色,〔3〕由是復為尚書。

【注】

〔1〕齊王喜之相。

〔2〕庸,功也。

〔3〕《禮記》曰:"介冑之士,則有不可犯之色。"

尋拜南陽太守。前後二千石逼懼帝鄉貴戚，多不稱職。暢深疾之，下車奮厲威猛，其豪黨有釁穢者，莫不糾發。會赦，事得散。暢追恨之，更為設法，諸受臧二千萬以上不自首實者，盡入財物；若其隱伏，使吏發屋伐樹，堙井夷竈，豪右大震。功曹張敞奏記諫曰：「五教在寬，著之經典。湯去三面，八方歸仁。[1]武王入殷，先去炮格之刑。[2]高祖鑒秦，唯定三章之法。孝文皇帝感一緹縈，蠲除肉刑。[3]卓茂、文翁、召父之徒，皆疾惡嚴刻，務崇溫厚。[4]仁賢之政，流聞後世。夫明哲之君，網漏吞舟之魚，[5]然後三光明於上，人物悅於下。言之若迂，其效甚近。[6]發屋伐樹，將為嚴烈，雖欲懲惡，難以聞遠。以明府上智之才，日月之曜，[7]敷仁惠之政，則海內改觀，實有折枝之易，而無挾山之難。郡為舊都侯甸之國，園廟出於章陵，[8]三后生自新野，[9]士女沾教化，黔首仰風流，自中興以來，功臣將相，繼世而隆。愚以為懇懇用刑，不如行恩；孳孳求姦，未若禮賢。舜舉皋陶，不仁者遠。[10]隨會為政，晉盜奔秦。[11]虞、芮入境，讓心自生。化人在德，不在用刑。」暢深納敞諫，更崇寬政，慎刑簡罰，教化遂行。

【注】

〔1〕《史記》曰，湯為夏方伯，得專征伐。出見野張四面網，祝曰：「自天下四方，皆入吾網。」湯曰：「嘻，盡之矣！去其三面！」祝曰：「欲左左，欲右右，不用命，乃入吾網。」諸侯聞曰：「湯德至禽獸！」於是諸侯畢服。嘻音僖。

〔2〕《列女傳》：「紂為銅柱，以膏塗之，加于炭之上，使有罪緣焉，足滑跌墮，紂與妲己笑以為樂，名曰炮格之刑。」臣賢案：《史記》及《帝王代紀》皆言文王為西伯，獻洛西之地，請除炮格之刑。今云武王，與此不同。

〔3〕文帝時，太倉令淳于公有罪當刑。淳于公無男，有五女，罵其女曰：「生女不生男，緩急非有益也。」其少女緹縈自傷悲泣，隨父至長安，上書請沒官為婢以贖父。文帝悲憐其意，為除肉刑。

〔4〕景帝時，文翁為蜀郡守，仁愛教化。宣帝時，召信臣為南陽太守，視

〔5〕《韓詩外傳》曰:"夫吞舟之魚,不居潛澤。"《前書》曰"高祖約法三章,號為網漏吞舟之魚"也。

〔6〕迂,遠也。

〔7〕《莊子》曰"飾智以驚愚,修身以明污,昭昭乎若揭日月而行"也。

〔8〕五百里甸服,千里侯服。南陽去洛千里,故曰侯甸。南頓君以上四廟在焉。

〔9〕光烈皇后,和帝陰后、鄧后,並新野人。

〔10〕《論語》子夏之辭也。

〔11〕《左傳》,晉命隨會將中軍,且為太傅,晉國之盜奔秦也。

〔12〕《史記》曰,文王為西伯,陰行善化,〔一〕諸侯皆來決平。於是虞、芮之人有獄不決,乃如周。入界,見耕者讓畔,少者讓長。虞、芮二人不見西伯,慙而相謂曰:"吾所爭,周人所恥,曷為取辱?"遂俱讓而還也。

　　郡中豪族多以奢靡相尚,暢常布衣皮褥,車馬羸敗,以矯其敝。同郡劉表時年十七,從暢受學。進諫曰:"夫奢不僭上,儉不逼下,〔1〕循道行禮,貴處可否之閒。蘧伯玉恥獨為君子。府君不希孔聖之明訓,而慕夷齊之末操,〔2〕無乃皎然自貴於世乎?"暢曰:"昔公儀休在魯,拔園葵,去織婦;〔3〕孫叔敖相楚,其子被裘刈薪。〔4〕夫以約失之鮮矣。〔5〕聞伯夷之風者,貪夫廉,懦夫有立志。〔6〕雖以不德,敢慕遺烈。"

【注】

〔1〕《禮記》曰"君子上不僭上,下不逼下"也。

〔2〕《論語》孔子曰:"奢則不遜,儉則固。"言仲尼得奢儉之中,而夷齊飢死,是末操也。

〔3〕《史記》曰,魯相公儀休之其家,見織帛,怒而出其婦,食於舍而茹葵,慍而拔其葵,曰:"吾已食祿,又奪園夫女子利乎?"

〔4〕《史記》曰,孫叔敖為楚相,且死,屬其子曰:"我死,汝貧困,往見

優孟，言孫叔敖子也。"居數年，其子貧，負薪逢優孟。優孟言之於王，封之寢丘四百戶也。

〔5〕《論語》孔子之辭也。言儉則無失。

〔6〕孟子之辭。

後徵為長樂衞尉。建寧元年，遷司空，數月，以水災策免。明年，卒於家。

子謙，為大將軍何進長史。謙子粲，以文才知名。[1]

【注】

〔1〕粲字仲宣。蔡邕見而奇之。時邕才學顯著，貴重朝廷，車騎填門，賓客盈坐。聞粲在門，倒屣迎之。既至，年幼，容狀短小，一座盡驚。邕曰："王公之孫，有異才，吾不如也。"太祖辟粲為丞相掾，後為侍中。博物多識，問無不對。嘗與人行，讀道邊碑，人問"卿能闇記乎"？因使背而誦之，一文不失。觀人圍碁，粲為覆之，棋者不信，以帊蓋之，更以它局為之，不誤一道。年四十卒。《魏志》有傳。

种暠字景伯，河南洛陽人，仲山甫之後也。父為定陶令，有財三千萬。父卒，暠悉以賑卹宗族及邑里之貧者。其有進趣名利，皆不與交通。始為縣門下史。時河南尹田歆外甥王諶，名知人。[1]歆謂之曰："今當舉六孝廉，多得貴戚書命，不宜相違，欲自用一名士以報國家，爾助我求之。"明日，諶送客於大陽郭，遙見暠，異之。還白歆曰："為尹得孝廉矣，近洛陽門下史也。"歆笑曰："當得山澤隱滯，（近）[迺]洛陽吏邪？"〔一二〕諶曰："山澤不必有異士，異士不必在山澤。"歆即召暠於庭，辯詰職事。暠辭對有序，歆甚知之，召署主簿，遂舉孝廉，辟太尉府，舉高第。

【注】
〔1〕有知人之名也。

順帝末,為侍御史。時所遣八使光祿大夫杜喬、周舉等,多所糾奏,而大將軍梁冀及諸宦官互為請救,事皆被寑遏。暠自以職主刺舉,志案姦違,乃復劾諸為八使所舉蜀郡太守劉宣等罪惡章露,宜伏歐刀。又奏請勑四府條舉近臣父兄及知親為刺史、二千石尤殘穢不勝任者,免遣案罪。帝乃從之。擢暠監太子於承光宮。中常侍高梵從中單駕出迎太子,時太傅杜喬等疑不欲從,惶惑不知所為。暠乃手劒當車,曰:"太子國之儲副,人命所係。今常侍來無詔信,何以知非姦邪?今日有死而已。"梵辭屈,不敢對,馳命奏之。〔一三〕詔報,太子乃得去。喬退而歎息,愧暠臨事不惑。帝亦嘉其持重,稱善者良久。

出為益州刺史。暠素慷慨,好立功立事。在職三年,宣恩遠夷,開曉殊俗,岷山雜落皆懷服漢德。其白狼、槃木、唐菆、邛、僰諸國,〔1〕自前刺史朱輔〔一四〕卒後遂絕;暠至,乃復舉種向化。時永昌太守冶鑄黃金為文蛇,以獻梁冀,暠糾發逮捕,馳傳上言,而二府畏懦,〔一五〕不敢案之,冀由是銜怒於暠。會巴郡人服直聚黨數百人,〔一六〕自稱"天王",〔2〕暠與太守應承討捕,不克,吏人多被傷害。冀因此陷之,傳逮暠、承。太尉李固上疏救曰:"臣伏聞討捕所傷,本非暠、承之意,實由縣吏懼法畏罪,迫逐深苦,致此不詳。比盜賊群起,處處未絕。暠、承以首舉大姦,而相隨受罪,臣恐沮傷州縣糾發之意,更共飾匿,莫復盡心。"〔3〕梁太后省奏,乃赦暠、承罪,免官而已。

【注】
〔1〕菆音側留反。
〔2〕"直"或作"宜"。
〔3〕言各飾偽辭,隱匿真狀也。

後涼州羌動，以暠為涼州刺史，甚得百姓歡心。被徵當遷，吏人詣闕請留之，太后歎曰：「未聞刺史得人心若是。」乃許之。暠復留一年，遷漢陽太守，戎夷男女送至漢陽界，暠與相揖謝，千里不得乘車。及到郡，化行羌胡，禁止侵掠。遷使匈奴中郎將。時遼東烏桓反叛，復轉遼東太守，烏桓望風率服，迎拜於界上。坐事免歸。
　　後司隸校尉舉暠賢良方正，不應。徵拜議郎，遷南郡太守，入為尚書。會匈奴寇并涼二州，桓帝擢暠為度遼將軍。暠到營所，先宣恩信，誘降諸胡，其有不服，然後加討。羌虜先時有生見獲質於郡縣者，悉遣還之。誠心懷撫，信賞分明，由是羌胡、龜茲、莎車、烏孫等皆來順服。暠乃去烽燧，除候望，[1]邊方晏然無警。

【注】
〔1〕晝舉烽，夜燔燧。解見《光武紀》。

　　入為大司農。延熹四年，遷司徒。推達名臣橋玄、皇甫規等，為稱職相。在位三年，年六十一薨。并、涼邊人咸為發哀。匈奴聞暠卒，舉國傷惜。單于每入朝賀，望見墳墓，輒哭泣祭祀。二子：岱，拂。

　　岱字公祖。好學養志。舉孝廉、茂才，辟公府，皆不就。公車特徵，病卒。
　　初，岱與李固子燮同徵議郎，燮聞岱卒，痛惜甚，乃上書求加禮於岱。曰：「臣聞仁義興則道德昌，道德昌則政化明，政化明而萬姓寧。伏見故處士种岱，淳和達理，耽悅《詩》、《書》，富貴不能回其慮，萬物不能擾其心。稟命不永，奄然殂殞。若不槃桓難進，等輩皆已公卿矣。[1]昔先賢既沒，有加贈之典，[2]《周禮》盛德，有銘誄之文，[3]而岱生無印綬之榮，卒無官謚之號。雖未建忠效用，而為聖恩所拔，遟邇具瞻，宜有異賞。」朝廷竟不能從。

【注】

〔1〕《易·屯卦》曰："磐桓,利居貞。"

〔2〕《春秋》隱公五年,臧僖伯卒,隱公葬之加一等。杜預曰:"加命服之一等。"

〔3〕《周禮·司勳》曰:"凡有功者,銘書於王之太常。"又曰"卿大夫之喪,賜諡誄"也。

拂字穎伯。初為司隸從事,拜宛令。時南陽郡吏好因休沐,游戲市里,為百姓所患。拂出逢之,必下車公謁,以愧其心,自是莫敢出者。政有能名,累遷光祿大夫。初平元年,代荀爽為司空。明年,以地震策免,復為太常。

李傕、郭汜之亂,長安城潰,百官多避兵衝。拂揮劍而出曰:"為國大臣,不能止戈除暴,致使凶賊兵刃向宮,去欲何之!"遂戰而死。子劭。

劭字申甫。少知名。中平末,為諫議大夫。

大將軍何進將誅宦官,召并州牧董卓,至澠池,而進意更狐疑,遣劭宣詔止之。卓不受,遂前至河南。劭迎勞之,因譬令還軍。卓疑有變,使其軍士以兵脅劭。劭怒,稱詔大呼叱之,軍士皆披,[1]遂前質責卓。卓辭屈,乃還軍夕陽亭。[2]

【注】

〔1〕披音芳靡反。

〔2〕夕陽亭在河南城西。

及進敗,獻帝即位,拜劭為侍中。卓既擅權,而惡劭彊力,遂左轉議郎,出為益涼二州刺史。會父拂戰死,竟不之職。服終,徵為少府、大鴻臚,皆辭不受。曰:"昔我先父以身徇國,吾為臣子,不能除殘復怨,何面目朝覲明主哉!"遂與馬騰、韓遂及左中郎劉範、諫議大夫馬宇〔一七〕共攻李傕、郭汜,以報其仇。與汜戰於長平觀下,〔1〕軍敗,劭等皆死。騰遂還涼州。

【注】
〔1〕長平,阪名也。有觀,在長安西十五里也。〔一八〕

陳球字伯真,下邳淮浦人也。歷世著名。〔1〕父亹,廣漢太守。〔2〕球少涉儒學,善律令。陽嘉中,舉孝廉,稍遷繁陽令。〔3〕時魏郡太守諷縣求納貨賄,球不與之,太守怒而撾督郵,〔一九〕欲令逐球。〔4〕督郵不肯,曰:"魏郡十五城,獨繁陽有異政,今受命逐之,將致議於天下矣。"太守乃止。

【注】
〔1〕謝承《書》曰:"祖父屯,有令名。"
〔2〕亹音尾。
〔3〕繁陽,魏郡縣。
〔4〕撾,擊也。

復辟公府,舉高第,拜侍御史。是時,桂陽黠賊李研等群聚寇鈔,陸梁荊部,州郡懦弱,不能禁,太尉楊秉表球為零陵太守。球到,設方略,旬月閒,賊虜消散。而州兵朱蓋等反,〔二〇〕與桂陽賊胡蘭數萬人轉攻零陵。零陵下溼,編木為城,不可守備,郡中惶恐。掾史白遣家避難,球怒曰:"太守分國虎符,受任一邦,〔1〕〔二一〕豈顧妻孥而沮國威重乎?復言者斬!"乃悉內吏人老弱,與共城守,弦大木為弓,羽矛為矢,引機發之,遠射千餘步,多所殺傷。賊復激流灌城,球輒於内因地埶反決水淹賊。相拒十餘日,不能下。會中郎將度尚將救兵至,球募士卒,與尚共破斬朱蓋等。賜錢五十萬,拜子一人為郎。遷魏郡太守。

【注】
〔1〕文帝初與郡守分銅虎符。

徵拜將作大匠,作桓帝陵園,所省巨萬以上。遷南陽太守,以糾舉豪右,為執家所謗,徵詣廷尉抵罪。會赦,歸家。

(復)[徵]拜廷尉。[二]竇太后崩。太后本遷南宫雲臺,[1]宦者積怨竇氏,遂以衣車載后尸,置城南市舍數日。中常侍曹節、王甫欲用貴人禮殯,帝曰:"太后親立朕躬,統承大業。《詩》云:'無德不報,無言不酬。'[2]豈宜以貴人終乎?"於是發喪成禮。及將葬,節等復欲别葬太后,而以馮貴人配祔。[3]詔公卿大會朝堂,令中常侍趙忠監議。太尉李咸時病,乃扶輿而起,擣椒自隨,謂妻子曰:"若皇太后不得配食桓帝,吾不生還矣。"既議,坐者數百人,各瞻望中官,良久莫肯先言。趙忠曰:"議當時定。"怪公卿以下各相顧望。球曰:"皇太后以盛德良家,母臨天下,宜配先帝,是無所疑。"忠笑而言曰:"陳廷尉宜便操筆。"球即下議曰:"皇太后自在椒房,有聰明母儀之德。遭時不造,援立聖明,承繼宗廟,功烈至重。先帝晏駕,因遇大獄,遷居空宫,不幸早世,家雖獲罪,事非太后。今若别葬,誠失天下之望。且馮貴人冢墓被發,骸骨暴露,與賊併尸,魂靈汙染,[4]且無功於國,何宜上配至尊?"忠省球議,作色俛仰,蚩球曰:"陳廷尉建此議甚健!"球曰:"陳、竇既冤,皇太后無故幽閉,臣常痛心,天下憤歎。今日言之,退而受罪,宿昔之願。"公卿以下,皆從球議。李咸始不敢先發,見球辭正,然[後]大言曰:[二三]"臣本謂宜爾,誠與臣意合。"會者皆為之愧。曹節、王甫復争,以為梁后家犯惡逆,别葬懿陵,武帝黜廢衛后,而以李夫人配食。[5]今竇氏罪深,豈得合葬先帝乎?李咸乃詣闕上疏曰："臣伏惟章德竇后虐害恭懷，安思閻后家犯惡逆，而和帝無異葬之議，順朝無貶降之文。至於衛后，孝武皇帝身所廢弃，不可以為比。今長樂太后尊號在身，親嘗稱制，坤育天下，[6]且援立聖明，光隆皇祚。太后以陛下為子，陛下豈得不以太后為母？子無黜母，臣無貶君，宜合葬宣陵，一如舊制。"帝省奏，謂曹節等曰："竇氏雖為不道，而太后有德於朕，不宜降黜。"節等無復言，於是議者乃定。咸字元貞，〔二四〕汝南人。累經州郡，以廉幹知名；在朝清忠，權倖憚之。

【注】
〔1〕太后父竇武與陳蕃謀誅宦官，反為中常侍曹節矯詔殺武、蕃，遷太后焉。
〔2〕《大雅‧抑》詩也。
〔3〕祔謂新死之主祔於先死者之廟，婦祔於其夫，所祔之妃妾祔於妾祖姑也。
〔4〕段熲為河南尹，坐盜發馮貴人冢，左遷諫議大夫。
〔5〕戾太子衛皇后共太子斬江充，自殺。武帝崩，霍光緣上雅意，以李夫人配食也。
〔6〕《周易》曰："坤為母。"

　　六年，遷球司空，以地震免。拜光祿大夫，復為廷尉、太常。光和元年，遷太尉，數月，以日食免。復拜光祿大夫。明年，為永樂少府，[1]乃潛與司徒河閒劉郃謀誅宦官。

【注】
〔1〕桓帝母孝崇皇后宮曰永樂，置太僕、少府。

　　初，郃兄侍中儵，〔二五〕與大將軍竇武同謀俱死，故郃與球相結。事未及發，球復以書勸郃曰："公出自宗室，位登台鼎，天下瞻望，社稷鎮衞，豈得雷同容容無違而已？今曹節等放縱為害，而久在左右，又公兄侍中受害節等，永樂太后所親知也。今可表徙衞尉陽球為司隸校尉，以次收節等誅之。政出聖主，天下太平，可翹足而待也。"又尚書劉納以正直忤宦官，出為步兵校尉，亦深勸於郃。郃曰："凶豎多耳目，恐事未會，先受其禍。"納曰："公為國棟梁，傾危不持，焉用彼相邪？"〔1〕郃許諾，亦結謀陽球。

【注】
〔1〕《論語》孔子之辭也。

球小妻，程璜之女，璜用事宫中，所謂程大人也。節等頗得聞知，乃重賂於璜，且脅之。璜懼迫，以球謀告節，節因共白帝曰："郃等常與藩國交通，有惡意。數稱永樂聲埶，受取狼籍。步兵校尉劉納及永樂少府陳球、衞尉陽球交通書疏，謀議不軌。"帝大怒，策免郃，郃與球及劉納、陽球皆下獄死。球時年六十二。
　　子瑀，吳郡太守；瑀弟琮，汝陰太守；弟子珪，沛相；珪子登，廣陵太守：並知名。〔1〕

【注】
〔1〕謝承《書》曰："瑀舉孝廉，辟公府，洛陽市長；後辟太尉府，未到。永漢元年，就拜議郎，遷吳郡太守，不之官。球（兄）〔弟〕子珪，〔二六〕字漢瑜。舉孝廉，劇令，去官；舉茂才，濟北相。珪子登，字元龍。學通今古，處身循禮，非法不行，性兼文武，有雄姿異略，一領廣陵太守。"《魏志》曰，登在廣陵，有威名，有功加伏波將軍，年三十九卒。後許汜與劉備並在荊州牧劉表坐，備共論天下人，汜曰："陳元龍淮海之士，〔二七〕豪氣不除。"備問汜曰："君言豪，寧有事邪？"汜曰："昔遭亂過下邳，見元龍無客主之意，不相與語，自上大牀臥，使客臥下牀。"備曰："君有國士之名。今天下大亂，帝王失所，君須憂國忘家，有救世之意。乃求田問舍，言無可采，是元龍所諱也，何緣當

與君語?如我自臥百尺樓上,臥君於地下,何但上下牀之閒哉!"表大笑也。

贊曰:安儲遭譖,張卿有請。[1]龔糾便佞,以直為眚。[2]二子過正,埋車堙井。[3]种公自微,臨官以威。陳球專議,桓思同歸。

【注】

[1]張晧為廷尉,故曰卿。

[2]眚,過也。

[3]張綱埋輪,王(龔)[暢]堙井。[二八]《孟子》曰:"矯枉過正。"

【校勘記】

[一]張晧 按:《集解》引惠棟說,謂《蜀志》"晧"作"浩"。

[二](初)永元中歸仕州郡 據《刊誤》刪。

[三]司徒辟高第為[侍]御史 《群書治要》"御"上有"侍"字,又《御覽》七七八引及《初學記》一二引《續漢書》,並作"侍御史",今據補。

[四]多樹諂諛 按:"諂"原譌"滔",逕改正。

[五]天下號曰八俊 按:《集解》引惠棟說,謂"八俊"《續漢書》作"八彥"。

[六]身絕血嗣 按:《集解》引惠棟說,謂據注則正文注文之"嗣"字皆當作"祀"。

[七]乃嬰等更生之(晨)[辰]也 按:《校補》謂"晨"當作"辰",各本均未正。今據改。

[八]張嬰等五百餘人 按:《校補》引柳從辰說,謂袁《紀》作"三百餘人"。

[九]稱為(雅)[推]士 據汲本、殿本改。

[一〇]夫挾太山以超[北]海 據汲本、殿本補。

[一一]陰行善化 按:"化"字疑衍。《史記》作"陰行善",無"化"字。殿本"化"作"行",疑涉上"行"字而衍。

〔一二〕(近)〔迺〕洛陽吏邪　據汲本改。

〔一三〕馳命奏之　《刊誤》謂案文多一"命"字。按：《通鑑》作"馳還奏之"。

〔一四〕自前刺史朱輔　按：《集解》引惠棟説，謂《西南夷傳》作"酺"，《東觀記》有傳，仍作"輔"。

〔一五〕而二府畏懦　按：《御覽》六四一引謝承《書》"二"作"三"。

〔一六〕聚黨數百人　按：汲本、殿本作"百餘人"。

〔一七〕左中郎劉範諫議大夫馬宇　按：《集解》引錢大昕説，謂《董卓傳》云"侍中馬宇、右中郎將劉範"。

〔一八〕在長安西十五里也　按：《集解》引惠棟説，謂紀注及《董卓傳》注皆云去長安五十里。

〔一九〕太守怒而撾督郵　按："撾"原作"檛"，逕據汲本、殿本改。注同。

〔二〇〕而州兵朱蓋等反　《集解》引汪文臺説，謂《御覽》二百六十、三百四十七、《類聚》六十引張璠《漢記》作"朱益"。今按：影印宋本《御覽》三四七作"朱蓋"。

〔二一〕受任一邦　按：《集解》引惠棟説，謂球，漢人，不應斥高祖諱。張璠《漢記》"邦"作"郡"。

〔二二〕(復)〔徵〕拜廷尉　《刊誤》謂案球初未嘗為廷尉，何得言"復"，當作"徵"字。《集解》引汪文臺説，謂《書鈔》五十五引謝承《書》，云"橋玄表球明法律，徵拜廷尉正"。今據改。

〔二三〕然〔後〕大言曰　據汲本、殿本補。

〔二四〕咸字元貞　按：《集解》引惠棟説，謂蔡邕《太尉李公碑》云咸字元卓，案《靈紀》及《胡廣傳》注，皆云字元卓也。

〔二五〕郃兄侍中儵　按：殿本"儵"作"儵"。

〔二六〕球(兄)〔弟〕子珪　據殿本改，與正文合。

〔二七〕陳元龍淮海之士　《校補》引柳從辰説，謂《魏志》"淮海"作"湖海"，《御覽》七百六引同。按：影宋本《御覽》作"河海"。

〔二八〕王(龔)〔暢〕堙井　據汲本、殿本改。

後漢書卷五十七

杜欒劉李劉謝列傳第四十七

　　杜根字伯堅，潁川定陵人也。父安，字伯夷，少有志節，年十三入太學，號奇童。京師貴戚慕其名，或遺之書，安不發，悉壁藏之。及後捕案貴戚賓客，安開壁出書，印封如故，竟不離其患，時人貴之。[1]位至巴郡太守，政甚有聲。

【注】
〔1〕離，被也。

　　根性方實，好絞直。[1]永初元年，舉孝廉，為郎中。時和熹鄧后臨朝，權在外戚。根以安帝年長，宜親政事，乃與同時郎上書直諫。太后大怒，收執根等，令盛以縑囊，於殿上撲殺之。執法者以根知名，私語行事人使不加力，既而載出城外，根得蘇。太后使人檢視，根遂詐死，三日，目中生蛆，因得逃竄，為宜城山中酒家保。[2]積十五年，〔一〕酒家知其賢，厚敬待之。

【注】
〔1〕絞，急也。
〔2〕宜城縣故城在今襄州率道縣南，其地出美酒。《廣雅》云："保，使

也。"言為人傭力保任而使也。

　　及鄧氏誅，左右皆言根等之忠。帝謂根已死，乃下詔布告天下，錄其子孫。根方歸鄉里，徵詣公車，拜侍御史。〔二〕初，平原郡吏成翊世亦諫太后歸政，坐抵罪，與根俱徵，擢為尚書郎，並見納用。或問根曰："往者遇禍，天下同義，知故不少，何至自苦如此？"根曰："周旋民閒，非絕跡之處，邂逅發露，禍及知親，故不為也。"順帝時，稍遷濟陰太守。去官還家，年七十八卒。〔三〕

　　翊世字季明，少好學，深明道術。延光中，中常侍樊豐、帝乳母王聖共譖皇太子，廢為濟陰王。翊世連上書訟之，又言樊豐、王聖誣罔之狀。帝既不從，而豐等陷以重罪，下獄當死，有詔免官歸本郡。及濟陰王立，是為順帝，司空張晧辟之。晧以翊世前訟太子之廢，薦為議郎。翊世自以其功不顯，恥於受位，自劾歸。三公比辟，不應。[1]尚書僕射虞詡雅重之，欲引與共參朝政，乃上書薦之，徵拜議郎。後尚書令左雄、僕射郭虔復舉為尚書。在朝正色，百僚敬之。

【注】
[1]比猶頻也。

　　欒巴字叔元，魏郡內黃人也。[1][好道]。〔四〕順帝世，以宦者給事掖庭，補黃門令，非其好也。性質直，學覽經典，雖在中官，不與諸常侍交接。後陽氣通暢，白上乞退，擢拜郎中，四遷桂楊太守。以郡處南垂，不閑典訓，為吏人定婚姻喪紀之禮，興立(校)學[校]，〔五〕以獎進之。雖幹吏卑末，皆課令習讀，程試殿最，隨能升授。[2]政事明察。視事七年，以病乞骸骨。

【注】

〔1〕《神仙傳》云:"巴,蜀郡人也。少而學道,不脩俗事。"

〔2〕幹,府吏之類也。《晉令》諸郡國不滿五千以下,置幹吏二人。郡縣皆有幹。幹猶主也。

荊州刺史李固薦巴治迹,徵拜議郎,守光祿大夫,與杜喬、周舉等八人徇行州郡。

巴使徐州還,再遷豫章太守。郡土多山川鬼怪,小人常破貲產以祈禱。巴素有道術,能役鬼神,乃悉毀壞房祀,翦理姦巫,〔1〕於是妖異自消。百姓始頗為懼,終皆安之。〔2〕遷沛相。所在有績,徵拜尚書。〔3〕會帝崩,營起憲陵。陵左右或有小人墳冢,主者欲有所侵毀,巴連上書苦諫。時梁太后臨朝,詔詰巴曰:"大行皇帝晏駕有日,卜擇陵園,務從省約,塋域所極,裁二十頃,而巴虛言主者壞人冢墓。事既非實,寢不報下,巴猶固遂其愚,復上誹謗。苟肆狂瞽,益不可長。"巴坐下獄,抵罪,禁錮還家。

【注】

〔1〕房謂為房堂而祀者。

〔2〕《神仙傳》曰"時廬山廟有神,於帳中與人言語,飲酒投杯,能令宮亭湖中分風,船行者舉帆相逢。巴未到十數日,廟中神不復作聲。郡中常患黃父鬼為百姓害,巴到,皆不知所在,郡內無復疾疫"也。

〔3〕《神仙傳》曰:"巴為尚書,正朝大會,巴獨後到,又飲酒西南噀之。有司奏巴不敬。有詔問巴,巴頓首謝曰:'臣本縣成都市失火,臣故因酒為雨以滅火。臣不敢不敬。'詔即以驛書問成都,成都荅言:'正旦大失火,食時有雨從東北來,火乃息,雨皆酒臭。'後忽一旦大風,天霧晦暝,對坐皆不相見,失巴所在。尋問之,云其日還成都,與親故別也。"

二十餘年,靈帝即位,大將軍竇武、太傅陳蕃輔政,徵拜議郎。

蕃、武被誅，巴以其黨，復謫為永昌太守。以功自劾，[六]辭病不行，上書極諫，理陳、竇之冤。帝怒，下詔切責，收付廷尉。巴自殺。子賀，官至雲中太守。

劉陶字子奇，一名偉，潁川潁陰人，濟北貞王勃之後。陶為人居簡，不脩小節。所與交友，必也同志。好尚或殊，富貴不求合；情趣苟同，貧賤不易意。同宗劉愷，以雅德知名，獨深器陶。

時大將軍梁冀專朝，而桓帝無子，連歲荒飢，災異數見。陶時游太學，乃上疏陳事曰：

臣聞人非天地無以為生，天地非人無以為靈，[1]是故帝非人不立，人非帝不寧。夫天之與帝，帝之與人，猶頭之與足，相須而行也。伏惟陛下年隆德茂，中天稱號，[2]襲常存之慶，循不易之制，目不視鳴條之事，耳不聞檀車之聲，[3]天災不有痛於肌膚，震食不即損於聖體，故蔑三光之謬，輕上天之怒。伏念高祖之起，始自布衣，[4]拾暴秦之敝，追亡周之鹿，[5]合散扶傷，克成帝業。功既顯矣，勤亦至矣。流福遺祚，至於陛下。陛下既不能增明烈考之軌，而忽高祖之勤，妄假利器，委授國柄，使群醜刑隸，芟刈小民，彫敝諸夏，虐流遠近，[6]故天降眾異，以戒陛下。陛下不悟，而競令虎豹窟於麑場，豺狼乳於春囿。[7]斯豈唐咨禹、稷，益典朕虞，議物賦土蒸民之意哉？又（令）[今]牧守長吏，[七]上下交競；封豕長蛇，蠶食天下；[八]貨殖者為窮冤之魂，貧餒者作飢寒之鬼；高門獲東觀之辜，豐室羅妖叛之罪；[8]死者悲於窀穸，生者戚於朝野；[9]是愚臣所為咨嗟長懷歎息者也。且秦之將亡，正諫者誅，諛進者賞，[10]嘉言結於忠舌，國命出於讒口，擅閭樂於咸陽，授趙高以車府。[11]權去己而不知，威離身而不顧。古今一揆，成敗同執。願陛下遠覽強秦之傾，近察哀、平之變，得失昭然，禍福可見。

【注】

〔1〕《書》曰"惟天地萬物父母,惟人萬物之靈"也。

〔2〕中謂當天之中也。

〔3〕鳴條,地名,在安邑之西。《尚書》曰:"伊尹相湯伐桀,遂與桀戰于鳴條之野。"檀車,兵車也。《詩》曰:"檀車嘽嘽,四牡痯痯,征夫不遠。"嘽音昌善反。痯音管。

〔4〕高祖曰:"吾以布衣提三尺以取天下。"〔九〕

〔5〕《前書》蒯通曰:"秦失其鹿,天下共逐之。"《音義》云:"以鹿喻帝位也。"

〔6〕利器謂威權也。《周禮》"太宰以八柄詔王馭群臣",謂爵、禄、與、置、生、奪、廢、誅也。刑隸謂閹人也。

〔7〕鹿子曰麑。乳,産也。

〔8〕《説苑》曰"孔子為魯司寇,七日而誅少正卯於東觀之下"也。

〔9〕杜元凱注《左傳》曰:"窀,厚也。穸,夜也。厚夜猶長夜也。"

〔10〕《前書》賈山上書曰"秦始皇進諛諂之人,殺直諫之士"也。

〔11〕趙高為車府令,與壻咸陽令閻樂謀殺胡亥。事見《史記》也。

　　臣又聞危非仁不扶,亂非智不救,故武丁得傅説,以消鼎雉之災,〔1〕周宣用申、甫,以濟夷、厲之荒。〔2〕竊見故冀州刺史南陽朱穆,前烏桓校尉臣同郡李膺,皆履正清平,貞高絕俗。穆前在冀州,奉憲操平,摧破姦黨,掃清萬里。膺歷典牧守,正身率下,及掌戎馬,威揚朔北。斯實中興之良佐,國家之柱臣也。宜還本朝,挾輔王室,上齊七燿,下鎮萬國。臣敢吐不時之義於諱言之朝,〔3〕猶冰霜見日,必至消滅。臣始悲天下之可悲,今天下亦悲臣之愚惑也。

【注】

〔1〕武丁,殷王高宗也。《尚書》曰,高宗得傅説為相,殷復興焉。高宗

時，有雉登鼎耳而雊，武丁懼而修德，位以永寧。

〔2〕申伯，仲山甫，周宣王之臣也。《詩》曰："惟申及甫，惟周之翰。"《史記》曰，周孝王之子燮，是為夷王。夷王崩，子厲王胡立，行暴虐，死于彘也。

〔3〕不時謂不合於時也。諱言謂拒諫也。

書奏不省。

時有上書言人以貨輕錢薄，故致貧困，宜改鑄大錢。事下四府群僚及太學能言之士。陶上議曰：

聖王承天制物，與人行止，建功則衆悅其事，興戎而師樂其旅。是故靈臺有子來之人，武旅有鳧藻之士，〔1〕皆舉合時宜，動順人道也。臣伏讀鑄錢之詔，平輕重之議，訪覃幽微，不遺窮賤，是以藿食之人，謬延逮及。〔2〕

【注】

〔1〕《詩·大雅》曰："經始靈臺，經之營之，不日成之。經始勿亟，庶人子來。"武旅，周武王之旅。鳧得水藻，言喜悅也。

〔2〕《説苑》曰："有東郭祖朝者，上書於晉獻公曰：'願請聞國家之計。'獻公使人告之曰：'肉食者已慮之矣，藿食者尚何預焉？'祖朝曰：'肉食者，一旦失計於廟堂之上，若臣等藿食，寧得無肝膽塗地於中原之野？其禍亦及臣之身，安得無預國家之計乎！'"

蓋以為當今之憂，不在於貨，在乎民飢。夫生養之道，先食後（民）[貨]。〔一〇〕是以先王觀象育物，敬授民時，〔1〕使男不逾畝，女不下機。故君臣之道行，王路之教通。由是言之，食者乃有國之所寶，生民之至貴也。竊見比年已來，良苗盡於蝗螟之口，杼柚空於公私之求，〔2〕所急朝夕之餐，所患靡鹽之事，豈謂錢貨之厚薄，銖兩之輕重哉？就使當今沙礫化為南金，瓦石變為和玉，〔3〕使百姓渴無所飲，飢無所食，雖皇羲之純德，唐虞之文明，猶不能以保蕭牆之內也。蓋民可百年無貨，不可一朝有飢，故食為至急也。議者不達農殖之本，多言鑄冶之便，或欲因緣行詐，以賈國利。國利將盡，取者爭競，造鑄之端於是乎生。蓋萬人鑄之，一人奪之，猶不能給；況今一人鑄之，則萬人奪之乎？雖以陰陽為炭，萬物為銅，[4]役不食之民，使不飢之士，猶不能足無猒之求也。夫欲民殷財阜，要在止役禁奪，則百姓不勞而足。陛下聖德，愍海內之憂戚，傷天下之艱難，欲鑄錢齊貨以救其敝，此猶養魚沸鼎之中，棲鳥烈火之上。水木本魚鳥之所生也，用之不時，必至燋爛。願陛下寬鍥薄之禁，後冶鑄之議，[5]聽民庶之謠吟，問路叟之所憂，[6]睹三光之文耀，視山河之分流。[7]天下之心，國家大事，粲然皆見，無有遺惑者矣。

【注】

〔1〕象，天象也。《尚書》曰："欽若昊天，敬授人時。"

〔2〕《詩》曰："小東大東，杼柚其空。"

〔3〕《詩》曰："大路南金。"和玉，卞和之玉也。

〔4〕賈誼之言。

〔5〕鍥，刻也，音口結反。

〔6〕《列子》曰："昔堯理天下五十年，不知天下理亂。堯乃微服遊於康衢。兒童謠曰：'立我蒸人，莫（不）[非]爾極，[一一]不識不知，順帝之則。'"《說苑》曰："孔子行遊中路，聞哭者聲，其音甚悲。孔子避車而問之曰：'夫子非有喪也，何哭之悲？'虞丘子對曰：'吾有三失：吾少好學，周徧天下，還後吾親亡，一失也；事君奢驕不遂，是二失也；厚交友而後絕，是三失也。'"

〔7〕三光，日、月、星也。分謂山，流謂河。言日月有譴食之災，星辰有錯行之變，故視其文耀也。山崩川竭，皆亡之徵也。

臣嘗誦《詩》，至於鴻鴈于野之勞，哀勤百堵之事，每喟爾長懷，中篇而歎。〔1〕近聽征夫飢勞之聲，甚於斯歌。是以追悟匹婦吟魯之憂，始於此乎？〔2〕見白駒之意，屏營傍偟，不能監寐。〔3〕伏念當今地廣而不得耕，民衆而無所食。群小競進，秉國之位，鷹揚天下，（鳥）〔烏〕鈔求飽，〔一二〕吞肌及骨，並噬無猒。誠恐卒有役夫窮匠，起於板築之閒，〔4〕投斤攘臂，登高遠呼，使愁怨之民，嚮應雲合，八方分崩，中夏魚潰。〔5〕雖方尺之錢，何能有救！其危猶舉函牛之鼎，絓纖枯之末，〔6〕詩人所以眷然顧之，潸焉出涕者也。〔7〕

【注】
〔1〕《詩·小雅·鴻鴈》之篇曰："鴻鴈于飛，肅肅其羽。之子于征，劬勞于野。鴻鴈于飛，集於中澤。之子于垣，百堵皆作。"鄭玄注云："壞滅之國，徵人起屋舍，築牆壁，百堵同時而起，言趣事也。"

〔2〕《列女傳》曰："魯漆室邑之女，過時未適人。當穆公之時，君老，太子幼，女倚柱而啼。傍人聞之，心莫不慘慘者。鄰婦從之遊，謂曰：'何哭之悲？子欲嫁乎？吾為子求偶。'漆室女曰：'嗟乎，始吾以子為知，今反無識也。豈為嫁之故不樂而悲哉，吾憂魯君老而太子少也。'"

〔3〕《詩》曰："皎皎白駒，食我場苗。縶之維之，以永今朝。"白駒諭賢人也。監寐猶寤寐也。

〔4〕役夫謂陳涉起蘄也。窮匠謂驪山之徒也。並見《史記》也。

〔5〕《公羊傳》曰："其言梁亡何？魚爛而亡也。"何休曰："魚爛，從中發潰爛也。"

〔6〕函牛之鼎謂大鼎也。《淮南子》曰："函牛之鼎沸，則蠅不得置一足焉。"絓，掛也，音胡賣反。

〔7〕《詩·小雅·大東》之文也。潸，涕下貌。鄭玄注云："傷今不如古也。"

臣東野狂闇，不達大義，緣廣及之時，對過所問，知必以身脂鼎鑊，為天下笑。

帝竟不鑄錢。

後陶舉孝廉，除順陽長。〔一三〕縣多姦猾，陶到官，宣募吏民有氣力勇猛，能以死易生者，不拘亡命姦臧，於是剽輕劍客之徒過晏等十餘人，〔1〕皆來應募。陶責其先過，要以後效，使各結所厚少年，得數百人，皆嚴兵待命。於是覆案姦軌，所發若神。以病免，吏民思而歌之曰："邑然不樂，思我劉君。何時復來，安此下民。"

【注】
〔1〕過，姓也，過國之後。見《左傳》。

陶明《尚書》、《春秋》，為之訓詁。推三家《尚書》〔1〕及古文，是正文字七百餘事，名曰《中文尚書》。

【注】
〔1〕三家謂夏侯建、夏侯勝、歐陽和伯也。

頃之，拜侍御史。靈帝宿聞其名，數引納之。時鉅鹿張角偽託大道，妖惑小民，陶與奉車都尉樂松、議郎袁貢連名上疏言之，曰："聖王以天下耳目為視聽，故能無不聞見。今張角支黨不可勝計。前司徒楊賜奏下詔書，切勑州郡，護送流民，會賜去位，不復捕錄。〔一四〕雖會赦令，而謀不解散。四方私言，云角等竊入京師，覘視朝政，鳥聲獸心，私共鳴呼。州郡忌諱，不欲聞之，但更相告語，莫肯公文。宜下明詔，重募角等，賞以國土。有敢回避，與之同罪。"帝殊不悟，方詔陶次第《春秋》條例。明年，張角反亂，海內鼎沸，帝思陶言，封中陵鄉侯，三遷尚書令。以所舉將為尚書，難與齊列，乞從冗散，拜侍中。以數切諫，為權臣所憚，徙為京兆尹。到職，當出脩宮錢直千萬，〔1〕陶既清貧，而恥以錢買職，稱疾不聽政。帝宿重陶才，原其罪，徵拜諫議大夫。

【注】
〔1〕時拜職名，當出買官之錢，謂之脩宮錢也。

是時天下日危，寇賊方熾，陶憂致崩亂，復上疏曰："臣聞事之急者不能安言，心之痛者不能緩聲。竊見天下前遇張角之亂，後遭邊章之寇，每聞羽書告急之聲，心灼內熱，四體驚竦。今西羌逆類，私署將帥，皆多段熲時吏，曉習戰陳，識知山川，變詐萬端。臣常懼其輕出河東、馮翊，鈔西軍之後，東之函谷，據陿高望。今果已攻河東，恐遂轉更豕突上京。如是則南道斷絕，車騎之軍孤立，〔1〕關東破膽，四方動搖，威之不來，叫之不應，雖有田單、陳平之策，計無所用。臣前驛馬上便宜，急絕諸郡賦調，冀尚可安。事付主者，留連至今，莫肯求問。今三郡之民皆以奔亡，南出武關，北徙壺谷，〔2〕冰解風散，唯恐在後。今其存者尚十三四，軍吏士民悲愁相守，民有百走退死之心，而無一前鬬生之計。西寇浸前，去營咫尺，胡騎分布，已至諸陵。將軍張溫，天性精勇，而主者旦夕迫促，軍無後殿，假令失利，其敗不救。臣自知言數見厭，而言不自裁者，以為國安則臣蒙其慶，國危則臣亦先亡也。謹復陳當今要急八事，乞須臾之閒，深垂納省。"其八事，大較言天下大亂，皆由宦官。宦官事急，共讒陶曰："前張角事發，詔書示以威恩，自此以來，各各改悔。今者四方安靜，而陶疾害聖政，專言妖孽。州郡不上，陶何緣知？疑陶與賊通情。"於是收陶，下黃門北寺獄，掠按日急。陶自知必死，對使者曰："朝廷前封臣云何？今反受邪譖。恨不與伊、呂同疇，而以三仁為輩。"〔3〕遂閉氣而死，天下莫不痛之。

【注】
〔1〕時湟中義從胡北宮伯玉等叛，遣左車騎將軍皇甫嵩討之不剋也。
〔2〕三郡，河東、馮翊、京兆也。壺谷，壺關之谷，在上黨也。

〔3〕《論語》曰:"殷有三仁焉,微子去之,箕子為之奴,比干諫而死。"

　　陶著書數十萬言,又作《七曜論》、《匡老子》、《反韓非》、《復孟軻》,及上書言當世便事、條教、賦、奏、書、記、辯疑,凡百餘篇。
　　時司徒東海陳耽,亦以非罪與陶俱死。耽以忠正稱,歷位三司。光和五年,詔公卿以謠言舉刺史、二千石為民蠹害者。〔1〕時太尉許馘、司空張濟承望內官,受取貨賂,其宦者子弟賓客,雖貪汙穢濁,皆不敢問,而虛紀邊遠小郡清脩有惠化者二十六人。吏人詣闕陳訴,耽與議郎曹操上言:"公卿所舉,率黨其私,所謂放鴟梟而囚鸞鳳。"其言忠切,帝以讓馘、濟,由是諸坐謠言徵者悉拜議郎。宦官怨之,遂誣陷耽死獄中。

【注】
〔1〕謠言謂聽百姓風謠善惡而黜陟之也。〔一五〕

　　李雲字行祖,甘陵人也。性好學,善陰陽。初舉孝廉,再遷白馬令。
　　桓帝延熹二年,誅大將軍梁冀,而中常侍單超等五人皆以誅冀功並封列侯,專權選舉。又立掖庭民女亳氏為皇后,數月閒,后家封者四人,賞賜巨萬。〔1〕是時地數震裂,衆災頻降。雲素剛,憂國將危,心不能忍,乃露布上書,移副三府,〔2〕曰:"臣聞皇后天下母,德配坤靈,得其人則五氏來備,不得其人則地動搖宮。〔3〕比年災異,可謂多矣,皇天之戒,可謂至矣。高祖受命,至今三百六十四歲,君期一周,當有黃精代見,姓陳、項、虞、田、許氏,不可令此人居太尉、太傅典兵之官。〔4〕舉厝至重,不可不慎。班功行賞,宜應其實。梁冀雖持權專擅,虐流天下,今以罪行誅,猶召家臣搤殺之耳。而猥封謀臣萬戶以上,高祖聞之,得無見非?西北列將,得無解體?〔5〕孔子曰:'帝者,諦也。'〔6〕今官位錯亂，小人諂進，財貨公行，政化日損，尺一拜用不經御省。〔7〕是帝欲不諦乎？"帝得奏震怒，下有司逮雲，詔尚書都護劍戟送黃門北寺獄，使中常侍管霸與御史廷尉雜考之。時弘農五官掾杜眾傷雲以忠諫獲罪，上書願與雲同日死。帝愈怒，遂并下廷尉。大鴻臚陳蕃上疏救雲曰："李雲所言，雖不識禁忌，干上逆旨，其意歸於忠國而已。昔高祖忍周昌不諱之諫，成帝赦朱雲腰領之誅。〔8〕今日殺雲，臣恐剖心之譏復議於世矣。〔9〕故敢觸龍鱗，冒昧以請。"〔10〕太常楊秉、洛陽市長沐茂、郎中上官資並上疏請雲。帝恚甚，有司奏以為大不敬。詔切責蕃、秉，免歸田里；茂、資貶秩二等。時帝在濯龍池，管霸奏雲等事。霸（跪）〔詭〕言曰：〔一六〕"李雲野澤愚儒，杜眾郡中小吏，出於狂戇，不足加罪。"帝謂霸曰："帝欲不諦，是何等語，而常侍欲原之邪？"顧使小黃門可其奏，雲、眾皆死獄中。後冀州刺史賈琮〔一七〕使行部，過祠雲墓，刻石表之。

【注】

〔1〕時封后兄康為比陽侯，弟統昆陽侯，統從兄會安陽侯，統弟秉為（濟）〔淯〕陽侯。〔一八〕

〔2〕露布謂不封之也，並以副本上三公府也。

〔3〕《史記》曰："庶徵：曰雨，曰暘，曰燠，曰風，曰寒。五者來備，各以其序，庶草繁廡。"是與氏古字通耳。《春秋漢含孳》曰："女主盛，臣制命，則地動。"

〔4〕黃精謂魏氏將興也。陳、項、虞、田並舜之後。舜土德，亦尚黃，故忌也。

〔5〕列將謂皇甫規、段熲等。

〔6〕《春秋運斗樞》曰："五帝脩名立功，脩德成化，統調陰陽，招類使神，故稱帝。帝之言諦也。"鄭玄注云："審諦於物也。"

〔7〕尺一之板謂詔策也。見《漢官儀》也。

〔8〕周昌，解見《陳忠傳》。朱雲上書曰："臣願賜尚方斬馬劍，斷佞臣一

人,以屬其餘。"上問:"誰也?"對曰:"安昌侯張禹。"上大怒曰:"小臣居下訕上,廷辱師傅,罪死不赦。"御史將雲去。左將軍辛慶忌以死爭,上意解,然後得已。事並見《前書》。

〔9〕比干以死諫紂,紂怒曰:"吾聞聖人心有七竅。"〔一九〕乃剖比干而觀其心。事見《史記》。

〔10〕《韓子》曰:"夫龍之為蟲也,可狎而馴也。然喉下有逆鱗,嬰之則殺人。人主有逆鱗,説者嬰之,則亦幾矣。"

論曰:禮有五諫,諷為上。〔1〕若夫託物見情,因文載旨,使言之者無罪,聞之者足以自戒,〔2〕貴在於意達言從,理歸乎正。曷其絞訐摩上,以衒沽成名哉?〔3〕李雲草茅之生,不識失身之義,遂乃露布帝者,班檄三公,至於誅死而不顧,斯豈古之狂也!夫未信而諫,則以為謗己,故説者識其難焉。

【注】
〔1〕五諫謂諷諫、順諫、闚諫、指諫、陷諫也。諷諫者,知患禍之萌而諷告也。順諫者,出辭遜順,不逆君心也。闚諫者,視君顏色而諫也。指諫者,質指其事而諫也。陷諫者,言國之害忘生為君也。見《大戴禮》。
〔2〕卜商《詩序》之文也。
〔3〕絞,直也。訐,正也。沽,賣之。
〔4〕《儀禮》曰:"凡自稱於君宅〔者〕,在邦(者)曰市井之臣,〔二〇〕在野則曰草茅之臣,庶人則曰刺草之臣。"《易》曰:"臣不密,則失身。"
〔5〕《論語》曰:"古之狂也直,今之狂也詐而已矣。"〔二一〕
〔6〕《論語》曰:"事君信而後諫,其君未信,〔二二〕則以為謗己。"
〔7〕《韓非》有《説難篇》。

劉瑜字季節,廣陵人也。高祖父廣陵靖王。父辯,清河太守。〔1〕瑜少好經學，尤善圖讖、天文、歷筭之術。州郡禮請不就。

【注】
〔1〕謝承《書》云："父祥，為清河太守。"

延熹八年，太尉楊秉舉賢良方正，及到京師，上書陳事曰：

臣瑜自念東國鄙陋，得以豐沛枝胤，被蒙復除，不給卒伍。故太尉楊秉知臣竊闚典籍，猥見顯舉，誠冀臣愚直，有補萬一。而秉忠謨不遂，命先朝露。臣在下土，聽聞歌謠，驕臣虐政之事，遠近呼嗟之音，竊為辛楚，泣血漣如。[二三]幸得引錄，備荅聖問，泄寫至情，不敢庸回。[1]誠願陛下且以須臾之慮，覽今往之事，人何為咨嗟，天曷為動變。

【注】
〔1〕庸，用也。回，邪也。

蓋諸侯之位，上法四七，垂文炳燿，關之盛衰者也。[1][二四]今中官邪孽，比肩裂土，皆競立胤嗣，繼體傳爵，或乞子疎屬，或買兒市道，殆乖開國承家之義。[2]

【注】
〔1〕四七，二十八宿也。諸侯為天子守四方，猶天之有二十八宿。《漢官儀》曰"天子建侯，上法四七"也。
〔2〕《易》曰："大君有命，開國承家。"

古者天子一娶九女，[1]娣姪有序，《河圖》授嗣，正在九房。今女嬖令色，充積閨帷，皆當盛其玩飾亢食空宮，勞散精神，生長六疾。[2]此國之費也，生之傷也。且天地之性，陰陽正紀，隔絕其道，則水旱為并。《詩》云："五日為期，六日不詹。"[3]怨曠作歌，仲尼所錄。[4]況從幼至長，幽藏歿身。又常侍、黃門，亦廣妻娶。怨毒之氣，結成妖眚。行路之言，官發略人女，[二五]取而復置，轉相驚懼。孰不悉然，無緣空生此謗。鄒衍匹夫，杞氏匹婦，尚有城崩霜隕之異；況乃群輩咨怨，能無感乎！[5]

【注】
[1]《公羊傳》曰，諸侯一聘三女，天子一娶九女，[二六]夏、殷制也。
[2]《左傳》曰"天有六氣，淫生六疾。六氣曰陰、陽、風、雨、晦、明，過則為災。陰淫寒疾，陽淫熱疾，風淫末疾，雨淫腹疾，晦淫惑疾，明淫心疾。女，陽物而晦時，淫則生內熱惑蠱之疾"也。
[3]《詩·小雅》曰："終朝采藍，不盈一襜。五日為期，六日不詹。"注云："詹，至也。婦人過時而怨曠，期至五日而歸，今六日不至，是以憂也。"
[4]謂仲尼刪《詩》編錄也。
[5]《淮南子》曰："鄒衍事燕惠王盡忠，左右譖之，王繫之，仰天而哭，五月天為之下霜。"《列女傳》曰"齊人杞梁襲莒，戰死。其妻無所歸，乃就夫尸於城下而哭之，七日城崩"也。

昔秦作阿房，國多刑人。今第舍增多，窮極奇巧，掘山攻石，不避時令。[1]促以嚴刑，威以（法）正［法］。[二七]民無罪而覆入之，民有田而覆奪之。州郡官府，各自考事，姦情賕賂，皆為吏餌。民愁鬱結，起入賊黨，官輒興兵，誅討其罪。貧困之民，或有賣其首級以要酬賞，父兄相代殘身，妻孥相（見）［視］分裂。[二八]窮之如彼，伐之如此，豈不痛哉！

【注】
[1]《禮記·月令》曰"孟夏之月，無有壞墮，無起土功，無發大衆"也。

又陛下以北辰之尊，神器之寶，而微行近習之家，私幸宦者之舍，〔1〕賓客市買，熏灼道路，因此暴縱，無所不容。今三公在位，皆博達道蓺，而各正諸己，莫或匡益者，非不智也，畏死罰也。惟陛下設置七臣，以廣諫道，〔2〕及開東序金縢史官之書，從堯舜禹湯文武致興之道，〔3〕遠佞邪之人，放鄭衛之聲，則政致和平，德感祥風矣。〔4〕臣悾悾推情，言不足採，〔5〕懼以觸忤，征營慴悸。

【注】
〔1〕近習謂親近狎者。
〔2〕《孝經》曰："古者天子有爭臣七人。"鄭玄注："七人謂三公及前疑、後承、左輔、右弼。"
〔3〕《爾雅》曰："東西廂謂之序。"《書》曰："天球河圖在東序。"縢，緘也。以金緘之，不欲人開也。
〔4〕《孝經援神契》曰："德至八方則祥風至。"
〔5〕悾悾，誠懇之貌。

於是特詔召瑜問災咎之徵，指事案經讖以對。執政者欲令瑜依違其辭，而更策以它事。瑜復悉心以對，八千餘言，有切於前，帝竟不能用。拜為議郎。

及帝崩，大將軍竇武欲大誅宦官，乃引瑜為侍中，又以侍中尹勳為尚書令，共同謀畫。及武敗，瑜、勳並被誅。事在《武傳》。

勳字伯元，河南人。從祖睦為太尉，睦孫頌為司徒。勳為人剛毅直方。少時每讀書，得忠臣義士之事，未嘗不投書而仰歎。自以行不合於當時，不應州郡公府禮命。桓帝時，以有道徵，四遷尚書令。延熹中，誅大將軍梁冀，帝召勳部分眾職，甚有方略，封宜陽鄉侯。僕射霍諝，尚書張敬、歐陽參、李偉、虞放、周永，並封亭侯。勳後再遷至九卿，以病免，拜為侍中。八年，中常侍具瑗、左悺等有罪免，奪封邑，因黜勳等爵。

瑜誅後,宦官悉焚其上書,以為訛言。

子琬,傳瑜學,明占候,能著災異。舉方正,不行。

謝弼字輔宣,東郡武陽人也。[1]中直方正,[2]為鄉邑所宗師。建寧二年,詔舉有道之士,[二九]弼與東海陳敦、玄菟公孫度俱對策,皆除郎中。

【注】
[1]謝承《書》曰:"弼字輔鸞,東郡濮陽人也。"與此不同。
[2]猶言中正方直也。

時青蛇見前殿,大風拔木,詔公卿以下陳得失。弼上封事曰:

臣聞和氣應於有德,妖異生乎失政。上天告譴,則王者思其愆;政道或虧,則姦臣當其罰。夫蛇者,陰氣所生;鱗者,甲兵之符也。[1]《鴻範傳》曰:"厥極弱,時則有蛇龍之孽。"[2]又熒惑守亢,裴回不去,法有近臣謀亂,發於左右。不知陛下所與從容帷幄之內,親信者為誰。宜急斥黜,以消天戒。臣又聞"惟虺惟蛇,女子之祥"。[3]伏惟皇太后定策宮闈,援立聖明,《書》云:"父子兄弟,罪不相及。"竇氏之誅,豈宜咎延太后?幽隔空宮,愁感天心,如有霧露之疾,陛下當何面目以見天下?[4]昔周襄王不能敬事其母,戎狄遂至交侵。[5]孝和皇帝不絕竇后之恩,前世以為美談。[6]禮為人後者為之子,今以桓帝為父,豈得不以太后為母哉?《援神契》曰:"天子行孝,四夷和平。"方今邊境日蹙,兵革蜂起,自非孝道,何以濟之!願陛下仰慕有虞蒸蒸之化,俯思《凱風》慰母之念。[7]

【注】

〔1〕謝承《書》曰:"蛇者,陰(之)〔氣〕所生,〔三〇〕龍之類也。龍有鱗,甲兵之符也。"

〔2〕《前書》曰"皇之不極,是謂不建,厥極弱,時則有下伐上之痾,龍蛇之孽"也。

〔3〕《詩·小雅》之文也。鄭玄注云:"虺、蛇穴處,陰之祥也,故為生女。"

〔4〕文帝徙淮南王長於蜀,袁盎曰:"淮南王為人剛,今暴摧折之,臣恐其逢霧露病死,陛下有殺弟之名也。"

〔5〕《史記》曰,周襄王母早死,後母曰惠后,生叔帶,有寵。帶與戎翟謀伐襄王。

〔6〕竇太后崩,張酺等奏云:"不宜合葬先帝。"和帝手詔曰:"臣子無貶尊上之文,恩不忍離。"於是合葬。見《皇后紀》也。

〔7〕《尚書·舜典》曰:"蒸蒸乂,不格姦。"孔安國注云:"蒸蒸猶進進也。言舜進於善道。"《詩·凱風》曰:"有子七人,莫慰母心。"

臣又聞爵賞之設,必酬庸勳;開國承家,小人勿用。〔1〕今功臣久外,未蒙爵秩,阿母寵私,乃享大封,大風雨雹,亦由於茲。又故太傅陳蕃,輔相陛下,勤身王室,夙夜匪懈,而見陷群邪,一旦誅滅。其為酷濫,駭動天下,而門生故吏,並離徙錮。蕃身已往,人百何贖!〔2〕宜還其家屬,解除禁網。夫台宰重器,國命所繼。今之四公,唯司空劉寵〔三一〕斷斷守善,餘皆素餐致寇之人,〔3〕必有折足覆餗之凶。可因災異,並加罷黜。〔4〕徵故司空王暢,長樂少府李膺,並居政事,庶災變可消,國祚惟永。臣山藪頑闇,未達國典。策曰"無有所隱",敢不盡愚,用忘諱忌。伏惟陛下裁其誅罰。

【注】

〔1〕《易·師卦》上六爻詞也。

〔2〕《詩·國風》曰："如可贖兮，人百其身。"

〔3〕四公謂劉矩為太尉，許訓為司徒，胡廣為太傅及寵也。《書》曰："如有一介臣，斷斷猗，無它伎。"孔安國注云："斷斷猗然專一之臣也。"素，空也。無德而食其祿曰素餐。《易》曰"負且乘，致寇至"也。

〔4〕《易》曰："鼎折足，覆公餗。"鼎以喻三公。餗，鼎實也。折足覆餗，言不勝其任。

左右惡其言，出為廣陵府丞。去官歸家。

中常侍曹節從子紹為東郡太守，忿疾於弼，遂以它罪收考掠按，死獄中，時人悼傷焉。初平二年，司隸校尉趙謙訟弼忠節，求報其怨[魂]，〔三〕乃收紹斬之。

贊曰：鄧不明辟，[1]梁不損陵。慊慊欒、杜，諷辭以興。黃寇方熾，子奇有識。[2]武謀允臧，瑜亦協志。弼忤宦情，雲犯時忌。成仁喪己，同方殊事。

【注】

〔1〕《尚書》曰："朕復子明辟。"孔安國注云："復還明君之政於成王也。"言鄧后臨朝，不還政於安帝也。

〔2〕識，協韻音式侍反。

【校勘記】

〔一〕積十五年　按：《校補》引柳從辰說，謂袁宏《紀》載根上書直諫在永初二年十二月，"積十五年"作"積十年餘"。

〔二〕拜侍御史　按：《校補》引錢大昭說，謂《先賢行狀》作"符節郎"。

〔三〕年七十八卒　按：《集解》引周壽昌說，謂《三國·魏志》引《先賢行狀》，云年八十七，以壽終，與此作"七十八"微異。

〔四〕魏郡内黄人也〔好道〕　據汲本、殿本補。

〔五〕興立(校)學〔校〕　據《刊誤》改。按：汲本作"學校"。

〔六〕以功自劾　按：汲本"劾"作"效"。又按：《刊誤》謂功不可以自劾，當是"無功自劾"，少一"無"字。

〔七〕又(令)〔今〕牧守長吏　《刊誤》謂案文"令"當作"今"。張森楷《校勘記》謂《群書治要》"令"作"今"。今據改。

〔八〕蠶食天下　按："蠶"原譌"吞"，逕據汲本、殿本改正。

〔九〕吾以布衣提三尺以取天下　汲本、殿本"三尺"下有"劒"字。今按：《史記》有"劒"字。《漢書》無"劒"字，小顔謂三尺，劒也，流俗本或云"提三尺劒"，"劒"字後人所加耳。

〔一〇〕先食後(民)〔貨〕　據《刊誤》改。

〔一一〕莫(不)〔非〕爾極　據《刊誤》改。

〔一二〕(鳥)〔烏〕鈔求飽　《集解》引惠棟説，謂"鳥"當作"烏"，引《周禮·射鳥氏》"以弓矢歐烏鳶"鄭玄注"烏鳶喜鈔盜，故云烏鈔"為證。今據改。

〔一三〕後陶舉孝廉除順陽長　《集解》引汪文臺説，謂《類聚》十九引謝承《書》作"樅陽長"，《類聚》五十、《御覽》二百六十七引《續漢書》作"湞陽長"。今按：《校補》引柳從辰説，謂《御覽》四百六十五引本書，仍作"順陽長"。又按：《類聚》十九引謝承《書》，《御覽》二百六十七引《續漢書》，"劉陶"作"劉駒騇"，《類聚》五十作"劉駒"，《御覽》四百六十五引本書作"劉陶騇"，皆誤。

〔一四〕不復捕録　按：《校補》謂案上文止言護送流民，未言捕賊，楊賜又本以下州郡捕討恐更騷擾，明不主捕，先捕後録，亦不成文理，"捕"當為"補"之譌。

〔一五〕按：此注原在"二千石"下，今據殿本移正。

〔一六〕霸(跪)〔詭〕言曰　據汲本、殿本改。按：胡刻《通鑑》亦譌"跪"，章鈺《胡刻通鑑正文校宋記》云明孔天胤本作"詭"，張敦仁校本同。

〔一七〕冀州刺史賈琮　按：《集解》引惠棟説，謂《水經注》作"賈瑶"。

〔一八〕統弟秉為（濟）〔淯〕陽侯　據《集解》引惠棟説改。

〔一九〕吾聞聖人心有七竅　按："七"原譌"九"，逕據汲本、殿本改正。

〔二〇〕凡自稱於君宅〔者〕在邦（者）曰市井之臣　據汲本改，與《儀禮》文合。

〔二一〕古之狂也直今之狂也詐而已矣　按：今《論語》兩"狂"字皆作"愚"。意者，范氏元以李雲為古之愚，而正文譌"愚"為"狂"，後人遂並注文而改之歟？

〔二二〕事君信而後諫其君未信　按：今《論語》無"事君""其君"字，或章懷所見本異也。

〔二三〕泣血漣如　按："漣"原作"連"，逕據汲本、殿本改。

〔二四〕關之盛衰者也　按：《集解》引何焯説，謂"關"字下有脱文。

〔二五〕行路之言官發略人女　按：張森楷《校勘記》謂《治要》"之"下有"人"字。

〔二六〕公羊傳曰諸侯一聘三女天子一娶九女　按：《集解》引惠棟説，謂《公羊傳》無此文，《逸禮・王度記》有之，未知章懷何據以為《公羊傳》也。

〔二七〕威以（法）正〔法〕　據《刊誤》改。按：汲本作"正法"。

〔二八〕妻孥相（見）〔視〕分裂　據汲本、殿本改。

〔二九〕建寧二年詔舉有道之士　殿本"二年"作"三年"。《集解》引錢大昕説，謂《靈帝紀》建寧元年五月，詔郡國守相舉有道之士各一人，"二年"當是"元年"之誤。按：《校補》謂案《靈帝紀》舉有道下詔雖在元年，郡國守相遵旨薦舉，奉准以某人為有道之士，豈必尚在元年，錢説殊泥。惟殿本作"三年"，證以弼上封事所言各事，無一合者，殆必誤矣。

〔三〇〕蛇者陰（之）〔氣〕所生　據殿本改。

〔三一〕司空劉寵　按：《校補》謂案《靈帝紀》，詔公卿以下各上封事在建寧二年四月，其時劉寵尚為司徒，傳文"司空"明是"司徒"之誤。

〔三二〕求報其怨〔魂〕　據汲本、殿本補。

後漢書卷五十八

虞傅蓋臧列傳第四十八

　　虞詡字升卿，陳國武平人也。[1]祖父經，為郡縣獄吏，案法平允，務存寬恕，每冬月上其狀，恒流涕隨之。嘗稱曰："東海于公高為里門，而其子定國卒至丞相。[2]吾決獄六十年矣，雖不及于公，其庶幾乎！子孫何必不為九卿邪？"故字詡曰升卿。

【注】

〔1〕武平故城在今亳州鹿邑縣東北。酈元《水經注》云武平城西南七里有《漢尚書令虞詡碑》，題云"君諱詡，字定安，虞仲之後"。定安蓋詡之別字也。

〔2〕《前書》，于定國字曼倩，東海人。其父于公為縣獄吏、郡決曹，所決皆不恨，為之生立祠。其門閭壞，父老方共修之，于公曰："少高大閭門，令容駟馬高蓋車。我決獄多陰德，未嘗有所冤，子孫必有興者。"至定國為丞相，孫永為御史大夫也。

　　詡年十二，能通《尚書》。早孤，孝養祖母。縣舉順孫，國相奇之，欲以為吏。詡辭曰："祖母九十，非詡不養。"相乃止。後祖母終，服闋，辟太尉李脩府，拜郎中。[1]

【注】
〔1〕《漢官儀》曰："脩字伯游，襄城人也。"

永初四年，羌胡反亂，殘破并、涼，大將軍鄧騭以軍役方費，事不相贍，欲弃涼州，并力北邊，乃會公卿集議。騭曰："譬若衣敗，壞一以相補，猶有所完。若不如此，將兩無所保。"議者咸同。詡聞之，乃説李脩曰：〔一〕"竊聞公卿定策當弃涼州，求之愚心，未見其便。先帝開拓土宇，劬勞後定，而今憚小費，舉而弃之。涼州既弃，即以三輔為塞；三輔為塞，則園陵單外。此不可之甚者也。諺曰：'關西出將，關東出相。'〔1〕觀其習兵壯勇，實過餘州。今羌胡所以不敢入據三輔，為心腹之害者，以涼州在後故也。其土人所以推鋒執鋭，無反顧之心者，為臣屬於漢故也。若弃其境域，徙其人庶，安土重遷，必生異志。如使豪雄相聚，席卷而東，〔2〕雖賁、育為卒，太公為將，猶恐不足當禦。議者喻以補衣猶有所完，詡恐其疽食侵淫而無限極。弃之非計。"〔3〕脩曰："吾意不及此。微子之言，幾敗國事。然則計當安出？"詡曰："今涼土擾動，人情不安，竊憂卒然有非常之變。誠宜令四府九卿，〔4〕各辟彼州數人，其牧守令長子弟皆除為冗官，〔5〕外以勸厲，荅其功勤，内以拘致，防其邪計。"脩善其言，更集四府，皆從詡議。於是辟西州豪桀為掾屬，拜牧守長吏子弟為郎，以安慰之。

【注】
〔1〕《説文》曰："諺，傳言也。"《前書》曰："秦、漢以來，山東出相，山西出將。"秦時郿白起，頻陽王翦；漢興，義渠公孫賀、傅介子，成紀李廣、李蔡，上邽趙充國，狄道辛武賢：皆名將也。丞相，則蕭、曹、魏、丙、韋、平、孔、翟之類也。
〔2〕席卷言無餘也。《前書》曰："雲徹席卷，後無餘災"也。
〔3〕疽，癰瘡也。
〔4〕四府謂太傅、太尉、司徒、司空之府也。九卿謂太常、光禄、衛尉、

廷尉、太僕、大鴻臚、宗正、大司農、少府等也。

〔5〕宂,散也,音人勇反。

　　鄧騭兄弟以詡異其議,因此不平,欲以吏法中傷詡。後朝歌賊甯季等數千人攻殺長吏,屯聚連年,州郡不能禁,乃以詡為朝歌長。故舊皆弔詡曰:"得朝歌何衰!"〔二〕詡笑曰:"志不求易,事不避難,臣之職也。不遇槃根錯節,何以別利器乎?"始到,謁河內大守馬棱。〔1〕棱勉之曰:"君儒者,當謀謨廟堂,反在朝歌邪?"詡曰:"初除之日,士大夫皆見弔勉。以詡譸之,知其無能為也。〔2〕朝歌者,韓、魏之郊,〔3〕背太行,臨黃河,去敖倉百里,〔4〕而青、冀之人流亡萬數。賊不知開倉招衆,劫庫兵,守城皋,斷天下右臂,〔5〕此不足憂也。今其衆新盛,難與爭鋒。兵不猒權,願寬假轡策,勿令有所拘閡而已。"〔6〕及到官,設令三科以募求壯士,自掾史以下各舉所知,其攻劫者為上,傷人偷盜者次之,帶喪服而不事家業為下。收得百餘人,詡為饗會,悉貰其罪,使人賊中,誘令劫掠,乃伏兵以待之,遂殺賊數百人。又潛遣貧人能縫者,傭作賊衣,以采綖縫其裾為幟,〔7〕有出市里者,吏輒禽之。賊由是駭散,咸稱神明。遷懷令。

【注】

〔1〕棱字伯威,援族孫也。
〔2〕譸當作"籌"也。〔三〕
〔3〕韓界上黨,魏界河內,相接犬牙,故云郊也。
〔4〕敖倉在滎陽,解具《安紀》也。
〔5〕右臂,喻要便也。
〔6〕閡與"礙"同。
〔7〕幟,記也。《續漢書》曰"以絳縷縫其裾"也。

　　後羌寇武都,鄧太后以詡有將帥之略,遷武都太守,引見嘉德殿,厚加賞賜。羌乃率衆數千，遮詡於陳倉、崤谷，詡即停軍不進，而宣言上書請兵，須到當發。羌聞之，乃分鈔傍縣，詡因其兵散，日夜進道，兼行百餘里。令吏士各作兩竈，日增倍之，羌不敢逼。或問曰："孫臏減竈而君增之。[1]兵法日行不過三十里，以戒不虞，[2]而今日且二百里。何也？"詡曰："虜衆多，吾兵少。徐行則易為所及，速進則彼所不測。虜見吾竈日增，必謂郡兵來迎。衆多行速，必憚追我。孫臏見弱，吾今示彊，埶有不同故也。"

【注】
〔1〕孫臏為齊軍將，與魏龐涓戰，使齊軍入魏地，為十萬竈，明日為五萬竈，明日為三萬竈。[四]龐涓行三日，大喜曰："我固知齊卒怯。入吾地三日，士卒亡過半矣。"事見《史記》。
〔2〕《前書》王吉上疏曰："古者師行三十里，吉行五十里。"

　　既到郡，兵不滿三千，而羌衆萬餘，攻圍赤亭數十日。[1]詡乃令軍中，使彊弩勿發，而潛發小弩。羌以為矢力弱，不能至，并兵急攻。詡於是使二十彊弩共射一人，發無不中，羌大震，退。詡因出城奮擊，多所傷殺。明日悉陳其兵衆，令從東郭門出，北[2]郭門入，貿易衣服，回轉數周。羌不知其數，更相恐動。詡計賊當退，乃潛遣五百餘人於淺水設伏，候其走路。虜果大奔，因掩擊，大破之，斬獲甚衆，賊由是敗散，南入益州。詡乃占相地埶，築營壁百八十所，[五]招還流亡，假賑貧人，郡遂以安。

【注】
〔1〕赤亭故城在今渭州襄武縣東南，有赤亭水也。
〔2〕一作"西"。

　　先是運道艱險，舟車不通，驢馬負載，僦五致一。[1]詡乃自將吏士,案行川谷,自沮至下辯[2][六]數十里中,皆燒石翦木,開漕船道,[3]以人僦直雇借傭者,於是水運通利,歲省四千餘萬。詡始到郡,戶裁盈萬。及綏聚荒餘,招還流散,二三年閒,遂增至四萬餘戶。鹽米豐賤,十倍於前。[4]坐法免。

【注】

[1]《廣雅》曰:"僦,賃也。"音子救反。僦五致一謂用五石賃而致一石也。

[2]沮及下辯並縣名。沮,今興州順政縣也。下辯,今成州同谷縣也。沮音七余反。

[3]《續漢書》曰"下辯東三十餘里有峽,中當泉水,生大石,障塞水流,每至春夏,輒溢没秋稼,壞敗營郭。[七]詡乃使人燒石,以水灌之,石皆坼裂,[八]因鐫去石,遂無氾溺之患"[九]也。

[4]《續漢書》曰:"詡始到,穀石千,[一〇]鹽石八千,見戶萬三千。視事三歲,米石八十,鹽石四百,流人還歸,郡戶數萬,人足家給,一郡無事。"

永建元年,代陳禪為司隸校尉。數月閒,奏太傅馮石、太尉劉熹、中常侍程璜、陳秉、孟生、李閏等,百官側目,號為苛刻。三公劾奏詡盛夏多拘繫無辜,為吏人患。詡上書自訟曰:"法禁者俗之堤防,刑罰者人之銜轡。[1]今州曰任郡,郡曰任縣,更相委遠,百姓怨窮,以苟容為賢,盡節為愚。臣所發舉,臧罪非一,二府恐為臣所奏,[一一]遂加誣罪。臣將從史魚死,即以尸諫耳。"[2]順帝省其章,乃為免司空陶敦。[3]

【注】

[1]《禮記》曰:"夫禮,禁亂之所由生,猶坊止水之所自來也。故以舊防為無用壞之者,必有水敗。"《尸子》曰:"刑罰者,人之鞭策也。"

[2]《韓詩外傳》曰"昔者衛大夫史魚病且死,謂其子曰:'我數言蘧伯

玉之賢而不能進，彌子瑕不肖不能退。為人臣生不能進賢而退不肖，死不當理喪正堂，殯我於室足矣。'衛君問其故，子以父言聞，君乃立召蘧伯玉而貴之，彌子瑕而退之，徙殯於正堂，成禮而後去"也。

〔3〕《漢官儀》曰："敦字文理，京（兆）〔縣〕人也。"〔一二〕

時中常侍張防特用權埶，每請託受取，詡輒案之，而屢寝不報。詡不勝其憤，乃自繋廷尉，奏言曰："昔孝安皇帝任用樊豐，遂交亂嫡統，幾亡社稷。今者張防復弄威柄，國家之禍將重至矣。臣不忍與防同朝，謹自繋以聞，無令臣襲楊震之跡。"〔1〕〔一三〕書奏，防流涕訴帝，詡坐論輸左校。防必欲害之，二日之中，傳考四獄。獄吏勸詡自引，詡曰："寧伏歐刀以示遠近。"〔2〕宦者孫程、張賢等知詡以忠獲罪，乃相率奏乞見。程曰："陛下始與臣等造事之時，〔3〕常疾姦臣，知其傾國。今者即位而復自為，何以非先帝乎？司隸校尉虞詡為陛下盡忠，而更被拘繋；常侍張防臧罪明正，反構忠良。今客星守羽林，其占宮中有姦臣。〔4〕宜急收防送獄，以塞天變。下詔出詡，還假印綬。"時防立在帝後，程乃叱防曰："姦臣張防，何不下殿！"防不得已，趨就東箱。〔5〕程曰："陛下急收防，無令從阿母求請。"〔6〕帝問諸尚書，尚書賈朗素與防善，證詡之罪。帝疑焉，謂程曰："且出，吾方思之。"於是詡子顗與門生百餘人，舉幡候中常侍高梵車，叩頭流血，訴言枉狀。梵乃入言之，防坐徙邊，賈朗等六人或死或黜，即日赦出詡。程復上書陳詡有大功，語甚切激。帝感悟，復徵拜議郎。數日，遷尚書僕射。

【注】

〔1〕震為樊豐所譖而死。

〔2〕歐刀，刑人之刀也。

〔3〕謂順帝為太子，被江京等廢為濟陰王，程等謀立之時也。

〔4〕《史記·天官書》曰"虛、危南有眾星，曰羽林"也。

〔5〕《埤蒼》云："箱，序也。"字或作"廂"。

〔6〕阿母，宋娥也。

　　是時長吏、二千石聽百姓謫罰者輸贖，號為"義錢"，託為貧人儲，而守令因以聚斂。翊上疏曰："元年以來，貧百姓章言長吏受取百萬以上者，匈匈不絕，謫罰吏人至數千萬，而三公、刺史少所舉奏。尋永平、章和中，州郡以走卒錢給貸貧人，〔1〕司空劾案，州及郡縣皆坐免黜。今宜遵前典，蠲除權制。"於是詔書下翊章，切責州郡。謫罰輸贖自此而止。

【注】
　　〔1〕走卒，伍伯之類也。《續漢志》曰："伍伯，公八人，中二千石六人，千石、六百石皆四人，自〔四〕百石以下〔一四〕至二百石皆二人。黃綬。武官伍伯，文官辟車。鈴下、侍閤、門蘭、部署、街〔里〕走卒，〔一五〕皆有程品，多少隨所典領，率皆赤幘縫裤。"〔一六〕即今行鞭杖者也。此言錢者，令其出資錢，不役其身也。

　　先是寧陽主簿詣闕，訴其縣令之枉，〔1〕積六七歲不省。主簿乃上書曰："臣為陛下子，陛下為臣父。臣章百上，終不見省，臣豈可北詣單于以告怨乎？"帝大怒，持章示尚書，尚書遂劾以大逆。翊駁之曰："主簿所訟，乃君父之怨；百上不達，是有司之過。愚戇之人，不足多誅。"帝納翊言，答之而已。翊因謂諸尚書曰："小人有怨，不遠千里，斷髮刻肌，詣闕告訴，而不為理，豈臣下之義？君與濁長吏何親，而與怨人何仇乎？"聞者皆慙。翊又上言："臺郎顯職，仕之通階。今或一郡七八，或一州無人。宜令均平，以厭天下之望。"及諸奏議，多見從用。

【注】
　　〔1〕寧陽，縣，屬東平國，故城在今兗州龔丘縣南也。

詡好刺舉，無所回容，[1]數以此忤權戚，遂九見譴考，三遭刑罰，而剛正之性，終老不屈。永和初，遷尚書令，以公事去官。朝廷思其忠，復徵之，會卒。臨終，謂其子恭曰："吾事君直道，行己無愧，所悔者為朝歌長時殺賊數百人，其中何能不有冤者。自此二十餘年，家門不增一口，斯獲罪於天也。"

【注】
〔1〕回，曲也。

恭有俊才，官至上黨太守。

傅燮字南容，北地靈州人也。[1]本字幼起，慕南容三復白珪，乃易字焉。[2]身長八尺，有威容。少師事太尉劉寬。再舉孝廉。聞所舉郡將喪，乃弃官行服。後為護軍司馬，與左中郎［將］皇甫嵩〔一七〕俱討賊張角。

【注】
〔1〕靈州，縣也。
〔2〕《家語》子貢對衛文子曰："一日三復白珪之玷，是南宮縚之行也。"王肅注云："玷，缺也。《詩》云：'白珪之玷，尚可磨也。斯言之玷，不可為也。'一日三復，慎之至也。"

燮素疾中官，既行，因上疏曰："臣聞天下之禍，不由於外，皆興於內。是故虞舜升朝，先除四凶，然後用十六相。[1]明惡人不去，則善人無由進也。今張角起於趙、魏，黃巾亂於六州。[2]此皆釁發蕭牆，而禍延四海者也。臣受戎任，奉辭伐罪，始到潁川，戰無不尅。黃巾雖盛，不足為廟堂憂也。臣之所懼，在於治水不自其源，末流彌增其廣耳。〔3〕陛下仁德寬容，多所不忍，故閹豎弄權，忠臣不進。誠使張角梟夷，黃巾變服，臣之所憂，甫益深耳。何者？夫邪正之人不宜共國，亦猶冰炭不可同器。〔4〕彼知正人之功顯，而危亡之兆見，皆將巧辭飾說，共長虛偽。夫孝子疑於屢至，〔5〕市虎成於三夫。〔6〕若不詳察真偽，忠臣將復有杜郵之戮矣。〔7〕陛下宜思虞舜四罪之舉，速行讒佞放殛之誅，〔8〕則善人思進，姦凶自息。臣聞忠臣之事君，猶孝子之事父也。子之事父，焉得不盡其情？使臣身備鈇鉞之戮，陛下少用其言，國之福也。"
書奏，宦者趙忠見而忿惡。及破張角，燮功多當封，忠訴譖之，〔9〕靈帝猶識燮言，〔10〕得不加罪，竟亦不封，以為安定都尉。以疾免。

【注】

〔1〕《左傳》曰，昔高陽氏有才子八人，蒼舒、隤敳、檮戭、大臨、尨降、庭堅、仲容、叔達，謂之八愷。高辛氏有才子八人，伯奮、仲堪、叔獻、季仲、伯虎、仲熊、叔豹、季貍，謂之八元也。

〔2〕《皇甫嵩傳》曰："連結郡國，自青、徐、幽、冀、荊、楊、兗、豫八州之人，莫不畢應。"此云"六州"，蓋初起時也。

〔3〕甫，始也。

〔4〕《韓子》曰"冰炭不同器而久，寒暑不同時而至"也。

〔5〕甘茂對秦武王曰："昔曾參之居費，魯人有與曾參同姓名者殺人，人告其母曰'曾參殺人'，其母織自若也。又告之，其母自若也。又告之，其母投杼下機，踰牆而走。夫以曾參之賢與其母之信也，三人疑之，其母懼焉。"見《史記》也。

〔6〕解見《馬援傳》。

〔7〕白起與應侯有隙，搆之秦昭王，免起為士伍，遷之陰密。行出咸陽西門十里，至杜郵，使賜劍自裁。見《史記》。案杜郵，今咸陽城是其地。酈元注《水經》云渭水北有杜郵亭也。

〔8〕殛音紀力反。殛亦誅也。

〔9〕《續漢書》曰："燮軍斬賊三帥卜巳、張伯、梁仲寧等，功高為封

首。"

〔10〕識，記也，音志。

後拜議郎。會西羌反，邊章、韓遂作亂隴右，徵發天下，役賦無已。司徒崔烈以為宜弃涼州。詔會公卿百官，烈堅執先議。燮厲言曰："斬司徒，天下乃安。"尚書郎楊贊奏燮廷辱大臣。帝以問燮。燮對曰："昔冒頓至逆也，樊噲為上將，願得十萬衆橫行匈奴中，憤激思奮，未失人臣之節，顧計當從與不耳，季布猶曰'噲可斬也'。〔1〕今涼州天下要衝，國家藩衛。高祖初興，使酈商別定隴右；〔2〕世宗拓境，列置四郡，議者以為斷匈奴右臂。〔3〕今牧御失和，使一州叛逆，海內為之騷動，陛下臥不安寢。烈為宰相，不念為國思所以弭之之策，乃欲割弃一方萬里之土，臣竊惑之。若使左衽之虜得居此地，〔4〕士勁甲堅，因以為亂，此天下之至慮，社稷之深憂也。若烈不知之，是極蔽也；知而故言，是不忠也。"帝從燮議。由是朝廷重其方格，〔5〕每公卿有缺，為衆議所歸。

【注】

〔1〕冒頓，匈奴單于名也。《前書》曰，季布為中郎將，單于為書嫚呂太后，呂太后怒，召諸將議之。將軍樊噲曰："願得十萬衆，橫行匈奴中。"諸將皆阿太后，以噲言為然。布曰："樊噲可斬也！夫以高帝兵三十萬困於平城，噲時亦在其中。今奈何以十萬衆橫行匈奴中！"

〔2〕《前書》，漢王賜酈商爵信成君，以將軍為隴西都尉，別定北地。

〔3〕《前書》，武帝分武威、酒泉，置張掖、敦煌，謂之四郡。劉歆等議曰："孝武帝北攘匈奴，降昆邪十萬之衆，置五屬國，起朔方，以奪其肥饒之地。東伐朝鮮，起玄菟、樂浪，以斷匈奴之左臂。西伐大宛，并〔三十〕六國，〔一八〕結烏孫，起敦煌、酒泉、張掖，以（高）〔鬲〕婼羌，〔一九〕裂匈奴之右臂。"婼音而遮反。

〔4〕《說文》曰："衽，衣衿也。"

〔5〕方，正也。格猶標準也。

頃之，趙忠為車騎將軍，詔忠論討黃巾之功，執金吾甄舉等謂忠曰：「傅南容前在東軍，有功不侯，故天下失望。今將軍親當重任，宜進賢理屈，以副衆心。」忠納其言，遣弟城門校尉延致殷勤。延謂燮曰：「南容少荅我常侍，萬戶侯不足得也。」燮正色拒之曰：「遇與不遇，命也；有功不論，時也。傅燮豈求私賞哉！」忠愈懷恨，然憚其名，不敢害。〔二○〕權貴亦多疾之，是以不得留，〔1〕出為漢陽太守。

【注】
〔1〕一作"封"。

　　初，郡將范津明知人，〔二一〕舉燮孝廉。及津為漢陽，與燮交代，合符而去，鄉邦榮之。津字文淵，南陽人。燮善卹人，叛羌懷其恩化，並來降附，乃廣開屯田，列置四十餘營。

　　時刺史耿鄙委任治中程球，球為通姦利，士人怨之。〔1〕中平四年，鄙率六郡兵討金城賊王國、韓遂等。燮知鄙失衆，必敗，諫曰：「使君統政日淺，人未知教。孔子曰：'不教人戰，是謂棄之。'今率不習之人，越大隴之阻，將十舉十危，而賊聞大軍將至，必萬人一心。邊兵多勇，其鋒難當，而新合之衆，上下未和，萬一內變，雖悔無及。不若息軍養德，明賞必罰。賊得寬挺，〔2〕必謂我怯，羣惡爭執，其離可必。然後率已教之人，討已離之賊，其功可坐而待也。今不為萬全之福，而就必危之禍，竊為使君不取。」鄙不從。行至狄道，果有反者，先殺程球，次害鄙，賊遂進圍漢陽。城中兵少糧盡，燮猶固守。

【注】
〔1〕《漢官》曰，司隸功曹從事，即持中也。
〔2〕挺，解也。

　　時北〔地〕胡騎數千〔二二〕隨賊攻郡，皆夙懷燮恩，共於城外叩頭，求送燮歸鄉里。子幹年十三，從在官舍。知燮性剛，有高義，恐不能屈志以免，進諫曰："國家昏亂，遂令大人不容於朝。今天下已叛，而兵不足自守，鄉里羌胡〔1〕先被恩德，欲令弃郡而歸，願必許之。徐至鄉里，率厲義徒，見有道而輔之，以濟天下。"言未終，燮慨然而歎，呼幹小字曰："別成，〔2〕汝知吾必死邪？蓋'聖達節，次守節'。〔3〕且殷紂之暴，伯夷不食周粟而死，仲尼稱其賢。〔4〕今朝廷不甚殷紂，吾德亦豈絕伯夷？世亂不能養浩然之志，〔5〕〔二三〕食祿又欲避其難乎？〔6〕吾行何之，必死於此。汝有才智，勉之勉之。主簿楊會，吾之程嬰也。"〔7〕幹哽咽不能復言，左右皆泣下。王國使故酒泉太守黃衍說燮曰："成敗之事，已可知矣。先起，上有霸王之業，下成伊呂之勳。天下非復漢有，府君寧有意為吾屬師乎？"〔8〕燮案劍叱衍曰："若剖符之臣，反為賊說邪！"遂麾左右進兵，臨陣戰歿。謚曰壯節侯。〔二四〕

【注】
〔1〕燮，北地人，故云鄉里也。
〔2〕《幹集》曰："幹字彥林。"〔二五〕
〔3〕《左傳》曰，曹公子臧曰："前志有之，聖達節，次守節，下失節。"
〔4〕《史記》曰，伯夷，孤竹君之子也。武王載文王木主伐紂。殷既平，伯夷恥之，義不食周粟，遂餓死。《論語》曰，子貢問曰："伯夷、叔齊何人也？"孔子曰："古之賢人也。"
〔5〕《孟子》曰："養吾浩然之氣。"趙岐注曰：〔二六〕"浩然，天氣也。"
〔6〕《左傳》曰，子路曰"食焉不避其難"也。
〔7〕程嬰，解見《馮衍傳》也。
〔8〕師即君也。《尚書》曰"作之君，作之師"也。

幹知名，位至扶風太守。

蓋勳字元固，敦煌廣至人也。〔1〕家世二千石。〔2〕初舉孝廉，為漢陽長史。時武威太守倚恃權埶，恣行貪橫，從事武都蘇正和案致其罪。涼州刺史梁鵠畏懼貴戚，欲殺正和以免其負，乃訪之於勳。勳素與正和有仇，或勸勳可因此報隙。勳曰："不可。謀事殺良，非忠也；乘人之危，非仁也。"乃諫鵠曰："夫緤食鷹鳶[二七]欲其鷙，[3]鷙而亨之，將何用哉？"鵠從其言。正和喜於得免，而詣勳求謝。勳不見，曰："吾為梁使君謀，不為蘇正和也。"怨之如初。[4]

【注】

[1] 廣至，縣名，故城在今瓜州常樂縣東，今謂之縣泉堡是也。

[2]《續漢書》曰："曾祖父進，漢陽太守。祖父彪，大司農。"謝承《書》曰：[二八] "父字思齊，官至安定屬國都尉。"

[3] 緤，繫也。《廣雅》曰："鷙，執也。"《蒼頡解詁》曰："鳶，鴟也。"食音嗣。

[4]《續漢書》，中平元年，黃巾賊起，故武威太守酒泉黃雋被徵，失期。梁鵠欲奏誅雋，勳為言得免。雋以黃金二十斤謝勳，勳謂雋曰："吾以子罪在八議，故為子言。吾豈賣評哉！"終辭不受。

中平元年，北地羌胡與邊章等寇亂隴右，刺史左昌因軍興斷盜數千萬。[1] 勳固諫，昌怒，乃使勳別屯阿陽以拒賊鋒，[2] 欲因軍事罪之，而勳數有戰功。邊章等遂攻金城，殺郡守陳懿，勳勸昌救之，不從。邊章等進圍昌於冀，昌懼而召勳。勳初與從事辛曾、孔常俱屯阿陽，及昌檄到，曾等疑不肯赴。勳怒曰："昔莊賈後期，穰苴奮劍。[3] 今之從事，豈重於古之監軍哉！"曾等懼而從之。勳即率兵救昌。到，乃誚讓章等，責以背叛之罪。皆曰："左使君若早從君言，以兵臨我，庶可自改。今罪已重，不得降也。"乃解圍而去。昌坐斷盜徵，以扶風宋梟代之。[4] 梟患多寇叛，謂勳曰："涼州寡於學術，故屢致反暴。今欲多寫《孝經》，令家家習之，庶或使人知義。"勳諫曰："昔太公封齊，崔杼殺君；伯禽侯魯，慶父篡位。[5] 此二國豈乏學者？今不急靜難之術，遽為非常之事,既足結怨一州,又當取笑朝廷,勳不知其可也。"梟不從,遂奏行之。果被詔書詰責,坐以虛慢徵。時叛羌圍護羌校尉夏育於畜官,[6]勳與州郡合兵救育,至狐槃,[二九]為羌所破。勳收餘眾百餘人,為魚麗之陳。[7]羌精騎夾攻之急,士卒多死。勳被三創,堅不動,乃指木表[8]曰:"必尸我於此。"句就種羌滇吾素[9]為勳所厚,乃以兵扞眾曰:"蓋長史賢人,汝曹殺之者為負天。"勳仰罵曰:"死反虜,汝何知?促來殺我!"眾相視而驚。滇吾下馬與勳,勳不肯上,遂為賊所執。羌戎服其義勇,不敢加害,送還漢陽。後刺史楊雍即表勳領漢陽太守。時人飢,相漁食,勳調穀稟之,[10]先出家糧以率眾,存活者千餘人。

【注】

〔1〕斷謂割截。

〔2〕阿陽,縣,屬天水郡。[三〇]

〔3〕齊景公時,燕、晉侵齊,景公以司馬穰苴為將,扞之,仍令寵臣莊賈監軍。與穰苴期旦日會,賈素驕貴,夕時至,穰苴召軍正問曰:"軍法期而後者云何?"對曰:"當斬。"遂斬賈以徇三軍。

〔4〕《續漢書》"梟"字作"泉"也。[三一]

〔5〕崔杼,齊大夫。齊莊公先通其妻,杼殺之。慶父,魯莊公弟。莊公子開立,是為湣公,慶父襲殺湣公。[三二]並見《史記》。

〔6〕《前書·尹翁歸傳》曰:"有論罪輸掌畜官。"《音義》曰:"右扶風畜牧所在,有苑師之屬,故曰畜官。畜音許救反。"

〔7〕麗音離。《左傳》曰:"王以諸侯伐鄭,鄭原繁、高渠彌奉公為魚麗之陳,先偏後伍,伍承彌縫。"[三三]杜預注曰:"此魚麗陳法也。"

〔8〕表,標也。

〔9〕句就,羌別種也。句音古侯反。

〔10〕調猶發也。

後去官，徵拜討虜校尉。靈帝召見，問："天下何苦而反亂如此？"勳曰："倖臣子弟擾之。"時宦者上軍校尉蹇碩在坐，帝顧問碩，碩懼，不知所對，而以此恨勳。帝又謂勳曰："吾已陳師於平樂觀，多出中藏財物以餌士，何如？"〔1〕勳曰："臣聞'先王燿德不觀兵'。"〔2〕今寇在遠而設近陳，不足昭果毅，秖黷武耳。"〔3〕帝曰："善。恨見君晚，群臣初無是言也。"

【注】
〔1〕中藏謂內藏也。
〔2〕《國語》曰："穆王將征犬戎，祭公謀父諫曰：'不可。先王燿德不觀兵。'"韋昭注曰："燿，明也。觀，示也。"
〔3〕《左傳》曰"戎昭果毅以聽之之謂武，殺敵為果，致果曰毅"也。

勳時與宗正劉虞、佐軍校尉袁紹同典禁兵。勳謂虞、紹曰："吾仍見上，上甚聰明，但擁蔽於左右耳。若共併力誅嬖倖，然後徵拔英俊，以興漢室，功遂身退，豈不快乎！"虞、紹亦素有謀，因相連結，未及發，而司隸校尉張溫舉勳為京兆尹。帝方欲延接勳，而蹇碩等心憚之，並勸從溫奏，遂拜京兆尹。

時長安令楊黨，父為中常侍，恃勢貪放，勳案得其贓千餘萬。貴戚咸為之請，勳不聽，具以事聞，并連黨父，有詔窮案，威震京師。時小黃門京兆高望為尚藥監，倖於皇太子，太子因蹇碩屬望子進為孝廉，勳不肯用。或曰："皇太子副主，望其所愛，碩帝之寵臣，而子違之，所謂三怨成府者也。"〔1〕勳曰："選賢所以報國也。非賢不舉，死亦何悔！"勳雖在外，每軍國密事，帝常手詔問之。〔2〕數加賞賜，甚見親信，在朝臣右。

【注】
〔1〕府，聚也。

〔2〕《續漢書》曰："是時，漢陽叛人王國，衆十餘萬，攻陳倉，三輔震動。勳領郡兵五千人，自請滿萬人，因表用處士扶風［士］孫瑞〔三四〕為鷹鷂都尉，桂陽魏傑〔三五〕為破敵都尉，京兆杜楷為威虜都尉，弘農楊儒為鳥擊都尉，長陵第五儁為清寇都尉。凡五都尉，皆素有名，悉領屬勳。每有密事，靈帝手詔問之。"

及帝崩，董卓廢少帝，殺何太后，勳與書曰："昔伊尹、霍光權以立功，猶可寒心，足下小醜，何以終此？賀者在門，弔者在廬，可不慎哉！"〔1〕卓得書，意甚憚之。徵為議郎。時左將軍皇甫嵩精兵三萬屯扶風，勳密相要結，將以討卓。會嵩亦被徵，勳以衆弱不能獨立，遂並還京師。自公卿以下，莫不卑下於卓，唯勳長揖爭禮，見者皆為失色。卓問司徒王允曰："欲得快司隸校尉，誰可作者？"允曰："唯有蓋京兆耳。"卓曰："此人明智有餘，然不可假以雄職。"乃以為越騎校尉。卓又不欲令久典禁兵，復出為潁川太守。未及至郡，徵還京師。時河南尹朱儁為卓陳軍事。卓折儁曰："我百戰百勝，決之於心，卿勿妄說，且汙我刀。"勳曰："昔武丁之明，猶求箴諫，〔2〕況如卿者，而欲杜人之口乎？"卓曰："戲之耳。"勳曰："不聞怒言可以為戲？"卓乃謝儁。勳雖強直不屈，而內厭於卓，不得意，疽發背卒，時年五十一。遺令勿受卓賻贈。卓欲外示寬容，表賜東園祕器贈襚，送之如禮。葬于安陵。

【注】
〔1〕《孫卿子》曰"慶者在堂，弔者在閭，福與禍鄰，莫知其門"也。
〔2〕武丁，殷王高宗也。謂傅說曰："啓乃心，沃朕心。"說復于王曰："惟木從繩則正，后從諫則聖。"見《尚書》。

子順，官至永陽太守。

臧洪字子源,〔三六〕廣陵射陽人也。〔1〕父旻,有幹事才。〔2〕熹平元年,會稽妖賊許昭起兵句章,〔3〕自稱"大將軍",立其父生為越王,攻破城邑,眾以萬數。拜旻揚州刺史。旻率丹(揚)[陽]太守陳夤〔三七〕擊昭,破之。昭遂復更屯結,大為人患。旻等進兵,連戰三年,破平之,獲昭父子,斬首數千級。遷旻為使匈奴中郎將。

【注】

〔1〕射陽故城在今楚州安宜縣東也。

〔2〕謝承《書》曰:"旻達於從政,為漢良吏,遷匈奴中郎將。還京師,太尉袁逢問其西域諸國土地風俗人物種數,旻具荅言西域本三十六國,後分為五十五,稍散至百餘國。大小,道里近遠,人數多少,風俗燥溼,山川草木鳥獸異物名種不與中國同者,口陳其狀,手畫地形。逢奇其才,歎息言:'雖班固作《西域傳》,何以加此乎?'"

〔3〕句章縣故城在今越州鄮縣〔三八〕西。《十三州志》云:"句踐之地,南至句無,其後併吳,因大城句,章伯功以示子孫,故曰句章。"

洪年十五,以父功拜童子郎,〔1〕知名太學。洪體貌魁梧,有異姿。〔2〕舉孝廉,補即丘長。〔3〕

【注】

〔1〕漢法,孝廉試經者拜為郎。洪以年幼才俊,故拜童子郎也。《續漢書》曰"左雄奏徵海內名儒為博士,使公卿子弟為諸生,有志操者加其俸祿。及汝南謝廉、河南趙建章〔三九〕年始十二,各能通經,雄並奏拜童子郎。於是負書來學,雲集京師"也。

〔2〕魁梧,壯大之貌也。梧音吾。

〔3〕即丘,縣,屬琅邪國,故城在今沂州臨沂縣東南,即《春秋》之祝丘也。

中平末，弃官還家，太守張超請為功曹。時董卓（殺）〔弑〕帝，〔四〇〕圖危社稷。洪説超曰：“明府歷世受恩，兄弟並據大郡。〔1〕今王室將危，賊臣虎視，此誠義士効命之秋也。今郡境尚全，吏人殷富，若動桴鼓，可得二萬人。以此誅除國賊，為天下唱義，不亦宜乎！”超然其言，與洪西至陳留，見兄邈計事。邈先謂超曰：“聞弟為郡，委政臧洪，洪者何如人？”超曰：“臧洪海内奇士，才略智數不比於超矣。”邈即引洪與語，大異之。乃使詣兗州刺史劉岱、〔2〕豫州刺史孔伷，〔3〕遂皆相善。邈既先有謀約，會超至，定議，乃與諸牧守大會酸棗。設壇場，將盟，既而更相辭讓，莫敢先登，咸共推洪。洪乃攝衣升壇，操血而盟曰：“漢室不幸，皇綱失統，賊臣董卓，乘釁縱害，禍加至尊，毒流百姓。大懼淪喪社稷，翦覆四海。兗州刺史岱、豫州刺史伷、陳留太守邈、東郡太守瑁、〔4〕廣陵太守超等，糾合義兵，並赴國難。〔5〕凡我同盟，齊心一力，以致臣節，隕首喪元，必無二志。有渝此盟，俾墜其命，無克遺育。〔6〕皇天后土，祖宗明靈，實皆鑒之。”洪辭氣慷慨，聞其言者，無不激揚。自是之後，諸軍各懷遲疑，莫適先進，遂使糧儲單竭，兵衆乖散。

【注】

〔1〕謂超為廣陵，兄邈為陳留也。

〔2〕岱字公山。

〔3〕伷字公緒。

〔4〕橋瑁也。

〔5〕糾，收也。

〔6〕《左傳》曰，王子虎盟諸侯于王廷，要言曰“皆奬王室，無相害也。有渝此盟，明神殛之，俾墜其師，無克祚國”也。

時討虜校尉公孫瓚與大司馬劉虞有隙，超乃遣洪詣虞，共謀其難。行至河閒而值幽冀交兵，行塗阻絶，因寓於袁紹。紹見洪，甚奇之，與結友好,以洪領青州刺史。前刺史焦和好立虛譽,能清談。時黃巾群盜處處颷起,而青部殷實,軍革尚衆。和欲與諸同盟西赴京師,未及得行,而賊已屠城邑。和不理戎警,但坐列巫史,禜禱群神。[1]又恐賊乘凍而過,命多作陷冰丸,以投于河。衆遂潰散,和亦病卒。洪收撫離叛,百姓復安。

【注】
〔1〕巫,女巫也。史,祝史也。禜謂營攢用幣,以(穰)〔禳〕風雨霜[四一]雪水旱厲疫於日月星辰山川也。禱謂告事求福也。

在事二年,袁紹憚其能,徙為東郡太守,都東武陽。時曹操圍張超於雍丘,甚危急。超謂軍吏曰:"今日之事,唯有臧洪必來救我。"或曰:"袁曹方穆,而洪為紹所用,恐不能敗好遠來,違福取禍。"超曰:"子源天下義士終非背本者也,或見制強力,不相及耳。"洪始聞超圍,乃徒跣號泣,並勒所領,將赴其難。自以衆弱,從紹請兵,而紹竟不聽之,超城遂陷,張氏族滅。洪由是怨紹,絕不與通。紹興兵圍之,歷年不下,使洪邑人陳琳以書譬洪,示其禍福,責以恩義。[1]洪荅曰:

【注】
〔1〕《獻帝春秋》曰"紹使琳為書八條,責以恩義,告喻使降"也。

　　隔闊相思,發於寤寐。相去步武,[1]而趨舍異規,其為愴恨,胡可勝言!前日不遺,比辱雅況,[2]述敍禍福,公私切至。以子之才,窮該典籍,豈將闇於大道,不達余趣哉?是以損弃翰墨,一無所酬,亦冀遥忖褊心,粗識鄙性。重獲來命,援引紛紜,雖欲無對,而義篤其言。

【注】
〔1〕《爾雅》曰："武,迹也。"
〔2〕比,頻也。

　　僕小人也,本乏志用,中因行役,特蒙傾蓋,[1]恩深分厚,遂竊大州,寧樂今日自還接刃乎?每登城臨兵,觀主人之旗鼓,[2]瞻望帳幄,感故友之周旋,撫弦搦矢,[3]不覺涕流之覆面也。何者?自以輔佐主人,無以為悔;主人相接,過絶等倫。受任之初,志同大事,埽清寇逆,共尊王室。豈悟本州被侵,郡將遘厄,請師見拒,辭行被拘,使洪故君,遂至淪滅。區區微節,無所獲申,豈得復全交友之道,重虧忠孝之名乎?所以忍悲揮戈,收淚告絶。若使主人少垂古人忠恕之情,來者側席,去者克己,[4]則僕抗季札之志,不為今日之戰矣。[5]

【注】
〔1〕《家語》,孔子之郯,與程子相遇於塗,傾蓋而語也。
〔2〕洪常寓於紹,故謂之主人也。
〔3〕搦,捉也,音女卓反。
〔4〕來者側席而待之,去者克己自責,不責人也。
〔5〕吳王餘昧卒,欲授弟季札,季札逃去。見《史記》也。

　　昔張景明登壇唼血,奉辭奔走,卒使韓牧讓印,主人得地。後但以拜章朝主,賜爵獲傳之故,不蒙觀過之貸,而受夷滅之禍。[1]呂奉先討卓來奔,請兵不獲,告去何罪,復見斫刺。[2]劉子璜奉使踰時,辭不獲命,畏君懷親,以詐求歸,可謂有志忠孝,無損霸道,亦復僵尸麾下,不蒙虧除。慕進者蒙榮,違意者被戮,此乃主人之利,非遊士之願也。是以鑒戒前人,守死窮城,亦以君子之違,不適敵國故也。[3]

【注】

〔1〕《英雄記》云，袁紹使張景明、郭公則、高元才等說韓馥，使讓冀州與紹。然則馥之讓位，景明亦有其功。其餘未詳也。

〔2〕《魏志·呂布傳》曰："布破張燕軍而求益兵，衆將士鈔掠，紹患忌之。布覺其意，從紹求去。"《英雄記》："布求還洛，紹假布領司隸校尉，外言當遣，內欲殺布。明日當發，紹遣甲士三十人，辭以送布，止於帳側。布僞使人於帳中鼓筝，紹兵臥，無何，出帳去而兵不覺。夜半兵起，亂斫布牀被，謂已死。明旦，紹訊問，知布尚在，乃閉城門，布遂引去。"

〔3〕《左傳》云，公山不狃曰："君子違不適讎國。"杜預注云："違，奔亡也。"

　　足下當見久圍不解，救兵未至，感婚姻之義，推平生之好，以為屈節而苟生，勝守義而傾覆也。昔晏嬰不降志於白刃，南史不曲筆以求存，[1]故身傳圖象，名垂後世。況僕據金城之固，驅士人之力，散三年之畜以為一年之資，匱困補乏，以悅天下，何圖築室反耕哉？[2]但懼秋風揚塵，伯珪馬首南向，[3]張揚、飛燕旅力作難，[4]北鄙將告倒懸之急，股肱奏乞歸之記耳。[5]主人當鑒戒曹輩，反旌退師，何宜久辱盛怒，暴威於吾城之下哉！

【注】

〔1〕崔杼殺齊莊公，欲劫晏子與盟，以戟拘其頸，劍承其心。晏子曰："劫吾以刃而失其意，非勇也。"崔杼遂釋之。事見《晏子》。《左傳》曰"太史書曰'崔杼弑其君'，崔子殺之。其弟嗣書而死者二人，其弟又書，乃舍之。南史氏聞太史盡死，執簡以往，聞既書矣，乃還"也。

〔2〕《左傳》曰："楚子圍宋，築室反耕。"杜預注曰："築室於宋，反兵耕田，示無還意也。"

〔3〕伯珪，公孫瓚字。

〔4〕《魏志》曰，張揚字稚叔，雲中人也，以武勇給并州為從事。何進令

於本州募兵，得千餘人，因留上黨擊山賊。進敗，揚遂以所將兵攻上黨，仍略諸縣，衆至數千，又與袁紹合。張燕，常山人，本姓褚。黃巾起，燕合聚少年為群盜，衆萬人。博陵張牛角（立）〔之〕起，〔四二〕衆次瘿陶，牛角為飛矢所中，且死，告其衆曰："必以燕為帥。"角死，衆奉燕，故改姓張。燕慓悍，捷速過人，軍中號為"飛燕"。衆至百萬，號曰"黑山"。後助公孫瓚與紹爭冀州也。

〔5〕股肱猶手足也。言北邊有倉卒之急，股肱之臣將告歸自救耳。

　　足下譏吾恃黑山以為救，獨不念黃巾之合從邪？昔高祖取彭越於鉅野，〔1〕光武創基兆於綠林，卒能龍飛受命，中興帝業。苟可輔主興化，夫何嫌哉！況僕親奉璽書，與之從事！

【注】
〔1〕《前書》，彭越將其衆居鉅野中，無所屬，漢王乃使人賜越將軍印，使下濟陰以擊楚也。

　　行矣孔璋！足下徼利於境外，臧洪投命於君親；吾子託身於盟主，〔1〕臧洪策名於長安。子謂余身死而名滅，僕亦笑子生死而無聞焉。本同末離，努力努力，夫復何言！

【注】
〔1〕盟主謂袁紹也。

紹見洪書，知無降意，增兵急攻。城中粮盡，外無援救，洪自度不免，呼吏士謂曰："袁紹無道，所圖不軌，且不救洪郡將，洪於大義，不得不死。念諸君無事，空與此禍，〔1〕可先城未破，將妻子出。"將吏皆垂泣曰："明府之於袁氏，本無怨隙，今為郡將之故，自致危困，吏人何忍當捨明府去也？"初尚掘鼠，煮筋角，後無所復食，主簿啓內廚米三斗，請稍爲饘粥，[2]洪曰："何能獨甘此邪？"使爲薄麋，徧班士衆。又殺其愛妾，以食兵將。兵將咸流涕，無能仰視。男女七八十人相枕而死，莫有離叛。

【注】
[1]與音預。
[2]杜預注《左傳》曰："饘，糜也。"音之延反。

城陷，生執洪。紹盛帷幔，大會諸將見洪。謂曰："臧洪何相負若是！今日服未？"洪據地瞋目曰："諸袁事漢，四世五公，可謂受恩。今王室衰弱，無扶翼之意，而欲因際會，觖望非冀，[1]多殺忠良，以立姦威。洪親見將軍呼張陳留爲兄，則洪府君亦宜爲弟，而不能同心戮力，爲國除害，坐擁兵衆，觀人屠滅。惜洪力劣，不能推刃爲天下報仇，[2]何謂服乎？"紹本愛洪，意欲屈服赦之，見其辭切，知終不爲用，乃命殺焉。

【注】
[1]《前漢音義》曰："觖猶冀也。"觖音羌恚反。
[2]《公羊傳》曰："事君猶事父也，父受誅，子復讎，推刃之道。"

洪邑人陳容，少爲諸生，親慕於洪，隨爲東郡丞。先城未敗，洪使歸紹。時容在坐，見洪當死，起謂紹曰："將軍舉大事，欲爲天下除暴，而專先誅忠義，豈合天意？臧洪發舉爲郡將，柰何殺之！"紹慙，使人牽出，謂曰："汝非臧洪疇，空復爾爲？"容顧曰："夫仁義豈有常所，蹈之則君子，背之則小人。[四三]今日寧與臧洪同日死，不與將軍同日生也。"遂復見殺。在紹坐者，無不歎息，竊相謂曰："如何一日戮二烈士！"

先是洪遣司馬二人出，求救於呂布。比還，城已陷，皆赴敵死。

論曰：雍丘之圍，臧洪之感憤壯矣！想其行跳且號，束甲請舉，誠足憐也。夫豪雄之所趣舍，其與守義之心異乎？若乃締謀連衡，懷詐筭以相尚者，蓋惟利埶所在而已。況偏城既危，曹袁方穆，洪徒指外敵之衡，以紓倒縣之會。忿悁之師，兵家所忌。[1]可謂懷哭秦之節，存荆則未聞也。[2]

【注】

[1]《前書》魏相上書曰："救亂誅暴，謂之義兵，兵義者王。敵加於己，不得已而起者，謂之應兵，兵應者勝。爭恨小故，不勝憤怒者，謂之忿兵，兵忿者敗。利人土地貨寶者，謂之貪兵，兵貪者破。恃國家之大，矜其人眾，欲見威於敵者，謂之驕兵，兵驕者滅。此非但人事，乃天道也。"

[2]吳破楚，申包胥如秦乞師，立依於庭牆而哭，日夜不絕聲，勺飲不入口，七日秦師乃出，以車五百乘救楚，敗吳兵於稷。事見《左傳》及《史記》。言臧洪徒守節致死，不能如包胥之存楚也。

贊曰：先零擾疆，鄧、崔棄涼。詡、燮令圖，再全金方。蓋勳抗董，終然允剛。洪懷偏節，力屈志揚。

【校勘記】

[一] 乃說李脩曰 按：《集解》引惠棟說，謂袁《紀》詡說太尉張禹，與傳異也。

[二] 得朝歌何衰 按：《集解》引惠棟說，謂袁《紀》"何衰"作"可哀"。

[三] 譸當作籌也 按：《御覽》一九○引正作"籌"，疑據章懷注改也。

[四] 明日為三萬竈 按："三"原譌"二"，逕據汲本、殿本改正。

[五] 築營壁百八十所 汲本、殿本"百"上有"二"字。按：《通鑑》亦作"百八十所"。

[六] 自沮至下辯 《集解》引惠棟說，謂案《漢李翕碑》題名，"辯"當

作"辨"。今按：《續志》作"辨"，《通鑑》胡注亦作"辨"。

〔七〕每至春夏輒溢沒秋稼壞敗營郭　按：《類聚》六引作"春夏輒潰溢，敗壞城郭"。

〔八〕石皆坼裂　按：《類聚》引"坼"作"罅"。

〔九〕遂無汜溺之患　按：汲本"汜"作"汎"。《類聚》引作"遂無沈溺之害"。

〔一〇〕穀石千　《集解》引惠棟説，謂《御覽》八百六十五引《續漢書》，云"始到郡，穀千五百"，此脱"五百"字。今按：《通鑑》亦作"穀石千"。

〔一一〕二府恐為臣所奏　按：《刊誤》謂上文三公劾訕，則"二府"當為"三府"也。

〔一二〕敦字文理京（兆）〔縣〕人也　張森楷《校勘記》謂據《順帝紀》注，敦是河南京縣人，此"兆"字當衍文，或"縣"字之誤。按：《順帝紀》注作"京縣人也"，今據改。

〔一三〕無令臣襲楊震之跡　按："楊"原譌"揚"，逕改正。下一八七八頁六行"楊會"、一八八一頁二行"楊雍"、一八八三頁四行注"楊儒"同。

〔一四〕自〔四〕百石以下　陳景雲謂按《續志》"百石"上當有"四"字。今據補。

〔一五〕街〔里〕走卒　《刊誤》謂《後漢志》"街"下有一"里"字。今據補。

〔一六〕率皆赤幘縫褠　汲本、殿本"縫"作"絳"。按：《續志》作"絳褠"。

〔一七〕與左中郎〔將〕皇甫嵩　《刊誤》謂案《嵩傳》，此少一"將"字。今據補。

〔一八〕并〔三十〕六國　陳景雲謂"六"上當有"三十"二字。今據補。

〔一九〕以（高）〔鬲〕燒羌　據《刊誤》改。

〔二〇〕然憚其名不敢害　按：《校補》謂此處當脱仍奏請封燮某侯，并燮轉某官，否則下文似不接，且議郎亦不得即拜太守也。

〔二一〕郡將范津明知人　按：《刊誤》謂"明"當作"名"。

〔二二〕時北［地］胡騎數千　《刊誤》謂案文少一"地"字，下文云"鄉里羌胡"，是與燮同北地人也。今據補。

〔二三〕世亂不能養浩然之志　"浩"原譌"皓"，逕改正。下一五行"養吾浩然之氣"同。

〔二四〕謚曰壯節侯　《集解》引周壽昌說，謂燮未封侯，豈死後贈爵邪？《范史》不敍，明少疎。按：《校補》謂范氏史法本密，不至一傳之中前後文亦不相應如此，其為上脫燮封侯事明矣。

〔二五〕幹字彥林　按：《集解》引惠棟說，謂"林"一作"材"，見《三國志》注。

〔二六〕趙岐注曰　按："岐"原作"歧"，逕改正。

〔二七〕絕食鷹鳶　按："鷹"原譌"膺"，逕改正。

〔二八〕謝承書曰　按："承"原譌"丞"，逕改正。

〔二九〕至狐槃　按：《集解》引惠棟說，謂袁宏《紀》作"孤磐"。

〔三〇〕阿陽縣屬天水郡　按："天水"當作"漢陽"，惠棟云後漢改天水為漢陽。

〔三一〕續漢書梟字作泉也　《集解》引汪文臺說，謂范作"梟"非，作"泉"亦非，疑本作"因"，音近譌作"淵"，又以避諱作"泉"。按：《校補》謂疑本是"臬"字，誤為"梟"，復譌為"泉"耳。

〔三二〕是為潞公慶父襲殺潞公　按：兩"潞"字原皆誤"潘"，逕改正。

〔三三〕伍承彌縫　"伍"原作"五"，逕據汲本、殿本改。

〔三四〕扶風［士］孫瑞　據《集解》引惠棟說補。

〔三五〕桂陽魏傑　按：張森楷《校勘記》謂案《太尉劉寬碑》陰有"右扶風杜陽魏傑"，《獻帝春秋》同，而桂陽則荊州郡，不在三輔矣，蓋"桂"字是"杜"字之誤。

〔三六〕臧洪字子源　按：《集解》引惠棟說，謂《唐贈工部尚書臧懷恪碑》歷敍臧氏作"子原"，案字從厂從泉，後人復添三點，見《顧炎武金石文字記》。

〔三七〕丹（揚）〔陽〕太守陳夤　據汲本改。

〔三八〕越州鄮縣　按："鄮"原譌"鄭"，逕據汲本、殿本改正。

〔三九〕河南趙建章　按：《集解》引惠棟説，謂依《左雄傳》，衍"章"字。

〔四〇〕時董卓（殺）〔弒〕帝　據汲本、殿本改。

〔四一〕以（穰）〔攘〕風雨　據汲本改。

〔四二〕博陵張牛角（立）〔之〕起　《刊誤》謂"立"當作"之"。今據改。

〔四三〕蹈之則君子背之則小人　按：汲本、殿本兩"則"字下並有"為"字。

後漢書卷五十九

張衡列傳第四十九

　　張衡字平子，南陽西鄂人也。[1]世為著姓。祖父堪，蜀郡太守。衡少善屬文，游於三輔，因入京師，觀太學，遂通五經，貫六蓺。雖才高於世，而無驕尚之情。常從容淡静，不好交接俗人。永元中，舉孝廉不行，連辟公府不就。時天下承平日久，自王侯以下，莫不踰侈。衡乃擬班固《兩都》，作《二京賦》，因以諷諫。精思傅會，十年乃成。文多故不載。大將軍鄧騭奇其才，累召不應。

【注】
〔1〕西鄂，縣，故城在今鄧州向城縣南，有平子墓及碑在焉，崔瑗之文也。

　　衡善機巧，尤致思於天文、陰陽、歷筭。常耽好《玄經》，[1]謂崔瑗曰：「吾觀《太玄》，方知子雲妙極道數，乃與五經相擬，非徒傳記之屬，使人難論陰陽之事，漢家得天下二百歲之書也。[2]復二百歲，殆將終乎？」[3]所以作者之數，必顯一世，常然之符也。漢四百歲，《玄》其興矣。」[4]安帝雅聞衡善術學，公車特徵拜郎中，再遷為太史令。[5]遂乃研覈陰陽，妙盡琁機之正，作渾天儀，著《靈憲》、《筭罔論》，言甚詳明。[6]

【注】

〔1〕桓譚《新論》曰：「揚雄作《玄書》，以為玄者，天也，道也。言聖賢制法作事，皆引天道以為本統，而因附續萬類、王政、人事、法度，故宓羲氏謂之《易》，老子謂之道，孔子謂之元，而揚雄謂之玄。《玄經》三篇，以紀天地人之道，立三體有上中下，如《禹貢》之陳三品。三三而九，因以九九八十一，故為八十一卦。以四為數，數從一至四，重累變易，竟八十一而徧，不可損益。以三十(五)[六]蓍揲之。〔一〕《玄經》五千餘言，而傳十二篇也。」

〔2〕子雲當哀帝時著《太玄經》，自漢初至哀帝，二百歲也。

〔3〕自中興至獻帝，一百八十九年也。

〔4〕自此已上，並衡與崔瑗書之文也。

〔5〕《漢官儀》「太史令屬太常，秩六百石」也。

〔6〕《漢名臣奏》曰，蔡邕曰：「言天體者有三家：一曰周髀，二曰宣夜，三曰渾天。宣夜之學絶，無師法。周髀術數具存，考驗天狀，多所違失，故史官不用。唯渾天者，近得其情，今史官所用候臺銅儀，則其法也。」《靈憲序》曰：「昔在先王，將步天路，用定靈軌。尋緒本元，先準之于渾體，是為正儀，故靈憲作興。」《衡集》無《筭罔論》，蓋網絡天地而筭之，因名焉。

順帝初，再轉，復為太史令。衡不慕當世，所居之官，輒積年不徙。自去史職，五載復還，乃設客問，作《應閒》以見其志云：〔1〕

【注】

〔1〕閒，非也。《衡集》云：「觀者，觀余去史官五載而復還，非進取之勢也。唯衡內識利鈍，操心不改。或不我知者，以為失志矣。用為閒余。余應之以時有遇否，性命難求，因茲以露余誠焉，名之《應閒》云。」

有閒余者曰：蓋聞前哲首務，務於下學上達，佐國理民，有云為也。〔1〕朝有所聞，則夕行之。立功立事，式昭德音。〔2〕是故伊尹思使君為堯舜，而民處唐虞，彼豈虛言而已哉，必旌厥素爾。〔3〕咎單、巫咸，寔守王家，〔4〕申伯、樊仲，實幹周邦，服袞而朝，介圭作瑞。〔5〕厥跡不朽，垂烈後昆，不亦丕歟！且學非以要利，而富貴萃之。貴以行令，富以施惠，惠施令行，故《易》稱以"大業"。〔6〕質以文美，實由華興，器賴彫飾為好，人以興服為榮。吾子性德體道，篤信安仁，約己博藝，無堅不鑽，以思世路，斯何遠矣！〔7〕曩滯日官，今又原之。〔8〕雖老氏曲全，進道若退，然行亦以需。〔9〕必也學非所用，術有所仰，故臨川將濟，而舟檝不存焉。徒經思天衢，內昭獨智，固合理民之式也？故嘗見謗于鄙儒。〔10〕深厲淺揭，隨時為義，曾何貪於支離，而習其孤技邪？〔11〕參輪〔12〕可使自轉，木雕猶能獨飛，已垂翅而還故棲，盍亦調其機而銛諸？〔13〕昔有文王，〔二〕自求多福。〔14〕人生在勤，不索何獲。〔15〕曷若卑體屈己，美言以相尅？〔16〕鳴于喬木，乃金聲而玉振之。〔17〕用後勳，雪前吝，婞佷不柔，以意誰靳也。〔18〕

【注】

〔1〕《論語》曰，孔子曰："下學而上達。"注云："下學人事，上知天命也。"

〔2〕《尚書》曰："立功立事，可以永年。"《逸詩》曰："祈招之愔愔，式昭德音。"式，用也。昭，明也。

〔3〕《尚書》伊尹曰："予弗克俾厥后，惟堯舜其心，愧恥若撻于市。"旌，明也。素猶志也。

〔4〕咎單、巫咸，並殷賢臣也。《尚書》曰："咎單作《明居》。"又曰"巫咸保乂王家"也。

〔5〕申伯，申國之伯也；樊仲，仲山甫也，為樊侯：並周宣王之卿士。《詩·大雅》曰："維申及甫，維周之翰。"注："翰，幹也。服袞謂申伯為冢宰，服袞冕之服也。"又曰："錫爾介圭，以作爾寶。"注云"寶，瑞也。圭長尺二寸謂之介"也。

〔6〕《易·繫詞》曰"盛德大業，至矣哉！富有之謂大業，日新之謂盛德"也。

〔7〕《論語》曰："篤信好學。"又曰："仁者安仁。"又曰："鑽之彌堅。""博我以文，約我以禮。"

〔8〕日官，史官也。《左傳》曰："天子有日官。"《爾雅》曰："原，再也。"

〔9〕《老子》曰："曲則全，枉則（正）〔直〕。"〔三〕又曰："夷道若類，進道若退。"《易·雜卦》曰："需，不進也。"

〔10〕天衢，天道也。言徒銳思作《靈憲》、渾天儀等也。

〔11〕揭，褰衣也，音丘例反。《詩·邶風》曰："深則厲，淺則揭。"《爾雅》曰："由帶以上為厲，由膝以下為揭。"言遭時制宜，遇深水則厲，淺則揭也。《易·隨卦》："隨時之義大矣哉！"《莊子》曰："朱泙曼學屠龍於支離益，單千金之家，三年技成而無所用。"技音渠綺反。責衡何獨妙思於機巧者也。

〔12〕音三。

〔13〕垂翅故棲，謂再為史官也。盍，何不也。銛，利也。諸，之也。閒者言衡作三輪木雕，尚能飛轉，已乃垂翅故棲，何不調其機關使利而高飛邪？《傅子》曰"張衡能令三輪獨轉"也。

〔14〕《詩·大雅·文王篇》曰"永言配命，自求多福"也。

〔15〕《左傳》曰："人生在勤，勤則不匱。"又曰："不索何獲，吾欲求之。"

〔16〕尅，勝也。《衡集》作"美言以市"也。

〔17〕《詩·小雅》曰："伐木丁丁，鳥鳴嚶嚶，出自幽谷，遷于喬木。"喻求仕遷於高位，振揚德音，如金玉之聲。《孟子》曰："金聲而玉振〔之〕。"〔四〕

〔18〕誃，恥也。《左傳》曰："宋公靳之。"杜預注云："戲而相愧曰靳。"

應之曰：是何觀同而見異也？君子不患位之不尊，而患德之不崇；不恥祿之不夥，而恥智之不博。[1]是故藝可學，而行可力也。天爵高懸，得之在命，[2]或不速而自懷，或羨旃而不臻，[3]求之無益，故智者面而不思。[4]陟身以徼幸，固貪夫之所為，未得而豫喪也。[5]枉尺直尋，議者譏之，盈欲虧志，孰云非羞？[6]於心有猜，則簠殷饌餔猶不屑餐，爰旌瞀以之。[7]意之無疑，則兼金盈百而不嫌辭，孟軻以之。[8]士或解褐褐而襲黼黻，或委舌築而據文軒者，度德拜爵，量績受祿也。[9]輸力致庸，受必有階。[10]

【注】

[1]《方言》曰："凡物盛而多，齊宋之郊謂之夥。"音和果反。

[2]《孟子》曰："仁義忠信，樂善不倦，此天爵也。公卿大夫，此人爵也。"案：此謂天子高縣爵位，得者在命也。

[3]速，召也。懷，來也。旃，之也。

[4]面，偝也。

[5]陟，危也。

[6]《孟子》陳代問孟子曰："枉尺而直尋，若可為也？"孟子曰："昔齊景公田，招虞人以旌，不到，[五]將殺之。志士不忘在溝壑，如不待招而往，何哉？且夫枉尺而直尋者，以利言也。如以利，則枉尋直尺而利，亦可為歟？"趙岐注云：[六]"志士，守義者也。君子固窮，[七]故虞人不得其招尚不往，如何君子不（得）〔待〕其招而妄見也。[八]尺小尋大，不可枉大就小，而以要利也。"

[7]猜，嫌也。簠，食器也。殷音孫。《詩》云："有蒙簠殷。"饌音仕卷反，餔音補故反，並謂食也。屑猶介也。以，用也。爰旌瞀，餓人也。一作"爰精目"。《列子》曰："東方有人焉，曰爰旌目，將有適也，而餓於道。狐丘父之盜曰丘，見而下壺殷以餔之。爰旌目三餔而後能視，曰：'子何為者？'（也）〔曰〕：'我狐父之人丘也。'[九]爰旌目曰：'譆，汝非盜邪？吾義不食子之食也。'兩手據地而歐之，不出，喀喀而死。"

〔8〕《孟子》:"陳臻問曰:'前於齊,王餽兼金一百而不受;於宋,餽七十鎰而受。前日之不受是,則今受之非也?'孟子曰:'皆是也。當在宋也,予將遠行,遠行者必以贐,予何為不受?若於齊,則未有處也,無處而餽之,是貨之也。焉有君子而可以貨取乎?'"趙岐注云:"兼金,好金也。價兼倍於惡者,故曰兼金。一百,百鎰也。二十兩為鎰。贐,送行者贈賄之禮也。在齊時無事,於義未有所處也。義無所處而餽之,是以貨賄(所)取我,〔一〇〕欲使我懷惠也。"

〔9〕解袒褐謂甯戚也。委臿築謂傅說也。袒音常主反。《方言》曰"自關而西,謂襜褕短者謂之袒"也。

〔10〕"受"或作"爰"。

　　渾元初基,靈軌未紀,吉凶紛錯,人用瞳矇。[1] 黃帝為斯深慘。有風后者,是焉亮之,察三辰於上,跡禍福乎下,經緯歷數,然後天步有常,則風后之為也。[2] 當少昊清陽之末,實或亂德,人神雜擾,不可方物,重黎又相顓頊而申理之,日月即次,則重黎之為也。[3] 人各有能,因蓺授任,鳥師別名,四叔三正,官無二業,事不並濟。[4] 晝長則宵短,日南則景北。[5] 天且不堪兼,況以人該之。[6] 夫玄龍,迎夏則陵雲而奮鱗,樂時也;涉冬則淈泥而潛蟠,避害也。[7] 公旦道行,故制典禮以尹天下,懼教誨之不從,有人[之]不理。[8]〔一一〕仲尼不遇,故論《六經》以俟來辟,[9] 恥一物之不知,有事之無範。所考不齊,如何可一?[10]

【注】

〔1〕瞳矇言未晤也。

〔2〕《史記》曰:"黃帝迎日推策,舉風后、力牧以理人,順天地之紀,幽明之占。"又曰:"旁羅日月星辰。"《春秋內事》曰:"黃帝師於風后,風后善於伏羲氏之道,故推演陰陽之事。"《蓺文志》陰陽流有《風后》十三篇也。

〔3〕《帝王紀》曰:"少昊字清陽。"《國語》楚觀射父曰:"少皞之衰也,

九黎亂德,人神雜糅,不可方物。顓頊承之,乃命南正重司天以屬神,命火正黎司地以屬人。"重,少昊氏之子。黎,顓頊氏之子。

〔4〕《左傳》郯子曰:"少皞鳥師而鳥名。鳳鳥氏歷正也,玄鳥氏司分也,伯趙氏司至也,青鳥氏司啟也,丹鳥氏司閉也。"又晉蔡墨曰:"少皞氏有四叔,曰重,曰該,曰脩,曰熙,實能金木及水,使重為句芒,該為蓐收,脩及熙為玄冥。"四叔分主三正,言其不兼業也。

〔5〕夏至日北極而影短,晝六十刻,夜四十刻。冬至日南極而影長,夜六十刻,晝四十刻也。《易通卦驗》曰:"冬至,晷長丈三尺。夏至,晷長尺五寸。"謂立八尺表之陰也。

〔6〕該,備也。

〔7〕《說文》曰:"龍,鱗蟲之長,能幽能明,能小能巨,能短能長,春分而登天,秋分而入川。"言出入有時也。賈逵注《國語》曰:"淈,亂也。"淈音骨。

〔8〕尹,正也。道行言道得申也。流俗本作"行道"者,非也。

〔9〕辟,君也。《公羊傳》曰,孔子制《春秋》,以俟後聖也。

〔10〕《衡集》"考"字作"丁"。丁,當也。

　　夫戰國交爭,戎車競驅,君若綴旒,人無所麗。〔1〕燭武縣縋而秦伯退師,〔2〕魯連係箭而聊城弛柝。〔3〕從往則合,橫來則離,安危無常,要在說夫。〔4〕咸以得人為梟,失士為尤。〔5〕故樊噲披帷,入見高祖;〔6〕高祖踞洗,以對酈生。〔7〕當此之會,乃黿鳴而鱉應也。〔8〕故能同心戮力,勤恤人隱,〔9〕奄受區夏,遂定帝位,皆謀臣之由也。故一介之策,各有攸建,子長諜之,爛然有第。〔10〕夫女魃北而應龍翔,洪鼎聲而軍容息;〔11〕潦暑至而鶉火棲,寒冰冱而黿鼉蟄。〔12〕今也,皇澤宣洽,海外混同,萬方億醜,并質共劑,若修成之不暇,尚何功之可立!〔13〕立事有三,言為下列;下列且不可庶矣,奚冀其二哉!〔14〕〔一二〕

【注】

〔1〕麗，附也。《公羊傳》曰："君若贅旒然。"旒，旂旒也。言為下所執持西東也。

〔2〕燭之武，鄭大夫也。縋，縣繩於城而下也。《左傳》曰，秦伯圍鄭，鄭伯使燭之武夜縋而出，說秦，秦伯為之退師。

〔3〕魯仲連，齊人也。時燕將守聊城，仲連為書係箭射聊城中，燕將自殺。見《史記》。弛，廢也。柝，行夜木也。

〔4〕張儀說諸侯連和事秦為橫，蘇秦說諸侯連兵拒秦為從。蘇秦往則從合，張儀來則從離。

〔5〕梟猶勝也，猶六博得梟則勝。

〔6〕《前書》曰，樊噲，沛人也，封舞陽侯。高帝嘗病，惡見人，臥禁中，詔戶者無得入。噲乃排闥直入，流涕曰："獨不見趙高之事乎？"帝笑而起也。

〔7〕《前書》曰，沛公方踞牀，令兩女子洗足，而見酈食其，食其曰："必欲聚徒合義兵，誅無道，不宜踞見長者。"於是沛公輟洗謝之。

〔8〕喻君臣相感也。焦贛《易林》曰"黿鳴岐野，〔一三〕鼈應於泉"也。

〔9〕隱，病也。《國語》曰"勤恤人隱，而除其害"也。

〔10〕《前書音義》曰："諜，譜第也。"與"牒"通。司馬遷字子長，作《史記》，著功臣等傳，爛然各有第序也。

〔11〕女魃，旱神也。北猶退也。應龍，能興雲雨者也。《山海經》曰："蚩尤作兵伐黃帝，黃帝乃令應龍攻之冀州之野。應龍蓄水，蚩尤請風伯、雨師從，大風雨。黃帝乃下天女曰（妖）〔妭〕，〔一四〕雨止，遂殺蚩尤。（妖）〔妭〕不得復上，所居不雨。"（妖）〔妭〕亦魃也，音步末反。"聲"或作"罄"，"容"或作"客"，《衡集》"容"作"害"，並未詳也。

〔12〕棲，息也。《禮記・月令》曰："季夏土潤溽暑。"鶉火，午之宿也。三月在午，六月在酉。言當季夏之時，鶉火退於酉。冱，凝也。

〔13〕質、劑猶今分支契也。并，共猶言交通也。《周禮》曰："凡賣買者質劑焉，大市以質，小市以劑。"鄭玄注云："兩書一札，同而別之，長曰質，短曰劑。"劑音子隨反。

〔14〕《左傳》魯叔孫豹曰:"太上有立德,其次有立功,其次有立言。"杜預注云:"立德,黃帝、堯、舜也。立功,禹、稷也。立言,史佚、周任、臧文仲。"

　　于茲搢紳如雲,儒士成林,及津者風攄,失塗者幽僻,遭遇難要,趨偶為幸。世易俗異,事執舛殊,不能通其變,而一度以揆之,〔1〕斯契船而求劍,守株而伺兔也。〔2〕冒愧逞願,必無仁以繼之,有道者所不履也。越王句踐事此,故厥緒不永。〔3〕捷徑邪至,我不忍以投步;干進苟容,我不忍以歃肩。〔4〕雖有犀舟勁檝,猶人涉卬否,有須者也。〔5〕姑亦奉順敦篤,守以忠信,得之不休,不獲不吝。〔6〕不見是而不惛,居下位而不憂,允上德之常服焉。〔7〕方將師天老而友地典,與之乎高睨而大談,孔甲且不足慕,焉稱殷彭及周聃!〔8〕與世殊技,固孤是求。〔9〕子憂朱泙曼之無所用,吾恨輪扁之無所教也。〔10〕子覩木雕獨飛,愍我垂翅故棲,吾感去黿附鷗,悲爾先笑而後號也。〔11〕

【注】

〔1〕《易·繫詞》曰"通其變,使人不倦"也。

〔2〕契猶刻也。《呂氏春秋》曰:"楚人有涉江者,其劍自舟中墜於水,遽契其舟,曰'是吾劍所從墜也'。舟已行而劍不行,若此求劍,不亦惑乎!"《韓子》曰"宋人有耕者,田中有株,兔走觸之,折頸而死,因釋耕守株,冀復得兔,為宋國笑"也。

〔3〕《史記》曰,越王句踐先吳興師,吳王聞之,悉發精兵擊越,敗之於夫椒。越王乃以餘兵五千人保棲於會稽。此為冒愧逞願,自取敗也。

〔4〕捷,疾也。歃,斂也,音禽。《孟子》曰:"阿意事貴,脅肩所尊,俗之情也。"〔一五〕歃亦脅也。

〔5〕《前書》曰:"羌戎弓矛之兵器不犀利。"《音義》曰:"今俗謂刀兵利為犀。犀,堅也。"《詩·衛風》曰:"招招舟子,人涉卬否。人涉卬否,卬

須我友。"卬,我也。須,待也。鄭玄注云:"人皆涉,我友未至,我獨待而不涉。言室家之道,非得所適貞女不行,非得禮義婚姻不成,喻仕當以道,不求妄進也。"

〔6〕姑,且也。休,美也。吝,恥也。

〔7〕惛猶悶也。《易》曰:"不見是而無悶,樂則行之,憂則違之。"又曰"居上位而不驕,在下位而不憂"也。

〔8〕《帝王紀》曰:"黃帝以風后配上台,天老配中台,五聖配下台,謂之三公。其餘知天、規紀、地典、力牧、常先、封胡、孔甲等,或以為師,或以為將。"《藝文志》陰陽有《地典》六篇。殷彭即老彭,殷賢人也。睍,視也。高視大談,言不同流俗。《衡集》作"矢談",矢亦直也,義亦通也。

〔9〕技,巧也,音伎。本或作"拔",誤也。

〔10〕輪扁謂為輪者名扁也。扁音皮殄反。《莊子》曰:"輪扁對齊桓公曰:'斲輪之法,徐則甘而不固,疾則苦而不入。不疾不徐,得之於手而應之於心,口不能言也。臣不能以喻臣之子,臣子亦不能受之於臣。'"言泙曼屠龍既無所用,輪扁斲輪亦不能教人也。泙音匹萌反。

〔11〕鼃,蝦蟆也,音胡媧反。《周易‧旅》上九曰:"先笑而後號咷。"

斐豹以斃督燔書,禮至以掖國作銘;〔1〕弦高以牛餼退敵,墨翟以縈帶全城;〔2〕貫高以端辭顯義,蘇武以禿節效貞;〔3〕蒲且以飛矰逞巧,詹何以沈鉤致精;〔4〕弈秋以棋局取譽,王豹以清謳流聲。〔5〕僕進不能參名於二立,退又不能群彼數子。〔6〕愍《三墳》之既穨,惜《八索》之不理。〔7〕庶前訓之可鑽,聊朝隱乎柱史。〔8〕且韞櫝以待價,踵顏氏以行止。〔9〕曾不慊夫晉、楚,敢告誠於知己。〔10〕

【注】

〔1〕《左傳》曰,晉欒盈復入於晉,欒氏之力臣曰督戎,國人懼之。斐豹謂范宣子曰:"苟焚丹書,我殺督戎。"宣子曰:"而殺之,所不請於君焚丹書者有如日。"乃殺之。杜注曰:"蓋豹犯罪,沒為官奴,以丹書其罪。"《左

傳》,衛伐邢,禮至與國子巡城,掖以赴外,殺之。禮至自為銘曰:"余掖殺國子,莫余敢止。"國子,邢正卿。禮至本衛人,仕邢為大夫。掖謂挾之而投於城外也。《衡集》"豹"字作"隸"也。

〔2〕《左傳》曰,秦師襲鄭及滑。鄭商人弦高將市於周,遇之,以牛十二犒師。曰:"寡君聞吾子將出於獘邑,敢犒從者。"秦孟明曰:"鄭有備矣。"滅滑而還。《墨子》曰:"公輸般為雲梯以攻宋,墨子解帶為城,以牒為械,〔一六〕公輸般九攻,墨子九拒。公輸之攻盡,墨子之守有餘。楚王曰:'善哉,吾請無攻宋矣。'"

〔3〕貫高,趙相也。端猶正也。獨正言趙王不反,高帝賢而赦之。蘇武使匈奴中,杖節臥起,〔一七〕節毛盡落。並見《前書》。

〔4〕《列子》曰:"蒲且子之弋,弱弓纖繳,乘風振之,連雙鶬於青雲之際。"又曰:"詹何以獨繭絲為綸,芒針為鉤,荊篠為竿,剖粒為餌,引盈車之魚。"《周禮》曰:"矰矢用弋射。"鄭玄注云:"結繳於矢謂之矰。矰,高也。"

〔5〕弈,圍局也,棋即所執之子。秋,名也。《孟子》曰:"弈秋,通國之善弈者。"又曰"王豹處於淇而河西善謳"也。

〔6〕二立謂太上立德,其次立功也。上云"立事有三,言為下列,下列且不可庶,況其二哉",故言不能參名於二立也。臣賢案:古本作"二立",流俗本及《衡集》"立"字多作"匹",非也。數子謂斐豹以下也。

〔7〕《左傳》曰,楚左史倚相能讀《三墳》、《五典》、《八索》、《九丘》。孔安國以為《三墳》(五典)三皇之書,〔一八〕《八卦》之説謂之《八索》。此以下言不能立德立功,唯欲立言而已。

〔8〕《前書》東方朔曰:"首陽為拙,柱下為工。"應劭曰:"老子為周柱下史,朝隱終身無患,是為上也。"

〔9〕《論語》子貢曰:"有美玉於斯,韞櫝而藏諸,求善賈而沽諸?"子曰:"我待價者也。"又子謂顏回曰:"用之則行,捨之則藏,唯我與爾有是夫。"

〔10〕《孟子》曾子曰:"晉、楚之富,不可及也。彼以其富,我以吾仁,

彼以其爵,我以吾義,吾何慊也?"慊猶憾也,音苦簟反。

陽嘉元年,復造候風地動儀。以精銅鑄成,員徑八尺,合蓋隆起,形似酒尊,飾以篆文山龜鳥獸之形。中有都柱,傍行八道,施關發機。外有八龍,首銜銅丸,下有蟾蜍,張口承之。[1]其牙機巧制,皆隱在尊中,覆蓋周密無際。如有地動,尊則振龍機發吐丸,而蟾蜍銜之。振聲激揚,伺者因此覺知。雖一龍發機,而七首不動,尋其方面,乃知震之所在。驗之以事,合契若神。自書典所記,未之有也。嘗一龍機發而地不覺動,京師學者咸怪其無徵,後數日驛至,果地震隴西,於是皆服其妙。自此以後,乃令史官記地動所從方起。

【注】

[1] 蟾蜍,蝦蟆也。蟾音時占反,蜍音時諸反。

時政事漸損,權移於下,衡因上疏陳事曰:"伏惟陛下宣哲克明,繼體承天,中遭傾覆,龍德泥蟠。[1]今乘雲高躋,磐桓天位,誠所謂將隆大位,必先倥偬之也。[2]親履艱難者知下情,備經險易者達物偽。[3]故能一貫萬機,靡所疑惑,百揆允當,庶績咸熙。宜獲福祉神祇,[一九]受響黎庶。而陰陽未和,災眚屢見,神明幽遠,冥鑒在茲。[二○]福仁禍淫,景響而應,因德降休,乘失致咎,天道雖遠,吉凶可見,近世鄭、蔡、江、樊、周廣、王聖,皆為效矣。[4]故恭儉畏忌,必蒙祉祚,奢淫諂慢,鮮不夷戮,前事不忘,後事之師也。夫情勝其性,流遯忘反,[5]豈唯不肖,中才皆然。苟非大賢,不能見得思義,故積惡成釁,罪不可解也。向使能瞻前顧後,援鏡自戒,則何陷於凶患乎![6]貴寵之臣,衆所屬仰,其有愆尤,上下知之。襃美譏惡,有心皆同,故怨讟溢乎四海,神明降其禍辟也。[7]頃年雨常不足,思求所失,則《洪範》所謂'僭恆陽若'[二一]者也。[8]懼群臣奢侈,昏踰典式,自下逼上,用速咎徵。又前年京師地震土裂,[9]裂者威分,震者人擾也。君以靜唱,臣以動和，威自上出，不趣於下，禮之政也。竊懼聖思厭倦，制不專己，恩不忍割，與衆共威。威不可分，德不可共。《洪範》曰：'臣有作威作福玉食，害于而家，凶于而國。'天鑒孔明，雖疎不失。災異示人，前後數矣，而未見所革，以復往悔。〔10〕自非聖人，不能無過。願陛下思惟所以稽古率舊，勿令刑德八柄，不由天子。〔11〕若恩從上下，事依禮制，禮制脩則奢僭息，事合宜則無凶咎。然後神望允塞，灾消不至矣。"〔一二〕

【注】

〔1〕傾覆謂順帝為太子時廢為濟陰王。蟠音薄寒反。《廣雅》曰："蟠，曲也。"揚雄〔一三〕《方言》曰："未升天龍謂之蟠。"

〔2〕倥音口弄反，偬音子弄反。《埤蒼》曰："倥偬，窮困也。"亦謂順帝被廢時也。

〔3〕《左傳》曰："晉侯在外十九年矣，險阻艱難備嘗之矣，人之情偽盡知之矣。"

〔4〕事具《宦者傳》。

〔5〕性者生之質，情者性之欲。性善情惡，情勝則荒淫也。

〔6〕《楚辭》曰："瞻前而顧後兮，援鏡自戒。"謂引前事以為鏡而自戒勑也。《韓詩外傳》曰："明鏡所以照形，往古所以知今。"

〔7〕辟，罪也，音頻亦反。

〔8〕恒，常也。若，順也。孔安國注《洪範》云："君行僭差則常陽順之，常陽則多旱也。"

〔9〕順帝永建三年正月，京師地震也。

〔10〕革，改也。復，反也。

〔11〕《周禮》，太宰以八柄詔王馭群臣，一曰爵，二曰禄，三曰予，四曰置，五曰生，六曰奪，七曰廢，八曰誅。

初，光武善讖，及顯宗、肅宗因祖述焉。自中興之後，儒者爭學圖緯，兼復附以訞言。衡以圖緯虛妄，非聖人之法，乃上疏曰："臣聞聖人明審律歷以定吉凶，重之以卜筮，雜之以九宮，[1]經天驗道，本盡於此。或觀星辰逆順，寒燠所由，或察龜策之占，巫覡之言，[2]其所因者，非一術也。立言於前，有徵於後，故智者貴焉，謂之讖書。讖書始出，蓋知之者寡。自漢取秦，用兵力戰，功成業遂，可謂大事，當此之時，莫或稱讖。若夏侯勝、眭孟之徒，以道術立名，其所述著，無讖一言。劉向父子領校祕書，閱定九流，亦無讖錄。成、哀之後，乃始聞之。[3]《尚書》堯使鯀理洪水，九載績用不成，鯀則殛死，禹乃嗣興。[4]而《春秋讖》云'共工理水'。凡讖皆云黃帝伐蚩尤，而《詩讖》獨以為'蚩尤敗，然後堯受命'。《春秋元命包》中有公輸班與墨翟，事見戰國，非春秋時也。[5]又言'別有益州'。益州之置，在於漢世。[6]其名三輔諸陵，世數可知。至於圖中訖于成帝。一卷之書，互異數事，聖人之言，埶無若是，殆必虛偽之徒，以要世取資。往者侍中賈逵摘讖互異三十餘事，諸言讖者皆不能說。至於王莽篡位，漢世大禍，八十篇何為不戒？則知圖讖成於哀平之際也。且《河洛》《六蓺》，篇錄已定，後人皮傅，無所容篡。[7]永元中，清河宋景遂以歷紀推言水災，而偽稱洞視玉版。[8]或者至於弃家業，入山林。後皆無效，而復采前世成事，以為證驗。至於永建復統，則不能知。[9]此皆欺世罔俗，以昧執位，情偽較然，莫之糾禁。且律歷、卦候、九宮、風角，數有徵效，世莫肯學，而競稱不占之書。[10]譬猶畫工，惡圖犬馬而好作鬼魅，誠以實事難形，而虛偽不窮也。[11]宜收藏圖讖，一禁絕之，則朱紫無所眩，典籍無瑕玷矣。"

【注】

〔1〕《易乾鑿度》曰："太一取其數以行九宮。"鄭玄注云："太一者，北辰神名也。下行八卦之宮，每四乃還於中央。中央者，（地神）〔北辰〕之所居，〔二四〕故謂之九宮。天數大分，以陽出，以陰入。陽起于子，陰起於午，是以太一下九宮，從坎宮始，自此而從於坤宮，又自此而從於震宮，又自此而從於巽宮，所以（從）〔行〕半矣，〔二五〕還息於中央之宮。既又自此而從於乾宮，

又自此而從於兌宫，又自此而從於艮宫，又自此而從於离宫，行則周矣，上游息於太一之星而反紫宫。行起從坎宫始，終於离宫也。"

〔2〕《前書》曰："齊肅聰明者，神或降之。"在男曰覡，在女曰巫。覡音胡歷反。

〔3〕眭弘字孟，魯國蕃人也。昭帝時，以明經為議郎。夏侯勝字長公，東平人，好《洪範五行傳》說，宣帝時為太子太傅。又成、哀時，有詔使劉向及子歆於祕書[二六]校定經、傳、諸子等。九流謂儒家、道家、陰陽家、法家、名家、墨家、縱橫家、雜家、農家，見《藝文志》、並無讖說也。

〔4〕殛，誅死也。

〔5〕《衡集》云"班與墨翟並當子思時，出仲尼後"也。

〔6〕《前書》武帝始置益州。

〔7〕《衡集》上事云："《河洛》五九，《六藝》四九，謂八十一篇也。"傅音附。臣賢案：《衡集》云："後人皮傳，無所容竄。"又揚雄《方言》曰："秦、晉言非其事謂之皮傳。"謂不深得其情核，皮膚淺近，強相傅會也。後人不達皮膚之意，流俗本多作"頗傳"者，[二七]誤也。無所容竄謂不容妄有加增也。《莊子》曰："竄句籍辭。"《續漢書》亦作"竄"。本作"篡"者，義亦通也。

〔8〕《遁甲開山圖》曰："禹遊於東海，得玉珪，碧色，長一尺二寸，圓如日月，以自照，自達幽冥。"言宋景歷紀推知水災，非洞視玉版所見也。

〔9〕永建，順帝即位年也。復統謂廢而復立，言讖家不論也。

〔10〕謂競稱讖書也。

〔11〕《韓子》曰"客為齊王畫者。問：'畫孰難？'對曰：'狗馬最難。''孰易？''鬼魅最易。'狗馬，人所知也，故難；鬼魅無形，故易"也。

後遷侍中，帝引在帷幄，諷議左右。嘗問衡天下所疾惡者。宦官懼其毀己，皆共目之，衡乃詭對而出。閹豎恐終為其患，遂共讒之。

衡常思圖身之事，以為吉凶倚伏，幽微難明，乃作《思玄賦》，[1]

以宣寄情志。其辭曰：

【注】
〔1〕玄，道也，德也。《老子》曰："玄之又玄，衆妙之門。"

　　仰先哲之玄訓兮，雖彌高其弗違。[1]匪仁里其焉宅兮，匪義迹其焉追？[2]潛服膺以永靚兮，綿日月而不衰。[3]伊中情之信脩兮，慕古人之貞節。[4]竦余身而順止兮，遵繩墨而不跌。[5]志團團以應懸兮，[二八]誠心固其如結。[6]旌性行以制佩兮，佩夜光與瓊枝。[7]繡幽蘭之秋華兮，[二九]又綴之以江蘺。[8]美襞積以酷裂兮，[三〇]允塵邈而難虧。[9]既姱麗而鮮雙兮，非是時之攸珍。[10]奮余榮而莫見兮，播余香而莫聞。幽獨守此仄陋兮，敢怠皇而舍勤。[11]幸二八之遻虞兮，喜傅說之生殷；[三一]尚前良之遺風兮，恫後辰而無及。[12]何孤行之煢煢兮，孑不群而介立？感鸑鷟之特棲兮，悲淑人之稀合。[13]

【注】
〔1〕玄訓，道德之訓也。《論語》顏回曰："仰之彌高。"
〔2〕《論語》孔子曰："里仁為美，宅不處仁，[三二]焉得知？"里、宅，皆居也。
〔3〕《說文》曰："膺，匈也。"《禮記》曰："服膺拳拳而不息。"靚音才性反。《前書音義》曰："靚與'靜'同。"
〔4〕脩謂自脩為善也。《楚辭》曰："苟中情其好脩兮。"
〔5〕竦，企立也。《禮記》曰："為人臣止於恭，為人子止於孝，為人父止於慈，與國人交止於信。"跌，蹉也，音徒結反。繩墨諭禮法也。《楚辭》曰："遵繩墨而不頗。"
〔6〕團團，垂兒也。《詩》曰："心之憂矣，如或結之。"
〔7〕旌，明也。夜光，美玉。瓊枝，玉樹。以諭堅貞也。《楚辭》曰"折

瓊枝以繼佩"也。

〔8〕案：繻音租緩反。《字書》亦"纂"字也。纂，繫也。諸家音並戶珪反，誤也。江蘺，香草也。《本草經》曰："蘪蕪，一名江蘺。"即芎藭苗也。《楚辭》曰："扈江蘺與薜芷兮，紉秋蘭以為佩。"皆取芬芳以象德也。

〔9〕襞積，衣襇也。酷裂，香氣盛也。司馬相如曰："酷裂淑郁。"又曰："襞積褰皺。"允，信也。塵，久也。邈，遠也。虧猶歇也。衣服芬芳，久而不歇，以喻道德著美，幽而不屈也。

〔10〕姱音口瓜反。王逸注《楚詞》曰："姱，好也。"攸，所也。言德雖美好，而時人不珍也。

〔11〕怠，惰也。皇，暇也。舍，廢也。

〔12〕二八，八元、八愷也。遷，遇也，音五故反。虞，虞舜也。尚，慕也。恫，痛也，音通。辰，時也。痛己後時而不及之也。

〔13〕《山海經》曰，女牀山有鳥，五采，名曰鸞，見則天下安寧。又曰，九疑山有五采之鳥，名鷟。淑，善也。特，獨也。言靈鳥既獨棲，善人亦少合也。

彼無合其何傷兮，〔三三〕患眾偽之冒真。且獲謗于群弟兮，啟《金縢》而乃信。〔1〕〔三四〕覽蒸民之多僻兮，畏立辟以危身。〔2〕曾煩毒以迷或兮，羌孰可與言己？〔3〕〔三五〕私湛憂而深懷兮，思繽紛而不理。〔4〕願竭力以守義兮，雖貧窮而不改。執雕虎而試象兮，阽焦原而跟止。〔5〕〔三六〕庶斯奉以周旋兮，要既死而後已。〔6〕〔三七〕俗遷渝而事化兮，泯規矩之圜方。〔7〕珍蕭艾於重笥兮，〔三八〕謂蕙芷之不香。〔8〕斥西施而弗御兮，羈要褭以服箱。〔9〕〔三九〕行陂僻而獲志兮，循法度而離殃。〔10〕惟天地之無窮兮，何遭遇之無常！不抑操而苟容兮，譬臨河而無航。〔11〕欲巧笑以干媚兮，非余心之所嘗。襲溫恭之黻衣兮，披禮義之繡裳。〔12〕辮貞亮以為鞶兮，雜技蓺以為珩。〔13〕昭綵藻與雕琢兮，璜聲遠而彌長。〔14〕淹棲遲以恣欲兮，燿靈忽其西藏。〔15〕恃己知而華予兮，〔四〇〕鶗鴂鳴而不芳。〔16〕冀一年之三秀兮，

遵白露之為霜。[17][四一]時亹亹而代序兮，疇可與乎比伉？[18]咨妒
媚之難並兮，想依韓以流亡，[19]恐漸冉而無成兮，留則蔽而不章。

【注】

〔1〕旦，周公也。譖，謗也。信音申。成王立，周公攝政，其弟管叔、蔡
叔等謗言，云公將不利於孺子，周公乃誅二叔。秋大熟未穫，天大雷電以風，
禾盡偃。成王與大夫啟金縢之書，乃得周公所自以為功代武王之策，方信周公
忠於國家也。事見《尚書》。

〔2〕蒸，眾也。僻，邪也。辟，法也。《詩》曰"人之多僻，無自立辟"
也。

〔3〕曾，重也。羌，發語辭也。言己之志，無可為言之也。

〔4〕湛音沈。繽紛，亂皃也。

〔5〕彫虎，有文也。阽，臨也。焦原，原名也。跟，足踵也。《尸子》曰：
"中黃伯曰：'我左執太行之獶，右執彫虎，唯象之未試，吾或焉。有力者則又
願為牛，與象，自謂天下之義人也。惡乎試之？曰，夫貧窮，大行之獶也；跡
賤者，義之彫虎也。吾日試之矣。'"[四二]又曰："莒國有名焦原者，廣尋，長
五十步，臨百刃之谿，莒國莫敢近也。有以勇見莒子者，獨却行劑踵焉，此所
以服莒國也。夫義之為焦原也高矣，此義所以服一世也。"衡言躬履仁義，不
避險難，亦足以服一代之人也。

〔6〕《左傳》史克曰："奉以周旋，不敢失墜。"《論語》孔子曰："死而
後已，不亦遠乎？"

〔7〕化，變也。泯，滅也。

〔8〕蕭，蒿也。笥，篋也。蕙、芷，並香草也。貴蕭艾，喻任小人。謂蕙
芷為不香，喻弃賢人也。

〔9〕斥，遠也。西施，越之美女也。要音於姣反。褒音奴了反。《呂氏春
秋》曰："要褒，古之駿馬也。"服，駕也。箱，車也。言疏遠美女，又以駿馬
駕車，並喻不能用賢也。

〔10〕陂，不正也。離，被也。

〔11〕航,船也。《孫卿子》曰:"偷合苟容以持祿。"《周書陰符》曰:"四輔不存,若濟河無舟矣。"

〔12〕襲,重也。《周禮》黑與青謂之黻,五色備曰繡。

〔13〕《說文》曰:"辮,交織也。"音蒲殄反。《禮記》曰:"男鞶革,(革)〔女〕鞶絲。"〔四三〕鄭玄注云:"鞶,小囊,盛帨巾也。"珩,佩玉也。

〔14〕璜,佩玉也。《爾雅》曰:"半璧曰璜。"言佩服之美,喻道德之盛也。

〔15〕淹,久也。棲遲,遊息也。耀靈,日也。《楚辭》曰:"耀靈安藏。"言年歲之蹉跎也。

〔16〕己知猶知己也。華,榮也。予,衡自謂也。鶗鳺,鳥名,喻讒人也。《廣雅》曰:"鶗鳺,布穀也。"《楚辭》曰:"恐鶗鳺之先鳴兮,使夫百草為之不芳。"王逸注云:"以喻讒言先至,使忠直之士被罪也。"言恃知己以相榮,反遇讒而見害也。

〔17〕三秀,芝草也。《楚辭》曰:"采三秀於山閒。"《說文》曰:"遒,迫也。"方秀遇霜,喻以賢被讒也。〔四四〕

〔18〕亹亹,進貌也。謂四時更進而代序。疇,誰也。伉,偶也。伉,協韻音苦郎反。

〔19〕咨,歎也。妒,忌也。嫭,美也,音胡故反。《楚辭》曰:"嫭目宜笑。"言嫉妒者,憎惡美人,故難與並也。韓謂齊仙人韓終也。為王採藥,王不肯服,終自服之,遂得仙。《楚辭》曰:"羨韓衆之得一。"流亡謂流遁亡去也。

心猶與而狐疑兮,即岐阯而攄情。[1]〔四五〕文君為我端蓍兮,利飛遁以保名。[2]歷眾山以周流兮,翼迅風以揚聲。[3]二女感於崇岳兮,或冰折而不營。[4]天蓋高而為澤兮,誰云路之不平![5]勔自強而不息兮,蹈玉階之嶢崢。[6]懼筮氏之長短兮,鑽東龜以觀禎。[7]遇九皋之介鳥兮,怨素意之不逞。[8]遊塵外而瞥天兮,據冥翳而哀鳴。[9]鵰鶚競於貪婪兮,我脩絜以益榮。[10]子有故於玄鳥兮,歸母氏而後寧。[11]

【注】

〔1〕岐阯,山足也。周文王所居也。

〔2〕文君,文王也。端,正也。《楚辭》曰:"詹尹端策拂龜。"《周易·遯卦》上九曰:"肥遯無不利。"《淮南九師道訓》曰:"遯而能飛,吉孰大焉?"

〔3〕遯卦艮下乾上,艮為山,故曰歷衆山。從二至四為巽,巽為風,故曰翼迅風也。

〔4〕遯上九變而為咸。咸,感也。咸卦艮下兌上,從二至四為巽,與兌為二女也。崇岳謂艮也。從三至五為乾。《易·說卦》曰:"乾為冰,兌為毀折。"陽不求陰,故曰冰折而不營也。

〔5〕乾變為兌,乾為天,兌為澤,故曰天為澤。言天高尚為澤,誰云路之不平?言可行也。

〔6〕勔,勉也。乾為金玉,故曰玉階。嶢崢,高峻皃。嶢音堯。崢音士耕反。

〔7〕《左傳》晉卜人曰:"筮短龜長,不如從長。"言筮之未盡,復以龜卜之也。《周禮》"龜人掌六龜之屬,東龜曰果屬,其色青"也。

〔8〕《詩·小雅》曰:"鶴鳴九皋。"注云:"皋,澤中溢水出所為也。自外數至九,喻深遠也。"介,耿介也。《龜經》有棲鶴兆也。言卜得鶴兆也。逞,快也,協韻音丑貞反。

〔9〕瞥,視也,音普列反。冥翳,高遠也。

〔10〕鵰、鶚,鷙鳥也,以喻讒佞也。

〔11〕子謂衡也。有故於玄鳥謂卜得鶴兆也。《易》曰:"鳴鶴在陰,其子和之。我有好爵,吾與汝縻之。"言子歸母氏然後得寧,猶臣遇賢君方享爵祿。勸衡求聖君以仕之也。

占既吉而無悔兮,簡元辰而俶裝。[1]旦余沐於清原兮,晞余髮於朝陽。[2]漱飛泉之瀝液兮，咀石菌之流英。[3]翩鳥舉而魚躍兮，將往走乎八荒。[4]過少皞之窮野兮，問三丘乎句芒。[5][四六]何道真之淳粹兮，去穢累而票輕。[6]登蓬萊而容與兮，鼇雖抃而不傾。[7]留瀛洲而採芝兮，聊且以乎長生。[8]憑歸雲而遄逝兮，夕余宿乎扶桑。[9]噏青岑之玉醴兮，餐沆瀣以為糧。[10]發昔夢於木禾兮，穀崑崙之高岡。[11]朝吾行於湯谷兮，從伯禹於稽山。[12]集群神之執玉兮，疾防風之食言。[13]

【注】

〔1〕悔，惡也。元辰，吉辰也。俶，整也。

〔2〕晞，乾也。朝陽，日也。《爾雅》曰："山東曰朝陽。"《楚辭》曰"朝濯髮於陽谷，夕晞余身乎九陽"也。

〔3〕瀝液，微流也。咀，嚼也。石菌，芝也。英，華也。

〔4〕翩，飛也，[四七]音許緣反。走猶赴也，音奏。八荒，八方荒遠地也。《淮南子》曰："登太山，履石封，以望八荒。"

〔5〕《帝王紀》曰："少昊邑于窮桑，都曲阜，故或謂之窮桑帝。"地在魯城北。衡欲往東方，故先過窮桑之野。三丘，東海中三山也，謂蓬萊、方丈、瀛洲。句芒、木正，東方之神也。

〔6〕道真謂道德之真。班固《幽通賦》曰："矧沈躬於道真。"不澆曰淳，不雜曰粹。票音匹妙反，猶飄飆也。

〔7〕鼇，大龜也。《列子》曰："勃海之東有大壑焉，其中有五山，一曰岱輿，二曰員嶠，三曰方壺，四曰瀛洲，五曰蓬萊。隨波上下往還，不得暫峙。仙聖訴於帝，使巨鼇十五舉首而戴之，迭為三番，六萬歲一交焉，五山始不動。"抃音皮媛反。《楚辭》曰："鼇戴山抃。"《說文》："抃，撫手也。"

〔8〕東方朔《十洲記》曰"瀛洲，在東海之東，上生神芝仙草，有玉石膏出泉如酒味，名之為玉酒，飲之令人長生"也。

〔9〕扶桑，日所出，在湯谷中，其桑相扶而生。見《淮南子》。

〔10〕《爾雅》曰："山小而高曰岑。"郭璞注曰："言岑崟也。"楚辭曰：

"餐六氣而飲沆瀣。"王逸注云:"沆瀣,夜半氣也。""糧"或作"粻"。

〔11〕《山海經》曰:"崐崘墟在西北,方八百里,高萬仞,上有木禾,長五尋,大五圍。"昔,夜也。穀,生也。衡此夜夢禾生於崐崘山之上,即下文云"抴巫咸作占夢,含嘉秀以為敷"是也。《衡集》注及近代注解皆云"昔日夢至木禾,今親往見焉,是為發昔夢也"。臣賢案:衡之此賦,將往走乎八荒以後,即先往東方,次往南方,乃適西方,此時正在湯谷、扶桑之地,崐崘乃西方之山,安得已往崐崘見木禾乎?良由尋究不精,致斯謬耳。

〔12〕湯谷,日所出也。孔安國注《尚書》曰:"禹代鯀為崇伯,故稱伯。"《吳越春秋》曰:"禹登茅山,大會計理國之道,故更名其山曰會稽"也。

〔13〕《左傳》曰:"禹合諸侯於塗山,執玉帛者萬國。"《國語》仲尼曰:"昔禹致群神於會稽之山,防風氏後至,禹殺而戮之。"客曰:"敢問誰為神?"仲尼曰:"山川之守,足以紀綱天下者,其守為神。"飤言謂後至也。《爾雅》曰:"飤,偽也。"

指長沙以邪徑兮,〔四八〕存重華乎南鄰。[1]哀二妃之未從兮,翩儐處彼湘瀕。[2]〔四九〕流目覛夫衡阿兮,睹有黎之圮墳;痛火正之無懷兮,託山陂以孤魂。[3]〔五〇〕愁蔚蔚以慕遠兮,〔五一〕越卬州而愉敖。[4]〔五二〕躋日中于昆吾兮,憩炎天之所陶。[5]〔五三〕揚芒熛而絳天兮,水泫沄而涌濤。[6]溫風翕其增熱兮,愁鬱邑其難聊。[7]顑頷羈旅而無友兮,〔五四〕余安能乎留茲?[8]

【注】

[1]長沙,今潭州也。從稽山西南向長沙,故云邪徑。存猶問也。重華,舜名。葬於蒼梧,在長沙南,故云"南鄰"也。

[2]二妃,舜妻堯女娥皇、女英。翩,連翩也。儐,弃也。瀕,水涯也。劉向《列女傳》曰:"舜陟方,死於蒼梧,二妃死於江、湘之閒,俗謂之湘君、湘夫人也。"〔五五〕《禮記》云"舜葬蒼梧,二妃不從"也。

〔3〕衡阿，衡山之曲也。黎，顓頊之子祝融也，為高辛氏之火正，葬於衡山。圮，毀也。盛弘之《荊州記》云："衡山南有南正重黎墓。楚靈王時山崩，毀其墳，得營丘九頭圖焉。"

〔4〕《河圖》曰："天有九部八紀，地有九州八柱。東南神州曰晨土，正南卬州曰深土，西南戎州曰滔土，正西弇州曰开土，正中冀州曰白土，西北柱州曰肥土，北方玄州曰成土，東北咸州曰隱土，正東揚州曰信土。"愉，樂也。敖，游也。

〔5〕《淮南子》曰："日至于昆吾，是謂正中。"高誘注云："昆吾，丘名，在南方。"憩，息也。東方朔《神異經》曰："南方有火山，長四十里，廣四五里，晝夜火然。"陶猶炎熾也。

〔6〕芒，光芒也。《字林》曰："熛，飛火也。"音必遙反。泫音胡犬反，沄音戶昆反，並水流皃也。

〔7〕溫風，炎風也。《淮南子》曰："南方之極，自北戶之外，南至委火、炎風之野，二萬二千里。"愁音奴覯反。《爾雅》曰"愁，思也"。

〔8〕頵，獨也，音苦骨反。不能留此，將復西行也。

　　顧金天而歎息兮，吾欲往乎西嬉。[1]前祝融使舉麾兮，纚朱鳥以承旗。[2]躔建木於廣都兮，拓若華而躊躇。[3]超軒轅於西海兮，跨汪氏之龍魚；聞此國之千歲兮，曾焉足以娛余？[4]

【注】

〔1〕金天氏，西方之帝少皞也。嬉，戲也。

〔2〕纚，繫也，音山綺反。朱鳥，鳳也。《楚辭》曰"鳳皇翼其承旗"也。

〔3〕躔，次也。拓猶折也。《淮南子》曰："建木在廣都，若木在建木西，末有十日，其華照地。"《山海經》曰，廣都之野，后稷葬焉。《楚辭》曰："折若木以拂日。"躊躇猶俳回也。躊音直流反。躇音直余反。

〔4〕《山海經》曰"軒轅之國，在窮山之際，其（不）[下]壽者八百

歲。〔五六〕龍魚在其北，一曰鰕魚，有神巫乘此以行九野。一曰鼈魚，在汪野北，其為魚也如鯉魚。白人之國在龍魚北"也。

思九土之殊風兮，從蓐收而遂徂。[1]欻神化而蟬蛻兮，朋精粹而為徒。[2]躔白門而東馳兮，云台行乎中野。[3]亂弱水之潺湲兮，逗華陰之湍渚。[4]號馮夷俾清津兮，櫂龍舟以濟予。[5]會帝軒之未歸兮，悵相佯而延佇。[6]〔五七〕呦河林之蓁蓁兮，偉《關雎》之戒女。[7]黃靈詹而訪命兮，謬天道其焉如。[8]曰近信而遠疑兮，六籍闕而不書。[9]神遌昧其難覆兮，疇克謨而從諸？[10]〔五八〕牛哀病而成虎兮，雖逢昆其必噬。[11]鼈令殪而尸亡兮，取蜀禪而引世。[12]死生錯而不齊兮，雖司命其不晰。[13]〔五九〕竇號行於代路兮，後膺祚而繁廡。[14]王肆侈於漢庭兮，卒衒恤而絕緒。[15]尉厖眉而郎潛兮，逮三葉而遘武。[16]董弱冠而司袞兮，設王隧而弗處。[17]夫吉凶之相仍兮，恒反側而靡所。穆負天以悦牛兮，[六〇]豎亂叔而幽主。[18]文斷袪而忌伯兮，闇謁賊而寧后。[19]通人闇於好惡兮，豈愛惑之能剖？[20]〔六一〕嬴摘讖而戒胡兮，備諸外而發內。[21]或輦賄而違車兮，孕行產而為對。[22]慎竈顯於言天兮，占水火而妄誶。[23]〔六二〕梁叟患夫黎丘兮，丁厥子而事刃，[六三]親所睇而弗識兮，[六四]刻幽冥之可信。[24]毋綿攣以涬己兮，[六五]思百憂以自疢。[25]彼天監之孔明兮，用棐忱而佑仁。[26]〔六六〕湯蠲體以禱祈兮，蒙厖禠以拯人。[27]景三慮以營國兮，熒惑次於它辰。[28]魏顆亮以從理兮，鬼亢回以敝秦。[29]〔六七〕咎繇邁而種德兮，德樹茂乎英、六。[30]〔六八〕桑末寄夫根生兮，卉既彫而已毓。[31]有無言而不雠兮，又何往而不復？[32]盍遠迹以飛聲兮，孰謂時之可蓄？[33]

【注】

〔1〕九土，九州也。蓐收，西方神也。徂，往也。欲還中土也。

〔2〕欻，疾貌也，音許勿反。蛻音稅。《說文》曰："[蛻]，蟬蚹（蛻）所

解皮也。"〔六九〕言去故就新,若蟬之蛻也。朋猶侶也。粹,美也。

〔3〕蹶音厥。鄭玄注《禮記》云:"蹶,行處之貌也。"〔七〇〕《淮南子》曰:"自東北方曰方土之山,曰蒼門;東方曰東極之山,〔曰〕開明之門;〔七一〕東南方曰波母之山,曰陽門;南方〔曰〕南極之山,〔七二〕曰暑門;西南方曰編駒之山,曰白門;西方曰西極之山,曰閶闔之門;西北方曰不周之山,曰幽都之門;北方曰北極之山,曰寒門。凡八極之雲,是雨天下,八門之風,是節寒暑。"《爾雅》曰:"台,我也。"野,協韻音神渚反。

〔4〕正絕流曰亂。《山海經》曰:"崐崙之丘,其下有弱水之川環之。"注云:"其水不勝鳥毛。"潺湲,流貌也。逗,止也。華陰,華山之北也。臨河,故云"湍渚"。

〔5〕號,呼也。《聖賢冢墓記》曰:"馮夷者,弘農華陰潼鄉隄首里人,服八石,得水仙,為河伯。"《龍魚河圖》曰:"河伯姓呂名公子,夫人姓馮名夷。"俾,使也。清,靜也。津,濟度處。靜之使無波濤也。櫂,檝也。《淮南子》曰:"龍舟,鷁首,浮吹以虞。"予,我也。

〔6〕帝軒,黃帝也。鑄鼎於湖,在今湖城縣,與河、華相近。未歸謂黃帝得仙升天,神靈未歸。相伴猶俳回也。

〔7〕呬音許吏反。《爾雅》曰:"呬,息也。"萋萋,茂盛貌。《山海經》云:"北望河林,其狀如蒨。"偉,美也。《詩·國風》曰:"關關雎鳩,在河之洲。窈窕淑女,君子好仇。"衡覩河洲而思之也。

〔8〕黃靈,黃帝神也。《爾雅》曰:"詹,至也。訪,謀也。摎,求也。"

〔9〕曰,黃帝荅言也。六籍,六經也。

〔10〕迨,道也。《爾雅》曰:"覆,審也。疇,誰也。謨,謀也。"

〔11〕昆,兄也。《淮南子》曰:"昔公牛哀病七日,化而為虎。其兄覘之,虎搏而殺之,不知其兄也。"

〔12〕鼈令,蜀王名也。令音靈。殪,死也。禪,傳位也。引,長也。揚雄《蜀王本紀》曰"荊人鼈令死,其尸流亡,隨江水上至成都,見蜀王杜宇,杜宇立以為相。杜宇號望帝,自以德不如鼈令,以其國禪之,號開明帝。下至五代,有開明尚,始去帝號,復稱王"也。

〔13〕錯,交錯也。司命,天神也。《春秋佐助期》曰:"司命,神,名為滅黨,長八尺,小鼻,望羊,多髭,癯瘦,通於命運期度。"晰,明也,協韻音之逝反。

〔14〕竇謂孝文竇皇后也。繁廡,茂盛也。呂太后時,出宮人以賜諸王,竇姬家在清河,願如趙近家,遣宦者吏,必置我趙伍中。宦者忘之,誤置代伍中,姬涕泣不欲往,相強乃行。至代,代王獨幸竇姬,生景帝,後立為皇后。景帝生十四子,後至光武中興也。

〔15〕王謂孝平王皇后,莽之女也。《前書》聘以黃金二萬斤,遣劉歆奉乘輿法駕,迎后于第。及莽篡位,后常稱疾不朝,會莽誅,后自投火中而死。恤,憂也。《詩·小雅》曰:"出則銜恤。"絕緒言無後也。

〔16〕尉謂都尉顏駟也。駹,蒼雜色也。遘,遇也。《漢武故事》曰:"上至郎署,見一老郎,鬢眉皓白,問:'何時為郎?何其老也?'對曰:'臣姓顏,名駟,以文帝時為郎。文帝好文而臣好武,景帝好老而臣尚少,陛下好少而臣已老,是以三葉不遇也。'上感其言,擢為會稽都尉"也。

〔17〕董賢字聖卿,哀帝時為大司馬,年二十二。衮,三公服也。時哀帝令為賢起冢,至尊無以加。及帝崩,王莽殺賢於獄中。《左傳》曰,晉侯請隧,曰:"王章也。"《禮記》曰"二十曰弱冠"也。

〔18〕穆,魯大夫叔孫豹也,諡曰穆。牛謂豎牛,豹之子也。幽,閉也。大夫稱主。《左傳》曰,叔孫豹奔齊,宿於庚宗,遇婦人而私焉。至齊,夢天壓己,弗勝,顧而見人,號之曰"牛,助余",乃勝之。及後還魯,庚宗之婦人獻以雉,曰:"余子長矣。"召而見之,則所夢也。遂使為豎,有寵。及穆子遇疾,豎牛欲亂其室,曰:"夫子疾病,不欲見人。"牛不進食,穆子遂餓而死。

〔19〕文,晉文公也。袪,袂也。忌,怨也。伯謂伯楚也。謁,告也。賊謂呂甥、冀芮等。寧,安也。后,文公也。初,晉獻公使寺人勃鞮伐公於蒲城,公踰垣,勃鞮斬其袪。及公入國,呂甥、冀芮謀作亂,〔七三〕伯楚知之,以告公。公會秦伯于王城,殺呂、郤。伯楚,勃鞮字也。事見《國語》也。

〔20〕通人謂穆子、文公等。闇於好惡謂初悅豎牛,後以餓死;始怨勃鞮,終能告賊。剖,分也。言通人尚闇於好惡,況愛寵昏惑者豈能分之?

〔21〕嬴，秦姓也。擿猶發也。謂始皇發讖，云"亡秦者胡"，乃使蒙恬北築長城，以為外備，而不知胡亥竟為趙高所殺，秦氏遂亡，是發內。

〔22〕輦，運也。違，避也。車謂張車子也。有夫婦夜田者，天帝見而矜之，問司命曰："此可富乎？"司命曰："命當貧，有張車子財可以借而與之期。曰，車子生，急還之。"田者稍富，及期，夫婦輦其賄以逃。同宿有婦人，夜生子，問名於其父，父曰："生車間，名車子。"其家自此之後遂大貧敝。見《搜神記》。

〔23〕《爾雅》曰："誶，告也。"《左傳》曰："日有食之。梓慎曰：'將水。'叔孫昭子曰：'旱也。'後果大旱。"又曰"宋、衛、陳、鄭將火，鄭大夫裨竈請瓘斝、玉瓚禳火，子產弗予。竈曰：'不用吾言，鄭又將火。'子產曰：'天道遠，人道邇，非爾所及。'遂不與，亦不復火"也。

〔24〕梁叟，梁國之老人也。丁，當也。睇，視也。矧，況也。《呂氏春秋》曰："梁北有黎丘鄉，鄉有丈人往市，醉而歸者，黎丘奇鬼效其子之狀而道苦之。丈人醒，謂其子曰：'吾為而父，我醉，女道苦我，何故？'其子泣曰：'必奇鬼也。'丈人明日之市，醉，其真子迎之，丈人拔劍而刺之。"事音側利反。《前書音義》曰"江東人以物插地中為事"也。

〔25〕綿攣猶牽制也。滓音胡鼎反。《衡集》注云："滓，引也。言勿牽制於俗，引憂於己。"《詩》曰："無思百憂，祇自重兮。"

〔26〕監，視也，孔，甚也。棐，輔也。忱，誠也。佑，助也。言天之視人甚明，唯輔誠信而助仁德也。《尚書》曰："天監厥德。"又曰："天威棐忱。"

〔27〕蠲，絜也。祈，求也。《爾雅》曰："厖，大也。禠，福也。"《帝王紀》曰："湯時大旱七年，殷史卜曰：'當以人禱。'湯曰：'必以人禱，吾請自當。'遂齋戒，翦髮斷爪，以己為牲，禱於桑林之社，果大雨。"言蒙天大福以拯救人。《衡集》"祈"字作"祊"。祊，祭也。禠音斯。

〔28〕景，宋景公也。三慮謂三善言也。景公有疾，司馬子韋曰："熒惑守心。心，宋之分野。君當祭之，可移於相。"公曰："相，股肱也。除心腹之疾而寘之股肱，可乎？"曰："可移於民。"公曰："民所以為國，無民何以為

君?"曰:"可移於歲。"公曰:"歲,所以養人也。歲不登,何以畜人乎?"子韋曰:"君善言三,熒惑必退三舍。"見《呂氏春秋》也。

〔29〕魏顆,魏武子之子也。亮,信也。《左傳》曰,晉魏顆敗秦師於輔氏,獲杜回。杜回,秦之力人也。初,魏武子有嬖妾,武子疾,命顆曰:"必嫁是妾。"疾病,則曰:"必以為殉。"及卒,顆嫁之,曰:"疾病則亂,吾從其治也。"輔氏之役,顆見老人結草以亢杜回,躓而顛,故獲之。夜夢之曰:"余,而所嫁婦人之父也。爾用先人治命,余是以報也。"

〔30〕《尚書》曰:"咎繇邁種德。"注云:"邁,行也。種,布也。"英、六,並國名。咎繇能行布道德,子孫茂盛,封於英、六。《帝王紀》:"皋陶卒,葬之於六,禹封其少子於六,以奉其祀。"六故城在今壽州安豐縣南也。

〔31〕根生謂寄生也。言百草至寒皆彫落,唯寄生獨榮於桑之末。《本草經》:"桑上寄生,一名寄屑,一名寓木,〔七四〕一名宛童。"以喻咎繇封於英、六,餘國先滅,英、六獨存也。

〔32〕言咎繇布德行仁,慶流後裔,《詩》曰:"無言不讎。"《易》曰"無往不復"也。

〔33〕盍,何不也。蓄猶待。言何不遠遊以飛聲譽,誰謂時之可待?言易逝也。

仰矯首以遙望兮,魂憫惘而無疇。[1]偪區中之隘陋兮,將北度而宣遊。[2]行積冰之磑磑兮,清泉沍而不流。[3]寒風淒而永至兮,〔七五〕拂穹岫之騷騷。玄武縮於殼中兮,螣蛇蜿而自糾。[4]〔七六〕魚矜鱗而并凌兮,鳥登木而失條。[5]坐太陰之屏室兮,慨含欷而增愁。[6]怨高陽之相寓兮,佖顓頊之宅幽。[7]〔七七〕庸織絡於四裔兮,斯與彼其何瘳?[8]望寒門之絶垠兮,縱余緤乎不周。[9]迅猋潚其朕我兮,〔七八〕鷙翮颲而不禁。[10]趨鋊啁之洞穴兮,摽通淵之磷磷。[11]〔七九〕經重陰乎寂寞兮,愍墳羊之潛深。[12]

【注】

〔1〕憋悯猶敝悅也。

〔2〕偪,迫也。宣,徧也。

〔3〕《淮南子》曰:"北方之極,自九澤窮大海之極,有凍寒積(水)〔冰〕雪雹群冰之野。"〔八〇〕磴音牛哀反。《世本》云:"公輸作石磴。"《說文》曰:"皚皚,霜雪之貌也。"蓋古字"磴"與"皚"通。沍音胡故反。杜預注《左傳》云:"沍,閉也。"

〔4〕玄武謂龜、蛇也。《曲禮》曰:"前朱雀而後玄武。"殼,龜甲也。《爾雅》曰:"螣,螣蛇。"蜿,屈也。紏,纏結也。騷騷,協韻音脩。紏音古由反。

〔5〕矜,竦也。并猶聚也。淩,冰也,音力澄反。失條言寒也。

〔6〕太陰,北方極陰之地也。《楚詞》曰:"選鬼神於太陰。"

〔7〕高陽氏,帝顓頊也。《山海經》曰:"東北海之外,附禺之山,帝顓頊與九嬪葬焉。"相,視也。寓,居也。佹,屈也,音乞鳳反。宅幽謂居北方幽都之地。《尚書》曰:"宅朔方曰幽都。"

〔8〕庸,勞也。織絡猶經緯往來也。瘳,愈也。言勞於往來四方,經積冰炎火之地,彼此亦何差也。"織"或作"識","絡"或作"駱"。

〔9〕《淮南子》曰:"北極之山,曰寒門。"《楚辭》曰:"踔絕垠乎寒門。"垠音玉巾反。〔八一〕《廣雅》曰:"垠,咢也。"緤,馬韁也,音思列反。不周,西北方山也。"垠"或作"限"也。

〔10〕(颲)〔颮〕,風也。〔八二〕瀟,疾也,音肅。媵,送也。翩飄亦疾皃也。禁,協韻音金。

〔11〕谽谺,深皃也。谽音呼含反。谺音呼加反。琳音林,亦深貌也。既遊四方,又入地下。

〔12〕重陰,地中也。《國語》曰:"魯季桓子穿井,獲土缶,中有蟲若羊焉,使問仲尼。仲尼對曰:'土之怪曰墳羊。'"

追慌忽於地底兮,〔八三〕軼無形而上浮。[1]出右密之闇野兮，^[八四]不識蹊之所由。^[2]速燭龍令執炬兮，過鍾山而中休。^[3]瞰瑤谿之赤岸兮，弔祖江之見劉。^[4]聘王母於銀臺兮，羞玉芝以療飢；^[5]戴勝慭其既歡兮，又誚余之行遲。^[6]載太華之玉女兮，召洛浦之宓妃。^[7]咸姣麗以蠱媚兮，增嫮眼而蛾眉。^[8]舒妙婧之纖䋚兮，揚雜錯之袿徽。^[9]離朱脣而微笑兮，顏的皪以遺光。^[10]獻環琨與璵縭兮，^[八五]申厥好以玄黃。^[11]雖色豔而賂美兮，志浩盪而不嘉。^{[12][八六]}雙材悲於不納兮，並詠詩而清歌。^[13]歌曰：天地烟熅，百卉含蘤。^[八七]鳴鶴交頸，雎鳩相和。處子懷春，精魂回移。^[14]如何淑明，忘我實多。^[15]

【注】

〔1〕慌忽，無形貌也。

〔2〕右謂西方也。密，山名也。《山海經》曰，西北曰密山。黃帝取密山之玉策，投之鍾山之陰。闇，幽隱也。蹊，路也。

〔3〕速，召也。燭龍，北方之神也。《山海經》曰："西北海之外有神，人面蛇身，而赤其眼，及晦視乃明，^[八八]不食不寢，是燭九陰，是謂燭龍。"炬，可以照明。

〔4〕瑤谿，瑤岸也。《山海經》曰："鍾山之東曰瑤岸。"又曰："鍾山，其子曰鼓，其狀人面而龍身，是與欽䲹殺祖江于崑崙之陽。"䲹音邳。《爾雅》曰："劉，殺也。"

〔5〕王母，西王母也。銀臺，仙人所居也。羞，進也。《本草經》曰："白芝，一名玉芝。"

〔6〕《山海經》曰："崑崙之丘，有人戴勝虎齒，有尾，穴處，名曰西王母。"慭，相傳音宜覲反。杜預注《左傳》："慭，發語之音也。"臣賢案張揖《字詁》，慭，笑貌也，(鳴)〔听〕之別體，^[八九]音許近反，與此義合也。

〔7〕《詩含神霧》曰："太華之山，上有明星玉女，主持玉漿，服之(神)〔成〕仙。"^[九〇]宓妃，洛水神也。

〔8〕姣，好也，音古巧反。蠱音野，謂妖麗也。嫮音胡故反，好貌也。

《楚辭》曰"嫮目宜笑"也。

〔9〕婧音財性反,謂妍婧也。袿音圭,婦人之上服。《爾雅》曰:"婦人之徽謂之褵。"郭璞注云:"即今之香纓也。"

〔10〕的皪,明也。遺光言光彩射人也。

〔11〕環、琨,並玉佩也。《白虎通》曰"修道無窮即佩環,能本道德即佩琨"也。玄黃謂繒綺也。《尚書》曰:"厥篚玄黃。"言玉女、宓妃等既獻環佩,又贈以繒綺也。

〔12〕"賂"或作"貽"。浩蕩,廣大也。言不以玉女及贈遺為美也。《楚辭》曰:"怨靈脩之浩蕩。"

〔13〕雙材謂玉女、宓妃也,即上文所謂"二女感於崇岳"也。

〔14〕烟熅,氣也。《易·繫辭》曰:"天地烟熅。"張揖《字詁》曰:"蘤,古花字也。"處子,處女也。懷,思也。《莊子》曰:"綽約若處子。"《詩》曰:"有女懷春。"

〔15〕淑,善也。《詩》曰:"如何如何,忘我實多。"

　　將荅賦而不暇兮,爰整駕而亟行。〔1〕瞻崐崘之巍巍兮,臨縈河之洋洋。伏靈龜以負坻兮,亘螭龍之飛梁。〔2〕登閬風之曾城兮,搆不死而為牀。〔3〕屑瑤蘂以為糇兮,斛白水以為漿。〔4〕抨巫咸以占夢兮,〔九一〕迺貞吉之元符。〔5〕滋令德於正中兮,(合)〔含〕嘉(秀)〔禾〕以為敷。〔6〕〔九二〕既垂穎而顧本兮,爾要思乎故居。〔7〕〔九三〕安和静而隨時兮,姑純懿之所廬。〔8〕

【注】

〔1〕賦謂玉女所歌詩也。亟,疾也,音紀力反。即上所謂"冰折不營"也。

〔2〕《山海經》曰:"河出崐崘西北隅。"縈,曲也。《爾雅》曰:"小沚曰坻。"謂水中高地,以龜負之,可以架橋也。亘猶橫度也。《廣雅》曰"無角曰螭龍"也。

〔3〕閬風,山名,在崑崙山上。《楚詞》曰:"登閬風而緤馬。"《淮南子》曰:"崑崙山有曾城九重,高萬一千里,上有不死樹在其西。"今以不死木為牀也。

〔4〕瑤,瓊也。《楚辭》曰:"屑瓊蘂以為粻。"粻,糧也。糗音(居)〔古〕于反,〔九四〕謂酌也。《河圖》曰:"崑山出五色流水,其白水東南流入中國,名為河"也。

〔5〕抨,使也,音普耕反,又補耕反。巫咸,神巫也。《山海經》曰,大荒之中有靈山,巫咸、巫彭、巫謝等十巫。衡既夢木禾,今故令巫咸占之也。元,善也。

〔6〕滋,茂也。《淮南子》曰:"昏張中則務種穀。"《說文》曰:"禾,嘉穀也。至二月始生,八月而孰,得時之中,故謂之禾。"

〔7〕穎,穟也。本,禾本也。言禾既垂穟顧本,人亦當思故居也。《淮南子》曰:"孔子見禾三變,始於粟,生於苗,成於穟,乃歎曰:'我其首禾乎?'"高誘注云:"禾穟向根,君子不忘本也。"

〔8〕姑,且也。懿,美也。廬猶居也。

戒庶寮以夙會兮,僉恭職而並迓。[1]豐隆軒其震霆兮,列缺曄其照夜。[2]雲師𩅹以交集兮,涷雨沛其灑塗。[3]轙琱輿而樹葩兮,擾應龍以服輅。[4]〔九五〕百神森其備從兮,屯騎羅而星布。[5]振余袂而就車兮,脩劍揭以低昂。[6]冠咢咢其映蓋兮,〔九六〕佩綝纚以煇煌。[7]僕夫儼其正策兮,八乘攄而超驤。[8]〔九七〕氛旄溶以天旋兮,蜺旌飄而飛揚。[9]〔九八〕撫軨軹而還睨兮,心灼爍其如湯。[10]〔九九〕羨上都之赫戲兮,何迷故而不忘?[11]左青琱以揵芝兮,〔一〇〇〕右素威以司鉦。[12]前長離使拂羽兮,委水衡乎玄冥。[13]〔一〇一〕屬箕伯以函風兮,澂澱涊而為清。[14]〔一〇二〕曳雲旗之離離兮,鳴玉鸞之譻譻。[15]涉清霄而升遐兮,浮蔑蒙而上征。[16]紛翼翼以徐戾兮,焱回回其揚靈。[17]叫帝閽使闢扉兮,覿天皇于瓊宮。[18]聆廣樂之九奏兮,展洩洩以彤彤。[19]考理亂於律鈞兮,意建始而思終。[20]惟盤逸之無斁兮,懼樂往而哀來。[21]素撫弦而餘音兮,[一〇三]大容吟曰念哉。[22]既防溢而靜志兮,[一〇四]迨我暇以翱翔。[23]出紫宫之肅肅兮,集大微之閶閶。[24]命王良掌策駟兮,踰高閣之鏘鏘。[25]建罔車之幕幕兮,獵青林之芒芒。[26]彎威弧之撥刺兮,射嶓冢之封狼。[27]觀壁壘於北落兮,伐河鼓之磅硠。[28]乘天潢之汎汎兮,浮雲漢之湯湯。[29]倚招搖、攝提以低回剹流兮,察二紀、五緯之綢繆遹皇。[30]偃蹇夭矯娩以連卷兮,雜沓叢顇颯以方驤。[31]槭汩飂戾沛以罔象兮,爛漫麗靡頠以迭邐。[32]凌驚雷之砊礚兮,弄狂電之淫裔。[33]踰庬澒於宕冥兮,貫倒景而高厲。[34]廓盪盪其無涯兮,乃今窮乎天外。[一〇五]

【注】

〔1〕僉,皆也。迓,迎也。

〔2〕豐隆,雷也。軯,聲也,音普耕反。震霆,霹靂也。霆音庭。列缺,電也。曄,光也。

〔3〕雲師,屏翳也。霼,陰皃,音徒感反。《爾雅》曰:"暴雨謂之涷。"沛,雨皃也。塗,協韻音徒故反。《楚辭》曰:"使涷雨兮灑塵。"

〔4〕轙音魚綺反。《爾雅》曰:"載轡謂之轙。"郭璞注云:"轙,軛上環也,轡所貫也。"珥,以玉飾車也。樹,立也。葩,華也,於車上建華蓋。擾,馴也。《廣雅》曰"有翼曰應龍"也。

〔5〕《周頌》曰:"懷柔百神。"森,眾皃也。屯,聚也。

〔6〕脩,長也。揭,低昂皃也。

〔7〕咢音五各反。一作"岌",並冠高皃也。映蓋謂冠與車蓋相映也。絑音林,纚音離,盛皃也。煇音胡本反,光皃也。

〔8〕八乘,八龍也。《楚辭》曰:"駕八龍之蜿蜿。"攄猶騰也。

〔9〕氛,天氣也。旌,羽旌也。溶音勇。王逸注《楚辭》曰:"溶,廣大皃也"。蜺,雌虹也。

〔10〕軨音零。《説文》曰:"車輻閒橫木也。"《楚辭》曰:"倚結軨兮太

息。"軹音之是反。杜子春注《周禮》云:"軹,兩轊也。"《説文》云:"車輪小穿也。"還睨,顧瞻也。藥音鑠,熱兒也。言顧瞻鄉國而心熱也。

〔11〕上都謂天上也。赫戲,盛兒也。衡既徧歷四海,方欲遊於天上,故云何不忘其故居,而苦迷惑思之。

〔12〕青琱,青文龍也。揵,堅也,音巨偃反。芝,蓋也。素威,白武也。〔一〇六〕《禮記》曰:"左青龍而右白武。"《説文》曰"鉦,鐃也,似鈴"也。

〔13〕長離,即鳳也。水衡,官名,主水官也。玄冥,水神也。司馬相如《大人賦》曰"前長離而後矞皇"也。

〔14〕箕伯,風師也。函猶含也。澂,清也。涊音它典反。涊音乃典反。《楚辭》曰:"切涊涊之流俗。"王逸注曰:"涊涊,垢濁也。"

〔15〕鸞,鈴也,在鑣。嚶,聲也,音嚶。《楚辭》曰"鳴玉鸞之啾啾"也。

〔16〕霄,雲也。蔑蒙,氣也。蒙音莫孔反。上征,上於天也。揚雄《甘泉賦》曰:"浮蔑蒙而撇天。"

〔17〕翼翼,飛兒。戾,至也。回回,光兒。《楚辭》曰:"皇剡剡其揚靈。"王逸注云:"揚其光靈也。"

〔18〕閽,主門者。天皇,天帝也。揚雄《甘泉賦》曰:"選巫咸兮叫帝閽。"

〔19〕《史記》曰,趙簡子曰:"我之帝所甚樂,與百神游于鈞天,《廣樂》九奏。"《左傳》,鄭莊公賦"大隧之中,其樂也融融"。姜出,賦"大隧之外,其樂也洩洩"。"彤"與"融"同也。

〔20〕《詩序》曰:"太平之音安以樂,其政和。亂世之音怨以怒,其政乖。"律,十二律也。《樂叶圖徵》曰:"聖人承天以立均。"宋均注曰:"均長八尺,施絃以調六律也。"建,立也。衡言聽九奏之樂,考政化之得失,而思其終始也。

〔21〕盤,樂也。逸,縱也。斁,厭也,音亦,又音徒故反,古"度"字也。《莊子》曰:"樂未畢也,哀又繼之。"

〔22〕素，素女也。《史記》曰："太帝使素女鼓五十絃（琴）[瑟]。"〔一〇七〕大容，黃帝樂師也。念哉，戒逸樂也。

〔23〕溢，滿也。迨，及也。翱翔，將遠逝也。

〔24〕紫宮、太微，並星名也。肅肅，清也。閶閶，明大也。

〔25〕《史記》曰："天駟旁一星曰王良。"高閣，閣道星也。《史記》曰："絕漢抵營室曰閣道。"鏘鏘，高皃也。

〔26〕罔車，畢星也。幕幕，罔皃。青林，天苑也。

〔27〕弧，星名也。《易》曰："弧矢之利以威天下。"撥音方割反。剌音力達反。撥剌，張弓皃也。嶓冢，山也。封，大也。狼，星名。《河圖》曰："嶓冢之精，上為狼星。"

〔28〕壁，東壁也。《史記》曰，羽林天軍西為壁壘，旁大星為北落。牽牛北為河鼓。磅硠，聲也。磅音普郎反。硠音郎。

〔29〕《史記》曰，王良旁有八星絕漢曰天潢，雲漢曰天河也。

〔30〕招搖、攝提，星名也。瀏音居流反，低回瀏流回轉之皃。二紀，日月也。五緯，五星也。綢繆，相次之皃也。遹皇，行皃也。

〔31〕媱音孚萬反，卷音拳，並翱翔自恣之皃也。

〔32〕瀎音一六反，汩音于筆反，飂音遼，沛音普蓋反，並疾皃也。瀎，小也。瀎音亡小反。邊，徒郎反。

〔33〕硠磕，雷聲也。〔一〇八〕硠音康。磕音苦蓋反。淫裔，電皃也。狂，疾也。

〔34〕庬音亡孔反。澒，胡孔反。《孝經援神契》曰："天度濛澒。"宋均注云："濛澒，未分之象也。"《說文》曰："宕，過也。"冥，幽冥也。貫，穿也。《前書》谷永上書曰："登遐倒景。"《音義》曰："在日月之上，日月反從下照，故其景倒也。"厲，陵厲也。

據開陽而頫盼兮，〔一〇九〕臨舊鄉之暗藹。[1]悲離居之勞心兮，情悁悁而思歸。[2]魂眷眷而屢顧兮，馬倚輈而俳回。[3]雖逍遊以媮樂兮，〔一一〇〕豈愁慕之可懷。[4]出閶闔兮降天塗，乘飂忽兮馳虛無。[5]

雲霏霏兮繞余輪，風眇眇兮震余旟。繽聯翩兮紛暗曖，倏眩昀兮反常閭。[6]

【注】

[1]《春秋運斗樞》曰：「北斗第六星為開陽。」頫音俯。暗藹，遠皃也。暗音烏感反。

[2]《說文》曰：「悁悁，憂也。」音於緣反。《詩‧國風》曰「勞心悁悁」也。

[3]輈，轅也。

[4]媮音通侯反。懷，安也。

[5]閶闔，天門。

[6]倏，忽也。眩音縣，昀音混，疾皃也。常閭，故里。

收疇昔之逸豫兮，卷淫放之遐心。[1]脩初服之婆娑兮，長余珮之參參。[2]文章煥以粲爛兮，美紛紜以從風。御六藝之珍駕兮，遊道德之平林。[3]結典籍而為罟兮，歐儒、墨而為禽。[4][一一]玩陰陽之變化兮，詠《雅》《頌》之徽音。嘉曾氏之《歸耕》兮，慕歷陵之欽崟。[5]共夙昔而不貳兮，固終始之所服也；夕惕若厲以省愆兮，懼余身之未勑也。[6][一二]苟中情之端直兮，莫吾知而不惡。[7]墨無為以凝志兮，與仁義乎消搖。[8]不出戶而知天下兮，何必歷遠以劬勞？[9]

【注】

[1]謂初遊於四方天地之間以自淫放，今改悔也。

[2]《楚辭》曰：「退將復修吾初服。」王逸注云：「修吾初始清絜之服也。」婆娑，衣皃。參參，長皃。

[3]以六藝為車而駕之也。以道德為林而遊之也。

[4]罟，網也，音古。儒家，子思、孟軻、孫卿等。墨家謂墨翟、胡非、

尹佚等。

〔５〕《琴操》曰："《歸耕》者，曾子之所作也。曾子事孔子十餘年，晨覺，眷然念二親年衰，養之不備，於是援琴鼓之曰：'往而不反者年也，不可得而再事者親也。歔欷歸耕來日！安所耕歷山盤乎！'"〔一三〕欽釜，山兒。釜音吟。

〔６〕共音恭。《易》曰："君子終日乾乾，夕惕若，厲。"惕，懼也。厲，病也。勑，整也。

〔７〕恧，慙也，音女六反。

〔８〕《老子》曰："上德無為。"

〔９〕《老子》曰："不出戶而知天下。"

系曰：天長地久歲不留，俟河之清祇懷憂。〔１〕願得遠度以自娛，上下無常窮六區。〔２〕超踰騰躍絕世俗，飂戾神舉逞所欲。天不可階仙夫希，栢舟悄悄吝不飛。〔３〕松、喬高跱孰能離？結精遠遊使心攜。〔４〕回志揭來從玄諆，〔５〕獲我所求夫何思！

【注】

〔１〕系，繫也。《老子》曰："天長地久。"《左氏傳》曰"俟河之清，人壽幾何"也。

〔２〕六區謂四方上下也。

〔３〕階，升也。《論語》曰："夫子之不可及，猶天之不可階而升。"仙夫，仙人也。《詩·邶風》曰："《栢舟》言仁而不遇也。"其詩曰："汎彼栢舟，亦汎其流。憂心悄悄，慍于群小。靜言思之，不能奮飛。"鄭玄注云："舟，載度物者也。今不用，而與眾物汎汎然俱流水中，諭仁人不用，而與群小並列。"悄悄，憂皃也。臣不遇於君，猶不忍奮翼而飛去。吝，惜也。衡亦不遇其時，而為宦者所讒，故引以自諭也。

〔４〕松，赤松子也。喬，王子喬也。《列仙傳》曰："赤松子，神農時雨師，服水玉，教神農，能入火自燒。〔一四〕至崐崘山上，常止西王母石室，隨風上下。王子喬，周靈王太子晉也。好吹笙作鳳鳴，遊伊洛閒。道士浮丘公接上

嵩高山,三十餘年。後來於山上,見桓良曰:'告我家,七月七日待我緱氏山頭。'果乘白鵠住山巔,〔一一五〕望之不得到,舉手謝時人,數日去。"《字林》曰:"跱,踞也。"謂得仙高踞也。離,附也。攜,離也。

〔5〕朅,去也,音丘列反。"諆"或作"謀"。諆亦謀也,音基,字從"其"。

永和初,出為河閒相。[1]時國王驕奢,不遵典憲;又多豪右,共為不軌。衡下車,治威嚴,整法度,陰知姦黨名姓,一時收禽,上下肅然,稱為政理。視事三年,上書乞骸骨,徵拜尚書。年六十二,永和四年卒。

【注】
〔1〕河閒王名政。

著《周官訓詁》,崔瑗以為不能有異於諸儒也。又欲繼孔子《易》說《彖》《象》殘缺者,竟不能就。所著詩、賦、銘、七言、《靈憲》、《應閒》、《七辯》、《巡誥》、《懸圖》凡三十二篇。[1]

【注】
〔1〕《衡集》作"玄圖",蓋玄與懸通。

永初中,謁者僕射劉珍、校書郎劉騊駼等著作東觀,撰集《漢記》,因定漢家禮儀,上言請衡參論其事,會並卒,而衡常歎息,欲終成之。及為侍中,上疏請得專事東觀,收撿遺文,畢力補綴。[1]又條上司馬遷、班固所敍與典籍不合者十餘事。[2]又以為王莽本傳但應載篡事而已,至於編年月,紀災祥,宜為元后本紀。又更始居位,人無異望,光武初為其將,然後即真,宜以更始之號建於光武之初。書數上,竟不聽。及後之著述,多不詳典,時人追恨之。

【注】
〔1〕衡表曰"臣仰幹史職，敢徼官守，竊貪成訓，自忘頑愚，願得專於東觀，畢力於紀記，竭思於補闕，俾有漢休烈，比久長於天地，並光明於日月，炤示萬嗣，永永不朽"也。
〔2〕《衡集》其略曰："《易》稱宓戲氏王天下，宓戲氏没，神農氏作，神農氏没，黄帝、堯、舜氏作。史遷獨載五帝，不記三皇，今宜并録。"又一事曰："《帝系》，黄帝産青陽、昌意。《周書》曰：'乃命少皥清。'清即青陽也，〔一六〕今宜實定之。"

論曰：崔瑗之稱平子曰"數術窮天地，制作侔造化"。〔1〕斯致可得而言歟！推其圍範兩儀，天地無所藴其靈；〔2〕運情機物，有生不能參其智。〔3〕故（智）〔知〕思引淵微，〔一七〕人之上術。記曰："德成而上，藝成而下。"〔4〕量斯思也，豈夫藝而已哉？何德之損乎！〔5〕

【注】
〔1〕瑗撰平子碑文也。
〔2〕《易·繫辭》曰："範圍天地之化。"王弼注云："擬範天地而周備其理也。"謂作《渾天儀》也。
〔3〕機物謂作候風地動儀等。
〔4〕《禮記》文也。
〔5〕損，減也。言藝不減於德，一也。

贊曰：三才理通，人靈多蔽。〔1〕近推形筭，遠抽深滯。不有玄慮，孰能昭晣？〔2〕

【注】
〔1〕三才，天、地、人。言人雖與天地通為三才，而性靈多蔽，罕能知天道也。

〔2〕玄猶深也。晣音制。

【校勘記】

〔一〕以三十（五）〔六〕蓍揲之　按：《刊誤》謂《太玄》乃用三十六揲，作"五"誤。今據改。

〔二〕昔有文王　按：《刊誤》謂"昔有"當作"昔者"。

〔三〕枉則（正）〔直〕　據汲本、殿本改。按：今本《老子》作"直"。

〔四〕金聲而玉振〔之〕　據汲本、殿本補。

〔五〕不到　汲本、殿本"到"作"至"。按：今本《孟子》作"至"。

〔六〕趙岐注云　按："岐"原譌"歧"，逕改正。下同。

〔七〕君子固窮　按："固"原譌"困"，逕改正。

〔八〕如何君子不（得）〔待〕其招而妄見也　據汲本改，與今本《孟子》趙注合。

〔九〕（也）〔曰〕我狐父之人丘也　據《刊誤》改。

〔一〇〕是以貨賄（所）取我　據《刊誤》刪。按：今本《孟子》趙注無"所"字。

〔一一〕有人〔之〕不理　據汲本、殿本補。

〔一二〕奚冀其二哉　按："冀"原譌"異"，逕據汲本、殿本改正。

〔一三〕鼉鳴岐野　按："岐"原譌"歧"，逕改正。

〔一四〕黃帝乃下天女曰（妖）〔妭〕　《集解》引沈欽韓說，謂"妖"乃"妭"之譌。按：下云妖亦魃也，音步末反，則為"妭"字之譌無疑，今據改。下同。

〔一五〕孟子曰阿意事貴脅肩所尊俗之情也　按：沈家本謂此疑孟子注家語，或《孟子》逸文也。

〔一六〕以牒為械　按：《御覽》三三六引"牒"作"褋"，《書鈔》引譌作"襟"。孫詒讓《墨子閒詁》謂作"褋"是。俞樾謂牒、褋皆叚字，其本字當作"梜"，梜即箸也，孫氏謂俞說亦通。

〔一七〕杖節臥起　按：汲本"杖"作"持"。《校補》謂注專就臥起言，故云持節，若改作"杖"，則臥豈能杖，作"杖"非。

〔一八〕孔安國以為三墳（五典）三皇之書　據《校補》刪。

〔一九〕宜獲福祉神祇　按：《集解》引蘇輿說，謂"福""祉"疑衍一字。

〔二〇〕冥鑒在茲　汲本、殿本"冥"作"宜"。按：嚴可均輯《全後漢文》作"冥"。

〔二一〕僭恒陽若　按：汲本"陽"作"暘"。注同。

〔二二〕災消不至矣　按：災消不至，語意重複，疑當依袁宏《紀》作"災沴不至"。又按：袁宏《紀》引張衡此疏多異文，今不列舉。

〔二三〕揚雄　按：前後皆作"楊雄"，"楊"字從木，獨此篇注文皆從扌作"揚"，今依原本，不改歸一律。

〔二四〕中央者（地神）〔北辰〕之所居　汲本、殿本"地"作"北"，王先謙謂當作"北辰"，今據改。

〔二五〕所以（從）〔行〕半矣　據汲本、殿本改。

〔二六〕有詔使劉向及子歆於祕書　汲本"於"作"為"。按：殿本作"於"。《校補》引柳從辰說，謂當依《前書·向傳》作"領校祕書"，"為"字即"領"字轉寫之譌，"於"字又明明"校"字形近之譌，兩本固皆有脫譌也。

〔二七〕流俗本多作頗傳者　汲本"傳"作"傅"。按：《集解》引洪頤煊說，謂"頗猶偏也，頗傅謂以偏詞相傅會，義亦得通"。則似以作"傅"為是。

〔二八〕志團團以應懸兮　按：《文選》"團團"作"搏搏"。

〔二九〕繡幽蘭之秋華兮　按：《文選》"繡"作"繢"。

〔三〇〕美襞積以酷裂兮　按：《文選》"裂"作"烈"。

〔三一〕喜傅說之生殷　按：《文選》"喜"作"嘉"。

〔三二〕宅不處仁　按：王先謙謂"擇"作"宅"，異文。

〔三三〕彼無合其何傷兮　按：《文選》"其"作"而"。

〔三四〕啟金縢而乃信　按：《文選》"乃"作"後"。

〔三五〕羌孰可與言己　按：《文選》"與"作"為"。

〔三六〕跕焦原而跟止　按：《文選》"止"作"趾"。

〔三七〕要既死而後已　按：殿本"要"作"安"，《文選》作"惡"，《校補》謂皆"要"字形近之譌。

〔三八〕珍蕭艾於重笥兮　按：《文選》"珍"作"寶"。

〔三九〕羈要褭以服箱　按：《文選》"羈"作"縶"。

〔四〇〕恃己知而華予兮　按："予"原譌"子"，逕改正。注同。

〔四一〕遒白露之為霜　按："遒"原譌"道"，逕改正。

〔四二〕中黄伯曰至吾日試之矣　按：注引《尸子》，文有譌奪，幾不可句讀，今録《文選》注備考："中黄伯曰：'余左執太行之獶，而右搏彫虎，唯象之未與，吾心試焉。有力者則又願為牛，欲與象鬭，以自試。今二三子以為義矣，將惡乎試之？夫貧窮，太行之獶也；疏賤，義之彫虎也。而吾日遇之，亦足以試矣。'"

〔四三〕男鞶革（革）〔女〕鞶絲　據汲本、殿本改。

〔四四〕喻以賢被讒也　按："以"原譌"似"，逕據汲本、殿本改正。

〔四五〕即岐阯而攄情　按："岐"字原本皆譌"歧"，逕改正。"攄"《文選》作"艫"，《集解》引惠棟説，謂《張衡集》亦作"艫"。

〔四六〕問三丘乎句芒　按：《文選》"乎"作"于"。

〔四七〕翶飛也　按："翶"原譌"翾"，逕據汲本、殿本改正。

〔四八〕指長沙以邪徑兮　按：《文選》"以"作"之"。

〔四九〕翩償處彼湘瀕　按：《文選》"償"作"繽"。

〔五〇〕託山陂以孤魂　按：《文選》"陂"作"阪"。

〔五一〕愁蔚蔚以慕遠兮　按：《文選》"蔚蔚"作"鬱鬱"。

〔五二〕越卬州而愉敖　"卬"原譌"叩"，逕改正。注同。按：《文選》"愉敖"作"遊遨"。

〔五三〕憩炎天之所陶　按：《文選》"天"作"火"。

〔五四〕顝羈旅而無友兮　按：《文選》"羈"作"羇"。

〔五五〕俗謂之湘君湘夫人也　按：《集解》引沈欽韓説，謂《列女傳》無"湘夫人也"四字。

〔五六〕其（不）〔下〕壽者八百歲　據汲本改。按：《文選》注亦作"不"。

《考異》謂"不"當依范《書》注作"下"。

〔五七〕悵相佯而延佇　按：《文選》"相佯"作"徜徉"。

〔五八〕疇克譓而從諸　按：《文選》"譓"作"謀"。

〔五九〕雖司命其不晰　《文選》"晰"作"睭"。按：此據胡克家本，別本作"睭"。

〔六〇〕穆負天以悅牛兮　按：《文選》"負"作"屆"。

〔六一〕豈愛惑之能剖　按：《文選》"愛"作"昏"，"之"作"而"。

〔六二〕慎竈顯於言天兮占水火而妄誶　《文選》"於"作"以"，"誶"作"訊"。按：《校補》謂李注，訊，息對反，疑本"誶"之譌。

〔六三〕丁厥子而事刃　按：《文選》"事"作"剚"。

〔六四〕親所眱而弗識兮　按：《文選》"眱"作"睍"。

〔六五〕毋綿攣以涬己兮　"毋"原譌"母"，逕改正。按：《文選》"涬"作"倖"。

〔六六〕用棐忱而佑仁　按：《文選》"佑"作"祐"，疑本"佑"之譌。

〔六七〕鬼亢回以敝秦　按：《文選》"敝"作"斃"。

〔六八〕德樹茂乎英六　按：《文選》"德樹"作"樹德"。

〔六九〕〔蛻〕蟬蚰（蛻）所解皮也　按：汲本作"蟬蛻蟬所解皮也"，殿本作"蟬蛻所解皮也"，並有脫譌，茲據《說文》改。

〔七〇〕蹶行處之貌也　汲本"處"作"遠"。按：《校補》引柳從辰說，謂"遠""處"皆"遽"之譌，注引鄭注《禮記》，雖未明指何篇，然《曲禮》"足毋蹶"注，固作"行遽貌"也。

〔七一〕〔曰〕開明之門　據汲本、殿本補。

〔七二〕南方〔曰〕南極之山　據汲本、殿本補。

〔七三〕呂甥冀芮謀作亂　按："甥"原譌"生"，逕據汲本、殿本改正。

〔七四〕一名寓木　按："木"原譌"末"，逕改正。

〔七五〕寒風淒而永至兮　按：《文選》"淒而"作"淒其"。

〔七六〕螣蛇蜿而自糾　按：《文選》"螣"作"騰"。

〔七七〕仚顟頊之宅幽　按：《文選》"之"作"而"。

〔七八〕迅飈瀟其朕我兮　按："飈"原作"飇"，逕據汲本改，後文"飈忽"同。又按：《文選》"飈"作"猋"，《校補》謂當作"焱"，後文"猋忽"同。

〔七九〕趨爺啁之洞穴兮摽通淵之琳琳　《文選》"趨"作"越"，"啁"作"嘲"，"摽"作"漂"，"淵"作"川"。按：李慈銘謂蓋此本亦作"通川"，宋以後校者誤以為章懷避諱改川，遂妄改為"通淵"耳。

〔八〇〕有凍寒積（水）〔冰〕雪雹群冰之野　據汲本、殿本改。按：《淮南子·時則訓》作"有凍寒積冰、雪雹霜霰、漂潤群水之野"。此注似有脫譌，"群冰"之"冰"應作"水"。

〔八一〕垠音玉巾反　按："玉"原譌"五"，逕改正。

〔八二〕（飇）〔飈〕風也　據汲本改。

〔八三〕追慌忽於地底兮　"底"原作"厎"，逕依汲本、殿本改。按："慌"《文選》作"荒"。

〔八四〕出右密之闇野兮　按：《文選》"右"作"石"。

〔八五〕獻環琨與璵繗兮　按：《文選》"璵"作"琛"。

〔八六〕志浩盪而不嘉　按：汲本、殿本"盪"作"蕩"，《文選》同。《文選》"浩"作"皓"。

〔八七〕百卉含蘤　按：《文選》"蘤"作"葩"。

〔八八〕及晦視乃明　按：《集解》引沈欽韓説，謂《大荒北經》"其瞑乃晦，其視乃明"，注誤。

〔八九〕（嗚）〔听〕之別體　汲本、殿本"嗚"作"鳴"。《集解》引沈欽韓説，謂注"嗚"乃"听"之誤，《説文》"听，笑貌"，憖與听通。今據改。

〔九〇〕服之（神）〔成〕仙　據殿本改。

〔九一〕抨巫咸以占夢兮　按：《文選》"以"作"作"。

〔九二〕（合）〔含〕嘉（秀）〔禾〕以為敷　汲本作"合嘉禾以為敷"。殿本作"含嘉秀以為敷"，《文選》同。《校補》引錢大昭説，謂秀乃光武諱，作"禾"者不誤。又李慈銘謂"合"當是"含"字之誤。今據改。按：沈家本謂此注引《説文》以解禾字，則章懷所據本實作"禾"，不作"秀"。

〔九三〕爾要思乎故居　按：《文選》"爾"作"亦"。

〔九四〕欘音（居）〔古〕于反　張森楷《校勘記》謂居于疊韵，不為反語，"居"當為"古"之誤。今據改。

〔九五〕擾應龍以服輅　按：《文選》"輅"作"路"。

〔九六〕冠咢咢其映蓋兮　按：《文選》"咢咢"作"嵒嵒"。

〔九七〕八乘攄而超驤　按：《文選》"攄"作"騰"。

〔九八〕蜺旌飄而飛揚　按：《文選》"而"作"以"。

〔九九〕心灼爍其如湯　按：《文選》"如"作"若"。

〔一〇〇〕左青琱以揵芝兮　按：《文選》"以"作"之"。

〔一〇一〕委水衡乎玄冥　按：《文選》"委"上有"後"字，"委"下無"水"字。

〔一〇二〕澂涊滔而為清　按：《文選》"澂"作"懲"。

〔一〇三〕素撫弦而餘音兮　按：《文選》"素"下有"女"字。

〔一〇四〕既防溢而静志兮　按：《文選》"静"作"靖"。

〔一〇五〕乃今窮乎天外　按：《文選》"窮"作"窺"。

〔一〇六〕素威白武也　按：汲本、殿本"武"作"虎"，此避唐諱改。下"左青龍而右白武"同。

〔一〇七〕使素女鼓五十絃（琴）〔瑟〕　據《史記》改。按：王先謙謂"琴"當作"瑟"。

〔一〇八〕砏磤雷聲也　按："雷"原譌"電"，逕改正。

〔一〇九〕據開陽而頫盼兮　按：《文選》"盼"作"眂"。

〔一一〇〕雖遨游以媮樂兮　按：《文選》"遨游"作"遊娛"。

〔一一一〕歐儒墨而為禽　《文選》"歐"作"毆"。按：《集解》引柳從辰說，謂"歐"當讀為"毆"。

〔一一二〕共凤昔而不貳兮固終始之所服也至懼余身之未勑也　按：《文選》"共"作"恭"，"昔"作"夜"，無兩"也"字。

〔一一三〕歠欷歸耕來日安所耕歷山盤乎　按：《文選》李注"日""乎"均作"兮"。

〔一一四〕能入火自燒　按:《文選·遊仙詩》注引"自"作"不",《類聚》七十八引仍作"自"。

〔一一五〕果乘白鵠住山顛　汲本、殿本"住"作"往"。按:《文選·遊仙詩》李注作"駐",駐住聲近義通。

〔一一六〕清即青陽也　按:"青陽"原譌"清陽",逕改正。

〔一一七〕故(智)〔知〕思引淵微　王先謙謂"智"當作"知"。今據改。

後漢書卷六十上

馬融列傳第五十上

　　馬融字季長,扶風茂陵人也,[1]將作大匠嚴之子。[2]為人美辭貌,有俊才。初,京兆摯恂以儒術教授,隱于南山,不應徵聘,名重關西,[3]融從其遊學,博通經籍。恂奇融才,以女妻之。

【注】
〔1〕《融集》云:"茂陵成懽里人也。"
〔2〕嚴,援兄余之子。
〔3〕《三輔決錄注》曰:"恂字季直,好學善屬文,隱於南山之陰。"

　　永初二年,大將軍鄧騭聞融名,召為舍人,非其好也,遂不應命,客於涼州武都、漢陽界中。會羌虜颺起,〔一〕邊方擾亂,米穀踊貴,自關以西,道殣相望。[1]融既飢困,乃悔而歎息,謂其友人曰:"古人有言:'左手據天下之圖,右手刎其喉,愚夫不為。'[2]所以然者,生貴於天下也。今以曲俗咫尺之羞,滅無貲之軀,殆非老莊所謂也。"故往應騭召。

【注】
〔1〕《左傳》曰,叔向云:"道殣相望。"杜注云"餓死為殣"也。音覲。
〔2〕《莊子》曰。言不以名害其生者。

四年,拜為校書郎中,[1][二]詣東觀典校秘書。是時鄧太后臨朝,騭兄弟輔政。而俗儒世士,以為文德可興,武功宜廢,遂寢蒐狩之禮,息戰陳之法,故猾賊從橫,乘此無備。融乃感激,以為文武之道,聖賢不墜,五才之用,無或可廢。[2]元初二年,上《廣成頌》以諷諫。其辭曰:[3]

【注】

[1]謝承《[書]》及《續漢書》[三]並云為校書郎,又拜郎中也。

[2]五才,金、木、水、火、土也。《左傳》曰,宋子罕曰"天生五材,人並用之,廢一不可,誰能去兵"也。

[3]廣成,苑,在今汝州梁縣西。

臣聞孔子曰:"奢則不遜,儉則固。"奢儉之中,以禮為界。[1]是以《蟋蟀》《山樞》之人,並刺國君,諷以太康馳驅之節。[2]夫樂而不荒,憂而不困,[3]先王所以平和府藏,頤養精神,致之無疆。[4]故戛擊鳴球,載於《虞謨》;吉日車攻,序於《周詩》。[5]聖主賢君,以增盛美,豈徒為奢淫而已哉!伏見元年已來,遭值厄運,[6]陛下戒懼災異,躬自菲薄,荒棄禁苑,廢弛樂懸,勤憂潛思,十有餘年,以過禮數。重以皇太后體唐堯親九族篤睦之德,陛下履有虞烝烝之孝,外舍諸家,每有憂疾,聖恩普勞,遣使交錯,稀有曠絕。時時寧息,又無以自娛樂,殆非所以逢迎太和,裨助萬福也。臣愚以為雖尚頗有蝗蟲,今年五月以來,雨露時澍,祥應將至。方涉冬節,農事閒隙,宜幸廣成,覽原隰,觀宿麥,[勸]收藏,[四]因講武校獵,使寮庶百姓,復覩羽旄之美,聞鐘鼓之音,歡嬉喜樂,[五]鼓舞疆畔,[7]以迎和氣,招致休慶。小臣螻蟻,不勝區區。職在書籍,謹依舊文,重述蒐狩之義,作頌一篇,并封上。淺陋鄙薄,不足觀省。

【注】

〔1〕界猶限也。

〔2〕《詩·國風》序曰:"《蟋蟀》,刺晉僖公也。儉不中禮。"其《詩》曰:"無已太康,職思其居。"毛萇注云:"已,甚也。"鄭箋云:"君雖當自樂,亦無甚太樂,欲其用禮以為節也。"又序曰:"《山有樞》,刺晉昭公也。有才不能用。"〔六〕其《詩》曰:"子有車馬,弗馳弗驅。宛其死矣,佗人是愉。"言僖公以太康貽戒,昭公以不能馳驅被譏,言文武之道須折衷也。樞音謳。

〔3〕《左傳》曰,吳季札聘於魯,魯為之歌《頌》。季札曰:"樂而不荒。"為之歌《衛》。曰:"憂而不困。"

〔4〕《韓詩外傳》曰:"人有五藏六府。何謂五藏?精藏於腎,神藏於心,魂藏於肝,魄藏於肺,志藏於脾,此之謂五藏也。何謂六府?喉咽者,量腸之府也;胃者,五穀之府也;大腸者,轉輸之府也;小腸者,受成之府也;膽者,積精之府也;旁光者,湊液之府也。"《詩》曰:"天生蒸民,有物有則。"

〔5〕戛,敲也,音古八反。形如伏獸,背上有二十七刻,以木長尺櫟之,所以止樂。擊,柷也,象桶,中有椎柄,連底搖之,所以作樂。見《三禮圖》。球,玉磬也。《虞謨》,《舜典》也。《詩·小雅》曰:"吉日維戊,既伯既禱。田車既好,四牡孔阜。"又曰:"我車既攻,我馬既同。"

〔6〕元年謂安帝即位年也。厄運謂地震、大水、雨雹之類。

〔7〕孟子對齊宣王曰:"今王(頗)鼓樂於此,〔七〕百姓聞王鍾鼓之聲,舉欣欣然有喜色而相告曰:'吾王庶幾無疾病歟?何以能鼓樂也!'今王田獵於此,百姓見羽旄之美,欣欣有喜色而相告曰:'吾王庶幾無疾病歟?何以能田獵也?'此無佗,與人同樂也。"

　　臣聞昔命師於鞬櫜,偃伯於靈臺,或人嘉而稱焉。〔1〕彼固未識夫雷霆之為天常,金革之作昏明也。〔2〕自黃炎之前,傳道罔記;三五以來,越可略聞。且區區之鄶郊,猶廓七十里之圃,盛春秋之苗。〔3〕《詩》詠(囿)〔圃〕草,〔八〕樂奏《騶虞》。〔4〕是以大漢之初基也，宅茲天邑，總風雨之會，交陰陽之和。[5] 揆厥靈囿，營于南郊。[6] 徒觀其坰場區宇，恢胎曠蕩，[九] 頫復勿罔，寥豁鬱泱，[7][一〇] 騁望千里，天與地莽。於是周阹環瀆，右矕三塗，左概嵩嶽，[8][一一] 面據衡陰，箕背王屋，[一二] 浸以波、溠，夤以滎、洛。[9] 金山、石林，殷起乎其中，峨峨磹磹，鏘鏘嶉嶉，隆穹槃回，嵎嵬錯崔。[10] 神泉側出，丹水涅池，怪石浮磬，燿焜于其陂。[11] 其土毛則擢牧薦草，芳茹甘荼，[12] 茈萁、芸蒩、昌本、深蒲，[13][一三] 芝荋、菫、苴，蘘荷、芋渠，[14] 桂荏、鳬葵，格、韮、菹、于。[15] 其植物則玄林包竹，藩陵蔽京，珍林嘉樹，建木叢生，[16] 椿、梧、栝、柏、柜、柳、楓、楊，[17] 豐彤對蔚，[一四] 崟領攕爽。[18] 翕習春風，含津吐榮，鋪于布濩，薱薱蘙薈，惡可殫形。[19]

【注】

〔1〕鞬以藏箭，櫜以藏弓。鞬音紀言反。櫜音高。《禮記》孔子曰："武王剋殷，倒載干戈，包以獸皮，名之曰建櫜。"鄭注云"建讀為鍵"，音其蹇反，謂藏閉之也，此馬鄭異義。《司馬法》曰："古者武軍三年不興，則凱樂凱歌，偃伯靈臺，荅人之勞，告不興也。"偃，休也。伯謂師帥也。靈臺，望氣之臺也。

〔2〕《左傳》鄭子太叔曰："為刑罰威獄，以類天之震燿殺戮。"杜注曰："雷霆震燿，天之威也。聖人作刑獄以象類之。"又宋子罕曰："兵之設久矣，所以威不軌而昭文德也。聖人以興，亂人以廢，廢興存亡昏明之術，皆兵之由也。"

〔3〕酆，周文王所都。《孟子》曰："文王之囿方七十里。"《爾雅》曰："春獵為蒐，夏曰苗，秋曰獮，冬曰狩。"

〔4〕《韓詩》曰："東有（圃）[甫]草，駕言行狩。"《毛詩》曰："彼茁者葭，一發五豝，于嗟乎騶虞。"毛萇注云："騶虞，義獸也，白虎黑文，不食生物。有至信之德則應之。"《周禮·大司樂》："王大射則奏《騶虞》。"

〔5〕《周禮》曰:"風雨之所會也,陰陽之所和也,乃建王國焉。"天邑謂洛陽也。

〔6〕揆,度也。《詩·大雅》曰:"王在靈囿。"言作廣成苑以比之。

〔7〕蘋音眇,泱音烏朗反,並廣大貌。

〔8〕阹音欺於反。《上林賦》曰:"江河為阹。"郭璞注曰:"因山谷遮禽獸曰阹。"《廣雅》曰:"瞟,視也。"音馬板反。三塗,山名,在陸渾縣西南。

〔9〕衡陰,衡山之北。《山海經》曰:"雉山,澧水出焉。東曰衡山,多青(臒)〔頀〕。"〔一五〕《地里志》云:"雉縣衡山,澧水所出。"在今鄧州向城縣北。王屋,山,在今王屋縣北。《周禮》曰:"豫州,其浸波、溠,其川滎、洛。"《水經注》云"溠水出黃山"。在今隨州棗陽縣東北。又云"波水出歇馬嶺",即應劭〔一六〕所謂孤山波水所出者。在今汝州魯山西北。滎水在滎陽縣東是也。

〔10〕金山,金門山也。《水經注》云在澠池縣南。石林,大石山也,一名萬安山,在河南郡境,(薄)〔簿〕云〔一七〕"洛陽縣南大石山中有雜樹木,有祠名大石祠,山高二百丈"也。殷音於謹反,磑音五來反,嵬音徂回反,崺音隅,峞音魚軌反,並高峻皃。

〔11〕《爾雅》曰:"(汍)〔沈〕泉穴出。"〔一八〕穴出,側出也。"丹水、涅水在今鄧州。怪石,怪異好石似玉者。浮磬,若泗水中石,可以為磬也。燿焜,光也。

〔12〕毛,草也。《左傳》云楚芋尹無宇曰:"食土之毛,誰非君臣?"摧,相傳音角。摧牧,未詳。《莊子》曰:"麋鹿食薦。"一曰,草穛曰薦。茹,菜也。《爾雅》曰:"荼,苦菜也。"《詩》曰:"堇荼如飴。"飴亦甘也。

〔13〕茈音紫。萁音其。《爾雅》曰:"藄,月爾。"郭璞注曰:"即紫藄也,似蕨可食。"芸,香草也。《說文》云:"似苜蓿。"菹音資都反。《廣雅》曰:"葴,菹也。其根似茅根,可食。"昌本,昌蒲根也。深蒱謂蒲白生深水之中。

〔14〕芝栭,草也。《禮記》曰:"芝栭菱椇。"栭音而。菫,菜,花紫,

葉可食而滑。萱音户官反。《禮記》曰:"堇萱枌榆。"鄭注云:"萱,堇類也。"蘘荷,苗似薑,根色紅紫似芙蓉,可食。芋渠即芋魁也,一名蹲鴟,大葉,根可食也。

〔15〕《爾雅》曰:"蘇,桂荏。"《方言》曰:"蘇亦荏也。"《爾雅》曰:"茆,鳧葵。"〔一九〕葉團似蓴,生水中,今俗名水葵。《爾雅》曰:"茖,山蔥。"格與茖古字通。萑音子間反,即巴苴,一名芭蕉。于,軒于也,一名猶,生於水中(矣)〔涘〕。〔二〇〕

〔16〕玄猶幽也。包,叢生也。《爾雅》曰:"大阜曰陵,絕高曰京。"藩亦蔽也。建木,長木也。

〔17〕並木名也。柜音矩。楊,叶韻音以征反。

〔18〕並林木貌也。對音徒對反。釜音吟。槮音所金反。爽,叶韻音生。

〔19〕鋪音敷。薩音以撰反。郭璞注《爾雅》云:"草木花初出為笋。"與薩通,其字從"唯",本作從"隹"者,誤也。扈音户。蘳音胡瓦反,字從"圭",並花葉貌。本或作(蘳)〔韃〕。〔二一〕《說文》云:"蘳,黃花也。"《廣雅》曰:"好色也。"熒,光也。惡,何也,音烏。

　　至于陽月,陰厲害作,百草畢落,林衡戒田,焚萊柞木。〔1〕然後舉天網,頓八紘,摯斂九藪之動物,繯橐四野之飛征。〔2〕鳩之乎茲囿之中,山敦雲移,群鳴膠膠,鄙駭譟譁,〔二二〕子野聽聳,離朱目眩,隸首策亂,陳子籌昏。〔3〕於時營圍恢廓,充斥川谷,罦置羅羉,彌綸阬澤,皋牢陵山。〔4〕校隊案部,前後有屯,甲乙相伍,戊己為堅。〔5〕

【注】

〔1〕《爾雅》曰:"十月為陽。"孫炎注曰:"純陰用事,嫌於無陽,故以名云。"《左傳》曰:"唯正月之朔,慝未作。"杜注云:"慝,陰氣也。害作言陰氣肅殺,害於百草也。"《周禮》曰:"林衡掌巡林麓之禁令。"又曰:"牧師掌牧地,凡田事贊焚萊。"除草也。柞音士雅反,邪斫木也。《周禮》:

"柞氏掌攻草木及林麓。"

〔2〕掔,聚也,音子由反。《周禮·職方氏》掌九藪:楊州具區,荆州雲夢,豫州圃田,青州孟諸,兗州大野,雍州弦蒲,幽州豯養,冀州楊紆,并州昭余祁。鄭玄注云:"澤無水曰藪。"動物謂禽獸也。繯音胡犬反,又胡串反。《説文》曰:"繯,落也。"《國語》曰:"繯於山有牢。"〔二三〕賈逵注云:"繯,還也。"橐,囊也,音託。四野,四方之野。飛征,飛走也。

〔3〕鳩,聚也。敦音屯,亦積聚也。鄙駼,獸奮迅貌也。鄙音普美反,駼音俟。《韓詩》曰:"駓駓俟俟,或群或友。"眩,亂也,叶韻音玄。隸首,黃帝時善筭者也。陳子,陳平,善於籌策也。昏,亂也。言禽獸多不可筭計。

〔4〕罦音浮,雉網也。罝,兔罟也。羅,鳥網也,音力官反。並見《爾雅》。阬音苦庚反。《蒼頡篇》曰:"阬,壍也。"皋牢猶牢籠也。《孫卿子》曰"皋牢天下而制之,若制子孫"也。諸本有作牢柵者,非也。

〔5〕《周禮·司馬》職曰:"前後有屯。"甲乙謂相次也。伍,伍長也。戊己居中為中堅也。

乘輿乃以吉月之陽朔,登于疏鏤之金路,六驪騄之玄龍,建雄虹之旌夏,揭鳴鳶之脩橦。〔1〕曳長庚之飛髾,載日月之太常,棲招搖與玄弋,〔二四〕注枉矢於天狼。〔2〕羽毛紛其影䫻,揚金嫛而拖玉瓖。〔3〕〔二五〕屯田車於平原,播同徒於高岡,旒旜摻其如林,錯五色以摛光。〔4〕清氛埃,埽野場,誓六師,搜儁良。〔5〕司徒勒卒,司馬平行,車攻馬同,教達戒通。〔6〕伐咎鼓,撞華鍾,獵徒縱,赴榛叢。〔7〕徽燧霍奕,別騖分奔,騷擾聿皇,往來交舛,紛紛回回,南北東西。〔8〕風行雲轉,匈礚隱訇,黃塵勃漨,闇若霧昏。〔9〕日月為之籠光,列宿為之翳昧,僄狡課才,勁勇程氣。〔10〕狗馬角逐,〔二六〕鷹鸇競鷙,驍騎旁佐,輕車橫厲,相與陸梁,聿皇于中原。絹猭蹠,鏦特肩,脛完羝,摙介鮮,散毛族,梏羽群。〔11〕然後飛鋋電激,流矢雨墜,各指所質,不期俱殪,竄伏扔輪,發作梧轊。〔12〕殳殳狂擊,〔二七〕頭陷顱碎,獸不得獟,禽不得瞥。〔13〕或夷由未殊,顛狼頓躓，螴蜳蟬蟬，充衢塞隧，葩華菥布，不可勝計。[14]

【注】

〔1〕陽朔，十月朔也。疏鏤謂雕鏤也。周遷《輿服雜記》曰："玉路，重（較）〔輅〕也。[二八] 金路、玉路形制如一。六，駕六馬也。"《續漢志》曰："天子五路，駕六馬。"騙騋，馬名。《左傳》云，唐成公有兩騙騋馬。《周禮》曰："馬高八尺曰龍。"《禮記》曰："孟冬，乘玄輅，駕鐵驪。"今此亦順冬氣而乘玄也。郭璞注《爾雅》云："虹雙出色鮮盛者為雄。"《左傳》云："舞師題以旌夏。"杜預注云："旌夏，大旌也。"揭，舉也，音渠列反。《禮記》曰："前有塵埃，則載鳴鳶。"鳶，鴟也，音緣。鳴則風動，故畫之於旌旗以候埃塵也。橦者，旗之竿也，音直江反。

〔2〕長庚即太白星。旄音所交反，即旌旗所垂之羽毛也。太常，天子所建大旗也，畫之日月。《周禮》云："日月為常。"招搖、玄弋、天狼，並星名也。枉矢，妖星，蛇行有尾目，（赤）〔亦〕畫於旌旗也。[二九]

〔3〕髟鬿，羽旄飛揚皃也。髟音必由反。鬿音羊救反。蔡邕《獨斷》曰："金鍐者，馬冠也，高廣各四寸，在馬髦前。"[三〇] 鍐音無犯反，一音子公反。瓖，馬帶以玉飾之，音襄。

〔4〕《詩·小雅》曰："我車既好。"[三一] 又曰："射夫既同。"言徒衆齊同也。旝亦旐也，音古會反。《左傳》曰："旝動而鼓。"摻音所金反，與"森"字同。

〔5〕野場謂除其草萊，令得驅馳也。《左傳》曰："天子六軍。"儦良，馬之善者。

〔6〕《周禮》曰："司徒若將有軍旅、會同，田役之戒，則受法于司馬，以作其衆。"又曰："司馬狩田，以旌為左右和之門。前後有屯，百步有司，巡其前後。"鄭注云："正其士之行列。"《詩·小雅》曰："我車既攻，我馬既同。"毛萇注曰："攻，堅也。同，齊也。戎事齊力，尚強也。田獵齊足，尚疾也。"

〔7〕咎鼓，大鼓也，音公刀反。《周禮》："鼖鼓長尋有四尺。"

〔8〕爈音呼獲反,並奔馳貌。

〔9〕礚音苦蓋反,訇音火宏反,並聲也。渹音烏董反。

〔10〕僄狡,勇捷。僄音匹妙反。

〔11〕絹,繫也,與罥通,音工犬反。猭䟽,野馬也。《爾雅》曰:"猭䟽跰,〔三二〕善升甗。"猭音昆。鏦猶撞也。楊雄《方言》曰:"吳楚之閒,或謂矛為鏦。"音楚江反。《韓詩·齊風》曰:"並驅從兩肩兮。"薛君傳曰:"獸三歲曰肩。"脰,頸也,謂中其頸也。脰音豆。完羝,野羊也。臣賢案:《字書》作"㺉",音戶官反,與"完"通。梏,諸家並古酷反。案《字書》"梏"從"手",即古文"攪"字,謂攪擾也。

〔12〕鋋,矛也,音市延反。《周禮》曰:"王弓以授射甲革、椹質者。"鄭注云:"質,正也。"正音征。扔音人證反。《聲類》曰:"扔,摧也。"言為輪所摧也。梧,支梧也,音悟。謂支著車也。轊,車軸頭也,音衛,謂車軸轊而殺之。

〔13〕殁亦歿也,音丁外反。顱,額也,音盧。㹭,走也,音丑戀反。瞥,視也,叶韻音韻例反。殳音殊。

〔14〕夷由,不行也。《楚詞》曰:"君不行兮夷由。"未殊謂未死。蝡音而兗反。《說文》曰:"動也。"蟫音似林反,亦動貌也。

若夫鷙獸毅蟲,倨牙黔口,大匈哨後,緼巡歐紆,負隅依阻,莫敢嬰禦。〔1〕乃使鄭叔、晉婦之徒,睞孤剚刺,裸袒袓裼。〔2〕冒櫛柘,槎棘枳,窮浚谷,底幽嶰,暴斥虎,搏狂兕,獄㓸熊,〔三三〕抾封狶。〔3〕或輕趻趫悍,廋疏䕌領,犯歷嵩巒,陵喬松,履脩橋,踔䢺枝,杪標端,〔三四〕尾蒼蜼,掎玄猨,木產盡,寓屬單。〔4〕窂罔合部,罾弋同曲,類行並驅,星布麗屬,曹伍相保,各有分局。〔5〕矰䋲飛流,纖羅絡縸,遊雉群驚,晨鳧輩作,罣然雲起,霅爾雹落。〔6〕

【注】

〔1〕《爾雅》曰："駁如馬，倨牙食虎豹。"黔，黑也。《周禮·考工記》曰："大匈，燿後，有力而不能走。"鄭玄注曰："燿，讀曰哨。"哨，小也，音稍。緼巡，並行貌也。緼音於粉反。《孟子》曰："有衆逐虎，虎負隅，莫之敢攖。"攖，迫也。禦，扞也。

〔2〕鄭叔，鄭莊公弟太叔段也，《詩·鄭風》曰："太叔于田，乘乘馬，襢裼暴虎，獻于公所。"《孟子》曰："晉人有馮婦者，善搏虎，攘臂下車，衆皆悦之。"睽，離也。孤，獨也。謂挺身刺獸。刲亦刺也，音苦圭反。《爾雅》曰："袒裼，肉袒也。"《孟子》曰："袒裼裸裎於我側。"《説文》曰："裎，（袒）[裸]也。"〔三五〕其字從"衣"。

〔3〕《爾雅》曰："檿，山桑也。"音一染反。槎，斫也，音仕雅反。嶰謂山澗也。《蒼頡篇》曰"厈，大也"。翻亦狂也，音吉曳反。《説文》曰："兕，似野牛而青色。"抾音劫，古字通。封，大也。豨，豬也，虛起反。

〔4〕訬，輕捷也，音初稍反。趒音丘昭反。《説文》曰："趒，行輕貌。"廋疏猶搜索也。廋音所由反。《字林》曰："巘，山巔也"，音力于反。《爾雅》曰："山大而高曰嵩，山小而高鋭曰巒。"構音莫寒反。踔，跳也，音勑教反。騽音尋，謂長枝也。杪音亡小反，標音必遥反，並木末也。蜼音以藥反。《爾雅》曰："蜼，卬鼻而長尾。"郭璞注曰："似獼猴而大，黃黑色，尾長數尺，末有兩歧，雨則自懸於樹，以尾塞鼻。"零陵、南康人呼之音"餘"，建平人呼之音"相贈遺"之"遺"也，又音余救反，皆土俗輕重不同耳。掎音居螘反。《説文》曰："偏引一足也。"木産謂巢栖之類也。寓屬謂穴居之屬也。

〔5〕罘亦網也。相如《上林賦》曰："戴雲罘。"《續漢志》曰："將軍有部，部下有曲。"罾，魚網也，音增。弋，繳射也。分音扶問反。

〔6〕矰，弋矢也。磻與礴同，音補何反，又補佐反。《説文》曰："以石著隿繳也。"絡繹，張羅貌也。繹與幕通。翬，飛也，音揮。雩音素洽反。《廣雅》曰："雩，雨也。"言鳥中繳如雹之落。

爾乃蓻觀高蹈，改乘回轅，泝恢方，撫馮夷，策句芒，超荒忽，出重陽，厲雲漢，橫天潢。[1]導鬼區，[三六]徑神場，詔靈保，召方相，驅厲疫，走蜮祥。[2]捎罔兩，拂游光，枷天狗，緤墳羊。[3]然後緩節舒容，裴回安步，降集波纂，川衡澤虞，矢魚陳罟。[4]茲飛、宿沙、田開、古蠱，[5]肇終葵，揚關斧，刊重冰，撥蟄戶，測潛鱗，踵介旅。[6]逆獵湍瀨，濟薄汾橈，淪滅潭淵，左挈夔龍，右提蛟鼉，春獻王鮪，夏薦鼈黿。[7]於是流覽徧照，殫變極態，上下究竟，山谷蕭條，原野嶚愀，上無飛鳥，下無走獸，虞人植旍，獵者効具，車弊田罷，旋入禁囿。[8]棲遟乎昭明之觀，休息乎高光之榭，以臨乎宏池。[9]鎮以瑤臺，純以金堤，樹以蒲柳，[三七]被以綠莎，瀇瀁沆漭，錯紾槃委，天地虹洞，固無端涯，大明生東，月朔西陂。[10]乃命壺涿，驅水蟲，逐罔、螭，滅短狐，箝鯨、鯢。[11]然後方餘皇，連舼舟，張雲帆，施蜺幬，靡颶風，陵迅流，發櫂歌，縱水謳，淫魚出，菁蔡浮，湘靈下，漢女游。[12]水禽鴻鵠、鴛鴦、鷗、鷺、鶄鷠、鷾、䴇、鷩、鴈、鷲鵰，乃安斯寢，戢翮其涯。[13]魴、鱮、鱄、鯿、鰥、鯉、鱣、鮂，樂我純德，騰踊相隨，雖靈沼之白鳥，孟津之躍魚，方斯蔑矣。[14]然猶詠歌於伶蕭，[三八]載陳於方策，豈不哀哉！[15]

【注】

[1]藐，遠也，音名小反。田獵既罷，故改乘回轅也。《左傳》曰："改乘轅而北之。"泝，上也。恢，大也。馮夷，河伯也。句芒，東方之神也。荒忽，幽遠也。重陽，天也。雲漢，天河也。天潢，星也。

[2]靈保，神巫也。《楚辭‧九歌》曰"思靈保兮賢姱"。《周禮》："方相氏掌執戈揚楯，帥百隸以毆疫。"[三九]《洪範五行傳》曰："蜮，射人，生於南越，謂之短狐。"《詩蟲魚疏》曰"一名射景，如鼈三足，今俗謂之水弩"也。

[3]捎音所交反。鄭玄注《周禮》曰"捎，除也"。《國語》曰："木石之怪曰夔、罔兩。"游光，神也，兄弟八人。天狗，星名也。《春秋元命包》曰："天狗主守財。"緤，繫也，音息列反。墳羊，土之怪，其形似羊。見《家

語》。

〔四〕波簗,池簗也。《前書音義》曰:"簗,在池中作室,可用栖鳥,入則捕之。"又曰"折竹以繩綿連,禁禦使人不得往來"也。《周禮》"川衡,掌川澤之禁令。澤虞,掌國澤之政令"也。《左傳》曰:"魯隱公矢魚于棠。"矢亦陳也。《國語》曰:"魯宣公夏濫罟於泗川,里革斷其罟而弃之,曰:'古者大寒降,水虞於是登川禽而嘗之於廟,行諸國助宣氣也。今魚方孕,又行罟,貪無藝也。'公曰:'吾之過也。'"簗音圉。

〔五〕音冶。

〔六〕茲飛即佽飛也。《呂氏春秋》曰:"荊人佽飛,涉江中流,兩蛟繞其船。佽飛拔劒赴江,刺蛟殺之。"《魯連子》曰:"古善漁者宿沙渠子,使漁山側,雖十宿沙子不得魚焉。宿沙非暗於漁道也,彼山者非魚之所生也。"《晏子春秋》曰:"公孫捷、田開彊、古冶子事景公以勇,晏子勸景公餽之二桃,曰:'計功而食之。'公孫捷〔曰:'捷〕持楯而再搏乳虎,〔四〇〕若捷之功,可以食桃。'田開彊曰:'吾仗兵而禦三軍者再,可以食桃。'古冶子曰:'吾嘗濟河,黿銜左驂以入砥柱之流,吾逆而百步,順流九里,得黿頭,鶴躍而出,可以食桃矣。'二子皆反其桃,契領而死。古冶子曰:'二子死之,吾獨生,不仁。'亦契領而死。""蠱"與"冶"通。罿亦揮也。《廣雅》曰:"終葵,椎也。"關斧,斧名也。刊,除也。踵猶尋也。介謂鱗蟲之屬也。旅,衆也。

〔七〕溿音蒲艮反;橈,奴教反:並入水皃也。淪滅謂没於水中也。鱣音壇。鮪、鱣屬也,大者為王鮪,小者為叔鮪。《禮記》"季春之月,天子始乘舟,薦鮪於寢廟。季夏之月,令漁師取黿"也。

〔八〕流覽謂周流觀覽也。《周禮》曰:"植虞旌以屬禽。"鄭注曰:"植猶樹也。田上樹旗,令獲者皆致其禽也。"又曰:"車弊獻禽以享祊。"注曰:"車弊,車止也。"嫪音力救反,愀音七救反,亦蕭條皃也。

〔九〕宏,大也。

〔一〇〕純,緣也,音之尹反。蒲亦柳也。濱音胡廣反,瀁音養,沆音胡朗反,漭音莽,並水皃也。錯紾,交結也。紾音之忍反。委音於危反。虹洞,相連也。虹音胡貢反。朔,生也。《禮記》曰:"大明生於東,月生於西。"鄭注曰："大明，日也。"言池水廣大，日月出於其中也。

〔11〕《周禮》："壺涿氏掌除水蟲。"涿音丁角反。蟲音公戶反。罔謂罔兩也。螭，龍（也）〔屬〕。〔四一〕短狐即蜮也。籍音七亦反。《說文》曰："刺也。"《周禮》："鼈人掌以時籍魚鼈龜蜃。"鄭衆注云："籍謂以杖刺泥中搏取之。"

〔12〕方猶並也。餘皇，吳之船名也。見《左傳》。艇，小舟也，音渠恭反。《淮南子》曰："越艎、蜀艇，不能無水而浮。"帆音凡。幬，帳也，音直由反。飄，疾風也，音楚疑反。武帝《秋風詞》曰："蕭鼓鳴兮〔四二〕發櫂歌。"劉向《列女傳》曰："津吏之女，中流奏河激之歌。"《韓詩外傳》曰："瓠巴鼓琴，淫魚出聽。"《淮南子》曰："上有叢蓍，下有伏龜。"《論語》曰："臧文仲居蔡。"注云："龜出蔡地，故以為名也。"湘靈，舜妃，溺於湘水，為湘夫人也。見《楚詞》。漢女，漢水之神〔女〕。〔四三〕《詩》云："漢有游女。"

〔13〕鴛鴦，匹鳥也。鷗，白鷗也。〔四四〕鷺，鳧屬也。《爾雅》曰"鵅，麋鴰"。今謂之鴰鹿也。鴰音括。鸕，鸕鶿也。楊孚《異物志》云："能没於深水，取魚而食之，不生卵而孕雛於池澤間，既胎而又吐生，多者生八九，少生五六，相連而出，若絲緒焉。水鳥而巢高樹之上。"鶬，白鶬也。鷺，白鷺也。鷺音步歷反。鸊音梯。楊雄《方言》曰："（白）〔野〕鳧也，〔四五〕甚小，好没水中，膏可以瑩刀劍。"寢，宿也。《詩》曰："乃安斯寢。"涯，水濱也。

〔14〕鱮音緒，似魴而弱鱗。鱏音徐林反，口在頷下，大者長七八尺。鯿音卑連反，魴之類也。鱧音匿，今鱧額白魚（鯉）〔也〕。〔四六〕鱨音嘗，《詩蟲魚疏》曰"今黃頰魚"也。魦音沙，或作"鯊"。郭義恭《廣志》曰："吹沙魚，大如指，沙中行。"《詩·大雅》曰："王在靈沼，於牣魚躍。"鄭玄注云："靈沼之水，魚盈滿其中也，皆以跳躍。"又曰："白鳥翯翯。"翯，肥澤也。翯音學。言並得其所也。《尚書中候》曰"武王度孟津，白魚躍入于王舟中"也。

〔15〕伶，樂官也。《詩·國風》序曰："衞之賢者，仕於伶官。"《禮記》曰："文武之道，布在方策。"又曰："百名以上，書之於策，不滿百名，書之於方。"鄭注云："方，板也。"

於是宗廟既享，庖廚既充，車徒既簡，器械既攻。[1]然後擺牲班禽，淤賜犒功，群師疊伍，伯校千重，山罍常滿，房俎無空。[2]酒正案隊，膳夫巡行，清醥車湊，燔炙騎將，鼓駭舉爵，鍾鳴既觴。[3]若乃《陽阿》衰斐之晉制，闡竉華羽之南音，[4]所以洞蕩匈臆，發明耳目，疏越蘊慉，駭恫底伏，[5]鍠鍠鎗鎗，奏于農郊大路之衢，與百姓樂之。[6]是以明德曜乎中夏，威靈暢乎四荒，東鄰浮巨海而入享，西旅越葱領而來王，南徼因九譯而致貢，朔狄屬象胥而來同。[7]蓋安不忘危，治不忘亂，道在乎茲，斯固帝王之所以曜神武而折遐衝者也。[8]

【注】

[1]《禮記》曰："天子歲三田，一為乾豆，二為賓客，三為充君之庖。"

[2]《廣雅》曰："捭，開也。"《字書》："擺亦捭字也，[四七]音捕買反。"班固《西都賦》曰："置互擺牲。"[四八]班，布也。淤與飫同。《左傳》曰："加饍則飫賜。"犒，勞也。山罍，畫為山文。《禮記》曰："山罍，夏后氏之樽也。"又曰："周以房俎。"鄭玄注云："房謂足下跗也，有似於堂房矣。"

[3]《周禮》"酒正，中士，辯五齊之名，三酒之物。膳夫，上士，掌王之食飲膳羞"。《說文》曰："醥，汁滓酒也。"《大雅》曰："或燔或炙。"將，行也。既，盡也。流俗本"爵"字作"爓"，"既"字作"暨"，皆誤也。

[4]《淮南子》曰："歌《采菱》，發《陽阿》。"《禮記》曰："嘽諧慢易之音作而人康樂。"《鶡冠子》曰："南方萬物華羽焉，故以調羽也。"

[5]越，散也。蘊慉猶積聚也。慉與畜通。恫音洞。底伏猶滯伏也。《呂氏春秋》曰："昔陰康氏之始，陰多滯伏湛積，故作為舞以宣導之。"此言作樂，亦以疏散滯伏之象。

[6]鍠鍠鎗鎗，鍾鼓之聲也。鍠音橫。鎗音測庚反。孟子謂齊[宣]王曰：[四九]"今王與百姓同其樂則王矣。"農郊，田野也。

[7]入享謂來助祭也。孔安國注《尚書》曰："西旅，西戎遠國也。"葱

嶺,西域山也。《西河舊事》曰:"嶺上多葱,因以名焉。"徼,塞之道也。九譯為九重譯語而通中國也。《尚書大傳》曰:"周成王時,越裳氏重九譯而貢白雉。"朔狄,北狄也。《周禮》:"象胥掌蠻、夷、戎、翟之國,使傳王之言而諭説焉,以和親之。"鄭注云:"通夷狄之言者曰象胥,其有才智者也。此類之本名,東方曰寄,南方曰象,西方曰狄鞮,北方曰譯。此官正為象者,周始有南越重譯來貢獻,是以名通言語之官為象胥。"〔五○〕胥音諝。

〔8〕《晏子春秋》曰:"晉平公欲攻齊,使范昭觀焉。景公觴之。范昭曰:'願請君之弃酌。'景公曰:'諾。'范昭已飲,晏子命徹尊更之。范昭歸,以報晉平公曰:'齊未可伐也,吾欲憋其君而晏子知之。'仲尼聞之曰:'起於尊俎之閒,而折衝千里之外。'"

方今大漢收功於道德之林,致獲於仁義之淵,忽蒐狩之禮,闕槃虞之佃。〔1〕闇昧不覩日月之光,聾昏不聞雷霆之震,于今十二年,為日久矣。亦方將刊禁臺之秘藏,發天府之官常,由質要之故業,率典刑之舊章。〔2〕采清原,嘉岐陽,〔五一〕登俊桀,命賢良,舉淹滯,拔幽荒。〔3〕察淫侈之華譽,顧介特之實功,聘畎畝之群雅,宗重淵之潛龍。〔4〕乃儲精山藪,歷思河澤,目矖鼎俎,耳聽康衢,營傅説於胥靡,求伊尹於庖廚,索膠鬲於魚鹽,聽甯戚於大車。〔5〕俾之昌言而宏議,軼越三家,馳騁五帝,悉覽休祥,總括群瑞。〔6〕遂棲鳳皇於高梧,宿麒麟於西園,納僬僥之珍羽,〔7〕受王母之白環。永逍遙乎宇內,與二儀乎無疆,貳造化於后土,參神施於昊乾,超特達而無儔,煥巍巍而無原。〔8〕豐千億之子孫,歷萬載而永延。〔9〕禮樂既闋,北轅反斾,至自新城,背伊闕,反洛京。〔10〕

【注】

〔1〕槃,樂也。虞與娛同。

〔2〕《周禮》八法,四曰官常,以聽官理。天府掌祖廟之守藏,與其禁令,察群吏之理。《左傳》云:"晉趙盾為國,政由質要。"杜預注曰:"由,用也。

質要,契券也。"刊音苦寒反。

〔3〕清原,地在河東聞喜縣北。《左傳》曰:"晉蒐于清原,作五軍。"又楚椒舉曰:"周武有孟津之誓,成有岐陽之蒐。"《禮記·月令》:"孟夏,命太尉贊傑俊,遂賢良。"《左傳》楚平王"詰姦慝,舉淹滯"。杜預注云:"淹滯,有才德而未敍者也。"

〔4〕華譽,虛譽也。介特謂孤介特立也。畎畝謂隱於隴畝之中也。司馬相如《上林賦》曰:"掩群雅。"《音義》云:"謂《大雅》《小雅》之人也。"潛龍,喻賢人隱也。

〔5〕矖,視也,音所解反。鼎俎謂伊尹負鼎以干湯也。《墨子》曰:"湯舉伊尹於庖廚之中。"康衢謂甯戚也。《説苑》曰:"甯戚飯牛於康衢,擊車輻而歌《碩鼠》。"傅説代胥靡刑人築於傅巖之野,高宗夢得之。《孟子》曰"膠鬲舉於魚鹽"也。

〔6〕俾,使也。昌,當也。宏,大也。《前書》楊雄曰:"宏言崇議。"軼,過也。三家,三皇也。

〔7〕《韓詩外傳》曰:"黃帝時鳳皇止帝東園,集帝梧桐,食帝竹實。"《尚書中候》曰:"黃帝時麒麟在園。"《帝王紀》曰"堯時僬僥氏來貢没羽。西王母慕舜之德,來獻白環"也。

〔8〕《論語》孔子曰:"堯之為君,焕乎其有文章,巍巍乎其有成功。"

〔9〕《詩·大雅》曰"天錫百禄,子孫千億"也。

〔10〕閟,止也,音苦穴反。新城,縣,屬河南郡,今伊闕縣。

頌奏,忤鄧氏,滯於東觀,十年不得調。因兄子喪自劾歸。〔1〕太后聞之怒,謂融羞薄詔除,欲仕州郡,遂令禁錮之。〔2〕

【注】

〔1〕《融集》云,時兄伉子在融舍物故,融因是自劾而歸。

〔2〕《融集》云,時左將奏融(道)〔遭〕兄子喪,〔五二〕自劾而歸,離署當免官。制曰:"融典校秘書,不推忠盡節,而羞薄詔除,希望欲仕州郡,免官勿

罪。"禁錮六年矣。

太后崩,安帝親政,召還郎署,復在講部。出為河間王廄長史。[五三]時車駕東巡岱宗,[1]融上《東巡頌》,帝奇其文,召拜郎中。及北鄉侯即位,融移病去,為郡功曹。

【注】
[1]延光三年。

陽嘉二年,詔舉敦樸,城門校尉岑起舉融,徵詣公車,對策,拜議郎。[1]大將軍梁商表為從事中郎,轉武都太守。時西羌反叛,征西將軍馬賢與護羌校尉胡疇征之,而稽久不進。融知其將敗,上疏乞自效,曰:"今雜種諸羌轉相鈔盜,宜及其未并,亟遣深入,破其支黨,而馬賢等處處留滯。羌胡百里望塵,千里聽聲,今逃匿避回,漏出其後,則必侵寇三輔,為民大害。臣願請賢所不可用關東兵五千,裁假部隊之號,盡力率厲,埋根行首,以先吏士,[2]三旬之中,必克破之。臣少習學藝,不更武職,猥陳此言,必受誣罔之辜。昔毛遂廝養,為衆所蚩,終以一言,克定從要。[3]臣懼賢等專守一城,言攻於西而羌出於東,且其將士必有高克潰叛之變。"[4]朝廷不能用。又陳:"星孛參、畢,參[5]西方之宿,畢為邊兵,至於分野,并州是也。西戎北狄,殆將起乎!宜備二方。"尋而隴西羌反,烏桓寇上郡,皆卒如融言。

【注】
[1]《續漢書》曰,融對策於北宮端門。
[2]埋根言不退。
[3]毛遂,趙平原君趙勝客也。居門下三年。時平原將與楚合從,以毛遂備二十人數,其十九人相與笑之。比至楚,毛遂果按劍與楚定從,楚立發兵救趙。事見《史記》。廝養,賤人也。

〔4〕《左傳》曰,鄭使高克率師次於河上,久而不召,師潰而歸,高克奔陳。

〔5〕參在申,為晉分,并州之地。

三遷,桓帝時為南郡太守。先是融有事忤大將軍梁冀旨,冀諷有司奏融在郡貪濁,免官,髡徙朔方。自刺不殊,得赦還,復拜議郎,重在東觀著述,以病去官。

融才高博洽,為世通儒,教養諸生,常有千數。涿郡盧植,北海鄭玄,皆其徒也。善鼓琴,好吹笛,達生任性,不拘儒者之節。居宇器服,多存侈飾。常坐高堂,施絳紗帳,前授生徒,後列女樂,弟子以次相傳,鮮有入其室者。嘗欲訓《左氏春秋》,及見賈逵、鄭眾注,乃曰:"賈君精而不博,鄭君博而不精。既精既博,吾何加焉!"但著《三傳異同説》。注《孝經》、《論語》、《詩》、《易》、《三禮》、《尚書》、《列女傳》、《老子》、《淮南子》、《離騷》,所著賦、頌、碑、誄、書、記、表、奏、七言、琴歌、對策、遺令,凡二十一篇。

初,融懲於鄧氏,不敢復違忤執家,遂為梁冀草奏李固,又作大將軍《西第頌》,以此頗為正直所羞。年八十八,延熹九年卒于家。遺令薄葬。族孫日磾,獻帝時位至太傅。〔1〕

【注】

〔1〕《三輔決錄注》:"日磾字翁叔。

論曰:馬融辭命鄧氏,逡巡隴漢之間,將有意於居貞乎?〔1〕既而羞曲士之節,惜不貲之軀,〔2〕終以奢樂恣性,黨附成譏,固知識能匡欲者鮮矣。〔3〕夫事苦,則矜全之情薄;生厚,故安存之慮深。〔4〕登高不懼者,胥靡之人也;〔5〕坐不垂堂者,千金之子也。〔6〕原其大略,歸於所安而已矣。物我異觀,亦更相笑也。

【注】

〔1〕隴漢之閒謂客於漢陽時。《易·屯卦》初九曰："磐桓利居貞。"

〔2〕《莊子》曰："曲士不可語於道者，束於教也。"

〔3〕識，性也。匡，正也。

〔4〕《老子》曰："人之輕死者，以其求生。生之厚也，是以輕死。"

〔5〕《前書音義》曰："胥，相也。靡，隨也。謂相隨受刑之人也。"《莊子》曰："胥靡登高（也）不懼，〔五四〕遺死生也。"此為矜全之情薄也。

〔6〕《前書》鼂錯曰："千金之子，坐不垂堂。"此為安存之慮深也。

【校勘記】

〔一〕會羌虜飇起　按："飇"原作"飆"，逕據汲本改。

〔二〕拜為校書郎中　"校"原作"挍"，逕據汲本、殿本改。按：校挍本通作，然各本皆作"校"，且注文亦作"校"，故改。

〔三〕謝承〔書〕及續漢書　"承"原譌"丞"，逕改正。按：當作"謝承《書》及《續漢書》"，謂謝承《後漢書》及司馬彪《續漢書》也，今補"書"字。

〔四〕〔勸〕收藏　據汲本、殿本補。

〔五〕歡嬉喜樂　按：汲本、殿本"嬉"作"欣"。

〔六〕有才不能用　按：《刊誤》謂"才"當作"財"。

〔七〕今王（頗）鼓樂於此　據《刊誤》刪，與今本《孟子》合。

〔八〕詩詠（囿）〔圃〕草　據汲本改，注同。按：《集解》引錢大昕說，謂"囿"當從閩本作"圃"。《詩》"東有甫草"，鄭氏讀如"圃"。

〔九〕恢胎曠蕩　按："恢"原作"烌"，俗體字，逕改正。下"營圍恢廓"同。

〔一〇〕寥豁鬱泱　按："寥"原譌"寒"，逕據汲本、殿本改正。

〔一一〕左概嵩嶽　按：王念孫《讀書雜志餘編》謂"概"當作"枕"，字之誤也。《水經·汝水注》、《太平御覽·地部》引此，並作"左枕嵩嶽"。

〔一二〕箕背王屋　按：王念孫謂"箕背"當作"背箕"，與"面據"相對，箕讀為基，基亦據也，言前據衡陰，後據王屋也。《水經・汝水注》引此，正作"背基王屋"。

〔一三〕昌本深莆　殿本"莆"作"蒲"，注同。按：莆蒲通。

〔一四〕豐彤對蔚　按："彤"原作"肜"，逕依汲本、殿本改。

〔一五〕東曰衡山多青（腠）〔䕒〕　按：引文見《山海經・中次八經》。善丹曰腠，从丹；善青曰腠，从青。《山海經》凡言"青䕒"，皆从青作"䕒"，茲據改。

〔一六〕應劭　按："劭"原譌"邵"，逕改正。

〔一七〕（薄）〔簿〕云　據《集解》本改。按：張森楷謂《簿》即《河南十二縣簿》，《太平御覽》屢引之。

〔一八〕（汝）〔氿〕泉穴出　各本並誤，據《爾雅》改。

〔一九〕爾雅曰苀鳧葵　按："爾雅"當作"廣雅"。沈欽韓謂《爾雅》無此語，見《廣雅・釋草》。

〔二〇〕生於水中（矣）〔涘〕　據殿本改。

〔二一〕本或作（蘳）〔韉〕　據汲本改。按：汲本無"或"字。

〔二二〕鄙駥譟謹　按：李慈銘謂"鄙"當作"駈"。注引《韓詩》"駥駥俟俟"，即《毛詩》之"儦儦俟俟"也。

〔二三〕纓於山有牢　按：今《國語・齊語》作"纓山於有牢"。

〔二四〕棲招搖與玄弋　按：沈欽韓謂"玄弋"當作"玄戈"。《隋書・天文志》"玄戈一星，在招搖北"。《新唐書・兵志》"武德三年更以關中富平道為玄弋軍，軍置將副各一人"，皆取星文為號。

〔二五〕揚金奱而抛玉瓔　按：沈家本謂"奱"當作"㚇"。《說文》："㚇，臿蓋也。"讀若范，大徐亡范切。注中之"無犯反"，即大徐之"亡范切"，其音是矣。而又云"一云子公反"，蓋唐時已有誤作"奱"者，故注家遂有此音而不知其非耳。

〔二六〕狗馬角逐　按：汲本"角"作"爭"。

〔二七〕殳殳狂擊　按："殳"原譌"殺"，逕改正。注同。

〔二八〕玉路重（較）〔輅〕也　據殿本改。

〔二九〕蛇行有尾目（赤）〔亦〕畫於旌旗也　按：《刊誤》謂妖星但見尾目而已，又言其赤，非也。當作"蛇行有尾目，亦畫於旌旗也"。上文太常畫日月，故云"亦畫"也。今據改。

〔三〇〕高廣各四寸在馬鬟前　按：《續書・輿服志》注引《獨斷》，"四寸"作"五寸"，"馬鬟"作"馬髦"。

〔三一〕我車既好　《刊誤》謂"我"當作"田"。按：《詩・小雅・車攻》作"田"。

〔三二〕猥蹶趼　殿本"猥"作"騉"。按：今本《爾雅》作"騉"。

〔三三〕獄嚳熊　按：《集解》引錢大昕説，謂"嚳"當作"㹯"。

〔三四〕抄標端　按："標"原譌"摽"，逕改正。注同。

〔三五〕裎（袒）〔裸〕也　據汲本、殿本改。

〔三六〕導鬼區　按：《刊誤》謂"導"當作"道"。

〔三七〕樹以蒱柳　汲本、殿本"蒱"作"蒲"，注同。按：蒲蒱通。

〔三八〕詠歌於伶蕭　按：汲本"蕭"作"簫"。

〔三九〕帥百隸以敺疫　按："敺"原譌"歐"，逕改正。

〔四〇〕公孫捷〔曰捷〕持楯而再搏乳虎　據汲本補。按：宋本注無"曰捷"二字，故劉攽《刊誤》謂如下文，則此少"曰吾"二字。此"曰捷"二字疑毛子晉以意補之。張森楷《校勘記》謂據下二子皆曰"吾"，不自稱名，則捷亦不宜獨自稱名，劉謂少"曰吾"二字是也，未知子晉何從改作"捷"。

〔四一〕螭龍（也）〔屬〕　據汲本改。

〔四二〕蕭鼓鳴兮　按：汲本"蕭"作"簫"。

〔四三〕漢水之神〔女〕　據汲本、殿本補。

〔四四〕鷗白鷗也　按：汲本"白鷗"作"白鵬"。

〔四五〕（白）〔野〕鳧也　據汲本、殿本改。

〔四六〕今鱷額白魚（鯉）〔也〕　據汲本、殿本改。

〔四七〕攏亦捭字也　按："捭"原譌"裨"，逕改正。

〔四八〕班固西都賦曰置互擺牲　按：沈欽韓謂此張衡《西京賦》語，注誤以為班固。

〔四九〕孟子謂齊〔宣〕王曰　據汲本、殿本補。

〔五〇〕是以名通言語之官為象胥　《刊誤》謂"名通"當作"通名"，謂總稱言語之官為象胥也。按：《周禮》鄭注作"是因通言語之官為象胥云"，阮元《校勘記》謂大字本"因"下有"名"字，則《刊誤》之説非也。

〔五一〕嘉岐陽　按："岐"原作"歧"，逕改正。注同。

〔五二〕時左將奏融（道）〔遭〕兄子喪　據殿本改。

〔五三〕出為河閒王廄長史　按：《刊誤》謂廄長即是官名，"史"字衍。

〔五四〕胥靡登高（也）不懼　據《刊誤》删。

後漢書卷六十下

蔡邕列傳第五十下

　　蔡邕字伯喈，陳留圉人也。[1]六世祖勳，[2]好黃老，平帝時為郿令。王莽初，授以厭戎連率。[3]勳對印綬仰天歎曰："吾策名漢室，死歸其正。昔曾子不受季孫之賜，況可事二姓哉？"[4]遂攜將家屬，逃入深山，與鮑宣、卓茂等同不仕新室。父棱，亦有清白行，謚曰貞定公。[5]

【注】

〔1〕圉，縣，故城在今汴州陳留縣東南。

〔2〕謝承《書》曰："勳字君嚴。"

〔3〕王莽改隴西郡曰厭戎郡，守曰連率。

〔4〕《禮記》曰："曾子有疾，童子曰：'華而睆，大夫之簀歟？'曾子曰：'然，斯季孫之賜也，我未之能易也。元起易簀。'曾元曰：'幸而至於旦，請敬易之。'曾子曰：'爾之愛我也不如彼也。君子之愛人也以德，細人之愛人也以姑息。吾何求哉？吾得正而斃焉，斯已矣。'舉扶而易之，反席未安而沒。"言雖臨死不失正道也。

〔5〕邕祖攜碑云："攜字叔業，有周之冑。昔蔡叔沒，成王命其子仲使踐諸侯之位，以國氏姓，君其後也。君曾祖父勳，哀帝時以孝廉為長安邸長。及君之身，增修厥德，順帝時以司空高弟遷新蔡長，年七十九卒。長子棱，字伯

直,處俗孤黨,不協于時,垂翼華髮,人爵不升,年五十三卒。"《謚法》曰:"清白守節曰貞,純行不差曰定。"

邕性篤孝,母常滯病三年,邕自非寒暑節變,未嘗解襟帶,不寢寐者七旬。母卒,廬于冢側,動靜以禮。有菟馴擾其室傍,〔一〕又木生連理,遠近奇之,多往觀焉。與叔父從弟同居,三世不分財,鄉黨高其義。少博學,師事太傅胡廣。好辭章、數術、天文,妙操音律。

桓帝時,中常侍徐璜、左悺等五侯擅恣,聞邕善鼓琴,遂白天子,勑陳留太守督促發遣。邕不得已,行到偃師,稱疾而歸。閑居翫古,不交當世。感東方〔朔〕《客難》〔二〕及楊雄、班固、崔駰之徒設疑以自通,[1]乃斟酌群言,韙其是而矯其非,[2]作《釋誨》以戒厲云爾。

【注】

[1]楊雄作《解嘲》,班固作《荅賓戲》,崔駰作《達旨》。

[2]韙亦是也。

有務世公子誨於華顛胡老曰:[1]"蓋聞聖人之大寶曰位,故以仁守位,以財聚人。[2]然則有位斯貴,有財斯富,行義達道,士之司也。故伊摯有負鼎之衒,仲尼設執鞭之言,[3]甯子有清商之歌,百里有豢牛之事。[4]夫如是,則聖哲之通趣,古人之明志也。夫子生清穆之世,稟醇和之靈,覃思典籍,韞櫝六經,安貧樂賤,與世無營,沈精重淵,抗志高冥,包括無外,綜析無形,其已久矣。曾不能拔萃出群,揚芳飛文,[5]登天庭,序彝倫,埽六合之穢慝,清宇宙之埃塵,連光芒於白日,屬炎氣於景雲。[6]時逝歲暮,默而無聞。小子惑焉,是以有云。方今聖上寬明,輔弼賢知,崇英逸偉,不墜於地,德弘者建宰相而裂土,才羨者荷榮祿而蒙賜。[7]盍亦回塗要至,俛仰取容,[8]輯當世之利,定不拔之功,榮家宗於此時,遺不滅之令蹤?[9]夫獨未之思邪,何為守彼而不通此?"[10]

【注】

〔1〕顛,頂也。華頂謂白首也。《新序》齊宣王對閭丘卬曰:"士亦華髮墮顛而後可用耳。"《左傳》宋司馬子魚曰:"雖及胡耇,獲即取之。"杜預注曰:"胡耇,元老之稱。"

〔2〕《易》曰"聖人之大寶曰位。何以守位?曰仁。何以聚人?曰財"也。

〔3〕摯,伊尹名也。《史記》曰,伊尹欲干湯而無由,乃為有莘媵臣,負鼎俎以滋味說湯,致於王道。銜,自媒銜也。《論語》孔子曰:"行義以達其道。"又曰:"富而可求,雖執鞭之士吾亦為之。"《周禮》滌狼氏下士八人,執鞭以辟道也。

〔4〕《淮南子》曰:"甯戚欲干齊桓公,窮困無以自達,於是為商旅,將車以適於齊,暮宿於郭門,飯牛車下,望見桓公,乃擊牛角而〔疾〕商歌。〔三〕桓公聞之曰:'異哉!歌者非常人也。'命後車載之。"《三齊記》載其歌曰:"南山矸,白石爛,生不遭堯與舜禪,短布單衣適至骭,從昏飯牛薄夜半,長夜漫漫何時旦!"公悅之,以為大夫。矸音岸。骭音戶諫反。百里奚,虞大夫也。《史記》趙良曰:"百里奚自鬻於秦,衣褐食牛,朞年而後穆公知之,舉之牛口之下。"《說文》曰:"豢,養也。"

〔5〕《孟子》曰:"若仲尼者,拔乎其萃,出乎其類。"

〔6〕《瑞應圖》曰"景雲者太平之應也,一曰慶雲"也。

〔7〕羨音以戰反,本或作"美"。

〔8〕回,曲也。要音一遥反。言履直道,則不能有所至也。

〔9〕遺猶留也。

〔10〕彼謂貧賤,此謂榮禄。

　　胡老憮然而笑曰:"若公子,所謂覿曖昧之利,而忘昭晢之害;專必成之功,而忽蹉跌之敗者已。"公子謖爾斂袂而興曰:"胡為其然也?"〔1〕胡老曰:"居,吾將釋汝。〔2〕昔自太極,君臣始基,〔3〕有羲皇之洪寧,唐虞之至時。〔4〕三代之隆,亦有緝熙,五伯扶微,勤而撫之。于斯已降，天網縱，人絃弛，王塗壞，太極陁，[5]君臣土崩，上下瓦解。[6]於是智者騁詐，辯者馳說，武夫奮略，戰士講銳。[7]電駭風馳，霧散雲披，變詐乖詭，以合時宜。或畫一策而綰萬金，或談崇朝而錫瑞珪。[8]連衡者六印磊落，合從者駢組流離。[9]隆貴翕習，積富無崖，據巧蹈機，以忘其危。夫華離蔕而萎，條去幹而枯，女冶容而淫，士背道而辜。人毀其滿，神疾其邪，利端始萌，害漸亦牙。速速方穀，夭夭是加，[10][四]欲豐其屋，乃蔀其家。[11]是故天地否閉，聖哲潛形，[12]石門守晨，沮、溺耦耕，[13]顏歜抱璞，蘧瑗保生，[14]齊人歸樂，孔子斯征，雍渠驂乘，逝而遺輕。[15]夫豈懝主而背國乎？道不可以傾也。

【注】

[1]謖然，斂之皃，音所六反。

[2]居猶坐也。釋，解也。

[3]太極，天地之始也。《易》曰："《易》有太極，是生兩儀。"

[4]洪，大也。

[5]賈逵注《國語》曰："小崩曰陁。"

[6]《淮南子》曰："武王伐紂，左操黃鉞，右執白旄而麾之，則瓦解而走，遂土崩而下。"

[7]講，習也。

[8]《戰國策》曰，秦昭王見頓弱，頓弱曰："韓，天下之喉咽也；魏，天下之匈臆也。王資臣萬金而游之，天下可圖也。"秦王曰："善。"乃資萬金，使東遊韓、魏，入其將相，北游燕、趙，而殺李牧。齊王入朝，四國畢從，頓子說之也。《史記》曰："虞卿說趙孝成王，一見賜黃金百溢，再見賜白璧一雙。"

[9]連衡謂張儀，合從謂蘇秦，並佩六國之印。駢，並也。組，綬也。流離，光彩皃也。

[10]《詩·小雅》曰："速速方穀，夭夭是椓。"毛萇注云："速速，陋

也。"鄭玄注云:"穀,祿也。"言鄙陋小人,將貴而得祿也。夭,殺也。椓,破之也。《韓詩》亦同。此作"轂"者,蓋謂小人乘寵,方轂而行。方猶並也。

〔11〕《易·豐卦》上六曰:"豐其屋,蔀其家。"王弼注云:"蔀,覆也。屋厚覆,闇之甚也。"蔀音部。

〔12〕《易·文言》曰:"天地閉,賢人隱。"

〔13〕《論語》曰:"子路宿於石門。晨門曰:'奚自?'子路曰:'自孔氏。'鄭玄注云:"石門,魯城外門也。晨門,主晨夜開閉者。"又曰:"長沮、桀溺耦而耕。"並隱遁人也。

〔14〕《戰國策》齊宣王謂顏歜曰:"願先生與寡人遊。"歜辭曰:"玉生於山,制則毀焉,非不寶也,然失璞不完。"〔五〕士生鄙野,選而祿焉,非不貴也,而形神不全。歜願得晚食以當肉,安步以當車,無罪以當貴,清静以自娛。知足矣。歸反於樸,則終身不辱。"〔六〕《論語》孔子曰:"蘧伯玉邦有道則仕,邦無道則可卷而懷之。"此為保其生也。

〔15〕《論語》曰:"齊人饋女樂,季桓子受之,三日不朝。孔子行。"《史記》曰:"衛靈公與夫人同車,宦者雍渠參乘。孔子曰:'吾未見好德如好色者也。'於是醜之,去衛適曹。"遺輕謂若弃輕細之物而去,言惡之甚也。

"且我聞之,日南至則黄鍾應,融風動而魚上冰,蕤賓統則微陰萌,兼葭蒼而白露凝。〔1〕寒暑相推,陰陽代興,運極則化,理亂相承。今大漢紹陶唐之洪烈,盪四海之殘災,隆隱天之高,拆組地之基。〔2〕皇道惟融,帝猷顯丕,泒泒庶類,〔七〕含甘吮滋。〔3〕〔八〕檢六合之群品,濟之乎雍熙,群僚恭己於職司,聖主垂拱乎兩楹。君臣穆穆,守之以平,濟濟多士,端委緇綖,〔4〕鴻漸盈階,振鷺充庭。〔5〕譬猶鍾山之玉,泗濱之石,累珪璧不為之盈,(探)〔採〕浮磬不為之索。〔6〕〔九〕曩者,洪源辟而四隩集,武功定而干戈戢,獫狁攘而吉甫宴,城濮捷而晉凱入。〔7〕故當其有事也,則蓑笠並載,擐甲揚鋒,不給於務;〔8〕當其無事也,則舒紳緩佩,鳴玉以步,綽有餘裕。

【注】

〔1〕《月令》:"仲冬,律中黃鍾。"融風,艮之風也。《月令》:"孟春,東風解凍,魚上冰。"又:"仲夏之月,律中蕤賓。"微陰謂一陰爻生也。《詩·秦風》曰:"蒹葭蒼蒼,白露為霜。"《爾雅》曰:"蒹,薕也。葭,蘆也。"

〔2〕縆音古鄧反。縆與亙同。

〔3〕泜泜,齊皃。

〔4〕端委,禮衣也。《左傳》曰:"太伯端委以持周禮。"《説文》曰:"緹,赤白色也。"綎,系綬也,音它丁反。

〔5〕《易》曰:"鴻漸于陸。"鴻,水鳥也。漸出於陸,喻君子仕進於朝。《詩》曰:"振振鷺,鷺于下。"注云:"鷺,白鳥也。喻絜白之士,群集君之朝也。"

〔6〕《山海經》曰:"黃帝取密山之玉策,投之鍾山之陽。"《尚書》曰:"泗濱浮磬。"注云:"水中見石,可以為磬。"言鍾山多玉,泗水多石,喻漢多賢人。索,盡也,音所(格)〔洛〕反。〔一〇〕

〔7〕辟,開也,音頻亦反。謂禹理洪水而開道之。《尚書》曰:"四隩既宅。"隩,居也,音於六反。武功定謂武王伐紂。《詩·周頌》曰:"載戢干戈。"《詩·小雅》曰:"薄伐玁狁,至于太原,吉甫燕喜,既多受祉。"鄭玄注曰:"吉甫既伐玁狁而歸,天子以燕禮樂之也。"《左傳》,晉與楚戰於城濮,楚師敗績,故晉凱樂而歸也。

〔8〕蓑音素和反。《詩·小雅》曰:"荷蓑荷笠。"毛萇注云:"荷,揭也。蓑所以備雨。笠所以禦暑。"擐,貫也。

"夫世臣、門子,馳御之族,[1]天隆其祜,主豐其祿。抱膺從容,爵位自從,攝須理鬢,餘官委貴。其取進也,順傾轉圓,不足以喻其便;逡巡放戾,不足以況其易。夫〔夫〕有逸群之才,人人有優贍之智。[一一]童子不問疑於老成,瞳矇不稽謀於先生。心恬澹於守高,意無為於持盈。[2]粲乎煌煌,莫非華榮。明哲泊焉,不失所寧。[3]狂淫振蕩，乃亂其情。貪夫殉財，夸者死權。[4]瞻仰此事，體躁心煩。闇謙盈之効，迷損益之數。[5]騁駑駘於脩路，慕騏驥而增驅，卑俯乎外戚之門，乞助乎近貴之譽。榮顯未副，從而顛踣，[6]下獲熏胥之辜，高受滅家之誅。[7]前車已覆，襲軌而騖，曾不鑒禍，以知畏懼。予惟悼哉，害其若是！[8]天高地厚，跼而蹐之。[9]怨豈在明，患生不思。戰戰兢兢，必慎厥尤。

【注】

[1]《詩·小雅》曰："曾我暬御。"毛萇注云："暬御，侍御也。"

[2]《老子》曰："持而盈之，不如其已。"河上公注云："持滿必傾，不如止也。"

[3]泊猶靜也。

[4]賈誼《服鳥賦》之文也。言夸華者必死於權埶也。

[5]《易》曰："天道虧盈而益謙。"又曰："損益盈虛，與時偕行。"王弼注云："自然之質，各定其分，短者不為不足，長者不為有餘，損益將何加焉？"

[6]踣音步北反，協韻音赴。

[7]《詩·小雅》曰："若此無罪，勳胥以痛。"勳，帥也。胥，相也。痛，病也。言此無罪之人，而使有罪者相帥而病之，是其大甚。見《韓詩》。《前書》曰："史遷薰胥以刑。"《音義》云："謂相薰蒸得罪也。"誅，協韻音丁注反。

[8]害，何也，音曷。

[9]《詩·小雅》曰"謂天蓋高，不敢不跼。謂地蓋厚，不敢不蹐"。

"且用之則行，聖訓也；舍之則藏，至順也。[1]夫九河盈溢，非一杵所防；[2]帶甲百萬，非一勇所抗。[3]今子責匹夫以清宇宙，庸可以水旱而累堯、湯乎？懼煙炎之毀燎，何光芒之敢揚哉！[4]且夫地將震而樞星直，井無景則日陰食，[5]元首寬則望舒朓，侯王肅則月側匿。[6]是以君子推微達著，尋端見緒，履霜知冰，踐露知暑。時行則行，時止則止，消息盈冲，取諸天紀。[7]利用遭泰，可與處否，樂天知命，持神任己。群車方奔乎險路，安能與之齊軌？思危難而自豫，故在賤而不恥。方將騁馳乎典籍之崇塗，休息乎仁義之淵藪，[8]槃旋乎周、孔之庭宇，揖儒、墨而與為友。舒之足以光四表，收之則莫能知其所有。若乃丁千載之運，應神靈之符，闡閶闔，乘天衢，擁華蓋而奉皇樞，[9]納玄策於聖德，宣太平於中區。計合謀從，己之圖也；勳績不立，予之辜也。龜鳳山翳，霧露不除，踴躍草萊，衹見其愚。不我知者，將謂之迂。[10]脩業思真，弃此焉如？靜以俟命，不斁不渝。[11]'百歲之後，歸乎其居。'[12]幸其獲稱，天所誘也。[13]罕漫而已，非己咎也。[14]昔伯翳綜聲於鳥語，葛盧辯音於鳴牛，董父受氏於豢龍，奚仲供德於衡輈，[15]倕氏興政於巧工，造父登御於驊騮，非子享土於善圉，狼瞫取右於禽囚，[16]弓父畢精於筋角，欿非明勇於赴流，壽王創基於格五，東方要幸於談優，[17]上官効力於執蓋，弘羊據相於運籌。僕不能參跡於若人，故抱璞而優遊。"[18]

【注】

〔1〕《論語》孔子曰："用則行，捨則藏。"故言聖訓也。

〔2〕九河謂河水分為九道。《爾雅》曰，徒駭、太史、馬頰、覆鬴、胡蘇、簡、絜、鉤盤、鬲津，是謂九河也。

〔3〕協韻音苦郎反。

〔4〕煙炎，煙火之微細者。言常懼微細以致毀滅。杜預注《左傳》曰："吳楚之閒謂火滅為熸。"音子廉反。炎音焰。

〔5〕晏子見伯常騫，問曰："昔吾見維星絕，樞星散，地其動乎？"見《晏子春秋》。陰食謂不顯食也。凡日陰食則井無影也。

〔6〕望舒，月也。《尚書大傳》曰："晦而月見西方，謂之朓。朔而月見東方，謂之側匿。側匿則侯王肅，朓則侯王舒。"注："肅，急也。舒，緩也。"

〔7〕《易·坤·文言》曰:"履霜堅冰至。"《艮卦》曰:"時行則行,時止則止。"《豐卦》曰:"天地盈虛,與時消息。"

〔8〕《前書》司馬相如曰:"游于六藝之囿,馳騖乎仁義之塗。"班固曰"肴覈仁義之林藪"也。

〔9〕《古今注》曰:"華蓋,黃帝所作也。與蚩尤戰于涿鹿之野,常有五色雲氣,金枝玉葉,因而作華蓋。"

〔10〕龜鳳喻賢人,霧露喻昏闇也。迂,曲也。

〔11〕斁,厭也。渝,變也。

〔12〕《詩·晉風》也。毛萇注云:"居,墳墓也。"

〔13〕謂小人妄得稱舉者,天之所誘,後必遇害也。

〔14〕罕漫猶無所知聞也,非君子之咎也。

〔15〕伯翳即秦之先伯益也,能與鳥語。見《史記》。葛盧,東夷介國之君也。介葛盧聘於魯,聞牛鳴,曰:"是生三犧,皆用之矣。"問之,如其言。晉太史蔡墨曰:"昔有董父,實甚好龍,能求嗜欲以飲食之,以服事帝舜。帝賜姓曰董,氏曰豢龍。"並見《左傳》。奚仲,薛之祖也。《世本》曰:"奚仲作車。"衡,軛也。輈,轅也。

〔16〕倕,舜(之)〔時〕巧人也。[一二]見《尚書》。造父者,秦之先也,為周穆王御驊騮、騄耳之乘。非子亦秦之先,善養馬。周孝王使主馬於汧、渭之閒,馬大蕃息,分土為附庸,邑之於秦。並見《史記》。圉,養馬人也。見《周禮》。《左傳》曰:"戰於殽,晉襄公縛秦囚,使萊駒以戈斬之。囚呼,萊駒失戈,狼瞫取戈斬之,遂以為車右。"瞫音舒飪反。

〔17〕弓父,弓工也。《闕子》曰:"宋景公使弓工為弓,九年,來見公。公曰:'為弓亦遲矣。'對曰:'臣精盡於弓矣。'獻弓而歸,三日而死。公張弓東向而射,矢踰西霜之山,集彭城之東,其餘力逸勁,飲羽於石梁。"《呂氏春秋》曰,荊人佽飛入江斬蛟。《前書》,武帝時,吾丘壽王字子贛,以善格五待制。格五,今之簺也。東方朔以善談笑俳優得幸。班固曰:"朔應諧似優。"杜預注《左傳》曰:"優,調戲也。"

〔18〕《前書》,上官桀,武帝時為期門郎,從上甘泉,大風,車不得行,

解蓋授桀,雖(底)[風],蓋常屬車。〔一三〕桑弘羊,洛陽賈人也,以能心計為侍中。

於是公子仰首降階,忸怩而避。〔1〕胡老乃揚衡含笑,援琴而歌。〔2〕歌曰:"練余心兮浸太清,滌穢濁兮存正靈。和液暢兮神氣寧,情志泊兮心亭亭,嗜欲息兮無由生。踔宇宙而遺俗兮,眇翩翩而獨征。"〔3〕

【注】
〔1〕忸怩,心慙也。忸音女六反。怩音尼。
〔2〕衡,眉目之閒也。
〔3〕太清謂天也。和液謂和氣靈液也。亭亭,孤峻之皃。踔猶越也,音丑教反。

建寧三年,辟司徒橋玄府,〔一四〕玄甚敬待之。出補河平長。〔一五〕召拜郎中,校書東觀。遷議郎。邕以經籍去聖久遠,文字多謬,俗儒穿鑿,疑誤後學,熹平四年,乃與五官中郎將堂谿典、光祿大夫楊賜、諫議大夫馬日磾、議郎張馴、韓說、太史令單颺等,〔1〕奏求正定六經文字。靈帝許之,邕乃自書(冊)[丹]於碑,〔一六〕使工鐫刻立於太學門外。〔2〕於是後儒晚學,咸取正焉。及碑始立,其觀視及摹寫者,車乘日千餘兩,填塞街陌。

【注】
〔1〕堂谿,姓也。《先賢行狀》曰:"典字子度,潁川人,為西鄂長。"
〔2〕《洛陽記》曰:"太學在洛城南開陽門外,講堂長十丈,廣二丈。堂前《石經》四部。本碑凡四十六枚,西行,《尚書》、《周易》、《公羊傳》十六碑存,十二碑毀。南行,《禮記》十五碑悉崩壞。東行,《論語》三碑,二碑毀。《禮記》碑上有諫議大夫馬日磾、議郎蔡邕名。"

初,朝議以州郡相黨,人情比周,乃制婚姻之家及兩州人士不得對相監臨。至是復有三互法,[1]禁忌轉密,選用艱難。幽冀二州,久缺不補。邕上疏曰:"伏見幽、冀舊壤,鎧馬所出,[2]比年兵飢,漸至空耗。今者百姓虛縣,萬里蕭條,[3]闕職經時,吏人延屬,而三府選舉,踰月不定。臣經怪其事,而論者云'避三互'。十一州有禁,當取二州而已。又二州之士,或復限以歲月,狐疑遲淹,以失事會。愚以為三互之禁,禁之薄者,今但申以威靈,明其憲令,在任之人豈不戒懼,而當坐設三互,自生留閡邪?昔韓安國起自徒中,朱買臣出於幽賤,並以才宜,還守本邦。[4]又張敞亡命,擢授劇州。豈復顧循三互,繼以末制乎?[5]三公明知二州之要,所宜速定,當越禁取能,以救時敝;而不顧爭臣之義,苟避輕微之科,選用稽滯,以失其人。臣願陛下上則先帝,蠲除近禁,其諸州刺史器用可換者,無拘日月三互,以差厥中。"書奏不省。

【注】
〔1〕三互謂婚姻之家及兩州人不得交互為官也。謝承《書》曰"史弼遷山陽太守,其妻鉅野薛氏女,以三互自上,轉拜平原相"是也。
〔2〕鎧,甲也。《周禮·考工記》曰:"燕無函。"函亦甲也,言幽、燕之地,家家皆能為函,故無函匠也。《左傳》曰:"冀之北土,馬之所生。"
〔3〕縣音玄。
〔4〕《前書》,安國字長孺,梁人。坐法抵罪。居無幾,天子使使者拜安國為梁內史,起徒中為二千石。買臣字翁子,吳人。家貧,負薪賣以給食,歌謳道中,後拜會稽太守。
〔5〕《前書》,敞字子高,河東人也。為京兆尹,坐與楊惲厚善,制免為庶人,從闕下亡命。數月,冀州部有大賊,天子思敞功,使使者召拜為冀州刺史。

初,帝好學,自造《皇羲篇》五十章,因引諸生能為文賦者。本頗以經學相招,後諸為尺牘及工書鳥篆者,皆加引召,遂至數十人。[1]侍中祭酒樂松、賈護，多引無行趣埶之徒，並待制鴻都門下，憙陳方俗閭里小事，帝甚悅之，待以不次之位。又市賈小民，〔一七〕為宣陵孝子者，復數十人，悉除為郎中、太子舍人。時頻有雷霆疾風，傷樹拔木，地震、隕雹、蝗蟲之害。又鮮卑犯境，役賦及民。六年七月，制書引咎，誥群臣各陳政要所當施行。邕上封事曰：

【注】
〔1〕《說文》曰："牘，書板也，長一尺。"《蓺文志》曰："六體者，古文、奇字、篆書、隸書、繆篆、蟲書。"《音義》曰："古文謂孔子壁中書也。奇字即古文而異者也。篆書謂小篆，蓋秦始皇使程邈所作也。隸書亦程邈所獻，主於徒隸，從簡易也。繆篆謂其文屈曲纏繞，所以摹印章也。蟲書謂為蟲鳥之形，所以書幡信也。"

臣伏讀聖旨，雖周成遇風，訊諸執事，宣王遭旱，密勿祇畏，無以或加。〔1〕臣聞天降災異，緣象而至。辟歷數發，〔2〕殆刑誅繁多之所生也。風者天之號令，所以教人也。〔3〕夫昭事上帝，則自懷多福；〔4〕宗廟致敬，則鬼神以著。國之大事，實先祀典，〔5〕天子聖躬所當恭事。臣自在宰府，及備朱衣，〔6〕迎氣五郊，而車駕稀出，四時至敬，〔一八〕屢委有司，雖有解除，猶為疏廢。〔7〕故皇天不悅，顯此諸異。《鴻範傳》曰："政悖德隱，厥風發屋折木。"《坤》為地道，《易》稱安貞。〔8〕陰氣憤盛，則當靜反動，法為下叛。夫權不在上，則雹傷物；政有苛暴，則虎狼食人；貪利傷民，則蝗蟲損稼。去六月二十八日，太白與月相迫，兵事惡之。鮮卑犯塞，所從來遠，今之出師，未見其利。上違天文，下逆人事。誠當博覽衆議，從其安者。臣不勝憤滿，〔一九〕謹條宜所施行七事表左：〔9〕

【注】
〔1〕《尚書·金縢》曰："秋大孰未穫，天大雷電以風，王乃問諸史百執

事。"《詩·大雅·雲漢篇》序曰:"宣王遇旱,側身脩行,欲消去之,故大夫仍叔作《雲漢》之詩以美之。"密勿祗畏言勤勞戒懼也。

〔2〕辟音普歷反。《史記》曰"霹靂,陽氣之動"也。

〔3〕《翼氏風角》曰:"風者天之號令,所以譴告人君者。"

〔4〕《詩·大雅》曰:"昭事上帝,聿懷多福。"聿,遂也。懷,來也。

〔5〕《左傳》曰:"國之大事,在祀與戎。"

〔6〕宰府謂司徒橋玄府也。朱衣謂祭官也。《漢官儀》曰:"漢家赤行,齊者絳絝韤。"韤音文伐反。

〔7〕解除謂謝過也。

〔8〕《易·坤·文言》曰:"地道也,妻道也。"其《象》曰:"安貞之吉,應地無疆。"

〔9〕表左謂陳之於表左也,猶今云"如左""如右"。

一事:明堂月令,天子以四立及季夏之節,迎五帝於郊,〔1〕所以導致神氣,祈福豐年。清廟祭祀,追往孝敬,養老辟雍,示人禮化,皆帝者之大業,祖宗所祗奉也。而有司數以蕃國疎喪,宫內產生,及吏卒小汙,屢生忌故。〔2〕竊見南郊齋戒,未嘗有廢,至於它祀,輒興異議。豈南郊卑而它祀尊哉?孝元皇帝策書曰:"禮之至敬,莫重於祭,所以竭心親奉,以致肅祗者也。"又元和故事,復申先典。〔3〕前後制書,推心懇惻。而近者以來,更任太史。忘禮敬之大,任禁忌之書,拘信小故,以虧大典。《禮》,妻妾產者,齋則不入側室之門,無廢祭之文也。〔4〕所謂宫中有卒,三月不祭者,謂士庶人數堵之室,共處其中耳,〔5〕豈謂皇居之曠,臣妾之衆哉?自今齋制宜如故典,庶荅風霆災妖之異。

【注】

〔1〕天子居明堂,各依其月布政,故云"明堂月令"。四立謂立春、立夏、立秋、立冬。各以其日,天子親迎氣於其方,并祭其方之帝。季夏之末,祭中

央帝也。

〔2〕小汙謂病及死也。

〔3〕章帝元和二年制曰:"山川百神應典禮者,尚未咸秩,其議脩群祀,以祈豐年。"又宗祀五帝于汶上明堂。三年,望祀華、霍,東柴岱宗,為人祈福。

〔4〕《禮記》曰"妻將生子,及月辰,居側室,夫使人日再問之。夫齋,則不入側室之門"也。

〔5〕《儀禮》曰:"有死於宮中者,則為之三月不舉祭。"

　　二事:臣聞國之將興,至言數聞,內知己政,外見民情。是故先帝雖有聖明之姿,而猶廣求得失。又因災異,援引幽隱,重賢良、方正、敦朴、有道之選,危言極諫,不絕於朝。陛下親政以來,頻年災異,而未聞特舉博選之旨。誠當思省述脩舊事,使抱忠之臣展其狂直,以解《易傳》"政悖德隱"之言。

　　三事:夫求賢之道,未必一塗,或以德顯,或以言揚。頃者,立朝之士,曾不以忠信見賞,恒被謗訕之誅,遂使群下結口,莫圖正辭。郎中張文,前獨盡狂言,聖聽納受,以責三司。臣子曠然,衆庶解悅。〔1〕臣愚以為宜擢文右職,以勸忠謇,〔2〕宣聲海內,博開政路。

【注】

〔1〕《漢名臣奏》張文上疏,其略曰:"《春秋》義曰:'蝗者貪擾之氣所生。天意若曰:貪狼之人,蠶食百姓,若蝗食禾稼而擾萬民。獸齧人者,象暴政若獸而齧人。'京房《易傳》曰:'小人不義而反尊榮,則虎食人,辟歷殺人,亦象暴政,妄有喜怒。'政以賄成,刑放於寵,推類敘意,探指求原,皆象群下貪狼,威教妄施,或苦蝗蟲。宜勑正衆邪,清審選舉,退屏貪暴。魯僖公小國諸侯,勑政脩己,斥退邪臣,尚獲其報,六月甚雨之應。豈況萬乘之主,脩善求賢?宜舉敦朴,以輔善政。陛下體堯舜之聖,秉獨見之明,恢太平之業,

敦經好學,流布遠近,可留須臾神慮,則(可)致太平,〔二〇〕招休徵矣。"制曰:"下太尉、司徒、司空。夫瑞不虛至,〔二一〕災必有緣。朕以不德,秉統未明,以招祅偽,將何以昭顯憲法哉?三司任政者也,所當夙夜,而各拱默,訖未有聞,將何以奉荅天意,(救)〔救〕寧我人?〔二二〕其各悉心思所崇改,務消復之術,稱朕意焉。"

〔2〕右,用事之便,謂樞要之官。

四事:夫司隸校尉、諸州刺史,所以督察姦枉,分別白黑者也。伏見幽州刺史楊憙、益州刺史龐芝、涼州刺史劉虔,各有奉公疾姦之心,憙等所糾,其効尤多。餘皆枉橈,不能稱職。或有抱罪懷瑕,與下同疾,綱網弛縱,莫相舉察,公府臺閣亦復默然。五年制書,議遣八使,又令三公謠言奏事。〔1〕是時奉公者欣然得志,邪枉者憂悸失色。未詳斯議,所因寢息。昔劉向奏曰:"夫執狐疑之計者,開群枉之門;〔二三〕養不斷之慮者,來讒邪之口。"〔2〕今始聞善政,旋復變易,足令海內測度朝政。宜追定八使,糾舉非法,更選忠清,平章賞罰。〔3〕三公歲盡,差其殿最,使吏知奉公之福,營私之禍,則衆災之原庶可塞矣。

【注】

〔1〕《漢官儀》曰:"三公聽採長吏臧否,人所疾苦,條奏之。"是為舉謠言者也。

〔2〕語見《前書》。

〔3〕平,和也。章,明也。

五事:臣聞古者取士,必使諸侯歲貢。〔1〕孝武之世,郡舉孝廉,又有賢良、文學之選,於是名臣輩出,文武並興。漢之得人,數路而已。〔2〕夫書畫辭賦,才之小者,匡國理政,未有其能。陛下即位之初,先涉經術,聽政餘日,觀省篇章,聊以游意,當代博弈，非以教化取士之本。而諸生競利，作者鼎沸。其高者頗引經訓風喻之言；下則連偶俗語，有類俳優；或竊成文，虛冒名氏。臣每受詔於盛化門，差次錄第，其未及者，亦復隨輩皆見拜擢。既加之恩，難復收改，但守奉祿，於義已弘，不可復使理人及仕州郡。昔孝宣會諸儒於石渠，章帝集學士於白虎，通經釋義，其事優大，文武之道，所宜從之。若乃小能小善，雖有可觀，孔子以為"致遠則泥"，君子故當志其大者。[3]

【注】
〔1〕《尚書大傳》曰："古者諸侯之於天子，三年一貢士。一適謂之攸好德，再適謂之賢賢，三適謂之有功。"注云："適猶得也。"
〔2〕數路謂孝廉、賢良、文學之類也。
〔3〕《論語》子夏曰："雖小道必有可觀者焉，致遠恐泥。"鄭玄注云："小道，如今諸子書也。泥謂滯陷不通。"此邕以為孔子之言，當別有所據也。

六事：墨綬長吏，職典理人，[1]皆當以惠利為績，日月為勞。褒責之科，所宜分明。而今在任無復能省，及其還者，多召拜議郎、郎中。若器用優美，不宜處之冗散。如有釁故，自當極其刑誅。豈有伏罪懼考，反求遷轉，更相放効，臧否無章？先帝舊典，未嘗有此。[二四]可皆斷絕，以覈真偽。

【注】
〔1〕《漢官儀》曰"秩六百石，銅章墨綬"也。

七事：伏見前一切以宣陵孝子（者）為太子舍人。[二五]臣聞孝文皇帝制喪服三十六日，雖繼體之君，父子至親，公卿列臣，受恩之重，皆屈情從制，不敢踰越。今虛偽小人，本非骨肉，既無幸私之恩，又無祿仕之實，惻隱思慕，情何緣生？而群聚山陵，假名稱孝,行不隱心,義無所依,至有姦軌之人,通容其中。(桓)〔桓〕思皇后祖載之時,[1]〔二六〕東郡有盜人妻者亡在孝中,本縣追捕,乃伏其辜。虛偽雜穢,難得勝言。又前至得拜,後輩被遺;或經年陵次,以暫歸見漏;或以人自代,亦蒙寵榮。爭訟怨恨,凶凶道路。太子官屬,宜搜選令德,豈有但取丘墓凶醜之人?其為不祥,莫與大焉。宜遣歸田里,以明詐偽。

【注】
〔1〕《周禮》曰:"喪祝掌大喪,及祖飾棺(及)〔乃〕載,〔二七〕遂御之。"鄭玄注云:"祖謂將葬祖祭於庭,載謂升柩於車也。"

書奏,帝乃親迎氣北郊,及行辟雍之禮。又詔宣陵孝子為舍人者,悉改為丞尉焉。光和元年,遂置鴻都門學,畫孔子及七十二弟子像。其諸生皆敕州郡三公舉用辟召,或出為刺史、太守,入為尚書、侍中,乃有封侯賜爵者,士君子皆恥與為列焉。

時妖異數見,人相驚擾。其年七月,詔召邕與光祿大夫楊賜、諫議大夫馬日磾、議郎張華、太史令單颺詣金商門,引入崇德殿,[1]使中常侍曹節、王甫就問災異及消改變故所宜施行。邕悉心以對,事在《五行》《天文志》。[2]又特詔問曰:"比災變互生,未知厥咎,朝廷焦心,載懷恐懼。每訪群公卿士,庶聞忠言,而各存括囊,莫肯盡心。[3]以邕經學深奧,故密特稽問,宜披露失得,指陳政要,勿有依違,自生疑諱。具對經術,以皁囊封上。"[4]邕對曰:"臣伏惟陛下聖德允明,深悼災咎,褒臣末學,特垂訪及,非臣螻蟻所能堪副。斯誠輸寫肝膽出命之秋,豈可以顧患避害,使陛下不聞至戒哉!臣伏思諸異,皆亡國之怪也。天於大漢,殷勤不已,故屢出祅變,以當譴責,欲令人君感悟,改危即安。今災眚之發,不於它所,遠則門垣,近在寺署,其為監戒,可謂至切。蜺墮雞化,皆婦人干政之所致也。前者乳母趙嬈,貴重天下,[5]生則貲藏侔於天府,死則丘墓踰於園陵,兩子受封,兄弟典郡;續以永樂門史霍玉,依阻城社,又為姦邪。今者道路紛紛,復云有程大人者,察其風聲,將為國患。宜高為隄防,明設禁令,深惟趙、霍,以為至戒。〔6〕今聖意勤勤,思明邪正。而聞太尉張顥,為玉所進;光祿勳姓璋,〔7〕有名貪濁;又長水校尉趙玹、〔8〕屯騎校尉蓋升,並叨時幸,榮富優足。宜念小人在位之咎,退思引身避賢之福。〔9〕伏見廷尉郭禧,〔二八〕純厚老成;光祿大夫橋玄,聰達方直;故太尉劉寵,忠實守正:並宜為謀主,數見訪問。夫宰相大臣,君之四體,〔10〕委任責成,優劣已分,不宜聽納小吏,雕琢大臣也。〔11〕又尚方工技之作,鴻都篇賦之文,可且消息,以示惟憂。《詩》云:'畏天之怒,不敢戲豫。'天戒誠不可戲也。宰府孝廉,士之高選。近者以辟召不慎,切責三公,而今並以小文超取選舉,開請託之門,違明王之典,衆心不厭,莫之敢言。〔12〕臣願陛下忍而絕之,思惟萬機,以荅天望。聖朝既自約厲,左右近臣亦宜從化。人自抑損,以塞咎戒,則天道虧滿,鬼神福謙矣。臣以愚戇,〔二九〕感激忘身,敢觸忌諱,手書具對。夫君臣不密,上有漏言之戒,下有失身之禍。〔13〕願寢臣表,無使盡忠之吏,受怨姦仇。"章奏,帝覽而歎息,因起更衣,曹節於後竊視之,悉宣語左右,事遂漏露。其為邕所裁黜者,皆側目思報。

【注】

〔1〕《洛陽記》曰"南宮有崇德殿,太極殿西有金商門"也。

〔2〕其志今亡。《續漢志》曰,光和元年,詔問曰:"連年蝗蟲,其咎焉在?"邕對曰:"《易傳》云:'大作不時天降災,厥咎蝗蟲來。'《河圖秘徵篇》曰:'帝貪則政暴,吏酷則誅慘。生蝗蟲,貪苛之所致也。'"又南宮侍中寺,雌雞欲化為雄,一身毛皆似雄,但頭冠尚未變。詔以問邕。對曰:"貌之不恭,則有雞禍。宣帝黃龍元年,未央宮雌雞化為雄,不鳴無距。是歲元帝初即位,〔三〇〕將立王皇后。至初元元年,丞相史家雌雞化為雄,距而鳴將。是[歲]后父禁為平陽侯,〔三一〕女立為后。至哀帝晏駕,后攝政,王莽以后兄子為大司馬,由是為亂。臣竊推之,頭為元首,人君之象。今雞一身已變,未至於頭而

止,〔三二〕是將有其事而不遂成之象也。若應之不精,政無所改,頭冠或成,為患滋大也。"

〔3〕括囊喻閉口而不言。《易》曰:"括囊无咎。"王弼注云:"括,結也。"

〔4〕《漢官儀》曰"凡章表皆啓封,其言密事得皁囊"也。

〔5〕嬈音奴鳥反。

〔6〕趙嬈及霍玉也。

〔7〕姓,姓也;璋,名也。漢有姓偉。

〔8〕音玄。《蔡邕集》"玹"作"玄"。

〔9〕《尚書》曰:"君子在野,小人在位。"

〔10〕謂股肱也。〔三三〕

〔11〕雕琢猶鐫削以成其罪也。

〔12〕厭,伏也,音一葉反。

〔13〕《易》曰:"君不密則失臣,臣不密則失身。"

初,邕與司徒劉郃〔三四〕素不相平,叔父衛尉質〔1〕又與將作大匠(楊)〔陽〕球〔三五〕有隙。球即中常侍程璜女夫也,璜遂使人飛章言邕、質數以私事請託於郃,郃不聽,邕含隱切,志欲相中。〔2〕於是詔下尚書,召邕詰狀。邕上書自陳曰:"臣被召,問以大鴻臚劉郃前為濟陰太守,臣屬吏張宛長休百日,〔3〕郃為司隸,又託河內郡吏李奇為州書佐,〔4〕及營護故河南尹羊陟、侍御史胡母班,郃不為用致怨之狀。〔5〕臣征營怖悸,肝膽塗地,不知死命所在。竊自尋案,實屬宛、奇,不及陟、班。凡休假小吏,非結恨之本。與陟姻家,豈敢申助私黨?如臣父子欲相傷陷,當明言臺閣,具陳恨狀所緣。內無寸事,而謗書外發,宜以臣對與郃參驗。臣得以學問特蒙褒異,執事祕館,操管御前,姓名貌狀,微簡聖心。今年七月,召詣金商門,問以災異,齋詔申旨,誘臣使言。〔6〕臣實愚贛,唯識忠盡,〔三六〕出命忘軀,不顧後害,遂譏刺公卿,內及寵臣。實欲以上對聖問,救消災異,規為陛下建康寧之計。陛下不念忠臣直言，宜加掩蔽，誹謗卒至，便用疑怪。盡心之吏，豈得容哉？詔書每下，百官各上封事，欲以改政思譴，除凶致吉，而言者不蒙延納之福，旋被陷破之禍。今皆杜口結舌，以臣為戒，誰敢為陛下盡忠孝乎？臣季父質，連見拔擢，位在上列。臣被蒙恩渥，數見訪逮。言事者因此欲陷臣父子，破臣門户，非復發糾姦伏，補益國家者也。臣年四十有六，孤特一身，得託名忠臣，死有餘榮，恐陛下於此不復聞至言矣。臣之愚冗，職當咎患，但前者所對，質不及聞，[7] 而衰老白首，橫見引逮，隨臣摧沒，并入阬埳，誠冤誠痛。臣一入牢獄，當為楚毒所迫，趣以飲章，辭情何緣復聞？[8] 死期垂至，冒昧自陳。願身當辜戮，匄質不并坐，則身死之日，更生之年也。惟陛下加餐，為萬姓自愛。"於是下邕、質於洛陽獄，劾以仇怨奉公，議害大臣，大不敬，棄市。事奏，中常侍呂強愍邕無罪，請之，帝亦更思其章，有詔減死一等，與家屬髡鉗徙朔方，不得以赦令除。（楊）[陽]球使客追路刺邕，客感其義，皆莫為用。球又賂其部主使加毒害，所賂者反以其情戒邕，故每得免焉。居五原安陽縣。[10]

【注】

〔1〕質字子文，著《漢職儀》。

〔2〕中傷也。

〔3〕休，假也。《前書音義》曰"吏病滿百日當免"也。

〔4〕《續漢志》曰："書佐，主幹文書。"

〔5〕《邕集》其奏曰："邕屬張宛長休百日，郃假宛五日；復屬河南李奇為書佐，郃不為召；太山黨魁羊陟與邕季父衛尉質對門九族，質為尚書，營護阿擁，令文書不覺，郃被詔書考胡母班等，辭與陟為黨，質及邕頻詣郃問班所及，郃不應，遂懷怨恨，欲必中傷郃。"制曰："下司隸校尉正處上。"《邕集》作"綦母班"也。

〔6〕齎猶持也，[三七]與賫通。

〔7〕前在金商門對事之時，質為下邳相，故不聞也。

〔8〕趣音促。飲猶隱卻告人姓名，無可對問。章者，今之表也。《邕集》曰：“光和元年，都官從事張恕，以辛卯詔書，收邕送雒陽詔獄。考吏張靜謂邕曰：'省君章云欲仇怨未有所施，法令無此，以詔書又刊章家姓名，不得對相指斥考事，〔三八〕君學多所見，古今如此，豈一事乎？'荅曰：'曉是。'吏遂飲章為文書。”臣賢案：俗本有不解"飲"字，或改為"報"，或改為"款"，並非也。

〔9〕匄，乞也。

〔10〕即西安陽縣也，故城在今勝州銀城縣。

邕前在東觀，與盧植、韓說等撰補《後漢記》，會遭事流離，不及得成，因上書自陳，奏其所著十意，〔1〕分別首目，連置章左。帝嘉其才高，會明年大赦，乃宥邕還本郡。邕自徙及歸，凡九月焉。將就還路，五原太守王智餞之。酒酣，智起舞屬邕，〔2〕邕不為報。智者，中常侍王甫弟也，素貴驕，慙於賓客，詬邕曰：“徒敢輕我！”邕拂衣而去。智銜之，密告邕怨於囚放，謗訕朝廷。內寵惡之。邕慮卒不免，乃亡命江海，遠跡吳會。〔3〕往來依太山羊氏，積十二年，在吳。

【注】

〔1〕猶《前書》十志也。《邕別傳》曰：“邕昔作《漢記》十意，未及奏上，遭事流離，因上書自陳曰：'臣既到徙所，乘塞守烽，職在候望，憂怖焦灼，無心能復操筆成草，致章闕廷。誠知聖朝不責臣謝，但懷愚心有所不竟。臣自在布衣，常以為《漢書》十志下盡王莽而止，光武已來唯記紀傳，無續志者。臣所事師故太傅胡廣，知臣頗識其門户，略以所有舊事與臣。雖未備悉，粗見首尾，積累思惟，二十餘年。不在其位，非外史庶人所得擅述。天誘其衷，得備著作郎，建言十志皆當撰錄。會臣被罪，逐放邊野，恐所懷隨軀朽腐，抱恨黄泉，遂不設施，謹先顛踣，〔三九〕科條諸志，臣欲删定者一，所當接續者四，《前志》所無臣欲著者五，及經典群書〔所〕宜捃摭，〔四〇〕本奏詔書所當依據，分別首目，并書章左，惟陛下留神省察。臣謹因臨戎長霍圉封上。'有《律曆

意》第一,《禮意》第二,《樂意》第三,《郊祀意》第四,《天文意》第五,《車服意》第六。"

〔2〕屬猶勸也,音燭。

〔3〕張騭《文士傳》曰:"邕告吳人曰:'吾昔嘗經會稽高遷亭,見屋椽竹東閒第十六可以為笛。'取用,果有異聲。"伏滔《長笛賦》序云"柯亭之觀,以竹為椽,邕取為笛,奇聲獨絶"也。

吳人有燒桐以爨者,邕聞火烈之聲,知其良木,因請而裁為琴,果有美音,而其尾猶焦,故時人名曰"焦尾琴"焉。〔1〕初,邕在陳留也,其鄰人有以酒食召邕者,比往而酒已酣焉。〔四一〕客有彈琴於屏,邕至門試潛聽之,曰:"憘!〔2〕以樂召我而有殺心,何也?"遂反。將命者告主人曰:"蔡君向來,至門而去。"邕素為邦鄉所宗,主人遽自追而問其故,邕具以告,莫不憮然。〔3〕彈琴者曰:"我向鼓弦,見螳蜋方向鳴蟬,蟬將去而未飛,螳蜋為之一前一卻。吾心聳然,惟恐螳蜋之失之也,此豈為殺心而形於聲者乎?"邕莞然而笑曰:〔4〕"此足以當之矣。"

【注】

〔1〕傅玄《琴賦》序曰:"齊桓公有鳴琴曰'號鍾',楚莊有鳴琴曰'繞梁',司馬相如'緑綺',蔡邕有'焦尾',皆名器也。"

〔2〕歎聲也,音僖。

〔3〕憮猶怪也,音武。

〔4〕莞,笑皃也,音胡板反。

中平六年,靈帝崩,董卓為司空,聞邕名高,辟之。稱疾不就。卓大怒,詈曰:"我力能族人,蔡邕遂偃蹇者,不旋踵矣。"又切勑州郡舉邕詣府,邕不得已,到,署祭酒,甚見敬重。舉高第,補侍御史,又轉持書御史,遷尚書。三日之閒,〔四二〕周歷三臺。遷巴郡太守,復留為

侍中。初平元年，拜左中郎將，從獻帝遷都長安，封高陽鄉侯。〔四三〕

董卓賓客部曲議欲尊卓比太公，稱尚父。卓謀之於邕，邕曰："太公輔周，受命翦商，故特為其號。今明公威德，誠為巍巍，然比之尚父，愚意以為未可。宜須關東平定，車駕還反舊京，然後議之。"卓從其言。

（初平）二年〔四四〕六月，地震，卓以問邕。邕對曰："地動者，陰盛侵陽，臣下踰制之所致也。前春郊天，公奉引車駕，乘金華青蓋，爪畫兩轓，遠近以為非宜。"〔1〕卓於是改乘皁蓋車。〔2〕

【注】
〔1〕《續漢志》曰："乘輿大駕，公卿奉引，皇太子、皇子皆安車，朱輪，青蓋，金華爪，畫轓。"《廣雅》："轓，箱也。"
〔2〕《續漢志》曰："中二千石、二千石皆皁蓋，朱兩轓。"

卓重邕才學，厚相遇待，每集讌，輒令邕鼓琴贊事，邕亦每存匡益。然卓多自佷用，〔四五〕邕恨其言少從，謂從弟谷曰："董公性剛而遂非，終難濟也。吾欲東奔兗州，若道遠難達，且邈逃山東以待之，何如？"谷曰："君狀異恒人，每行觀者盈集。以此自匿，不亦難乎？"邕乃止。

及卓被誅，邕在司徒王允坐，殊不意言之而歎，有動於色。允勃然叱之曰："董卓國之大賊，幾傾漢室。君為王臣，所宜同忿，而懷其私遇，以忘大節！今天誅有罪，而反相傷痛，豈不共為逆哉？"即收付廷尉治罪。邕陳辭謝，乞黥首刖足，繼成漢史。士大夫多矜救之，不能得。太尉馬日磾馳往謂允曰："伯喈曠世逸才，多識漢事，當續成後史，為一代大典。且忠孝素著，而所坐無名，誅之無乃失人望乎？"允曰："昔武帝不殺司馬遷，使作謗書，流於後世。〔1〕方今國祚中衰，神器不固，不可令佞臣執筆在幼主左右。既無益聖德，復使吾黨蒙其訕議。"日磾退而告人曰："王公其不長世乎？善人，國之紀也；制作，國之典也。滅紀廢典,其能久乎!"邕遂死獄中。允悔,欲止而不及。時年六十一。〔四六〕搢紳諸儒莫不流涕。北海鄭玄聞而歎曰:"漢世之事,誰與正之!"兖州、陳留(聞)〔間〕皆畫像而頌焉。〔四七〕

【注】
〔1〕凡史官記事,善惡必書。謂遷所著《史記》,但是漢家不善之事,皆為謗也。非獨指武帝之身,即高祖善家令之言,武帝筭緡、榷酤之類是也。《班固集》云:"司馬遷著書,成一家之言。至以身陷刑,故微文刺譏,貶損當世,非誼士也。"

其撰集漢事,未見錄以繼後史。適作《靈紀》及十意,又補諸列傳四十二篇,因李傕之亂,湮沒多不存。所著詩、賦、碑、誄、銘、讚、連珠、箴、弔、論議、《獨斷》、《勸學》、《釋誨》、《敍樂》、《女訓》、《篆埶》、祝文、章表、書記,凡百四篇,傳於世。

論曰:意氣之感,士所不能忘也。流極之運,有生所共深悲也。〔1〕當伯喈抱鉗扭,徙幽裔,仰日月而不見照燭,臨風塵而不得經過,〔2〕其意豈及語平日倖全人哉!及解刑衣,竄歐越,潛舟江壑,不知其遠,捷步深林,尚苦不密,但願北首舊丘,歸骸先壟,又可得乎?董卓一旦入朝,辟書先下,分明枉結,信宿三遷。〔3〕匡導既申,狂僭屢革,資《同人》之先號,得北叟之後福。〔4〕屬其慶者,夫豈無懷?君子斷刑,〔5〕尚或為之不舉,〔6〕況國憲倉卒,慮不先圖,矜情變容,而罰同邪黨?執政乃追怨子長謗書流後,〔7〕放此為戮,〔8〕未或聞之典刑。

【注】
〔1〕流,極,皆放也。極音紀力反。
〔2〕謂迫促之,令不得避風塵也。
〔3〕謂三日之間,位歷三臺也。

〔4〕《易·同人卦》曰:"先號咷而後笑。"北叟,塞上叟也。其馬亡入胡中,人皆弔之。叟曰:"何知非福?"居數月,其馬引胡駿馬而歸,人皆賀之。叟曰:"何知非禍?"及家富馬良,其子好騎,墮而折髀,人皆弔之。叟曰:"何知非福?"居一年,胡夷大入,丁壯皆戰死者十九,其子獨以跛之故,子父相保。見《淮南子》也。

〔5〕慶謂恩遇也。懷,思也。荷恩遇者,豈不思之乎?

〔6〕《左傳》鄭伯見虢叔曰:"夫司寇行戮,君為之不舉。"杜注云:"不舉盛饌也。"〔四八〕

〔7〕執政謂王允也。

〔8〕放音甫往反。

贊曰:季長戚氏,才通情侈。苑囿典文,流悅音伎。〔1〕邕實慕靜,心精辭綺。斥言金商,南徂北徙。〔2〕籍梁懷董,名澆身毀。〔3〕

【注】

〔1〕侈謂紗帳、女樂之類。音技謂鼓琴吹笛之屬也。

〔2〕謂對事於金商門,指斥而言,無隱諱也。

〔3〕籍梁謂融因籍梁冀貴幸,為作《西第頌》。懷董謂邕懷董卓之恩也。澆,薄也。

【校勘記】

〔一〕有菟馴擾其室傍 汲本、殿本"菟"作"兔"。按:菟兔通。

〔二〕感東方〔朔〕客難 據汲本、殿本補。

〔三〕乃擊牛角而〔疾〕商歌 據王先謙説補。

〔四〕速速方穀夭夭是加 《刊誤》謂上"夭"當作"天",據今《詩》文正然。按:王先謙謂"速速"二句出《詩》三家。

〔五〕然失璞不完 汲本"失"作"夫",殿本作"大"。按:此謂玉經彫琢,失去其璞,則不完也,以作"失"為是。今本《戰國策》作"夫"或作

"大",皆形近而譌。

〔六〕知足矣歸反於樸則終身不辱 汲本、殿本"矣"作"以"。殿本"樸"作"璞"。今按:《國策》作"君子曰,屬知足矣。歸真反璞,則終身不辱"。作"矣"是,作"以"非也。

〔七〕泯泯庶類 按:沈欽韓謂方以智《通雅》"泯泯猶蚩蚩也,直借此聲耳"。按"泯泯"或本作"泯泯",唐諱"民"所改。

〔八〕含甘吮滋 按:"含"原譌"合",逕據汲本、殿本改正。

〔九〕(探)〔採〕浮磬不為之索 據汲本、殿本改。

〔一〇〕音所(格)〔洛〕反 據殿本改。

〔一一〕夫〔夫〕有逸群之才人人有優贍之智 按:《集解》引何焯說,謂衍一"人"字。又引沈欽韓說,謂"夫"字當重,此揚雄"家家自以為稷、契,人人自以為咎陶"例。王先謙謂沈說是。今依沈說補一"夫"字。

〔一二〕倕舜(之)〔時〕巧人也 據《校補》改。

〔一三〕雖(底)〔風〕蓋常屬車 據汲本、殿本改。

〔一四〕建寧三年辟司徒橋玄府 按:《集解》引洪頤煊說,謂"司徒"當作"司空"。《靈帝紀》建寧三年八月,大鴻臚橋玄為司空,四年三月,司徒許訓免,司空橋玄為司徒。《校補》謂邕或於三年辟司空府,及玄轉司徒,仍以邕為掾,則"司徒"乃"司空"之誤,否則"三年"乃"四年"之誤,必有一誤。

〔一五〕出補河平長 按:《集解》引錢大昕說,謂《郡國志》無河平縣。又引沈欽韓說,謂"河平"蓋"平阿"之誤。

〔一六〕邕乃自書(册)〔丹〕於碑 《集解》引何焯說,謂"册"當依《水經注》作"丹"。今據改。按:《御覽》五八九引作"乃自丹於碑",無"書"字。

〔一七〕市賈小民 按:張森楷《校勘記》謂"民"當作"人",亦回改而誤者。

〔一八〕四時至敬 按:《刊誤》謂"至"當作"致"。

〔一九〕臣不勝憤滿 汲本、殿本"滿"作"懣"。按:滿懣通。

〔二〇〕則（可）致太平　據《刊誤》刪。

〔二一〕夫瑞不虛至　按："至"原譌"年"，逕據汲本、殿本改正。

〔二二〕（救）〔敉〕寧我人　《刊誤》謂"救"當作"敉"，"敉寧"出《尚書》。今據改。

〔二三〕開群枉之門　按："開"原譌"聞"，逕改正。

〔二四〕未嘗有此　"嘗"原作"常"，據汲本、殿本改。

〔二五〕以宣陵孝子（者）為太子舍人　按：《刊誤》謂案文多一"者"字。今據刪。

〔二六〕（恒）〔桓〕思皇后祖載之時　按：《刊誤》謂"恒"當作"桓"，謂桓帝后也。又《集解》引惠棟説，謂《通鑑》作"桓"，《邕集》同。今據改。

〔二七〕及祖飾棺（及）〔乃〕載　"及載"之"及"，當依《周禮》作"乃"，今改。

〔二八〕伏見廷尉郭禧　按：《校補》引柳從辰説，謂"禧"袁宏《紀》作"僖"。

〔二九〕臣以愚贛　殿本"贛"作"戇"。下"臣實愚贛"同。按：贛為戇之或字，見《集韻》。

〔三〇〕是歲元帝初即位　按："帝"原譌"年"，逕據汲本、殿本改正。

〔三一〕是〔歲〕后父禁為平陽侯　《刊誤》謂如上文，此處少一"歲"字。按：《續志》有"歲"字，今據補。又按：《刊誤》謂"平陽侯"當作"陽平侯"，然《續志》亦作"平陽侯"，今仍之。

〔三二〕未至於頭而止　按：《續志》作"未至於頭而上知之"。《校補》謂注誤"上"為"止"，又脱"知之"二字。

〔三三〕謂股肱也　按："股肱"二字原倒，逕據汲本、殿本乙。

〔三四〕司徒劉郃　按：《通鑑》作"大鴻臚劉郃"，下邕上書自陳，亦言"大鴻臚劉郃"，則作"司徒"者誤，時司徒乃袁滂也。

〔三五〕將作大匠（楊）〔陽〕球　《集解》引錢大昕説，謂"楊"當作"陽"。今據改，下同。

〔三六〕唯識忠盡　按：汲本、殿本"盡"作"蓋"。

〔三七〕齎猶持也　按:"持"原譌"特",逕改正。

〔三八〕不得對相指斥考事　按:"指"原譌"旨",逕據汲本、殿本改正。

〔三九〕謹先顛踣　按:"謹"字疑誤,海原閣校刊本《蔡中郎集》作"輒"。

〔四〇〕及經典群書〔所〕宜捃摭　據殿本補。

〔四一〕比往而酒以酣焉　《御覽》五七七引"以"作"已",無"焉"字。按:以已通。

〔四二〕三日之閒　《書鈔》六十、《初學記》十一、《御覽》二百十二引謝承《書》"三日"作"三月"。按:《校補》謂既云周歷,則是已歷三官,非未拜而又徙官,自不可以日計,作"月"固較長,但後論云"信宿三遷",則范本文似仍作"日"也。

〔四三〕封高陽鄉侯　按:"鄉"原譌"卿",逕改正。

〔四四〕(初平)二年　按:《校補》引錢大昭說,謂上文已言"初平元年",則此"初平"二字衍。今據刪。

〔四五〕卓多自很用　按:《刊誤》謂當作"卓很多自用"。

〔四六〕時年六十一　按:《校補》謂上文光和元年召邕詰狀,邕自陳有云"臣年四十有六",迄初平三年,誅董卓而邕下獄死,則年甫六十,無六十一也。故錢大昭、侯康皆謂傳誤。

〔四七〕兗州陳留(聞)〔間〕皆畫像而頌焉　據汲本改。

〔四八〕不舉盛饌也　按:"盛"原譌"成",逕改正。

後漢書卷六十一

左周黃列傳第五十一

　　左雄字伯豪，南（郡）〔陽〕涅陽人也。〔一〕安帝時，舉孝廉，稍遷冀州刺史。州部多豪族，好請託，雄常閉門不與交通。奏案貪猾二千石，無所回忌。

　　永建初，公車徵拜議郎。時順帝新立，大臣懈怠，朝多闕政，雄數言事，其辭深切。尚書僕射虞詡以雄有忠公節，上疏薦之曰："臣見方今公卿以下，類多拱默，以樹恩為賢，盡節為愚，至相戒曰：'白璧不可為，容容多後福。'〔1〕伏見議郎左雄，數上封事，至引陛下身遭難尼，以為警戒，實有王臣蹇蹇之節，周公謨成王之風。〔2〕宜擢在喉舌之官，必有匡弼之益。"由是拜雄尚書，再遷尚書令。上疏陳事曰：

【注】

〔1〕容容猶和同也。言不可獨為白玉之清絜，當與眾人和同。

〔2〕謨，謀也。即《尚書・立政》《無逸篇》之類也。

　　臣聞柔遠和邇，〔二〕莫大寧人，寧人之務，莫重用賢，用賢之道，必存考黜。是以皋陶對禹，貴在知人。"安人則惠，黎民懷之。"〔1〕分伯建侯，代位親民，民用和穆，禮讓以興。故《詩》云："有渰淒淒，興雨祁祁。〔三〕雨我公田，遂及我私。"〔2〕及幽、厲昏亂，不自為政，[3]褒豔用權，七子黨進，賢愚錯緒，深谷為陵。故其詩云："四國無政，不用其良。"又曰："哀今之人，胡為虺蜴？"言人畏吏如虺蜴也。[4]宗周既滅，六國并秦，阬儒泯典，剗革五等，更立郡縣，[5]縣設令長，郡置守尉，什伍相司，封豕其民。[6]大漢受命，雖未復古，然克慎庶官，蠲苛救敝，悅以濟難，撫而循之。至於文、景，天下康乂。誠由玄靖寬柔，克慎官人故也。降及宣帝，興於仄陋，綜覈名實，知時所病，刺史守相，輒親引見，考察言行，信賞必罰。帝乃歎曰："民所以安而無怨者，政平吏良也。與我共此者，其唯良二千石乎！"以為吏數變易，則下不安業；久於其事，則民服教化。其有政理者，輒以璽書勉勵，增秩賜金，或爵至關內侯，公卿缺則以次用之。是以吏稱其職，人安其業。漢世良吏，於茲為盛，故能降來儀之瑞，建中興之功。[7]

【注】

[1]《尚書·皋陶謨》之詞也。惠，愛也。黎，眾也。

[2]《詩·小雅》也。渰，陰雲也。淒淒，雲興貌。祁，徐也。言陰陽和，風雨時，先雨公田，乃及私田。

[3]《詩·小雅》刺幽王曰："不自為政，卒勞百姓。"

[4]褒豔謂褒姒也。豔，色美也。[四]七子皆褒姒之親黨，謂皇甫為卿士，仲允為膳夫，家伯為宰，番為司徒，蹶為趣馬，聚子為內史，楀為師氏也。厲王淫於色，[五]七子皆用，言妻黨盛也。四國，四方之國也。虺蜴之性，見人則走，哀今之人皆如是，傷時政事。見《詩·小雅》。番音方元反。聚音側流反。楀音記禹反。

[5]剗，削也。五等謂諸侯。

[6]《史記》，商鞅為秦定變法之令，令人什伍而相牧司，犯禁相連坐，不告姦者腰斬。楊雄《長楊賦》曰"秦竄宄其士，封豕其人"也。

[7]宣帝時鳳皇五至，因以紀年。

漢初至今，三百餘載，俗浸彫敝，巧偽滋萌，下飾其詐，上肆其殘。典城百里，轉動無常，各懷一切，莫慮長久。謂殺害不辜為威風，聚斂整辨為賢能，以理己安民為劣弱，以奉法循理為不化。髡鉗之戮，生於睚眥；覆尸之禍，成於喜怒。視民如寇讎，稅之如豺虎。[1]監司項背相望，[2]與同疾疢，見非不舉，聞惡不察，觀政於亭傳，責成於朞月，[3]言善不稱德，論功不據實，虛誕者獲譽，拘檢者離毀。[4]或因罪而引高，或色斯以求名。[5]州宰不覆，競共辟召，踴躍升騰，超等踰匹。或考奏捕案，而亡不受罪，會赦行賂，復見洗滌。朱紫同色，清濁不分。故使姦猾枉濫，輕忽去就，拜除如流，缺動百數。鄉官部吏，職斯祿薄，[6]車馬衣服，一出於民，廉者取足，貪者充家，特選橫調，[7]紛紛不絕，送迎煩費，損政傷民。和氣未洽，災眚不消，咎皆在此。今之墨綬，猶古之諸侯，[8]拜爵王庭，輿服有庸，[9]而齊於匹豎，叛命避負，非所以崇憲明理，惠育元元也。臣愚以為守相長吏，惠和有顯效者，可就增秩，勿使移徙，非父母喪不得去官。其不從法禁，不式王命，錮之終身，[10]雖會赦令，不得齒列。若被劾奏，亡不就法者，徙家邊郡，以懲其後。鄉部親民之吏，皆用儒生清白任從政者，[11]寬其負筭，[12]增其秩祿，吏職滿歲，宰府州郡乃得辟舉。如此，威福之路塞，虛偽之端絕，送迎之役損，賦斂之源息。循理之吏，得成其化；率土之民，各寧其所。追配文、宣中興之軌，[13]流光垂祚，永世不刊。

【注】

[1]《國語》曰："鬭丹廷見令尹子常，與之語，問畜貨聚（焉）[馬]。[六]歸以語其弟曰：'楚其亡乎？吾見令尹如餓獸豺虎焉，殆必亡者也。'"

[2]項背相望謂前後相顧也。背音輩。

[3]朞，匝也。謂一歲。

[4]離，遭也。

〔5〕因罪潛遁，以求高尚之名也。《論語》曰："色斯舉矣。"言觀前人之顏色也。

〔6〕斯，賤也。

〔7〕調，徵也。

〔8〕墨綬謂令長，即古子男之國也。

〔9〕庸，常也。

〔10〕式，用也。

〔11〕任，堪也，音人林反。

〔12〕負，欠也。筭，口錢也。儒生未有品秩，故寬之。

〔13〕文帝、宣帝也。文帝遭呂氏難，故亦云中興。

帝感其言，申下有司，考其真偽，詳所施行。雄之所言，皆明達政體，而宦豎擅權，終不能用。自是選代交互，令長月易，迎新送舊，勞擾無已，或官寺空曠，無人案事，每選部劇，乃至逃亡。

永建三年，京師、漢陽地皆震裂，水泉涌出。四年，司、冀復有大水。雄推較災異，以為下人有逆上之徵，〔1〕又上疏言："宜密為備，以俟不虞。"尋而青、冀、揚州盜賊連發，數年之間，海內擾亂。其後天下大赦，賊雖頗解，而官猶無備，流叛之餘，數月復起。雄與僕射郭虔共上疏，以為"寇賊連年，死亡太半，一人犯法，舉宗群亡。宜及其尚微，開令改悔。若告黨與者，聽除其罪；能誅斬者，明加其賞"。書奏，並不省。

【注】

〔1〕《天鏡經》曰："大水自平地出，破山殺人，其國有兵。"

又上言："宜崇經術，繕脩太學。"帝從之。陽嘉元年，太學新成，詔試明經者補弟子，〔七〕增甲乙之科，員各十人。除京師及郡國耆儒年六十以上為郎、舍人、諸王國郎者百三十八人。〔八〕

雄又上言："郡國孝廉，古之貢士，出則宰民，宣協風教。若其面牆，則無所施用。孔子曰'四十不惑'，《禮》稱'強仕'。請自今孝廉年不滿四十，不得察舉，皆先詣公府，諸生試家法，[1]文吏課牋奏，副之端門，練其虛實，以觀異能，以美風俗。有不承科令者，正其罪法。若有茂才異行，自可不拘年齒。"帝從之，於是班下郡國。明年，有廣陵孝廉徐淑，[2]年未及舉，臺郎疑而詰之。對曰："詔書曰'有如顏回、子奇，不拘年齒'，[3]是故本郡以臣充選。"郎不能屈。雄詰之曰："昔顏回聞一知十，孝廉聞一知幾邪？"淑無以對，乃譴却郡。於是濟陰太守胡廣等十餘人皆坐謬舉免黜，唯汝南陳蕃、潁川李膺、下邳陳球等三十餘人得拜郎中。自是牧守畏慄，莫敢輕舉。迄于永（嘉）[憙]，[九]察選清平，多得其人。

【注】

〔1〕儒有一家之學，故稱家[法]。[一〇]

〔2〕謝承《書》曰"淑字伯進，[一一]廣陵海西人也。寬裕博雅，好學樂道。隨父慎在京師，鑽《孟氏易》、《春秋》、《公羊》、《禮記》、《周官》。善誦《太公六韜》，交接英雄，常有壯志。舉茂才，除勃海脩令，遷琅邪都尉"也。

〔3〕解見《順帝紀》。

雄又奏徵海內名儒為博士，使公卿子弟為諸生。有志操者，加其俸祿。及汝南謝廉，河南趙建，年始十二，各能通經，雄並奏拜童子郎。於是負書來學，雲集京師。

初，帝廢為濟陰王，乳母宋娥與黃門孫程等共議立帝，帝後以娥前有謀，遂封為山陽君，邑五千户。又封大將軍梁商子冀襄邑侯。雄上封事曰："夫裂土封侯，王制所重。高皇帝約，非劉氏不王，非有功不侯。孝安皇帝封江京、王聖等，遂致地震之異。永建二年，封陰謀之功，又有日食之變。數術之士，咸歸咎於封爵。今青州飢虛，盜賊未息，民有乏絕，上求稟貸。陛下乾乾勞思，以濟民為務。宜循古法，寧靜無為，以求天意,以消災異。誠不宜追録小恩,虧失大典。"帝不聽。雄復諫曰:"臣聞人君莫不好忠正而惡讒諛,然而歷世之患,莫不以忠正得罪,讒諛蒙倖者,蓋聽忠難,從諛易也。夫刑罪,人情之所甚惡;貴寵,人情之所甚欲。是以時俗為忠者少,而習諛者多。故令人主數聞其美,稀知其過,迷而不悟,至於危亡。臣伏見詔書顧念阿母舊德宿恩,欲特加顯賞。案尚書故事,無乳母爵邑之制,唯先帝時阿母王聖為野王君。聖造生讒賊廢立之禍,生為天下所咀嚼,死為海內所歡快。桀、紂貴為天子,而庸僕羞與為比者,以其無義也。夷、齊賤為匹夫,而王侯爭與為伍者,以其有德也。今阿母躬蹈約儉,以身率下,群僚蒸庶,莫不向風,而與王聖並同爵號,懼違本操,失其常願。臣愚以為凡人之心,理不相遠,其所不安,古今一也。百姓深懲王聖傾覆之禍,民萌之命,危於累卵,常懼時世復有此類。怵惕之念,未離於心;恐懼之言,未絶乎口。乞如前議,歲以千萬給奉阿母,內足以盡恩愛之歡,外可不為吏民所怪。梁冀之封,事非機急,宜過災厄之運,然後平議可否。"會復有地震、緱氏山崩之異,雄復上疏諫曰:"先帝封野王君,漢陽地震,今封山陽君而京城復震,專政在陰,其災尤大。臣前後瞽言封爵至重,王者可私人以財,不可以官,宜還阿母之封,以塞災異。今冀已高讓,山陽君亦宜崇其本節。"雄言數切至,娥亦畏懼辭讓,而帝戀戀不能已,卒封之。後阿母遂以交遘失爵。

是時大司農劉據以職事被譴,召詣尚書,傳呼促步,又加以捶撲。雄上言:"九卿位亞三事,〔一二〕班在大臣,行有佩玉之節,動有庠序之儀。〔1〕孝明皇帝始有撲罰,皆非古典。"帝從而改之,其後九卿無復捶撲者。自雄掌納言,多所匡肅,每有章表奏議,臺閣以為故事。遷司隸校尉。

【注】

〔1〕《禮記》曰:"公侯佩山玄玉而朱組綬,大夫佩水蒼玉而緇組綬。"

初，雄薦周舉為尚書，舉既稱職，議者咸稱焉。及在司隸，又舉故冀州刺史馮直以為將帥，而直嘗坐臧受罪，舉以此劾奏雄。雄悅曰："吾嘗事馮直之父而又與直善，今宣光以此奏吾，乃是韓厥之舉也。"由是天下服焉。[1]明年坐法免。後復為尚書。永和三年卒。

【注】
〔1〕韓厥，韓獻子也。《國語》曰："趙宣子舉獻子於靈公，以為司馬。河曲之役，宣子使人以其乘車干行，獻子執而戮之。宣子皆告諸大夫曰：'可賀我矣。吾舉厥也而中吾，乃今知免於罪矣。'"

　　周舉字宣光，〔一三〕汝南汝陽人，陳留太守防之子。防在《儒林傳》。舉姿貌短陋，而博學洽聞，為儒者所宗，故京師為之語曰："五經從橫周宣光。"
　　延（熹）[光]四年，〔一四〕辟司徒李郃府。時宦者孫程等既立順帝，誅滅諸閻，議郎陳禪以為閻太后與帝無母子恩，宜徙別館，絕朝見。群臣議者咸以為宜。舉謂郃曰："昔鄭武姜謀殺嚴公，嚴公誓之黃泉；〔一五〕秦始皇怨母失行，久而隔絕，後感潁考叔、茅焦之言，循復子道。書傳美之。[1]今諸閻新誅，太后幽在離宮，若悲愁生疾，一旦不虞，主上將何以令於天下？如從禪議，後世歸咎明公。宜密表朝廷，令奉太后，率屬群臣，朝覲如舊，以厭天心，以答人望。"郃即上疏陳之。明年正月，帝乃朝于東宮，太后由此以安。

【注】
〔1〕鄭武姜生莊公及共叔段，愛叔段，謀殺莊公。公誓之曰："不及黃泉，無相見也。"既而悔之。潁考叔為潁谷封人，曰："若掘地及泉，隧而相見，其誰曰不然！"公從之，遂為母子如初。事見《左傳》。茅焦事，解見《蘇竟傳》也。

後長樂少府朱倀[1]代郃為司徒，舉猶為吏。時孫程等坐懷表上殿爭功，帝怒，悉徙封遠縣，勑洛陽令促期發遣。舉說朱倀曰：「朝廷在西鍾下時，非孫程等豈立？[2]雖韓、彭、吳、賈之功，何以加諸！[3]今忘其大德，錄其小過，如道路夭折，帝有殺功臣之譏。及今未去，宜急表之。」倀曰：「今詔怒，[一六]二尚書已奏其事，吾獨表此，必致罪譴。」舉曰：「明公年過八十，位為台輔，[一七]不於今時竭忠報國，惜身安寵，欲以何求？祿位雖全，必陷佞邪之譏；諫而獲罪，猶有忠貞之名。若舉言不足採，請從此辭。」倀乃表諫，帝果從之。

【注】
〔1〕音丑良反。
〔2〕朝廷謂順帝也。孫程與王康等十八人謀於西鍾下，共立濟陰王為順帝也。
〔3〕韓信、彭越、吳漢、賈復也。

　　舉後舉茂才，為平丘令。[1]上書言當世得失，辭甚切正。尚書郭虔、[一八]應賀等見之歎息，共上疏稱舉忠直，欲帝置章御坐，以為規誡。[2]

【注】
〔1〕平丘，縣，屬陳留郡。
〔2〕章謂所上之書。

　　舉稍遷并州刺史。太原一郡，舊俗以介子推焚骸，有龍忌之禁。[1]至其亡月，咸言神靈不樂舉火，由是士民每冬中輒一月寒食，莫敢煙爨，老小不堪，歲多死者。舉既到州，乃作弔書以置子推之廟，言盛冬去火，殘損民命，非賢者之意，以宣示愚民，使還溫食。[2]於是眾惑稍解，風俗頗革。

【注】

〔1〕《新序》曰:"晉文公反國,介子推無爵,遂去而之介山之上。文公求之不得,乃焚其山,推遂不出而焚死。"事具《耿恭傳》。龍,星,木之位也,春見東方。心為大火,懼火之盛,故為之禁火。俗傳云子推以此日被焚而禁火。

〔2〕其事見桓譚《新論》及《汝南先賢傳》也。

轉冀州刺史。陽嘉三年,司隸校尉左雄薦舉,徵拜尚書。舉與僕射黃瓊同心輔政,名重朝廷,左右憚之。是歲河南、三輔大旱,五穀災傷,天子親自露坐德陽殿東廂請雨,又下司隸、河南禱祀河神、名山、大澤。詔書以舉才學優深,特下策問曰:"朕以不德,仰承三統,〔1〕夙興夜寐,思協大中。〔2〕頃年以來,旱災屢應,稼穡焦枯,民食困乏。五品不訓,王澤未流,〔3〕群司素餐,據非其位。審所貶黜,變復之徵,厥效何由?分別具對,勿有所諱。"舉對曰:"臣聞《易》稱'天尊地卑,乾坤以定'。二儀交構,乃生萬物,萬物之中,以人為貴。故聖人養之以君,成之以化,順四節之宜,〔一九〕適陰陽之和,使男女婚娶不過其時。包之以仁恩,導之以德教,示之以災異,訓之以嘉祥。此先聖承乾養物之始也。夫陰陽閉隔,則二氣否塞;二氣否塞,則人物不昌;人物不昌,則風雨不時;風雨不時,則水旱成災。陛下處唐虞之位,未行堯舜之政,近廢文帝、光武之法,而循亡秦奢侈之欲,內積怨女,外有曠夫。今皇嗣不興,東宮未立,傷和逆理,斷絕人倫之所致也。非但陛下行此而已,豎宦之人,亦復虛以形埶,威侮良家,取女閉之,至有白首殁無配偶,逆於天心。〔4〕昔武王入殷,出傾宮之女;〔5〕成湯遭災,以六事剋己;〔6〕魯僖遇旱,而自責祈雨:〔7〕皆以精誠轉禍為福。自枯旱以來,彌歷年歲,未聞陛下改過之効,徒勞至尊暴露風塵,誠無益也。又下州郡祈神致請。昔齊有大旱,景公欲祀河伯,晏子諫曰:'不可。夫河伯以水為城國,魚鼈為民庶。水盡魚枯,豈不欲雨?自是不能致也。'〔8〕陛下所行,但務其華,不尋其實,猶緣木希魚,却行求前。〔9〕〔二〇〕誠宜推信革政,崇道變惑,出後宮不御之女,理天下冤枉之獄,除太官重膳之費。夫五品不訓,責在司徒,有非其位,宜急黜斥。臣自藩外擢典納言,學薄智淺,不足以對。《易傳》曰:'陽感天,不旋日。'[10]惟陛下留神裁察。"因召見舉及尚書令成翊世、僕射黃瓊,問以得失。舉等並對以為宜慎官人,去斥貪汙,離遠佞邪,循文帝之儉,尊孝明之教,則時雨必應。帝曰:"百官貪汙佞邪者為誰乎?"舉獨對曰:"臣從下州,超備機密,不足以別群臣。[11]然公卿大臣數有直言者,忠貞也;阿諛苟容者,佞邪也。司徒視事六年,未聞有忠言異謀,愚心在此。"其後以事免司徒劉崎,遷舉司隸校尉。

【注】

〔1〕天統、地統、人統謂之三統。事見《白武通》。[二一]

〔2〕《尚書·洪範》曰:"建用皇極。"孔安國注云:"皇,大也。極,中也。言立大中之道而行之也。"

〔3〕五品,五常之教也。《書》曰:"五品不遜,汝作司徒,敬敷五教在寬。"訓亦遜之義。

〔4〕殁,終也。

〔5〕《帝王紀》曰:"武王入殷,命召公釋箕子之囚,表商容之閭,出傾宮之女於諸侯。"

〔6〕《帝王紀》曰:"湯伐桀,後大旱七年,洛川竭,使人持三足鼎祝於山川曰:'政不節邪?使人疾邪?苞苴行邪?讒夫昌邪?宮室榮邪?女謁行邪?何不雨之極也!'"

〔7〕解見《楊厚傳》。[二二]

〔8〕《晏子春秋》之文。

〔9〕緣木求魚,見《孟子》之文。《韓詩外傳》曰:"夫明鏡所以照形,往古所以知今。夫惡知往古之所以危亡,無異却行而求逮於前人也。"

〔10〕《易稽覽圖》之文也。解具《郎顗傳》也。

〔11〕別音彼列反。

永和元年，災異數見，省內惡之，詔召公、卿、中二千石、尚書詣顯親殿，問曰："言事者多云，昔周公攝天子事，及薨，成王欲以公禮葬之，天為動變。及更葬以天子之禮，即有反風之應。"[1]北鄉侯親為天子而葬以王禮，故數有災異，宜加尊諡，列於昭穆。"群臣議者多謂宜如詔旨，舉獨對曰："昔周公有請命之應，隆太平之功，故皇天動威，以章聖德。北鄉侯本非正統，姦臣所立，立不踰歲，年號未改，皇天不祐，大命夭昏。[2]《春秋》王子猛不稱崩，魯子野不書葬。[3]今北鄉侯無它功德，以王禮葬之，於事已崇，不宜稱諡。災眚之來，弗由此也。"於是司徒黃尚、太常桓焉等七十人同舉議，帝從之。尚字伯河，南郡人也，少歷顯位，亦以政事稱。

【注】

〔1〕《尚書洪範五行傳》曰："周公死，成王不圖大禮，故天大雷雨，禾偃，大木拔。及成王寤《金縢》之策，改周公之葬，尊以王禮，申命魯郊，而天立復風雨，禾稼盡起。"

〔2〕杜預注《左傳》曰："短折曰夭，未名曰昏。"

〔3〕子猛，周景王之子。子野，魯襄公之子。《春秋經》書"王子猛卒"。杜元凱注云："未即位，故不言崩。"又曰："秋九月癸巳，子野卒。"注曰："不書葬，未成君也。"

舉出為蜀郡太守，坐事免。大將軍梁商表為從事中郎，甚敬重焉。六年三月上巳日，商大會賓客，讌于洛水，[1][二三]舉時稱疾不往。商與親暱酣飲極歡，及酒闌倡罷，繼以《薤露》之歌，坐中聞者，皆為掩涕。[2]太僕張种時亦在焉，會還，以事告舉。舉歎曰："此所謂哀樂失時，非其所也。殃將及乎！"[3]商至秋果薨。商疾篤，帝親臨幸，問以遺言。對曰："人之將死，其言也善。臣從事中郎周舉，清高忠正，可重任也。"由是拜舉諫議大夫。

【注】

〔1〕《周官》曰:"女巫,掌歲時祓除釁浴。"鄭玄云:"如今三月上巳,水上之類也。"司馬彪《續漢書》曰"三月上巳,官人皆絜於東流水上,自洗濯祓除為大絜"也。

〔2〕《纂文》曰:"《薤露》,今之挽歌也。"崔豹《古今注·薤露歌》曰:"薤上露何易晞!〔二四〕露晞明朝還復落,人死一去何時歸?"

〔3〕《左傳》曰,叔孫昭子與宋公語,相泣。樂祁退而告人曰:"君與叔孫其皆死乎?吾聞之,哀樂而樂哀,皆喪心也。心之精爽,是謂魂魄。魂魄去之,何以能久也!"

時連有災異,帝思商言,召舉於顯親殿,問以變告。舉對曰:"陛下初立,遵脩舊典,興化致政,遠近肅然。頃年以來,稍違於前,朝多寵倖,祿不序德。觀天察人,準今方古,誠可危懼。《書》曰:'僭恒暘若。'〔1〕夫僭差無度,則言不從而下不正;陽無以制,則上擾下竭。宜密嚴勑州郡,察彊宗大姦,以時禽討。"其後江淮猾賊周生、徐鳳等處處並起,如舉所陳。

【注】

〔1〕《尚書·洪範》之文也。孔安國注曰:"君行僭差,則常暘順之也。"

時詔遣八使巡行風俗,皆選素有威名者,乃拜舉為侍中,與侍中杜喬、守光祿大夫周栩、前青州刺史馮羨、尚書欒巴、侍御史張綱、兗州刺史郭遵、〔二五〕太尉長史劉班並守光祿大夫,分行天下。其刺史、二千石有臧罪顯明者,驛馬上之;墨綬以下,便輒收舉。其有清忠惠利,為百姓所安,宜表異者,皆以狀上。於是八使同時俱拜,天下號曰"八俊"。舉於是劾奏貪猾,表薦公清,朝廷稱之。遷河內太守,徵為大鴻臚。

及梁太后臨朝,詔以殤帝幼崩,廟次宜在順帝下。太常馬訪奏宜如詔書，諫議大夫呂勃以為應依昭穆之序，先殤帝，後順帝。詔下公卿。舉議曰："《春秋》魯閔公無子，庶兄僖公代立，其子文公遂躋僖於閔上。孔子譏之，書曰：'有事于太廟，躋僖公。'《傳》曰：'逆祀也。'〔1〕及定公正其序，經曰'從祀先公'，為萬世法也。〔2〕今殤帝在先，於秩為父，順帝在後，於親為子，先後之義不可改，昭穆之序不可亂。呂勃議是也。"太后下詔從之。遷光祿勳，會遭母憂去職，後拜光祿大夫。

【注】

〔1〕事見《左氏傳》。

〔2〕《左氏傳》："從祀先公。"杜預云："從，順也。先公，閔公、僖公也。將正二公之位，親盡，故通言先公也。"

建和三年卒。朝廷以舉清公亮直，方欲以為宰相，深痛惜之。乃詔告光祿勳、汝南太守曰："昔在前世，求賢如渴，封墓軾閭，以光賢哲。〔1〕故公叔見誅，翁歸蒙述，所以昭忠厲俗，作範後昆。〔2〕故光祿大夫周舉，性侔夷、魚，〔3〕忠踰隨、管，〔4〕前授牧守，及還納言，出入京輦，有欽哉之績，〔5〕在禁闈有密靜之風。予錄乃勳，用登九列。方欲式序百官，亮協三事，不永夙終，用乖遠圖。朝廷愍悼，良為愴然。《詩》不云乎：'肇敏戎功，用錫爾祉。'〔6〕其令將大夫以下到喪發日復會弔。加賜錢十萬，以旌委蛇素絲之節焉。"〔7〕子勰。

【注】

〔1〕《尚書》曰，武王入殷，封比干墓，軾商容閭。

〔2〕公叔文子，衛大夫也。文子卒，其子戍請謚於君。君曰："昔者衛國凶飢，夫子為粥與國之餓者，不亦惠乎？衛國有難，夫子以其死衛寡人，不亦貞乎？夫子聽衛國之政，脩其班制，不亦文乎？謂夫子'貞惠文子'。"事見《禮記》。尹翁歸為右扶風，［卒］，〔二六〕宣帝下詔褒揚，賜金百斤。班固曰："翁

歸承風，帝揚厥聲。"故曰蒙述也。

〔3〕伯夷、史魚也。

〔4〕隨會、管仲。

〔5〕《史記》《堯典》曰："咨十有二牧，欽哉！"

〔6〕《詩·大雅》也。肇，謀也。敏，疾也。戎，汝也。錫，賜也。祉，福也。

〔7〕(詩)《國風·羔羊》詩：〔二七〕"羔羊之皮，素絲五紽。退食自公，委蛇委蛇。"

〔8〕音叶。

飆字巨勝，少尚玄虛，以父任為郎，自免歸家。父故吏河南召夔為郡將，卑身降禮，致敬於飆。〔二八〕飆恥交報之，因杜門自絕。後太守舉孝廉，復以疾去。時梁冀貴盛，被其徵命者，莫敢不應，唯飆前後三辟，竟不能屈。後舉賢良方正，不應。又公車徵，玄纁備禮，固辭廢疾。常隱處竄身，慕老聃清靜，杜絕人事，巷生荊棘，十有餘歲。至延熹二年，乃開門延賓，游談宴樂，及秋而梁冀誅，年終而飆卒，時年五十。蔡邕以為知命。自飆曾祖父揚至飆孫恂，六世一身，皆知名云。

黃瓊字世英，江夏安陸人，魏郡太守香之子也。香在《文苑傳》。瓊初以父任為太子舍人，辭病不就。遭父憂，服闋，五府俱辟，連年不應。

永建中，公卿多薦瓊者，於是與會稽賀純、廣漢楊厚俱公車徵。瓊至綸氏，稱疾不進。〔1〕有司劾不敬，詔下縣以禮慰遣，遂不得已。先是徵聘處士多不稱望，李固素慕於瓊，乃以書逆遺之曰："聞已度伊、洛，近在萬歲亭，豈即事有漸，將順王命乎？〔2〕蓋君子謂伯夷隘，柳下惠不恭，故傳曰'不夷不惠，可否之閒'。〔3〕蓋聖賢居身之所珍也。誠遂欲枕山棲谷，擬跡巢、由，斯則可矣；若當輔政濟民，今其時也。自生民以來，善政少而亂俗多，必待堯舜之君，此為志士終無時矣。常聞語曰：〔二九〕'嶢嶢者易缺，皦皦者易汙。'《陽春》之曲，和者必寡，盛名之下，其實難副。[4] 近魯陽樊君被徵初至，朝廷設壇席，猶待神明。[5] 雖無大異，而言行所守無缺。而毀謗布流，應時折減者，豈非觀聽望深，聲名太盛乎？自頃徵聘之士，胡元安、薛孟嘗、朱仲昭、顧季鴻等，其功業皆無所採，是故俗論皆言處士純盜虛聲。願先生弘此遠謨，令眾人歎服，一雪此言耳。"瓊至，即拜議郎，稍遷尚書僕射。

【注】

〔1〕綸氏即夏之綸國，少康之邑也。《竹書紀年》云："楚及秦伐鄭綸氏。"今洛州故嵩陽縣城是也。

〔2〕萬歲亭在今洛州故嵩陽縣西北。武帝元封元年，幸緱氏，登太室，聞山上呼萬歲聲者三，因以名焉。

〔3〕《論語》孔子曰，伯夷、叔齊不降其志，不辱其身。謂柳下惠、少連降志辱身。我則異於是，無可無不可。鄭玄注云：不為夷、齊之清，不為惠、連之屈，故曰異於是也。

〔4〕宋玉對楚襄王問曰："客有歌於郢中者，為《下里巴人》，國中屬而和者數千人；為《陽春白雪》，屬而和者不過數百人。是其曲彌高，其和彌寡。"

〔5〕樊君，樊英也。事具《英傳》。

初，瓊隨父在臺閣，習見故事。及後居職，達練官曹，爭議朝堂，莫能抗奪。時連有災異，瓊上疏順帝曰："間者以來，卦位錯謬，[1] 寒燠相干，蒙氣數興，日闇月散。[2] 原之天意，殆不虛然。陛下宜開石室，案《河》、《洛》，[3] 外命史官，悉條上永建以前至漢初災異，與永建以後訖于今日，孰為多少。又使近臣儒者參考政事，數見公卿，察問得失。諸無功德者，宜皆斥黜。臣前頗陳災眚，并薦光祿大夫樊英、太中大夫薛包及會稽賀純、廣漢楊厚，未蒙御省。伏見處士巴郡黃錯、漢陽任棠，年皆耆艾，有作者七人之志。[4]宜更見引致，助崇大化。"於是有詔公車徵錯等。

【注】

〔1〕《易乾鑿度》曰："求卦主歲術常以太歲為歲紀歲，七十六為一紀，二十紀為一蔀首。即置積蔀首歲數，加所入紀歲數，以三十二除之，不足除者以乾坤始數二卦而得一歲，未算即主歲之卦也。"

〔2〕蒙，陰闇也。散謂不精明。

〔3〕石室，藏書之府。《河》、《洛》，圖書之文也。

〔4〕《論語》曰："作者七人。"注云："謂伯夷、叔齊、虞仲、夷逸、朱張、柳下惠、少連。"

三年，大旱，瓊復上疏曰："昔魯僖遇旱，以六事自讓，躬節儉，閉女謁，放讒佞者十三人，誅稅民受貨者九人，[1]退舍南郊，天立大雨。今亦宜顧省政事，有所損闕，務存質儉，以易民聽。尚方御府，息除煩費。明勑近臣，使遵法度，如有不移，示以好惡。數見公卿，引納儒士，訪以政化，使陳得失。又囚徒尚積，多致死亡，亦足以感傷和氣，招降災旱。若改敝從善，擇用嘉謀，則災消福至矣。"書奏，引見德陽殿，使中常侍以瓊奏書屬主者施行。

【注】

〔1〕《春秋考異郵》曰"僖公之時，雨澤不澍，比于九月，公大驚懼，[三〇]率群臣禱山川，以六過自讓，絀女謁，放下讒佞郭都（之）等[三一]十三人，誅領人之吏受貨賂趙祝等九人。曰：'辜在寡人。方今天旱，野無生稼，寡人當死，百姓何謗，請以身塞無狀'"也。

自帝即位以後，不行籍田之禮。瓊以國之大典不宜久廢，上疏奏曰："自古聖帝哲王，莫不敬恭明祀，增致福祥，故必躬郊廟之禮，親籍田之勤，以先群萌，率勸農功。昔周宣王不籍千畝，虢文公以為大譏，卒有姜戎之難，終損中興之名。[1]竊見陛下遵稽古之鴻業，體虔肅以應天，順時奉元，懷柔百神，朝夕觸塵埃於道路，晝暮聆庶政以卹人。雖《詩》詠成湯之不怠遑，《書》美文王之不暇食，誠不能加。[2]今廟祀適闋，而祈穀絜齋之事，近在明日。臣恐左右之心，不欲屢動聖躬，以為親耕之禮，可得而廢。臣聞先王制典，籍田有日，司徒咸戒，司空除壇。先時五日，有協風之應，王即齋宮，饗醴載耒，誠重之也。自癸巳以來，仍西北風，甘澤不集，寒涼尚結。[3]迎春東郊，既不躬親，先農之禮，所宜自勉，以逆和氣，以致時風。[4]《易》曰：'君子自強不息。'斯其道也。"[5]書奏，帝從之。

【注】

[1]《國語》曰，宣王即位，不籍千畝。虢文公諫曰："夫人之大事在農，上帝之粢盛於是乎出，故稷為太官。古者太史順時覛土，[三二]農祥晨正日月，底于天廟。先時九日，太史告稷曰：'陽氣俱蒸，土膏其動。'稷以告王，王即齋宮，百官御事。王耕一墢，班三之，庶人終于千畝。"王弗聽，後師敗績于姜氏之戎。墢音扶發反。

[2]《詩・商頌》曰："不僭不濫，不敢怠遑。"《書》曰"文王至于日中昃，不遑暇食"也。

[3]西北風曰不周風，亦曰厲風，見《呂氏春秋》也。

[4]《五經通義》曰："八風者，八卦之氣。八風以時至，則陰陽變化之道成，萬物得以時育生之。"

[5]《乾卦・象》曰"天行健，君子以自強不息"也。

頃之，遷尚書令。瓊以前左雄所上孝廉之選，專用儒學文吏，於取士之義，猶有所遺，乃奏增孝悌及能從政者為四科，事竟施行。又雄前議舉吏先試之於公府，又覆之於端門，後尚書張盛奏除此科。瓊復上言："覆試之作，將以澄洗清濁，覆實虛濫，不宜改革。"帝乃止。出為魏郡太守,稍遷太常。和平中,以選入侍講禁中。

元嘉元年,遷司空。桓帝欲襃崇大將軍梁冀,使中朝二千石以上會議其禮。特進胡廣、太常羊溥、司隸校尉祝恬、太中大夫邊韶等,咸稱冀之勳德,其制度賛賞,以宜比周公,〔三三〕錫之山川、土田、附庸。[1] 瓊獨建議曰:"冀前以親迎之勞,增邑三千,〔三四〕又其子胤亦加封賞。昔周公輔相成王,制禮作樂,化致太平,是以大啓土宇,開地七百。[2] 今諸侯以户邑為制,不以里數為限。蕭何識高祖於泗水,霍光定傾危以興國,皆益户增封,以顯其功。[3] 冀可比鄧禹,合食四縣,賞賜之差,同於霍光,使天下知賞必當功,爵不越德。"朝廷從之。冀意以為恨。會以地動策免。復為太僕。

【注】

[1]《詩‧魯頌》曰:"王曰叔父,建尔元子,俾侯于魯,啓尔土宇,〔三五〕為周室輔。乃命魯公,俾侯于東,錫之山川,土田附庸。"注云:"王,成王也。叔父,周公也。"

[2]《禮記‧明堂位》曰"周公相武王以伐紂。武王崩,成王幼弱,周公踐天子位,以理天下。七年,致政於成王。成王以周公有勳勞於天下,是以封周公於曲阜,地方七百里,革車千乘,命魯公世世祀周公以天子之禮樂"也。

[3]高祖為泗上亭長,蕭何佐之,後拜何為相國,益封五千户。霍光廢昌邑王,立宣帝,後益封光萬七千户。

永興元年,遷司徒,轉太尉。梁冀前後所託辟召,一無所用。雖有善人而為冀所飾舉者,〔三六〕亦不加命。延熹元年,以日食免。復為大司農。明年,梁冀被誅,太尉胡廣、司徒韓縯、〔三七〕司空孫朗皆坐阿附免廢,復拜瓊為太尉。以師傅之恩,而不阿梁氏,乃封為邟鄉侯,[1] 邑千户。瓊辭疾讓封六七上,言旨懇惻,乃許之。梁冀既誅,瓊首居公位,舉奏州郡素行貪汙至死徙者十餘人,海内由是翕然望之。尋而五侯擅權,傾動内外,自度力不能匡,乃稱疾不起。[2] 四年,以寇賊免。其年復為司空。秋,以地震免。

【注】

〔1〕《説文》云"郟,潁川縣"也。漢潁川有周承休侯國,元始二年更名曰郟,音亢。

〔2〕五侯謂左悺、徐璜等。

七年,疾篤,上疏諫曰:"臣聞天者務剛其氣,君者務彊其政。是以王者處高自持,不可不安;履危任力,不可不據。夫自持不安則顛,任力不據則危。故聖人升高據上,則以德義為首;涉危蹈傾,則以賢者為力。〔三八〕唐堯以德化為冠冕,以稷、契為筋力。高而益崇,動而愈據,此先聖所以長守萬國,保其社稷者也。昔高皇帝應天順民,奮劍而王,埽除秦、項,革命創制,降德流祚。至於哀、平,而帝道不綱,秕政日亂,遂使姦佞擅朝,外戚專恣。所冠不以仁義為冕,所蹈不以賢佐為力,終至顛蹶,滅絕漢祚。天維陵弛,民鬼慘愴,賴皇乾眷命,炎德復輝。光武以聖武天挺,繼統興業,創基冰泮之上,立足枳棘之林。〔1〕擢賢於衆愚之中,畫功於無形之世。〔2〕崇禮義於交爭,循道化於亂離。是自歷高而不傾,任力危而不跌,興復洪祚,開建中興,光被八極,垂名無窮。至於中葉,盛業漸衰。陛下初從藩國,爰升帝位,天下拭目,謂見太平。而即位以來,未有勝政。諸梁秉權,豎宦充朝,重封累職,傾動朝廷,卿校牧守之選,皆出其門,羽毛齒革、明珠南金之寶,殷滿其室,〔3〕富擬王府,勢回天地。言之者必族,附之者必榮。忠臣懼死而杜口,萬夫怖禍而木舌,〔4〕塞陛下耳目之明,更為聾瞽之主。故太尉李固、杜喬,忠以直言,德以輔政,念國亡身,〔三九〕隕歿為報,而坐陳國議,遂見殘滅。〔5〕賢愚切痛,海内傷懼。又前白馬令李雲,指言宦官罪穢宜誅,皆因衆人之心,以救積薪之敝。〔6〕弘農杜衆,知雲所言宜行,懼雲以忠獲罪,故上書陳理之,乞同日而死,所以感悟國家,庶雲獲免。而雲既不辜,衆又并坐,天下尤痛,益以怨結,故朝野之人,以忠為諱。

昔趙殺鳴犢,孔子臨河而反。夫覆巢破卵,則鳳皇不翔;刳牲夭胎,則麒麟不臻。誠物類相感,理使其然。〔7〕尚書周永,昔為沛令,素事梁冀,幸其威埶,坐事當罪,越拜令職。見冀將衰,乃陽毀示忠,遂因姦計,亦取封侯。又黃門協邪,群輩相黨,自冀興盛,腹背相親,朝夕圖謀,共搆姦軌。臨冀當誅,無可設巧,復記其惡,以要爵賞。陛下不加清澂,審別真偽,復與忠臣並時顯封,使朱紫共色,粉墨雜蹂,所謂抵金玉於沙礫,〔8〕碎珪璧於泥塗。四方聞之,莫不憤歎。昔曾子大孝,慈母投杼;〔9〕伯奇至賢,終於流放。〔10〕夫讒諛所舉,無高而不可升;[阿黨]相抑,〔四〇〕無深而不可淪。可不察歟?臣至頑駑,世荷國恩,身輕位重,勤不補過,然懼於永歿,負釁益深。敢以垂絕之日,〔四一〕陳不諱之言,庶有萬分,無恨三泉。"〔11〕其年卒,時年七十九。贈車騎將軍,諡曰忠侯。〔四二〕孫琬。

【注】

〔1〕泮冰諭危陷。枳棘諭艱難。

〔2〕形,兆也。言未有天下之兆。"畫"或作"書"也。

〔3〕殷,盛也。

〔4〕《法言》曰"金口木舌"也。

〔5〕坐音才臥反。

〔6〕賈誼上疏曰"夫抱火厝之積薪之下而寢其上,火未及然,因謂之安。方今之政,何以異此"也。

〔7〕《史記》曰,孔子將西見趙簡子,至於河而聞竇鳴犢、舜華之死也,臨河而歎曰:"美哉洋洋,丘之不濟此,命也夫!竇鳴犢、舜華,晉之賢大夫也。趙簡子未得志之時,須此兩人而後從政,及其得志而殺之。丘聞刳胎殺夭,則麒麟不至郊藪;涸澤而漁,則蛟龍不合陰陽;〔四三〕覆巢毀卵,則鳳皇不翔。何則?君子諱傷其類也。"事亦見《孔子家語》文也。

〔8〕抵,投也,音紙。

〔9〕解見《寇榮傳》。

〔10〕《説苑》曰"王國子前母子伯奇，後母子伯封。後母欲其子立為太子，説王曰：'伯奇好妾。'王不信。其母曰：'令伯奇於後園，妾過其旁，王上臺視之，即可知。'王如其言，伯奇入園，後母陰取蜂十數置單衣中，過伯奇邊曰：'蜂螫我。'伯奇就衣中取蜂殺之。王遥見之，乃逐伯奇"也。

〔11〕三者數之極。一生二，二生三，三生萬物，天地人之極數。故以三為名者，取其深之極也。

琬字子琰。〔四四〕少失父，〔四五〕早而辯慧。祖父瓊，初為魏郡太守，〔四六〕建和元年正月日食，京師不見而瓊以狀聞。太后詔問所食多少，瓊思其對而未知所況。琬年七歲，在傍，曰："何不言日食之餘，如月之初？"瓊大驚，即以其言應詔，而深奇愛之。後瓊為司徒，琬以公孫拜童子郎，辭病不就，知名京師。時司空盛允有疾，瓊遣琬候問，會江夏上蠻賊事副府，〔1〕允發書視畢，微戲琬曰："江夏大邦，而蠻多士少。"琬奉手對曰："蠻夷猾夏，責在司空。"因拂衣辭去。允甚奇之。

【注】
〔1〕副本詣公府也。

稍遷五官中郎將。時陳蕃為光禄勳，深相敬待，數與議事。舊制，光禄舉三署郎，以高功久次才德尤異者為茂才四行。〔1〕時權富子弟多以人事得舉，而貧約守志者以窮退見遺，京師為之謠曰："欲得不能，光禄茂才。"〔2〕於是琬、蕃同心，顯用志士，平原劉醇、河東朱山、蜀郡殷參等並以才行蒙舉。蕃、琬遂為權富郎所見中傷，事下御史[中]丞王暢、〔四七〕侍御史刁韙。韙、暢索重蕃、琬，不舉其事，而左右復陷以朋黨。暢坐左轉議郎而免蕃官，琬、韙俱禁錮。

【注】
〔1〕久次謂久居官次也。
〔2〕能音乃來反。

趯字子榮,彭城人。後陳蕃被徵,而言事者多訟趯,復拜議郎,遷尚書。在朝有鯁直節,出為魯、東海二郡相。性抗厲,有明略,所在稱神。常以法度自整,家人莫見憛容焉。

琬被廢棄幾二十年。至光和末,太尉楊賜上書薦琬有撥亂之才,由是徵拜議郎,擢為青州刺史,遷侍中。中平初,出為右扶風,徵拜將作大匠、少府、太僕。又為豫州牧。時寇賊陸梁,州境彫殘,琬討擊平之,威聲大震。政績為天下表,封關內侯。

及董卓秉政,以琬名臣,徵為司徒,遷太尉,更封陽泉鄉侯。卓議遷都長安,琬與司徒楊彪同諫不從。琬退而駁議之曰:"昔周公營洛邑以寧姬,光武卜東都以隆漢,天之所啟,神之所安。大業既定,豈宜妄有遷動,以虧四海之望?"時人懼卓暴怒,琬必及害,固諫之。琬對曰:"昔白公作亂於楚,屈廬冒刃而前;〔1〕崔杼弒君於齊,晏嬰不懼其盟。〔2〕吾雖不德,誠慕古人之節。"琬竟坐免。卓猶敬其名德舊族,不敢害。後與楊彪同拜光祿大夫,及徙西都,轉司隸校尉,與司徒王允同謀誅卓。及卓將李傕、郭汜攻破長安,遂收琬下獄死,時年五十二。

【注】
〔1〕《新序》曰:"白公勝(殺)〔將弒〕楚惠王,〔四八〕王出亡,令尹、司馬皆死,勝拔劍而屬之於屈廬曰:'子與我,將舍子,不我與,將殺子。'屈廬曰:'《詩》有之曰:"莫莫葛藟,延于條枚,愷悌君子,求福不回。"今子殺子叔父而求福於廬也,可乎?且吾聞之,知命之士,見利不動,臨死則死,是謂人臣之禮。〔四九〕故上知天命,下知臣道。其有可劫乎?子胡不推之!'白公勝乃入其劍焉。"
〔2〕解見《馮衍傳》。

論曰：古者諸侯歲貢士，進賢受上賞，非賢貶爵土。升之司馬，辯論其才，論定然後官之，任官然後禄之。〔1〕故王者得其人，進仕勸其行，經邦弘務，所由久矣。漢初詔舉賢良、方正，州郡察孝廉、秀才，斯亦貢士之方也。中興以後，復增敦朴、有道、賢能、〔五〇〕直言、獨行、高節、質直、清白、敦厚之屬。榮路既廣，觖望難裁，自是竊名偽服，浸以流競。權門貴仕，請謁繁興。自左雄任事，限年試才，雖頗有不密，固亦因識時宜。〔五一〕而黃瓊、胡廣、張衡、崔瑗之徒，泥滯舊方，互相詭駁，循名者屈其短，算實者挺其効。故雄在尚書，天下不敢妄選，十餘年間，稱為得人，斯亦効實之徵乎？順帝始以童弱反政，而號令自出，知能任使，故士得用情，天下喁喁仰其風采。遂乃備玄纁玉帛，以聘南陽樊英，天子降寢殿，設壇席，尚書奉引，延問失得。急登賢之舉，虛降己之禮，於是處士鄙生，忘其拘儒，〔2〕拂巾衽褐，以企旌車之招矣。至乃英能承風，俊乂咸事，若李固、周舉之淵謨弘深，左雄、黃瓊之政事貞固，桓焉、楊厚以儒學進，崔瑗、馬融以文章顯，吳祐、蘇章、种暠、欒巴牧民之良幹，龐參、虞詡將帥之宏規，王龔、張皓虛心以推士，張綱、杜喬直道以糾違，郎顗陰陽詳密，張衡機術特妙：東京之士，於茲盛焉。向使廟堂納其高謀，彊（場）[場]宣其智力，〔五二〕帷幄容其謇辭，舉厝稟其成式，則武、宣之軌，豈其遠而？〔3〕《詩》云："靡不有初，鮮克有終。"可為恨哉！及孝桓之時，碩德繼興，〔4〕陳蕃、楊秉處稱賢宰，皇甫、張、段〔五三〕出號名將，王暢、李膺彌縫衮闕，〔5〕朱穆、劉陶獻替匡時，郭有道獎鑒人倫，陳仲弓弘道下邑。其餘宏儒遠智，高心絜行，激揚風流者，不可勝言。而斯道莫振，文武陵隊，在朝者以正議嬰戮，謝事者以黨錮致灾。往車雖折，而來軫方遒。〔6〕所以傾而未顛，決而未潰，豈非仁人君子心力之為乎？嗚呼！

【注】
〔1〕《尚書大傳》曰"古者諸侯之於天子，三年一貢士。一適謂之好德，再適謂之賢賢，三適謂之有功。有功者，天子賜以車服弓矢，號曰命。諸侯有

不貢士謂之不率正，一不適謂之過，再不適謂之傲，三不適謂之誣。誣者，天子絀之，一絀以爵，再絀以地，三絀而爵地畢"也。

〔2〕拘儒猶褊狹也。

〔3〕而，語辭也。《論語》曰："豈不爾思，室是遠而。"

〔4〕碩，大也。

〔5〕彌縫猶補合也。《詩》曰："袞職有闕，惟仲山甫補之。"

〔6〕《廣雅》曰："遒，急也。"

贊曰：雄作納言，古之八元。舉升以彙，越自下蕃。[1]登朝理政，並紓災昏。[2]瓊名夙知，累章國疵。[3]琬亦早秀，位及志差。[4]

【注】

〔1〕彙，類也。《易》曰："以其彙征吉。"彙音謂。

〔2〕紓，解也，音式余反。

〔3〕疵，病也。

〔4〕志意差舛，不能遂也。差音楚宜反。

【校勘記】

〔一〕南(郡)〔陽〕涅陽人也 《集解》引洪亮吉説，謂"郡"應作"陽"，刊寫之誤。今據改。

〔二〕臣聞柔遠和邇 按：《校補》引柳從辰説，謂閩本"聞"下有"之"字。

〔三〕興雨祁祁 按：王先謙謂據注"興雨"當作"興雲"。此用三家《詩》，而後人據毛改之。

〔四〕褒豔謂褒姒也豔色美也 《集解》引錢大昕説，謂章懷注用毛氏説，鄭康成則以豔妻為厲王后，謂《正月》惡褒姒滅周，《十月之交》疾豔妻煽方處，則"褒豔"非一人。此疏上言"幽、厲昏亂"，下言"褒豔用權"，則亦與鄭説同。《魯詩》"豔"作"閻"，《尚書中候》作"剡"。閻、剡、豔文異實同，蓋其女族姓，非訓美色也。

〔五〕厲王淫於色　殿本"厲"作"幽"。按：用毛説當作"幽"，依鄭説應作"厲"也。

〔六〕問畜貨聚（焉）〔馬〕　《刊誤》謂案《國語》作"聚馬"，此誤。今據改。

〔七〕詔試明經者補弟子　按：《順帝紀》"明經"下有"下第"二字。

〔八〕諸王國郎者百三十八人　按：張燴謂"者"字衍。

〔九〕迄于永（嘉）〔憙〕　"永嘉"乃"永憙"之譌，今改，詳《冲帝紀》校勘記。汲本、殿本作"永熹"，錢大昭謂"熹"乃"憙"之譌。

〔一〇〕故稱家〔法〕　據汲本、殿本補。

〔一一〕淑字伯進　按：殿本"伯進"作"伯達"。

〔一二〕九卿位亞三事　按：《集解》引惠棟説，謂《東觀記》"三事"作"三公"。

〔一三〕周舉字宣光　《校補》引柳從辰説，謂《書鈔》七十二引《續漢書》作"字真先"。按：《類聚》五十、《御覽》二百五十六引無"字真先"三字。

〔一四〕延（熹）〔光〕四年　據《集解》引錢大昕説改。

〔一五〕謀殺嚴公嚴公誓之黃泉　汲本、殿本"嚴"並作"莊"。按：此避明帝諱，未回改也。

〔一六〕今詔怒　按：《集解》引何焯説，謂"怒"下疑有脱文。

〔一七〕位為台輔　按：汲本、殿本"為"作"至"。

〔一八〕尚書郭虔　按：《集解》引汪文臺説，謂《御覽》五九四引張璠《漢記》，謂"尚書郭度見之歎息，上疏願退位避舉"。"虔"作"度"，未知孰是。

〔一九〕順四節之宜　按：汲本、殿本"節"作"時"。

〔二〇〕猶緣木希魚却行求前　汲本、殿本"希魚"作"求魚"。按：《群書治要》亦作"希魚"。李慈銘謂此因下文有"求"字而避易，今本乃據《孟子》妄改之。

〔二一〕事見白武通　汲本、殿本"武"作"虎"。按：此避唐諱，未回改也。

〔二二〕解見楊厚傳　按：《集解》引惠棟説，謂《楊厚傳》無此注，《黃瓊傳》有之。

〔二三〕讒于洛水　按："于"原作"乎"，逕據汲本、殿本改。

〔二四〕巖上露何易晞　按：《集解》引李良裘説，謂按《古今注》"露"上有"朝"字，以七字為句。

〔二五〕兗州刺史郭遵　《集解》引汪文臺説，謂《御覽》七七八引《續漢書》，"郭遵"作"甄遵"。

〔二六〕尹翁歸為右扶風〔卒〕　據《刊誤》補。

〔二七〕(詩)國風羔羊詩　據汲本、殿本刪。

〔二八〕致敬於緦　按："敬"原譌"教"，逕據汲本、殿本改正。

〔二九〕常聞語曰　汲本"常"作"嘗"。按：嘗常通。

〔三〇〕公大驚懼　按："公"原譌"人"，逕據汲本、殿本改正。

〔三一〕郭都(之)等　據《刊誤》刪。

〔三二〕順時覜土　按："覜"原譌"顧"，逕改正。又按："覜"字見《説文》覞部，汲本、殿本作"覗"，亦誤。

〔三三〕以宜比周公　《刊誤》謂"以宜"當作"宜以"。《集解》引沈欽韓説，謂袁《紀》無"以"字，更順。按：原本"以"字漫漶，逕據汲本、殿本補。

〔三四〕增邑三千　按："三千"原作"三十"，然查張元濟校勘記，謂"十"字板損宜修，則原本"十"字或亦作"千"也。今從汲本、殿本。

〔三五〕啓尔土宇　按：今《詩》作"大啓爾宇"。

〔三六〕為冀所飾舉者　按：汲本"飾"作"辟"。

〔三七〕司徒韓縯　按：惠棟《補注》謂《風俗通》"縯"作"演"。

〔三八〕則以賢者為力　袁宏《紀》作"則以忠賢為助"。按："忠賢"與上"德義"相對成文，當從袁《紀》。

〔三九〕念國亡身　殿本"亡"作"忘"。按：亡忘通。

〔四〇〕［阿黨］相抑　《集解》引王補説，謂袁《紀》作"阿黨相抑"。按："阿黨相抑"與上"讒諛所舉"相對成文，今依袁《紀》補"阿黨"二字。

〔四一〕敢以垂絶之日　袁《紀》作"敢以垂死之年"。按：袁《紀》瓊上疏在延熹二年，云會單超等五侯擅權，瓊自度力不能制，乃稱疾不朝，上表曰云云，與此云七年疾篤上疏諫異，措辭亦不同也。

〔四二〕謚曰忠侯　按：惠棟《補注》謂袁《紀》作"昭侯"。

〔四三〕則蛟龍不合陰陽　汲本、殿本"不合陰陽"作"不處其淵"。按：《史記·孔子世家》作"不合陰陽"，今本《家語·困誓篇》作"不處其淵"。

〔四四〕琬字子琰　按：《集解》引惠棟説，謂《文選》注引范《書》作"公琰"。

〔四五〕少失父　按：《集解》引惠棟説，謂《文選》注引云"少失父母"。

〔四六〕祖父瓊初為魏郡太守　按：《集解》引惠棟説，謂《文選》注引云"祖父瓊育之，初為魏郡太守"云云也。

〔四七〕事下御史［中］丞王暢　據汲本補。

〔四八〕白公勝（殺）［將弑］楚惠王　據今《新序》增删。

〔四九〕見利不動臨死則死是謂人臣之禮　按：《校補》引柳從辰説，謂今《新序》作"見利不動，臨死不恐，為人臣者，時生則生，時死則死"。

〔五〇〕賢能　按："賢能"上原衍"仁"字，逕據汲本、殿本删。

〔五一〕固亦因識時宜　按：《刊誤》謂案文當作"因時識宜"。

〔五二〕彊（塲）［場］宣其智力　據汲本改。

〔五三〕皇甫張段　按："段"原譌"叚"，逕改正。

後漢書卷六十二

荀韓鍾陳列傳第五十二

荀淑字季和，潁川潁陰人（也），〔一〕荀卿十一世孫也。[1]少有高行，博學而不好章句，多為俗儒所非，而州里稱其知人。

【注】
〔1〕卿名況，趙人也。為楚蘭陵令。著書二十二篇，號《荀卿子》。避宣帝諱，故改曰"孫"也。

安帝時，徵拜郎中，後再遷當塗長。[1]去職還鄉里。當世名賢李固、李膺等皆師宗之。及梁太后臨朝，有日食地震之變，詔公卿舉賢良方正，光祿勳杜喬、少府房植舉淑對策，譏刺貴倖，為大將軍梁冀所忌，出補朗陵侯相。[2]莅事明理，稱為神君。頃之，棄官歸，閑居養志。產業每增，輒以贍宗族知友。年六十七，建和三年卒。李膺時為尚書，自表師喪。[3]二縣皆為立祠。有子八人：儉，緄，靖，燾，汪，爽，肅，專，〔二〕並有名稱，時人謂［之］"八龍"。[4]〔三〕

【注】
〔1〕當塗，縣名，故城在今宣州。
〔2〕《續漢書》曰，淑對策譏刺梁氏，故出也。

〔3〕《禮記》曰"事師無犯無隱，左右就養無方，服勤至死，心喪三年"也。

〔4〕緄音昆。橐音道。汪音烏光反。《說文》云："汪，深廣也。"俗本改作"注"，非。"專"本或作"敷"。

初，荀氏舊里名西豪，[1]潁陰令勃海苑康以為昔高陽氏有才子八人，[2]今荀氏亦有八子，故改其里曰高陽里。

【注】
〔1〕今許州城內西南有荀淑故宅，相傳云即舊西豪里也。
〔2〕《左傳》曰："昔高陽氏有才子八人：蒼舒，隤敱，檮戭，[四]大臨，尨降，庭堅，仲容，叔達。"

靖有至行，不仕，年五十而終，號曰玄行先生。[1]

【注】
〔1〕皇甫謐《高士傳》曰"靖字叔慈，少有俊才，動止以禮。靖弟爽亦以才顯於當時。或問汝南許章曰：'爽與靖孰賢？'章曰：'皆玉也。慈明外朗，叔慈內潤。'及卒，學士惜之，誄靖者二十六人。潁陰令丘禎追號靖曰玄行先生"也。

淑兄子昱[五]字伯條，曇字元智。昱為沛相，曇為廣陵太守。兄弟皆正身疾惡，志除閹宦。其支黨賓客有在二郡者，纖罪必誅。昱後共大將軍竇武謀誅中官，與李膺俱死。曇亦禁錮終身。

爽字慈明，一名諝。[1]幼而好學，年十二，能通《春秋》、《論語》。太尉杜喬見而稱之，曰："可為人師。"爽遂耽思經書，慶弔不行，徵命不應。潁川為之語曰："荀氏八龍,慈明無雙。"

【注】
〔1〕音息汝反。

延熹九年,太常趙典舉爽至孝,拜郎中。對策陳便宜曰:

臣聞之於師曰:"漢為火德,火生於木,木盛於火,故其德為孝,〔1〕其象在《周易》之《離》。"夫在地為火,在天為日。〔2〕在天者用其精,在地者用其形。夏則火王,其精在天,溫暖之氣,養生百木,是其孝也。冬時則廢,其形在地,酷烈之氣,焚燒山林,是其不孝也。故漢制使天下誦《孝經》,選吏舉孝廉。〔3〕夫喪親自盡,孝之終也。〔4〕今之公卿及二千石,三年之喪,不得即去,殆非所以增崇孝道而克稱火德者也。往者孝文勞謙,行過乎儉,〔5〕故有遺詔以日易月。此當時之宜,不可貫之萬世。古今之制雖有損益,而諒闇之禮未嘗改移,〔六〕以示天下莫遺其親。〔6〕今公卿群寮皆政教所瞻,而父母之喪不得奔赴。夫仁義之行,自上而始;敦厚之俗,以應乎下。傳曰:"喪祭之禮闕,則人臣之恩薄,背死忘生者眾矣。"曾子曰:"人未有自致者,必也親喪乎!"〔7〕《春秋傳》曰:"上之所為,民之歸也。"〔8〕夫上所不為而民或為之,故加刑罰;若上之所為,民亦為之,又何誅焉?昔丞相翟方進,以自備宰相,而不敢踰制。〔七〕至遭母憂,三十六日而除。〔9〕夫失禮之源,自上而始。古者大喪三年不呼其門,〔10〕所以崇國厚俗篤化之道也。事失宜正,過勿憚改。〔11〕天下通喪,可如舊禮。〔12〕

【注】
〔1〕火,木之子;夏,火之位。木至夏而盛,故為孝。
〔2〕《易·說卦》曰"離為火,為日"也。
〔3〕平帝時,王莽作書八篇戒子孫,令學官以教授,吏能誦者比《孝經》。

《音義》云:"言用之得選舉之也。"

〔4〕盡謂盡其哀戚也。

〔5〕《易·謙卦》九三爻:"勞謙君子,有終吉。"

〔6〕遺,忘也。

〔7〕事見《論語》。致猶盡也,極也。

〔8〕《左氏傳》臧武仲之言。

〔9〕《前書》翟方進為丞相,遭後母憂,行服三十六日起視事,曰:"不敢踰國制也。"

〔10〕《公羊傳》之文也。何休注云:"重奪孝子之恩。"

〔11〕憚,難也。

〔12〕《禮記》曰:"三年之喪,天下之通喪也。"

臣聞有夫婦然後有父子,有父子然後有君臣,有君臣然後有上下,有上下然後有禮義。禮義備,則人知所厝矣。[1]夫婦人倫之始,王化之端,故文王作《易》,上經首《乾》《坤》,下經首《咸》《恒》。[2]孔子曰:"天尊地卑,乾坤定矣。"[3]夫婦之道,所謂順也。《堯典》曰:"釐降二女於媯汭,嬪于虞。"降者下也,嬪者婦也。言雖帝堯之女,下嫁於虞,猶屈體降下,勤修婦道。《易》曰:"帝乙歸妹,以祉元吉。"[4]婦人謂嫁曰歸,言湯以娶禮歸其妹於諸侯也。《春秋》之義,王姬嫁齊,使魯主之,不以天子之尊加於諸侯也。[5]今漢承秦法,設尚主之儀,以妻制夫,以卑臨尊,違乾坤之道,失陽唱之義。[6]孔子曰:"昔聖人之作《易》也,仰則觀象於天,俯則察法於地,覩鳥獸之文,與地之宜。近取諸身,遠取諸物,以通神明之德,以類萬物之情。"[7]今觀法於天,則北極至尊,四星妃后。[8]察法於地,則崐山象夫,卑澤象妻。[9]覩鳥獸之文,鳥則雄者鳴鴝,雌能順服;獸則牡為唱導,牝乃相從。近取諸身,則乾為人首,坤為人腹。[10]遠取諸物,則木實屬天,根荄屬地。[11]陽尊陰卑,蓋乃天性。且《詩》初篇實首《關雎》;《禮》

始《冠》《婚》，先正夫婦。[12]天地六經，其旨一揆。宜改尚主之制，以稱乾坤之性。遵法堯、湯，式是周、孔。[13]合之天地而不謬，質之鬼神而不疑。人事如此，則嘉瑞降天，吉符出地，五韙咸備，各以其敍矣。[14]

【注】

〔1〕語見《易·序卦》也。

〔2〕《易》乾、坤至離為上經，咸、恒至未、濟為下經。

〔3〕《易·繫辭》也。

〔4〕《易·泰卦》六五爻辭也。王輔嗣注云："婦人謂嫁曰歸。泰者，陰陽交通之時，女處尊位，履中居順，降身應二，帝乙歸妹，誠合斯義也。"案《史記》紂父名帝乙，此文以帝乙為湯，湯名天乙也。

〔5〕《公羊傳》曰："夏單伯逆王姬。單伯者何？吾大夫之命于天子者。何以不稱使？天子召而使逆之。逆之者何？使我主之也。曷為使我主之？天子嫁女於諸侯，必使同姓諸侯主之。"何休注云："不自為主，尊卑不敵也。"

〔6〕《易緯》曰"陽唱而陰和"也。

〔7〕皆《易·繫》之文也。

〔8〕北極，北辰也。軒轅四星，女主之象也。

〔9〕崐猶高也。《易》艮下兌上為咸。艮為山，夫象也。兌為澤，妻象也。咸，感也。山澤通氣，夫婦之相感也。

〔10〕《易·說卦》之文也。

〔11〕荄音該。

〔12〕《儀禮·士冠禮》為始，《士婚禮》次之。

〔13〕式，法也。

〔14〕韙，是也。《史記》曰："休徵：曰肅，時雨若；曰乂，時（陽）[暘]若；[八]曰晢，時燠若；曰謀，時寒若；曰聖，時風若。"五是來備，各以其敍也。

昔者聖人建天地之中而謂之禮，禮者，所以興福祥之本，而止禍亂之源也。人能枉欲從禮者，則福歸之；順情廢禮者，則禍歸之。推禍福之所應，知興廢之所由來也。衆禮之中，婚禮為首。故天子娶十二，天之數也；諸侯以下各有等差，事之降也。[1]陽性純而能施，陰體順而能化，以禮濟樂，節宣其氣。[2]故能豐子孫之祥，致老壽之福。及三代之季，淫而無節。瑤臺、傾宮，陳妾數百。[3]陽竭於上，陰隔於下。故周公之戒曰："不知稼穡之艱難，不聞小人之勞，惟耽樂之從，時亦罔或克壽。"是其明戒。[4]後世之人，好福不務其本，惡禍不易其軌。傳曰："截趾適屨，孰云其愚？何與斯人，追欲喪軀？"誠可痛也。[5]臣竊聞後宮采女五六千人，從官侍使復在其外。冬夏衣服，朝夕禀糧，耗費繒帛，空竭府藏，徵調增倍，十而稅一，空賦不辜之民，以供無用之女，百姓窮困於外，陰陽隔塞于內。故感動和氣，災異屢臻。臣愚以為諸非禮聘未曾幸御者，一皆遣出，使成妃合。一曰通怨曠，和陰陽。二曰省財用，實府藏。[九]三曰脩禮制，綏眉壽。四曰配陽施，祈螽斯。[6]五曰寬役賦，安黎民。此誠國家之弘利，天人之大福也。

【注】

〔1〕《白武通》曰："天子娶十二，法天，則有十二月，百物畢生也。"又曰"諸侯娶九女"也。

〔2〕《左傳》曰，昔晉侯有疾，[一〇]醫和視之，曰："疾不可為也。是為近女室，疾如蠱，非鬼非食，惑以喪志。"公曰："女不可近乎？"對曰："節之。先王之樂，所以節百事也。天有六氣，過則為災。"於是乎節宣其氣也。

〔3〕《列女傳》曰，夏桀為琁室、瑤臺，以臨雲雨，紂為傾宮。解見《桓帝紀》也。

〔4〕事見《尚書·無逸篇》，其詞與此微有不同也。

〔5〕適猶從也。言喪身之愚，甚於截趾也。

〔6〕螽斯，蚣蝑也，其性不妒，故能子孫衆多。《詩》曰："螽斯羽，詵詵

兮。宜爾子孫，振振兮。"

夫寒熱晦明，所以為歲；尊卑奢儉，所以為禮：故以晦明寒暑之氣，尊卑侈約之禮為其節也。《易》曰："天地節而四時成。"[1]《春秋傳》曰："唯器與名不可以假人。"[2]《孝經》曰："安上治民，莫善於禮。"禮者，尊卑之差，上下之制也。昔季氏八佾舞於庭，非有傷害困於人物，而孔子猶曰"是可忍也，孰不可忍"。《洪範》曰："惟辟作威，惟辟作福，惟辟玉食。"凡此三者，君所獨行而臣不得同也。今臣僭君服，下食上珍，所謂害于而家，凶於而國者也。宜略依古禮尊卑之差，及董仲舒制度之別，[3]嚴（篤）〔督〕有司，〔一〕必行其命。此則禁亂善俗足用之要。
奏聞，即弃官去。

【注】

〔1〕節卦彖辭文也。
〔2〕杜預注《左氏》云："器謂車服，名謂爵號。"
〔3〕《前書》董仲舒曰："王者正法度之宜，別上下之序，以防欲也。"

後遭黨錮，隱於海上，又南遁漢濱，積十餘年，以著述為事，遂稱為碩儒。黨禁解，五府並辟，司空袁逢舉有道，不應。及逢卒，爽制服三年，當世往往化以為俗。時人多不行妻服，雖在親憂猶有弔問喪疾〔二〕者，又私謚其君父及諸名士，爽皆引據大義，正之經典，雖不悉變，亦頗有改。[1]

【注】

〔1〕《喪服》曰："夫為妻齊縗杖朞。"《禮記》曰："曾子問：'三年之喪弔乎？'孔子曰：'禮以飾情。三年之喪而弔哭，不亦虛乎！'"

後公車徵為大將軍何進從事中郎。進恐其不至，迎薦為侍中，及進敗而詔命中絕。獻帝即位，董卓輔政，復徵之。爽欲遁命，吏持之急，不得去，因復就拜平原相。行至宛陵，復追為光祿勳。視事三日，進拜司空。爽自被徵命及登台司，九十五日。因從遷都長安。

爽見董卓忍暴滋甚，必危社稷，其所辟舉皆取才略之士，將共圖之，亦與司徒王允及卓長史何顒等為內謀。會病薨，年六十三。

著《禮》、《易傳》、《詩傳》、《尚書正經》、《春秋條例》，又集漢事成敗可為鑒戒者，謂之《漢語》。又作《公羊問》及《辯讖》，并它所論敘，題為《新書》。凡百餘篇，今多所亡缺。

兄子悅、彧並知名。彧自有傳。

論曰：荀爽、鄭玄、申屠蟠俱以儒行為處士，累徵並謝病不詣。及董卓當朝，復備禮召之。蟠、玄竟不屈以全其高。爽已黃髮矣，獨至焉，未十旬而取卿相。意者疑其乖趣舍，余竊商其情，以為出處君子之大致也，平運則弘道以求志，陵夷則濡跡以匡時。[1]荀公之急急自勵，其濡跡乎？不然，何為違貞吉而履虎尾焉？[2]觀其逡言遷都之議，以救楊、黃之禍。[3]及後潛圖董氏，幾振國命，所謂"大直若屈"，道固逶迤也。[4]

【注】

[1]濡跡，解見《崔駰傳》。

[2]《易·履卦》曰："履道坦坦，幽人貞吉。"又曰："履虎尾，不咥人亨。"王輔嗣注云："履虎尾者，言其危也。"

[3]楊彪、黃琬也。

[4]《老子》云："大直若屈，大巧若拙。"逶迤，曲也。

悅字仲豫，儉之子也。儉早卒。悅年十二，能說《春秋》。家貧無書,每之人閒,所見篇牘,一覽多能誦記。性沈静,美姿容,尤好著述。靈帝時閹官用權,〔一三〕士多退身窮處,悦乃託疾隱居,時人莫之識,唯從弟彧特稱敬焉。初辟鎮東將軍曹操府,遷黄門侍郎。獻帝頗好文學,悦與彧及少府孔融侍講禁中,旦夕談論。累遷祕書監、侍中。

時政移曹氏,天子恭己而已。悦志在獻替,而謀無所用,乃作《申鑒》五篇。其所論辯,通見政體,既成而奏之。其大略曰:

夫道之本,仁義而已矣。[1]五典以經之,群籍以緯之,詠之歌之,弦之舞之,前監既明,後復申之。故古之聖王,其於仁義也,申重而已。

【注】
〔1〕《易》曰:"立人之道曰仁與義。"

致政之術,先屏四患,乃崇五政。一曰僞,二曰私,三曰放,四曰奢。僞亂俗,私壞法,放越軌,奢敗制。四者不除,則政末由行矣。夫俗亂則道荒,雖天地不得保其性矣;法壞則世傾,雖人主不得守其度矣;軌越則禮亡,雖聖人不得全其道矣;制敗則欲肆,雖四表不得充其求矣。[1]是謂四患。

【注】
〔1〕肆,放也。

興農桑以養其(性)[生],〔一四〕審好惡以正其俗,宣文教以章其化,立武備以秉其威,明賞罰以統其法。是謂五政。人不畏死,不可懼以罪。人不樂生,不可勸以善。〔一五〕雖使契布五教,皋陶作士,政不行焉。[1]故在上者先豐人財以定其志,帝耕籍田,后桑蠶宮,[2]國無遊人,野無荒業,財不賈用,[3]力不妄加,以周人事。是謂養生。[4]

【注】

〔1〕《尚書》舜謂契曰："汝作司徒，敬敷五教在寬。"謂皋陶曰："汝作士，明于五刑。"

〔2〕籍田事，解見《明紀》。《禮記》曰："季春之月，后妃齋戒，親東向桑，以勸蠶事。"古者天子諸侯必有公桑蠶室，近川而為之，宮仞有三尺也。

〔3〕言自足也。

〔4〕周，給也。

　　君子之所以動天地，應神明，正萬物而成王化者，必乎真定而已。〔一六〕故在上者審定好醜焉。善惡要乎功罪，毀譽效於準驗。聽言責事，舉名察實，無惑詐偽，以蕩眾心。故事無不覈，物無不切，〔一七〕善無不顯，惡無不章，俗無姦怪，民無淫風。百姓上下覩利害之存乎己也，故肅恭其心，慎修其行，內不回惑，外無異望，則民志平矣。是謂正俗。君子以情用，小人以刑用。榮辱者，賞罰之精華也。故禮教榮辱，以加君子，化其情也；桎梏鞭撲，以加小人，化其刑也。君子不犯辱，況於刑乎！小人不忌刑，況於辱乎！若教化之廢，推中人而墜於小人之域；教化之行，引中人而納於君子之塗。是謂章化。〔1〕小人之情，緩則驕，驕則恣，恣則怨，怨則叛，危則謀亂，安則思欲，非威強無以懲之。故在上者，必有武備，以戒不虞，以遏寇虐。安居則寄之內政，有事則用之軍旅。〔2〕是謂秉威。

【注】

〔1〕章，明也。

〔2〕《國語》齊桓公問管仲曰："國安可乎？"管仲曰："未可。君若正卒伍，脩甲兵，則大國亦將脩之，小國設備，可作內政而寄軍令焉。"注云："（正）〔政〕，國政也。〔一八〕言脩國政而寄軍令，鄰國不知。"

賞罰，政之柄也。[1]明賞必罰，審信慎令，賞以勸善，罰以懲惡。人主不妄賞，非徒愛其財也，賞妄行則善不勸矣。不妄罰，非矜其人也，罰妄行則惡不懲矣。賞不勸謂之止善，罰不懲謂之縱惡。在上者能不止下為善，不縱下為惡，則國法立矣。是謂統法。

【注】

〔1〕《韓子》曰："二柄者，刑、德也。殺戮之謂刑，慶賞之謂德。"

四患既蠲，五政又立，行之以誠，守之以固，簡而不怠，疏而不失，無為為之，使自施之，無事事之，使自交之。不肅而成，[1]不嚴而化，垂拱揖讓，而海內平矣。是謂為政之方。

【注】

〔1〕《老子》曰："為無為，事無事。"又曰"故德交歸"也。

又言：

尚主之制非古。釐降二女，陶唐之典。歸妹元吉，帝乙之訓。王姬歸齊，宗周之禮。以陰乘陽違天，以婦陵夫違人。違天不祥，違人不義。又古者天子諸侯有事，必告于廟。朝有二史，左史記言，右史書事。[1]事為《春秋》，言為《尚書》。君舉必記，善惡成敗，無不存焉。下及士庶，苟有茂異，咸在載籍。或欲顯而不得，或欲隱而名章。得失一朝，而榮辱千載。善人勸焉，淫人懼焉。[2]宜於今者備置史官，掌其典文，紀其行事。每於歲盡，舉之尚書。以助賞罰，以弘法教。

【注】

〔1〕《禮記》曰"天子朝日于東門之外，聽朔于南門之外，閏月則闔門左扉，立于其中，動則左史書之，言則右史書之"也。

〔2〕淫，過也。《左氏傳》曰"或求名而不得，或欲蓋而名章，書齊豹盜三叛人名，以懲不義"也。

帝覽而善之。

帝好典籍，常以班固《漢書》文繁難省，乃令悅依《左氏傳》體以為《漢紀》三十篇，詔尚書給筆札。辭約事詳，論辨多美。其序之曰："昔在上聖，惟建皇極，經緯天地，觀象立法，乃作書契，以通宇宙，揚于王庭，厥用大焉。先王光演大業，肆于時夏。〔1〕亦惟厥後，永世作典。夫立典有五志焉：一曰達道義，二曰章法式，三曰通古今，四曰著功勳，五曰表賢能。於是天人之際，事物之宜，粲然顯著，罔不備矣。世濟其軌，不隕其業。〔2〕損益盈虛，與時消息。臧否不同，其揆一也。漢四百有六載，撥亂反正，統武興文，永惟祖宗之洪業，思光啓乎萬嗣。聖上穆然，惟文之恤，瞻前顧後，是紹是繼，闡崇大猷，命立國典。於是綴敍舊書，以述《漢紀》。中興以前，明主賢臣得失之軌，亦足以觀矣。"

【注】

〔1〕《詩·周頌》曰："我求懿德，肆於時夏。"鄭玄注曰："懿，美也。肆，陳也。我，武王也。求美德之士而任用之，故陳於是夏而歌之也。"

〔2〕濟，成也。

又著《崇德》、《正論》及諸論數十篇。年六十二，建安十四年卒。

韓韶字仲黃，〔一九〕潁川舞陽人也。少仕郡，辟司徒府。時太山賊公孫舉偽號歷年，守令不能破散，多為坐法。尚書選三府掾能理劇者，乃以韶為嬴長。〔1〕賊聞其賢，相戒不入嬴境。餘縣多被寇盜，廢耕桑，其流入縣界求索衣糧者甚衆。韶愍其飢困，乃開倉賑之，所稟贍萬餘户。

主者争謂不可。詔曰："長活溝壑之人，而以此伏罪，含笑入地矣。"太守素知韶名德，竟無所坐。以病卒官。同郡李膺、陳寔、杜密、荀淑等為立碑頌焉。

【注】
〔1〕嬴，縣，故城在今兗州博城縣東北。

子融，字元長。少能辯理而不為章句學。聲名甚盛，五府並辟。獻帝初，至太僕。年七十卒。

鍾皓字季明，潁川長社人也。為郡著姓，世善刑律。皓少以篤行稱，公府連辟，為二兄未仕，避隱密山，[1]以詩律教授門徒千餘人。同郡陳寔，年不及皓，皓引與為友。皓為郡功曹，會辟司徒府，臨辭，太守問："誰可代卿者？"皓曰："明府欲必得其人，西門亭長陳寔可。"寔聞之，曰："鍾君似不察人，不知何獨識我？"皓頃之自劾去。前後九辟公府，徵為廷尉正、博士、林慮長，皆不就。時皓及荀淑並為士大夫所歸慕。李膺常歎曰："荀君清識難尚，鍾君至德可師。"

【注】
〔1〕密縣山也。

皓兄子瑾母，膺之姑也。瑾好學慕古，有退讓風，與膺同年，俱有聲名。膺祖太尉脩，常言："瑾似我家性，邦有道不廢，邦無道免於刑戮。"復以膺妹妻之。瑾辟州府，未嘗屈志。膺謂之曰："孟子以為'人無是非之心，非人也'。[1]弟何期不與孟軻同邪？"瑾常以膺言白皓。皓曰："昔國武子好昭人過，[二〇]以致怨本。[2]卒保身全家，爾道為貴。"其體訓所安，多此類也。

【注】

〔1〕《孟子》曰："人無惻隱之心，非人也。無羞惡之心，非人也。無辭讓之心，非人也。無是非之心，非人也。"

〔2〕國武子，齊大夫。齊慶克通於齊君之母，國武子知之而責慶克，夫人遂譖武子而逐之。事見《左傳》。

年六十九，終於家。諸儒頌之曰："林慮懿德，非禮不處。悅此詩書，弦琴樂古。五就州招，九應台輔。〔二一〕逡巡王命，卒歲容與。"

皓孫繇，建安中為司隸校尉。〔1〕

【注】

〔1〕《海內先賢傳》曰："繇字元常，郡主簿迪之子也。"《魏志》曰："舉孝廉為尚書郎，辟三府為廷尉正、黃門侍郎。"

陳寔字仲弓，潁川許人也。出於單微。自為兒童，雖在戲弄，為等類所歸。少作縣吏，常給事廝役，後為都亭（刺）佐。〔二二〕而有志好學，坐立誦讀。縣令鄧邵試與語，奇之，聽受業太學。後令復召為吏，乃避隱陽城山中。時有殺人者，同縣楊吏以疑寔，縣遂逮繫，考掠無實，而後得出。及為督郵，乃密託許令，禮召楊吏。遠近聞者，咸歎服之。

家貧，復為郡西門亭長，尋轉功曹。時中常侍侯覽託太守高倫用吏，倫教署為文學掾。寔知非其人，懷檄請見。〔1〕言曰："此人不宜用，而侯常侍不可違。寔乞從外署，不足以塵明德。"倫從之。〔2〕於是鄉論怪其非舉，寔終無所言。倫後被徵為尚書，郡中士大夫送至輪氏傳舍。〔3〕倫謂眾人言曰："吾前為侯常侍用吏，陳君密持教還，而於外白署。比聞議者以此少之，此咎由故人畏憚強禦，陳君可謂善則稱君，過則稱己者也。"寔固自引愆，聞者方歎息，由是天下服其德。

【注】

〔1〕檄，板書。謂以高倫之教書之於檄而懷之者，懼洩事也。
〔2〕請從外署之舉，不欲陷倫於請託也。
〔3〕輪氏，縣名，屬潁川郡，今故高陽縣是。

司空黃瓊辟選理劇，補聞喜長，旬月，以期喪去官。復再遷除太丘長。[1]修德清靜，百姓以安。鄰縣人戶歸附者，寔輒訓導譬解，發遣各令還本司官行部。[2]吏慮有訟者，白欲禁之。寔曰："訟以求直，禁之理將何申？其勿有所拘。"司官聞而歎息曰："陳君所言若是，豈有怨於人乎？"亦竟無訟者。以沛相賦斂違法，乃解印綬去，吏人追思之。

【注】

〔1〕太丘，縣，屬沛國，故城在今亳州永城縣西北也。
〔2〕司官謂主司之官也。

及後逮捕黨人，事亦連寔。餘人多逃避求免，寔曰："吾不就獄，衆無所恃。"乃請囚焉。遇赦得出。靈帝初，大將軍竇武辟以為掾屬。時中常侍張讓權傾天下。讓父死，歸葬潁川，雖一郡畢至，而名士無往者，讓甚恥之，寔乃獨弔焉。及後復誅黨人，讓感寔，故多所全宥。

寔在鄉閭，平心率物。其有爭訟，輒求判正，曉譬曲直，退無怨者。至乃歎曰："寧為刑罰所加，不為陳君所短。"時歲荒民儉，有盜夜入其室，止於梁上。寔陰見，乃起自整拂，呼命子孫，正色訓之曰："夫人不可不自勉。不善之人未必本惡，習以性成，遂至於此。梁上君子者是矣！"盜大驚，自投於地，稽顙歸罪。寔徐譬之曰："視君狀貌，不似惡人，宜深剋己反善。然此當由貧困。"令遺絹二匹。自是一縣無復盜竊。

太尉楊賜、司徒陳耽，每拜公卿，群僚畢賀，賜等常歎寔大位未登，愧於先之。及黨禁始解，大將軍何進、司徒袁隗遣人敦寔，[1]欲特表以不次之位。寔乃謝使者曰："寔久絕人事，飾巾待終而已。"時三公每缺，議者歸之，累見徵命，遂不起，閉門懸車，棲遲養老。中平四年，年八十四，[二三]卒于家。何進遣使弔祭，海內赴者三萬餘人，制衰麻者以百數。共刊石立碑，謚為文範先生。[2]

【注】
[1] 敦，勸也。
[2]《先賢行狀》曰："將軍何進遣官屬弔祠為謚。"

有六子，紀、諶最賢。

紀字元方，亦以至德稱。兄弟孝養，閨門雍和，後進之士皆推慕其風。及遭黨錮，發憤著書數萬言，號曰《陳子》。黨禁解，四府並命，無所屈就。遭父憂，每哀至，輒歐血絕氣，雖衰服已除，而積毀消瘠，殆將滅性。豫州刺史嘉其至行，表上尚書，圖象百城，以勵風俗。董卓入洛陽，乃使就家拜五官中郎將，不得已，到京師，遷侍中。出為平原相，往謁卓，時欲徙都長安，乃謂紀曰："三輔平敞，四面險固，土地肥美，號為陸海。[1]今關東兵起，恐洛陽不可久居。長安猶有宮室，今欲西遷何如？"紀曰："天下有道，守在四夷。[2]宜脩德政，以懷不附。遷移至尊，誠計之末者。愚以公宜事委公卿，專精外任。其有違命，則威之以武。今關東兵起，民不堪命。若謙遠朝政，率師討伐，則塗炭之民，庶幾可全。若欲徙萬乘以自安，將有累卵之危，崢嶸之險也。"[3]卓意甚忤，而敬紀名行，無所復言。時議欲以為司徒，紀見禍亂方作，不復辨嚴，[4]即時之郡。璽書追拜太僕，又徵為尚書令。建安初，袁紹為太尉，讓於紀；紀不受，拜大鴻臚。年七十一，卒於官。

【注】

〔1〕《前書》曰,東方朔曰:"三輔之地,南有江、淮,北有河、渭,汧、隴以東,商、洛以西,厥壤肥饒,此所謂天府陸海之地。"

〔2〕《左傳》曰,楚沈尹戌曰"古者天子守在四夷。天子卑,守在諸侯"也。

〔3〕累卵,解見《皇后紀》。崢音士耕反。

〔4〕嚴讀曰裝也。

子群,為魏司空。[1]天下以為公慙卿,卿慙長。

【注】

〔1〕群字長文。《魏志》曰"魯國孔融才高倨傲,年在群、紀之間,先與[紀友,後與]群交,[二四]更為紀拜,由是顯名"也。

弟諶,字季方。與紀齊德同行,父子並著高名,時號三君。每宰府辟召,常同時旌命,羔鴈成群,[1]當世者靡不榮之。[二五]諶早終。[2]

【注】

〔1〕古者諸侯朝天子,卿執羔,大夫執鴈,士執雉。成群言衆多也。

〔2〕《先賢行狀》曰:"豫州百城,皆圖畫寔、紀、諶形像焉。"

論曰:漢自中世以下,閹豎擅恣,故俗遂以遁身矯絜放言為高。[1]士有不談此者,則芸夫牧豎已叫呼之矣。[2]故時政彌惛,而其風愈往。唯陳先生進退之節,必可度也。據於德故物不犯,安於仁故不離群,行成乎身而道訓天下,故凶邪不能以權奪,王公不能以貴驕,所以聲教廢於上,而風俗清乎下也。

【注】

〔一〕放肆其言，不拘節制也。《論語》曰："隱居放言。"

〔二〕叫呼，譏笑之也。芸，除草也。

贊曰：二李師淑，陳君友皓。韓韶就吏，贏寇懷道。太丘奧廣，模我彝倫。曾是淵軌，薄夫以淳。〔一〕慶基既啓，有蔚潁濱，二方承則，八慈繼塵。〔二〕

【注】

〔一〕曾之言則也。

〔二〕二方，元方、季方也。荀淑八子，皆以慈為字，見《荀氏家傳》也。

【校勘記】

〔一〕潁川潁陰人（也） 《校補》謂案文"也"字誤衍。沈家本説同。今據刪。

〔二〕有子八人儉緄靖燾汪爽肅專 《三國·魏志·荀彧傳》裴注引張璠《漢紀》，"汪"作"詵"，"專"作"旉"。按：《集解》引錢大昕説，謂"專"當作"旉"。

〔三〕時人謂〔之〕八龍 據汲本補。

〔四〕檮戭 按："檮"原誤"擣"，逕改正。

〔五〕淑兄子昱 按：《靈帝紀》"昱"作"翌"，《通鑑》同。

〔六〕未嘗改移 "嘗"原作"常"，逕據汲本、殿本改。按：常嘗古通作。

〔七〕以自備宰相而不敢踰制 按：《刊誤》謂"以自"當作"自以"。

〔八〕時（陽）〔煬〕若 據汲本、殿本改。

〔九〕實府藏 按：殿本"藏"作"庫"。

〔一〇〕昔晉侯有疾 按：《刊誤》謂玩文多一"昔"字。

〔一一〕嚴（篤）〔督〕有司 據殿本改。按：王先謙謂作"督"是。

〔一二〕弔問喪疾　按：《刊誤》謂當作"弔喪問疾"。

〔一三〕靈帝時閹官用權　按：《校補》引錢大昭説，謂閩本"官"作"宦"。

〔一四〕興農桑以養其（性）〔生〕　《申鑒》"性"作"生"。按：下云"是謂養生"，明"性"乃"生"之譌，今據改。

〔一五〕不可勸以善　按：《申鑒》"勸"作"觀"。

〔一六〕必乎真定而已　按：《校補》引錢大昭説，謂《申鑒》"定"作"實"。

〔一七〕物無不切　按："切"原譌"功"，逕據殿本改正。

〔一八〕（正）〔政〕國政也　據殿本改。

〔一九〕韓韶字仲黃　《校補》引柳從辰説，謂《御覽》二六八"仲黃"作"仲潢"。今按：《御覽》乃引《典略》，"韓韶"作"韓攸"。

〔二〇〕昔國武子好昭人過　按：《刊誤》謂"昭"當作"招"。

〔二一〕九應台輔　按：殿本"應"作"膺"。

〔二二〕後為都亭（刺）佐　王先謙謂"刺"字衍，亭長下有亭佐，寔為之。今據刪。

〔二三〕中平四年年八十四　按：《集解》引錢大昕説，謂碑云春秋八十三，中平三年卒。惠棟《補注》引趙明誠説同。兩"四"字皆當作"三"。

〔二四〕先與〔紀友後與〕群交　據殿本補。

〔二五〕當世者靡不榮之　按：《集解》引惠棟説，謂"當世"下疑有脱字，劉攽謂多一"者"字，非也。

後漢書卷六十三

李杜列傳第五十三

李固字子堅，漢中南鄭人，司徒郃之子也。郃在（數）《[方]術傳》。〔一〕固貌狀有奇表，鼎角匿犀，足履龜文。〔1〕少好學，常步行尋師，不遠千里。〔2〕遂究覽墳籍，結交英賢。四方有志之士，多慕其風而來學。京師咸歎曰："是復為李公矣。"〔3〕司隸、益州並命郡舉孝廉，辟司空掾，皆不就。〔4〕

【注】

〔1〕鼎角者，頂有骨如鼎足也。匿犀，伏犀也。謂骨當額上入髮際隱起也。足履龜文者二千石，見《相書》。

〔2〕謝承《書》曰："固改易姓名，杖策驅驢，負笈追師三輔，學五經，積十餘年。博覽古今，明於風角、星筭、《河圖》、讖緯，仰察俯占，窮神知變。每到太學，密入公府，定省父母，不令同業諸生知是郃子。"

〔3〕言復繼其父為公也。

〔4〕謝承《書》曰："五察孝廉，益州再舉茂才，不應。五府連辟，皆辭以疾。"

陽嘉二年，有地動、山崩、火災之異，公卿舉固對策，〔1〕詔又特問當世之敝，為政所宜。

固對曰：

【注】
〔1〕《續漢書》曰"陽嘉二年，詔公卿舉敦樸之士，衛尉賈建舉固"也。

臣聞王者父天母地，[1]寶有山川。[2]王道得則陰陽和穆，政化乖則崩震為災。斯皆關之天心，效於成事者也。夫化以職成，官由能理。古之進者，有德有命；[3]今之進者，唯財與力。伏聞詔書務求寬博，疾惡嚴暴。而今長吏多殺伐致聲名者，必加遷賞；其存寬和無黨援者，輒見斥逐。是以淳厚之風不宣，彫薄之俗未革。雖繁刑重禁，何能有益？前孝安皇帝變亂舊典，封爵阿母，[4]因造妖孽，使樊豐之徒乘權放恣，侵奪主威，改亂嫡嗣，[5]至令聖躬狼狽，親遇其艱。既拔自困殆，[6]龍興即位，天下喁喁，屬望風政。積敝之後，易致中興，誠當沛然思惟善道；[7]而論者猶云，方今之事，復同於前。臣伏從山草，痛心傷臆。實以漢興以來，三百餘年，賢聖相繼，十有八主。豈無阿乳之恩？豈忘貴爵之寵？然上畏天威，俯案經典，知義不可，故不封也。今宋阿母[8]雖有大功勤謹之德，但加賞賜，足以酬其勞苦；至於裂土開國，實乖舊典。聞阿母體性謙虛，必有遜讓，陛下宜許其辭國之高，使成萬安之福。

【注】
〔1〕《春秋感精符》曰："人主日月同明，四時合信，故父天母地，兄日姊月。"宋均注曰："父天於圜丘之祀也，母地於方澤之祭也，兄日於東郊，姊月於西郊。"
〔2〕《史記》曰："魏武侯浮西河而下，中河顧而謂吳起曰：'美哉乎河山之固，此魏之寶也。'吳起對曰：'在德不在險。'"
〔3〕命，爵命也。言有德者乃可加爵命也。
〔4〕阿母王聖。

〔5〕謂順帝為太子時，廢為濟陰王。
〔6〕殆，危也。
〔7〕沛然，寬廣之意。
〔8〕謂宋娥也。

夫妃后之家所以少完全者，豈天性當然？但以爵位尊顯，專總權柄，天道惡盈，不知自損，故至顛仆。先帝寵遇閻氏，位號太疾，故其受禍，曾不旋時。《老子》曰："其進銳，其退速也。"〔1〕今梁氏戚為椒房，禮所不臣，〔2〕尊以高爵，尚可然也。而子弟群從，榮顯兼加，永平、建初故事，殆不如此。宜令步兵校尉冀及諸侍中還居黃門之官，使權去外戚，政歸國家，豈不休乎！

【注】
〔1〕案：《孟子》有此文。謝承《書》亦云《孟子》，而《續漢書》復云《老子》。
〔2〕《公羊傳》曰："宋殺其大夫，何以不名？宋三世無大夫，三世內娶也。"何休注云："內娶，娶大夫女也。言無大夫者三世，禮不臣妻之父母，國內皆臣，無娶道，故絕去大夫名，正其義也。"椒房者，皇后所居，以椒泥塗也。

又詔書所以禁侍中尚書中臣子弟不得為吏察孝廉者，以其秉威權，容請託故也。而中常侍在日月之側，聲執振天下，子弟祿仕，曾無限極。雖外託謙默，不干州郡，而諂偽之徒，望風進舉。今可為設常禁，同之中臣。昔館陶公主為子求郎，〔1〕明帝不許，賜錢千萬。所以輕厚賜，重薄位者，為官人失才，害及百姓也。竊聞長水司馬武宣、〔2〕開陽城門候羊迪等，〔3〕無它功德，初拜便真。此雖小失，而漸壞舊章。〔4〕先聖法度，所宜堅守，政教一跌，百年不復。《詩》云："上帝板板，下民卒癉。"刺周王變祖法度，故使下民將盡病也。[5]

【注】

[1]館陶公主，光武第三女也。

[2]《續漢志》"長水校尉一人，比二千石，司馬一人，千石，掌宿衞"也。

[3]《續漢志》曰："城門每門候一人，六百石。"

[4]《續漢書》曰："中都官，千石、六百石，故事先守一歲，然後補真。"

[5]板，反也。卒，盡也。癉，病也。《詩·大雅》，凡伯刺周厲王反先王之道，下人盡病也。

今陛下之有尚書，猶天之有北斗也。斗為天喉舌，[二]尚書亦為陛下喉舌。[1]斗斟酌元氣，運平四時。[2]尚書出納王命，賦政四海，[3]權尊執重，責之所歸。若不平心，灾眚必至。誠宜審擇其人，以毗聖政。今與陛下共理天下者，外則公卿尚書，內則常侍黃門，譬猶一門之內，一家之事，安則共其福慶，危則通其禍敗。刺史、二千石，外統職事，內受法則。夫表曲者景必邪，源清者流必絜，猶叩樹本，百枝皆動也。《周頌》曰："薄言振之，莫不震疊。"[4]此言動之於內，而應於外者也。(猶)[由]此言之，[三]本朝號令，豈可蹉跌？閒隙一開，則邪人動心；利競暫啓，則仁義道塞。刑罰不能復禁，化導以之寖壞。此天下之紀綱，當今之急務。陛下宜開石室，陳圖書，[5]招會群儒，引問失得，指摘變象，以求天意。其言有中理，即時施行，顯拔其人，以表能者。則聖聽日有所聞，忠臣盡其所知。又宜罷退宦官，去其權重，裁置常侍二人，方直有德者，省事左右；小黃門五人，才智閑雅者，給事殿中。如此，則論者厭塞，升平可致也。臣所以敢陳愚瞽，冒昧自聞者，儻或皇天欲令微臣覺悟陛下。陛下宜熟察臣言，憐赦臣死。

【注】

〔1〕《春秋合誠圖》曰："天理在斗中，司三公，如人喉在咽，以理舌語。"宋均注曰："斗為天之舌口，主出政教。三公主導宣君命，喻於人，則宜如人喉在咽，以理舌口，使言有條理。"

〔2〕《春秋保乾圖》曰："天皇於是斟元陳樞，[四]以五易威。"宋均注曰："威，則也，法也。大皇斟元氣，陳列樞機，受行次之當得也。"

〔3〕賦，布也。

〔4〕《韓詩》薛君傳曰："薄，辭也。振，奮也。莫，無也。震，動也。疊，應也。美成王能奮舒文武之道而行之，則天下無不動而應其政教。"

〔5〕《前書》曰："司馬遷為太史令，紬史記石室金匱之書。"紬音抽。

順帝覽其對，多所納用，即時出阿母還弟舍，諸常侍悉叩頭謝罪，朝廷肅然。以固為議郎。而阿母宦者疾固言直，因詐飛章以陷其罪，事從中下。大司農黃尚等請之於大將軍梁商，又僕射黃瓊救明固事，久乃得拜議郎。

出為廣漢雒令，至白水關，解印綬，還漢中，[1]杜門不交人事。歲中，梁商請為從事中郎。商以后父輔政，而柔和自守，不能有所整裁，災異數見，下權日重。固欲令商先正風化，退辭高滿，乃奏記曰："《春秋》襃儀父以開義路，[2]貶無駭以閉利門。[3]夫義路閉則利門開，利門開則義路閉也。前孝安皇帝內任伯榮、樊豐之屬，[4]外委周廣、謝惲之徒，開門受賂，署用非次，天下紛然，怨聲滿道。朝廷初立，頗存清靜，未能數年，稍復墮損。左右黨進者，日有遷拜，守死善道者，滯涸窮路，[5]而未有改敝立德之方。又即位以來，十有餘年，聖嗣未立，群下繼望。[五]可令中宮博簡嬪媵，兼採微賤宜子之人，進御至尊，順助天意。若有皇子，母自乳養，無委保妾醫巫，以致飛燕之禍。[6]明將軍望尊位顯，當以天下為憂，崇尚謙省，垂則萬方。而新營祠堂，費功億計，非以昭明令德，崇示清儉。自數年以來，災怪屢見，比無雨潤，而沈陰鬱泱。[7]宮省之內，容有陰謀。孔子曰：'智者見變思刑，愚者覩怪諱名。'〔六〕天道無親,可為祇畏。〔8〕加近者月食既於端門之側。〔9〕〔七〕月者,大臣之體也。〔10〕夫窮高則危,大滿則溢,月盈則缺,日中則移。〔11〕凡此四者,自然之數也。天地之心,福謙忌盛,〔12〕是以賢達功遂身退,〔13〕全名養壽,無有怵迫之憂。〔14〕誠令王綱一整,道行忠立,明公踵伯成之高,全不朽之譽,〔15〕豈與此外戚凡輩耽榮好位者同日而論哉!固狂夫下愚,不達大體,竊感古人一飯之報,〔16〕況受顧遇而容不盡乎!"商不能用。

【注】

〔1〕《梁州記》曰:"關城西南百八十里有白水關,昔李固解印綬處也。"故關城今在梁州金牛縣西。

〔2〕隱公元年三月,公及邾儀父盟于眛。《公羊傳》曰:"儀父者何?邾婁之君也。何以稱字?褒之也。曷為褒之?為其與〔公〕盟也。"〔八〕何休注云:"《春秋》王魯,託隱公為受命王,因儀父先與隱公盟,假以見褒賞義。"

〔3〕《春秋》隱公二年,經書"無駭帥師入極"。《公羊傳》曰:"無駭者何?展無駭也。何以不氏?貶。曷為貶?疾始滅也。"

〔4〕伯榮,王聖女也。

〔5〕守死善道,《論語》文。滯涸窮路,以魚為諭也。

〔6〕趙飛燕,成帝皇后。妹為昭儀,專寵。成帝貴人曹偉能等生皇子,皆殺之。

〔7〕雲起貌。

〔8〕祇,敬也。言天無親疏,惟善是與,可敬(威)〔畏〕也。〔九〕《書》曰:"皇天無親。"

〔9〕既,盡也。端門,太微宮南門也。

〔10〕《前書》李尋上疏曰:"月者眾陰之長,妃后、大臣、諸侯之象也。"

〔11〕《易·豐卦》曰:"日中則昃,月盈則食,天地盈虛,與時消息。"《史記》蔡澤謂范睢曰:"日中則移,月滿則虧"也。

〔12〕《易》曰："鬼神害盈而福謙,人道惡盈而好謙。"又曰："見天地之心。"

〔13〕《老子》曰："功成名遂身退,天之道也。"

〔14〕為利所誘,怵迫於憂勤也。怵音息律反,或音黜。

〔15〕《莊子》曰:"伯成子高,唐虞時為諸侯,至禹,去而耕。禹往見之,則耕在野。禹問曰:'昔堯化天下,吾子立為諸侯,堯授舜,舜授予,子去而耕,其故何也?'子高曰:'昔堯化天下,至公無私,不賞而人自勸,不罰而人自畏。今子賞而不勸,罰而不威,德自此衰,刑自此作。夫子盍行,無留吾事。'俋俋然,耕不顧。"亦見《呂氏春秋》。

〔16〕謂靈輒也。

永和中,荊州盜賊起,彌年不定,乃以固為荊州刺史。固到,遣吏勞問境內,赦寇盜前釁,與之更始。於是賊帥夏密等斂其魁黨六百餘人,自縛歸首。固皆原之,遣還,使自相招集,開示威法。半歲間,餘類悉降,州內清平。

上奏南陽太守高賜等臧穢。賜等懼罪,遂共重賂大將軍梁冀,冀為千里移檄,〔1〕而固持之愈急。冀遂令徙固為太山太守。時太山盜賊屯聚歷年,郡兵常千人,追討不能制。固到,悉罷遣歸農,但選留任戰者百餘人,以恩信招誘之。未滿歲,賊皆弭散。

【注】
〔1〕言移一日行千里,救之急也。

遷將作大匠。上疏陳事曰:"臣聞氣之清者為神,人之清者為賢。養身者以練神為寶,安國者以積賢為道。〔一〇〕昔秦欲謀楚,王孫圉設壇西門,陳列名臣,秦使憮然,遂為寢兵。〔1〕魏文侯師卜子夏,友田子方,軾段干木,〔一一〕故群俊競至,名過齊桓,秦人不敢闚兵於西河,斯蓋積賢人之符也。〔2〕陛下撥亂龍飛,初登大位,聘南陽樊英、江夏黃瓊、廣漢楊厚、會稽賀純,〔3〕策書嗟歎,待以大夫之位。是以巖穴幽人,智術之士,彈冠振衣,樂欲為用,四海欣然,歸服聖德。厚等在職,雖無奇卓,然夕惕孳孳,志在憂國。臣前在荊州,聞厚、純等以病免歸,誠以悵然,為時惜之。一日朝會,見諸侍中並皆年少,無一宿儒大人可顧問者,誠可歎息。宜徵還厚等,以副群望。瓊久處議郎,已且十年,衆人皆怪始隆崇,今更滯也。〔4〕光祿大夫周舉,才謨高正,宜在常伯,訪以言議。侍中杜喬,學深行直,當世良臣,久託疾病,可勑令起。"又薦陳留楊倫、〔5〕河南尹存、東平王惲、陳國何臨、〔6〕清河房植等。〔7〕是日有詔徵用倫、厚等,而遷瓊、舉,以固為大司農。

【注】
〔1〕秦欲伐楚,使使者往觀楚之寶器。昭奚恤乃為壇,使客東面,自居西面之壇,稱曰:"理百姓,實倉廩,子西在此;奉珪璋,使諸侯,子方在此;〔一二〕守封疆,謹境界,葉公子高在此;理師旅,正兵戎,司馬子反在此;懷霸王之餘義,獵治亂之遺風,昭奚恤在此:惟大國所觀。"使反,言於秦君曰:"楚多賢臣,未可謀也。"事見《新序》。《國語》曰,楚王孫圉聘於晉,趙簡子鳴玉以相,問圉曰:"楚之白珩猶在乎,其為寶也幾何?"對曰:"未嘗為寶也。楚人有觀射父,能作訓辭以行諸侯,有左史倚相,道訓典以序百物,此楚國之寶也。若夫古玉、白珩,先王之所玩也,何寶焉!"與此所引不同也。
〔2〕魏文侯受經於子夏,過段干木閭,未嘗不軾也。李克曰:"文侯東得卜子夏、田子方、段干木,此三人者,君皆師之。"又秦欲伐魏,或曰:"魏君賢人是禮,國人稱仁,上下和合,未可圖也。"事見《史記》也。
〔3〕謝承《書》曰:"純字仲真,會稽山陰人。少為諸生,博極群藝。十辟公府,三舉賢良方正,五徵博士,四公車徵,皆不就。後徵拜議郎,數陳灾異,上便宜數百事,多見省納。遷江夏太守。"
〔4〕隆,高也。崇,重也。
〔5〕倫見《儒林傳》。
〔6〕臨字子陵,熙之子,為平原太守,見《百家譜》也。

〔7〕植見《黨人篇》也。

先是周舉等八使案察天下，多所劾奏，其中並是宦者親屬，輒為請乞，詔遂令勿考。又舊任三府選令史，光禄試尚書郎，時皆特拜，不復選試。固乃與廷尉吳雄上疏，以為八使所糾，宜急誅罰，選舉署置，可歸有司。帝感其言，乃更下免八使所舉刺史、二千石，自是稀復特拜，切責三公，明加考察，朝廷稱善。乃復與光禄勳劉宣上言："自頃選舉牧守，多非其人，至行無道，侵害百姓。又宜止槃遊，專心庶政。"帝納其言，於是下詔諸州劾奏守令以下，政有乖枉，遇人無惠者，免所居官；其姦穢重罪，收付詔獄。

及沖帝即位，以固為太尉，與梁冀參録尚書事。明年帝崩，梁太后以楊、徐盜賊盛强，恐驚擾致亂，使中常侍詔固等，欲須所徵諸王侯到乃發喪。固對曰："帝雖幼少，猶天下之父。今日崩亡，人神感動，豈有臣子反共掩匿乎？昔秦皇亡於沙丘，〔1〕胡亥、趙高隱而不發，卒害扶蘇，以至亡國。〔2〕近北鄉侯薨，閻后兄弟及江京等亦共掩祕，遂有孫程手刃之事。〔3〕此天下大忌，不可之甚者也。"太后從之，即暮發喪。

【注】
〔1〕《史記》曰，始皇東巡道病，崩於沙丘。徐廣曰，趙有沙丘宮，在鉅鹿也。
〔2〕丞相李斯為始皇崩在外，恐諸公子及天下有變，乃祕之不發喪。獨胡亥、趙高等知陰謀，破去始皇所封書，賜公子扶蘇死，而立胡亥為太子。胡亥元年，楚、漢並起。
〔3〕江京、劉安等坐省門下，孫程與王康等就斬京、安等，立順帝也。

固以清河王蒜年長有德，欲立之，謂梁冀曰："今當立帝，宜擇長年高明有德，任親政事者，願將軍審詳大計，察周、霍之立文、宣，〔1〕戒鄧、閻之利幼弱。"〔2〕冀不從，乃立樂安王子纘，年八歲，是為質帝。時沖帝將北卜山陵，固乃議曰："今處處寇賊，軍興用費加倍，新創憲陵，賦發非一。帝尚幼小，可起陵於憲陵塋內，依康陵制度，[3]其於役費三分減一。"乃從固議。時太后以比遭不造，委任宰輔，固所匡正，每輒從用，其黃門宦者一皆斥遣，天下咸望遂平，而梁冀猜專，每相忌疾。

【注】
[1] 周勃立文帝，霍光立宣帝也。
[2] 謂鄧太后立殤帝，帝時誕育百餘日，二歲而崩；又立安帝，時年十餘歲。閻太后立北鄉侯，其年薨，又徵諸王子，擬擇立之也。
[3] 康陵，殤帝陵也。

初，順帝時諸所除官，多不以次，及固在事，奏免百餘人。此等既怨，又希望冀旨，遂共作飛章虛誣固罪曰："臣聞君不稽古，無以承天；[1]臣不述舊，無以奉君。昔堯殂之後，舜仰慕三年，坐則見堯於牆，食則覩堯於羹。[2]斯所謂聿追來孝，不失臣子之節者。[3]太尉李固，因公假私，依正行邪，離間近戚，自隆支黨。至於表舉薦達，例皆門徒；及所辟召，靡非先舊。或富室財賂，或子壻婚屬，其列在官牒者凡四十九人。又廣選賈豎，以補令史；募求好馬，臨窻呈試。出入踰侈，輜軿曜日。大行在殯，路人掩涕，固獨胡粉飾貌，搔頭弄姿，[4]槃旋偃仰，從容冶步，曾無慘怛傷悴之心。山陵未成，違矯舊政，善則稱己，過則歸君，斥逐近臣，不得侍送，作威作福，莫固之甚。臣聞台輔之位，實和陰陽，琁機不平，寇賊姦軌，[5]則責在太尉。[6]固受任之後，東南跋扈，兩州數郡，[7]千里蕭條，兆人傷損，大化陵遲，而詆疵先主，苟肆狂狷。存無廷爭之忠，沒有誹謗之說。夫子罪莫大於累父，臣惡莫深於毀君。固之過釁，事合誅辟。"[8]書奏，冀以白太后，使下其事。太后不聽，得免。

【注】

〔1〕《書》曰:"粵若稽古帝堯。"鄭玄注曰:"稽,同也。古,天也。言能同天而行者帝堯。"

〔2〕《太公兵法》曰:"帝堯王天下之時,金銀珠玉弗服也,錦繡文綺弗衣也,奇怪異物弗視也,玩好之器弗寶也,淫佚之樂弗聽也,宮垣室屋弗堊色也,橑桷柱楹弗藻飾也,茅茨之蓋弗翦齊也,滋味重累弗食也,溫飯煖羹酸餒不易也。"

〔3〕聿,述也。《詩·大雅》曰:"文王烝哉,遹追來孝。"言文王能述追王季勤孝之行也。

〔4〕《西京雜記》曰:"武帝遇李夫人,就取玉簪搔頭,自此宮人搔頭皆用玉。"

〔5〕《書》曰:"琁機玉衡以齊七政。"孔安國注曰:"琁,美玉也。機,衡也。王者正天文之器,可運轉者也。"又曰:"寇賊姦宄。"注曰:"群行攻劫曰寇,殺人曰賊,在外曰姦,在內曰宄。"

〔6〕《續漢志》曰"太尉掌四方兵事功課,歲盡則奏殿最而行賞罰"也。

〔7〕謂九江賊徐鳳、馬勉等攻燒城邑,廣陵賊張嬰等攻殺江都長。九江、廣陵是荊、楊之地,故云兩州也。

〔8〕據《吳祐傳》,此章馬融之詞。

冀忌帝聰慧,恐為後患,遂令左右進鴆。帝苦煩甚,使促召固。固入,前問:"陛下得患所由?"帝尚能言,曰:"食煮餅,今腹中悶,得水尚可活。"時冀亦在側,曰:"恐吐,不可飲水。"語未絕而崩。固伏尸號哭,推舉侍醫。冀慮其事泄,大惡之。

因議立嗣,固引司徒胡廣、司空趙戒,[1]先與冀書曰:"天下不幸,仍遭大憂。皇太后聖德當朝,攝統萬機,明將軍體履忠孝,憂存社稷,而頻年之閒,國祚三絕。[2]今當立帝,天下重器,誠知太后垂心,將軍勞慮,詳擇其人,務存聖明。然愚情眷眷,竊獨有懷。遠尋先世廢立舊儀,近見國家踐祚前事,未嘗不詢訪公卿,廣求群議,令上應天心,下合衆望。且永初以來，政事多謬，地震宮廟，彗星竟天，誠是將軍用情之日。傳曰：'以天下與人易，為天下得人難。'昔昌邑之立，昏亂日滋，霍光憂愧發憤，悔之折骨。〔3〕自非博陸忠勇，〔4〕延年奮發，大漢之祀，幾將傾矣。〔5〕至憂至重，可不熟慮！悠悠萬事，唯此為大。國之興衰，在此一舉。"冀得書，乃召三公、中二千石、列侯大議所立。固、廣、戒及大鴻臚杜喬皆以為清河王蒜明德著聞，又屬最尊親，宜立為嗣。先是蠡吾侯志當取冀妹，時在京師，冀欲立之。衆論既異，憤憤不得意，而未有以相奪。〔6〕中常侍曹騰等聞而夜往說冀曰："將軍累世有椒房之親，秉攝萬機，賓客縱橫，多有過差。清河王嚴明，若果立，則將軍受禍不久矣。不如立蠡吾侯，富貴可長保也。"冀然其言。明日重會公卿，冀意氣凶凶，而言辭激切。自胡廣、趙戒以下，莫不懾憚之。皆曰："惟大將軍令。"而固獨與杜喬堅守本議。冀厲聲曰："罷會。"固意既不從，猶望衆心可立，復以書勸冀。冀愈激怒，乃說太后先策免固，竟立蠡吾侯，是為桓帝。

【注】
〔1〕謝承《書》"戒字志伯，蜀郡成都人也。戒博學明經講授，舉孝廉，累遷荊州刺史。梁商弟讓為南陽太守，恃椒房之寵，不奉法，戒到州，劾奏之。遷戒河閒相。以冀部難理，整厲威嚴。遷南陽太守。糾豪傑，恤吏人，奏免中官貴戚子弟為令長貪濁者。徵拜為尚書令，出為河南尹，轉拜太常。永和六年特拜司空"也。

〔2〕順帝崩，沖帝立一年崩，質帝一年崩。

〔3〕昌邑王賀，武帝孫昌邑哀王子也。昭帝崩，霍光立之。

〔4〕霍光封博陸侯。《前書音義》曰："博，大。陸，平。取其嘉名，無此縣也。食邑北海、河東也。"

〔5〕霍光召丞相已下議曰："昌邑王行昏亂，恐危社稷，如何？"群臣皆驚愕失色。大司農田延年前離席案劍曰："今日之議，不得旋踵，群臣後應者，臣請劍斬之！"於是廢立遂定。

〔6〕未有別理而易奪之。

後歲餘，甘陵劉文、魏郡劉鮪各謀立蒜為天子，梁冀因此誣固與文、鮪共為妖言，下獄。門生勃海王調貫械上書，證固之枉，河內趙承等數十人亦要鈇鑕詣闕通訴，〔1〕太后明之，乃赦焉。及出獄，京師市里皆稱萬歲。冀聞之大驚，畏固名德終為己害，乃更據奏前事，遂誅之，時年五十四。〔2〕

【注】
〔1〕《字林》曰："鈇鑕，椹也。"鑕音質。椹音竹心反。
〔2〕固臨終，勅子孫索棺三寸，幅巾，殯殮於本郡境埆之地，不得還墓塋，污先公兆域。見謝承《書》也。

臨命，與胡廣、趙戒書曰："固受國厚恩，是以竭其股肱，不顧死亡，志欲扶持王室，比隆文、宣。〔1〕何圖一朝梁氏迷謬，公等曲從，以吉為凶，成事為敗乎？漢家衰微，從此始矣。公等受主厚祿，顛而不扶，傾覆大事，後之良史，豈有所私？固身已矣，於義得矣，夫復何言！"廣、戒得書悲慚，皆長歎流涕。

【注】
〔1〕文帝、宣帝皆群臣迎立，能興漢祚。

州郡收固二子基、茲於郾城，皆死獄中。〔1〕小子燮〔一三〕得脫亡命。冀乃封廣、戒而露固尸於四衢，〔2〕令有敢臨者加其罪。固弟子汝南郭亮，〔3〕年始成童，〔4〕遊學洛陽，乃左提章鉞，〔5〕〔一四〕右秉鈇鑕，詣闕上書，乞收固屍。不許，因往臨哭，陳辭於前，遂守喪不去。夏門亭長呵之曰：〔6〕"李、杜二公為大臣，不能安上納忠，而興造無端。卿曹何等腐生，公犯詔書，干試有司乎？"〔7〕亮曰："亮含陰陽以生，戴乾履坤。義之所動,豈知性命,何為以死相懼?"亭長歎曰:"居非命之世,〔8〕天高不敢不跼,地厚不敢不蹐。〔9〕耳目適宜視聽,口不可以妄言也。"太后聞而不誅。〔一五〕南陽人董班亦往哭固,而殉尸不肯去。〔10〕太后憐之,乃聽得襚斂歸葬。二人由此顯名,三公並辟。班遂隱身,莫知所歸。

【注】

〔1〕《續漢書》曰,基,偃師長。袁宏《紀》曰,基字憲公,茲字季公,並為長史,聞固策免,並弃官亡歸巴漢。南鄭趙子賤為郡功曹,詔下郡殺固二子。太守知其枉,遇之甚寬,二子託服藥夭,具棺器,欲因出逃。子賤畏法,勅吏驗實,就殺之。

〔2〕《爾雅》曰:"四達謂之衢。"郭璞注曰:"交通四出者也。"

〔3〕謝承《書》曰:"亮字恒直,朗陵人也。"

〔4〕成童,年十五也。《禮記》曰"十五成童,舞《象》"也。

〔5〕章謂所上章也。《蒼頡篇》曰:"鉞,斧也。"

〔6〕洛陽北面西頭門,門外有萬壽亭。

〔7〕腐生者,猶言腐儒也。

〔8〕非命謂衰亂之時,人多不得其死也。

〔9〕跼,曲也。蹐,累足也。言天高而有雷霆,地厚而有淪陷,上下皆可畏懼也。《詩》云"謂天蓋高,不敢不跼,謂地蓋厚,不敢不蹐"也。

〔10〕殉,巡也。《楚國先賢傳》曰:"班字季,宛人也。少遊太學,宗事李固,才高行美,不交非類。嘗耦耕澤畔,惡衣蔬食。聞固死,乃星行奔赴,哭泣盡哀。司隸案狀奏聞,〔一六〕天子釋而不罪。班遂守尸積十日不去。桓帝嘉其義烈,聽許送喪到漢中,赴葬畢而還也。"

固所著章、表、奏、議、教令、對策、記、銘凡十一篇。弟子趙承等悲歎不已,乃共論固言迹,以為《德行》一篇。〔1〕

【注】

〔1〕謝承《書》曰："固所授弟子，潁川杜訪、汝南鄭遂、河內趙承等七十二人，相與哀歎悲憤，以為眼不復瞻固形容，耳不復聞固嘉訓，乃共論集《德行》一篇。"

燮字德公。初，固既策罷，知不免禍，乃遣三子歸鄉里。時燮年十三，姊文姬為同郡趙伯英妻，賢而有智，見二兄歸，具知事本，默然獨悲曰："李氏滅矣！自太公已來，積德累仁，何以遇此？"[1]密與二兄謀豫藏匿燮，託言還京師，人咸信之。有頃難作，下郡收固三子。二兄受害，文姬乃告父門生王成曰："君執義先公，有古人之節。今委君以六尺之孤，[2]李氏存滅，其在君矣。"成感其義，乃將燮乘江東下，入徐州界內，令變名姓為酒家傭，[3]而成賣卜於市。各為異人，陰相往來。

【注】

〔1〕太公謂祖父郃也。

〔2〕六尺謂年十五以下。

〔3〕謝承《書》曰："燮遠遁身於北海劇，託命滕咨家以得免。"與此不同。

燮從受學，酒家異之，意非恒人，以女妻燮。燮專精經學。十餘年間，梁冀既誅而災眚屢見。明年，史官上言宜有赦令，又當存錄大臣冤死者子孫，於是大赦天下，并求固後嗣。燮乃以本末告酒家，酒家具車重厚遣之，皆不受，遂還鄉里，追服。姊弟相見，悲感傍人。既而戒燮曰："先公正直，為漢忠臣，而遇朝廷傾亂，梁冀肆虐，令吾宗祀血食將絕。今弟幸而得濟，豈非天邪！宜杜絕眾人，勿妄往來，慎無一言加於梁氏。加梁氏則連主上，禍重至矣。唯引咎而已。"燮謹從其誨。後王成卒，變以禮葬之，感傷舊恩，每四節為設上賓之位而祠焉。

州郡禮命，四府並辟，皆無所就，後徵拜議郎。及其在位，廉方自守，所交皆舍短取長，好成人之美。時潁川荀爽、賈彪，雖俱知名而不相能，變並交二子，情無適莫，世稱其平正。[1]

【注】
[1]《論語》曰："君子之於天下也，無適也，無莫也，義之與比。"

靈帝時拜安平相。[一七]先是安平王續為張角賊所略，國家贖王得還，朝廷議復其國。變上奏曰："續在國無政，為妖賊所虜，守藩不稱，損辱聖朝，不宜復國。"時議者不同，而續竟歸藩。變以謗毀宗室，輸作左校。未滿歲，王果坐不道被誅，乃拜變為議郎。京師語曰："父不肯立帝，子不肯立王。"

擢遷河南尹。時既以貨賂為官，詔書復橫發錢三億，以實西園。[1]變上書陳諫，辭義深切，帝乃止。先是潁川甄邵諂附梁冀，為鄴令。有同歲生得罪於冀，亡奔邵，邵偽納而陰以告冀，冀即捕殺之。邵當遷為郡守，會母亡，邵且埋屍於馬屋，先受封，然後發喪。[一八]邵還至洛陽，變行塗遇之，使卒投車於溝中，笞捶亂下，大署帛於其背曰"諂貴賣友，貪官埋母"。乃具表其狀。邵遂廢錮終身。變在職二年卒，時人感其世忠正，咸傷惜焉。

【注】
[1]事見《宦者傳》。

杜喬字叔榮，河內林慮人也。[1]少為諸生，舉孝廉，辟司徒楊震府。稍遷為南郡太守，轉東海相，入拜侍中。

【注】
〔1〕《續漢書》曰："累祖吏二千石。[一九]喬少好學，治《韓詩》、《京氏易》、《歐陽尚書》，以孝稱。雖二千石子，常步擔求師。"林慮，今相州縣也。

漢安元年，以喬守光祿大夫，使徇察兗州。表奏太山太守李固政為天下第一；陳留太守梁讓、濟陰太守汜宮、[二〇]濟北相崔瑗等臧罪千萬以上。讓即大將軍梁冀季父，宮、瑗皆冀所善。還，拜太子太傅，遷大司農。

時梁冀子弟五人及中常侍等以無功並封，喬上書諫曰："陛下越從藩臣，龍飛即位，天人屬心，萬邦攸賴。不急忠賢之禮，而先左右之封，傷善害德，興長佞諛。臣聞古之明君，褒罰必以功過；末世闇主，誅賞各緣其私。今梁氏一門，宦者微孽，[1]並帶無功之紱，[2]裂勞臣之土，其為乖濫，胡可勝言！夫有功不賞，為善失其望；姦回不詰，為惡肆其凶。故陳資斧而人靡畏，[二一]班爵位而物無勸。[3]苟遂斯道，豈伊傷政，為亂而已，喪身亡國，可不慎哉！"書奏不省。

【注】
〔1〕孽音魚列反。《公羊傳》曰："臣僕庶孽之事。"何休注云："孽，賤子也，猶樹之有孽生也。"
〔2〕《蒼頡篇》："紱，綬也。"
〔3〕《易·旅卦》九四曰："旅于處，得其資斧。"《前書音義》曰："資，利也。"

益州刺史种暠舉劾永昌太守劉君世以金蛇遺梁冀，事發覺，以蛇輸司農。冀從喬借觀之，喬不肯與，冀始為恨。累遷大鴻臚。時冀小女死，令公卿會喪，喬獨不往，冀又銜之。

遷光祿勳。建和元年，代胡廣為太尉。桓帝將納梁冀妹，冀欲令以厚禮迎之，喬據執舊典，不聽。〔1〕又冀屬喬舉汜宮為尚書，喬以宮臧罪明著，遂不肯用，因此日忤於冀。先是李固見廢，內外喪氣，群臣側足而立，唯喬正色無所回橈。〔2〕由是海內歎息，朝野瞻望焉。在位數月，以地震免。宦者唐衡、左悺等因共譖於帝曰："陛下前當即位，喬與李固抗議言上不堪奉漢宗祀。"〔3〕帝亦怨之。及清河王蒜事起，梁冀遂諷有司劾喬及李固與劉鮪等交通，請逮案罪。而梁太后素知喬忠，但策免而已。〔4〕冀愈怒，使人脅喬曰："早從宜，妻子可得全。"〔5〕喬不肯。明日冀遣騎至其門，不聞哭者，遂白執繫之，死獄中。妻子歸故郡。與李固俱暴尸於城北，家屬故人莫敢視者。

【注】
〔1〕時有司奏曰："《春秋》迎王后于紀，在塗則稱后。今大將軍冀女弟宜備禮章，時進徵幣。"奏可。於是悉依孝惠帝納后故事，聘黃金二萬斤，〔二二〕納采鴈璧乘馬，一依舊典。
〔2〕回，邪也。橈，曲也。
〔3〕抗，舉也。
〔4〕《續漢書》曰："喬諸生耿伯嘗與鮪同止，冀諷吏執鮪為喬門生。"
〔5〕從宜，令其自盡也。

喬故掾陳留楊匡〔二三〕聞之，號泣星行到洛陽，乃著故赤幘，託為夏門亭吏，守衛尸喪，驅護蠅蟲，積十二日，都官從事執之以聞。梁太后義而不罪。匡於是帶鈇鑕詣闕上書，并乞李、杜二公骸骨。太后許之。成禮殯殮，送喬喪還家，葬送行服，〔二四〕隱匿不仕。匡初好學，〔二五〕常在外黃大澤教授門徒。補蘄長，政有異績，遷平原令。時國相徐曾，中常侍璜之兄也，匡恥與接事，託疾牧豕云。

【注】
〔1〕蘄，今徐州縣也，音機。

〔2〕袁山松《書》，匡一名章，字叔康也。

論曰：夫稱仁人者，其道弘矣！〔1〕立言踐行，〔2〕豈徒徇名安己而已哉，〔3〕將以定去就之槩，正天下之風，使生以理全，死與義合也。〔4〕夫專為義則傷生，〔5〕專為生則騫義，〔6〕專為物則害智，〔7〕專為己則損仁。若義重於生，舍生可也；生重於義，全生可也。〔8〕上以殘闇失君道，下以篤固盡臣節。臣節盡而死之，則為殺身以成仁，去之不為求生以害仁也。〔9〕順桓之閒，國統三絕，太后稱制，賊臣虎視。李固據位持重，以爭大義，確乎而不可奪。〔10〕豈不知守節之觸禍，恥夫覆折之傷任也。〔11〕觀其發正辭，及所遺梁冀書，雖機失謀乖，猶戀戀而不能已。至矣哉，社稷之心乎！其顧視胡廣、趙戒，猶糞土也。

【注】

〔1〕弘，大也。言非一塗也。

〔2〕立其言，必踐而行之。

〔3〕徇，求也。

〔4〕槩，節也。立身之道，唯孝與忠，全生死之義，須得其所。

〔5〕貴義則賤生也。

〔6〕騫，違也。

〔7〕為物則役智，故為害。

〔8〕《孟子》曰："魚我所欲，熊掌我所欲也。二者不可得兼，舍魚而取熊掌者也。生亦我所欲也，義亦我所欲也。二者不可得兼，舍生而取義者也。"

〔9〕《論語》："無求生以害仁，有殺身以成仁。"

〔10〕確，堅貌也。《易》曰："確乎其不可拔。"《論語》曰："臨大節而不可奪。"

〔11〕《易》曰："鼎折足，覆公餗。"言不勝其任。

贊曰：李、杜司職，朋心合力。〔1〕致主文、宣，抗情伊、稷。〔2〕道亡時晦,終離罔極。[3]孌同趙孤,[4]世載弦直。[5]

【注】

[1]朋猶同也。

[2]伊尹、后稷也。

[3]離,被也。《毛詩》曰:"讒人罔極。"

[4]趙朔之子趙武。《史記》曰,晉景公三年,大夫屠岸賈殺趙朔,朔客程嬰、公孫杵臼匿朔遺腹子於中山。居十五年,後景公與韓厥立趙孤,而攻滅屠岸賈也。

[5]載,行也。

【校勘記】

[一]邰在(數)[方]術傳　據《集解》引錢大昕説改。

[二]斗為天喉舌　《藝文類聚》四十八引《續漢書》,"斗"上有"北"字,《太平御覽》五引本書,亦有"北"字。按:《校補》謂據下文皆止言斗,則"北"字非本有。

[三](猶)[由]此言之　據殿本改。

[四]尅元陳樞　按:殿本"元"下有"氣"字。

[五]群下繼望　《刊誤》謂"繼"當作"繫"。今按:繼亦音繫,訓縛,亦維繫之義,見《集韻》,劉説非。

[六]智者見變思刑愚者覩怪諱名　按:《集解》引惠棟説,謂"刑"《通鑑》作"形"。胡注,此二語蓋本之緯書。

[七]加近者月食既於端門之側　按:殿本"加"作"如",《考證》云"如"字本或作"加"。

[八]為其與[公]盟也　據《刊誤》補,與《公羊傳》合。

[九]可敬(威)[畏]也　據殿本改。

[一〇]臣聞氣之清者為神至安國者以積賢為道　按:《集解》引沈欽韓説,謂以上語並見《繁露》,"神"彼作"精"。《校補》引柳從辰説,謂袁《紀》

"神"亦作"精","練神"作"積精"。

〔一一〕軾段干木　按："段"原誤"叚",逕改正。注同。

〔一二〕子方在此　按:《集解》引沈欽韓説,謂"子方"今《新序》作"大宗子敖"。

〔一三〕小子燮　按:"燮"原皆譌"爕",汲本、殿本同,惟《集解》本不譌,今逕改止。

〔一四〕乃左提章鉞　按:《集解》引沈欽韓説,謂案文"鉞"字衍。

〔一五〕太后聞而不誅　按:《校補》引柳從辰説,謂《御覽》三八五引《李固别傳》,作"太后聞而誅之"。

〔一六〕司隸案狀奏聞　按:汲本、殿本"案"作"察"。

〔一七〕靈帝時拜安平相　按:《集解》引惠棟説,謂《華陽國志》"安平"作"東平"。

〔一八〕先受封然後發喪　按:《刊誤》謂甄邵遷爲郡守,不得言"受封",或"封"上脱一"璽"字。先受璽封謂拜郡詔也。

〔一九〕累祖吏二千石　按:《校補》謂"祖"亦"世"字諱改。

〔二〇〕濟陰太守汜宫　按:殿本"汜"作"氾"。

〔二一〕故陳資斧而人靡畏　李慈銘謂"資"《治要》作"質",即鑕字。今按:注引旅卦以釋資斧,則章懷所見本亦作"資"也。

〔二二〕聘黄金二萬斤　按:汲本、殿本作"一萬斤"。

〔二三〕喬故掾陳留楊匡　按:《集解》引汪文臺説,謂《類聚》九十七引謝承《書》,"楊匡"作"楊章"。

〔二四〕葬送行服　按:王先謙謂"葬送"疑誤倒。

〔二五〕匡初好學　按:王先謙謂"初"當是"幼"之誤。

後漢書卷六十四

吳延史盧趙列傳第五十四

　　吳祐字季英,〔1〕陳留長垣人也。父恢,為南海太守。〔2〕祐年十二,隨從到官。恢欲殺青簡以寫經書,〔3〕祐諫曰:"今大人踰越五領,〔4〕遠在海濱,其俗誠陋,然舊多珍怪,上為國家所疑,下為權戚所望。〔5〕此書若成,則載之兼兩。〔6〕昔馬援以薏苡興謗,王陽以衣囊徼名。〔7〕嫌疑之閒,誠先賢所慎也。"恢乃止,撫其首曰:"吳氏世不乏季子矣。"〔8〕及年二十,喪父,居無檐石,而不受贍遺。常牧豕於長垣澤中,〔9〕〔一〕行吟經書。遇父故人,謂曰:"卿二千石子而自業賤事,縱子無恥,奈先君何?"祐辭謝而已,守志如初。

【注】

〔1〕祐音又。《漢書》作"佑"。

〔2〕"恢"或作"惔",音徒濫反。

〔3〕殺青者,以火炙簡令汗,取其青易書,復不蠹,謂之殺青,亦謂汗簡。義見劉向《別錄》也。

〔4〕領者,西自衡山之南,東至于海,一山之限耳,別標名則有五焉。裴氏《廣(川)〔州〕記》〔二〕云:"大庾、始安、臨賀、桂陽、揭陽,是為五領。"鄧德明《南康記》曰:"大庾,一也;桂陽甲騎,二也;九真都龐,〔三〕三也;臨賀萌渚,四也;始安越城,五也。"裴氏之說則為審矣。

〔5〕希望其贈遺也。

〔6〕車有兩輪，故稱"兩"也。

〔7〕徼，要也，音工堯反。《前書》曰，王陽好車馬，衣服鮮明，而遷徙轉移，所載不過橐囊。時人怪其奢，伏其儉，故俗傳王陽能作黃金。

〔8〕季子謂季札也。

〔9〕《續漢書》曰"年四十餘，乃為郡吏"也。

後舉孝廉，[1]將行，郡中為祖道，祐越壇共小史雍丘黃真歡語移時，與結友而別。[2]功曹以祐倨，請黜之。太守曰："吳季英有知人之明，卿且勿言。"真後亦舉孝廉，除新蔡長，世稱其清節。[3]時公沙穆來遊太學，無資糧，乃變服客傭，為祐賃舂。祐與語大驚，遂共定交於杵臼之間。

【注】

〔1〕《陳留耆舊傳》曰："太守冷宏召補文學，宏見異之，擢舉孝廉。"

〔2〕祖道之禮，封土為軷壇也。《五經要義》曰："祖道者，行祭為道路祈也。"《周禮太馭》："掌王玉路以祀，及（祀）[犯]軷。"〔四〕注云："[犯]軷（祀）者，〔五〕封土象山於路側，以[菩]芻棘柏為神主〔六〕祭之，以車轢軷而去。喻無險難。"

〔3〕謝承《書》曰："真字夏甫。"

祐以光祿四行遷膠東侯相。[1]時濟北戴宏父為縣丞，宏年十六，從在丞舍。祐每行園，常聞諷誦之音，奇而厚之，亦與為友，卒成儒宗，知名東夏，[2]官至酒泉太守。[3]祐政唯仁簡，以身率物。民有爭訴者，輒閉閣自責，然後斷其訟，以道譬之。或身到閭里，重相和解。自是之後，爭隙省息，吏人懷而不欺。嗇夫孫性私賦民錢，[4]市衣以進其父，父得而怒曰："有君如是，何忍欺之！"促歸伏罪。性惶懼，詣閣持衣自首。祐屏左右問其故，性具談父言。祐曰："掾以親故，受污穢之名，所謂‘觀過斯知人矣’。”[5][七]使歸謝其父，還以衣遺之。又安丘男子毋丘長[八]與母俱行市，道遇醉客辱其母，長殺之而亡，安丘追蹤於膠東得之。祐呼長謂曰：“子母見辱，人情所恥。然孝子忿必慮難，動不累親。[6]今若背親逞怒，[7]白日殺人，赦若非義，刑若不忍，將如之何？”長以械自繫，[8]曰：“國家制法，囚身犯之。明府雖加哀矜，[九]恩無所施。”祐問長有妻子乎？對曰：“有妻未有子也。”即移安丘逮長妻，妻到，解其桎梏，使同宿獄中，妻遂懷孕。至冬盡行刑，長泣謂母曰：“負母應死，當何以報吳君乎？”乃齧指而吞之，含血言曰：“妻若生子，名之‘吳生’，言我臨死吞指為誓，屬兒以報吳君。”因投繯而死。[9]

【注】

〔1〕《漢官儀》曰“四行，敦厚、質樸、遜讓、節儉”也。

〔2〕東夏，東方也。《尚書》曰“尹茲東夏”也。

〔3〕《濟北先賢傳》曰“宏字元襄，剛縣人也。年二十二，[一〇]為郡督郵，曾以職事見詰，府君欲撻之。宏曰：‘今鄙郡遭明府，咸以為仲尼之君，國小人少，以宏為顏回，豈聞仲尼有撻顏回之義？’府君異其對，即日教署主簿”也。

〔4〕《續漢書》曰：“賦錢五百，為父市單衣。”

〔5〕《論語》載孔子之言也。

〔6〕《論語》孔子曰：“忿思難。”又曰：“一朝之忿，忘其身以及其親，非惑與？”

〔7〕若，汝也。逞，快也。

〔8〕在手曰械。

〔9〕謂以繩為繯，投之而縊也。繯音胡犬反。

祐在膠東九年，[1]遷齊相，大將軍梁冀表為長史。及冀誣奏太尉李固，祐聞而請見，與冀爭之，不聽。時扶風馬融在坐，為冀章草，祐因謂融曰："李公之罪，成於卿手。李公即誅，卿何面目見天下之人乎？"冀怒而起入室，祐亦徑去。冀遂出祐為河間相，因自免歸家，不復仕，躬灌園蔬，以經書教授。年九十八卒。

【注】

〔1〕《陳留耆舊傳》曰："祐處同僚，無私書之問，上司無賤檄之敬。在膠東，書不入京師也。"

長子鳳，官至樂浪太守；少子愷，新息令；鳳子馮，鮦陽侯相：〔1〕皆有名於世。〔2〕

【注】

〔1〕鮦陽，縣，屬汝南郡。音紂。
〔2〕《陳留耆舊傳》曰："鳳字君雅，馮字子高。"

延篤字叔堅，〔一〕南陽犨人也。〔1〕少從潁川唐溪典受《左氏傳》，〔2〕旬日能諷之，〔一二〕典深敬焉。〔3〕又從馬融受業，博通經傳及百家之言，能著文章，有名京師。

【注】

〔1〕犨音昌猶反，故城在汝州魯山縣東南也。
〔2〕《先賢行狀》曰："典字季度，為西鄂長。"《風俗通》曰："吳夫槩王奔楚，封堂谿，因以為氏。"典為五官中郎將。"唐"與"堂"同也。
〔3〕《先賢行狀》曰："篤欲寫《左氏傳》，無紙，唐溪典以廢牋記與之。篤以牋記紙不可寫《傳》，乃借本諷之，粮盡辭歸。典曰：'卿欲寫傳，何故辭歸？'篤曰：'已諷之矣。'典聞之歎曰：'嗟乎延生！〔一三〕雖復端木聞一知二，未足為喻。若使尼父更起於洙、泗，君當編名七十，與游、夏爭匹也。'"

舉孝廉,為平陽侯相。到官,表龔遂之墓,立銘祭祠,擢用其後於畎畝之閒。[1]以師喪弃官奔赴,五府並辟不就。

【注】
〔1〕《前書》龔遂,山陽南平陽人,為勃海太守。南平陽故城〔在〕今兗州鄒縣。〔一四〕

桓帝以博士徵,拜議郎,與朱穆、邊韶共著作東觀。稍遷侍中。帝數問政事,篤詭辭密對,[1]動依典義。遷左馮翊,又徙京兆尹。其政用寬仁,憂恤民黎,擢用長者,與參政事,郡中歡愛,三輔咨嗟焉。先是陳留邊鳳為京兆尹,亦有能名,郡人為之語曰:"前有趙張三王,[2]後有邊延二君。"

【注】
〔1〕《穀梁傳》曰:"故士造辟而言,詭辭而出。"范甯注云:"辟,君也。詭辭而出,不以實告人也。"
〔2〕《前書》,趙廣漢、張敞、王遵、王章、王駿俱為京兆尹也。

時皇子有疾,下郡縣出珍藥,而大將軍梁冀遣客齎書詣京兆,并貨牛黃。[1]篤發書收客,曰:"大將軍椒房外家,而皇子有疾,必應陳進醫方,豈當使客千里求利乎?"遂殺之。冀憖而不得言,有司承旨欲求其事。篤以病免歸,教授家巷。

【注】
〔1〕吳普《本草》曰:"牛黃味苦,無毒,牛出入呻者有之。夜有光走角中。牛死,入膽中,如鷄子黃。"《神農本草》曰:"療驚癇,除邪逐鬼。"

時人或疑仁孝前後之證,篤乃論之曰:"觀夫仁孝之辯,[1]紛然異端，互引典文，代取事據，[2]可謂篤論矣。[3]夫人二致同源，總率百行，[4]非復銖兩輕重，必定前後之數也。而如欲分其大較，[5]體而名之，則孝在事親，仁施品物。施物則功濟於時，事親則德歸於己。於己則事寡，濟時則功多。推此以言，仁則遠矣。然物有出微而著，事有由隱而章。近取諸身，則耳有聽受之用，目有察見之明，足有致遠之勞，手有飾衛之功，功雖顯外，本之者心也。遠取諸物，則草木之生，始於萌牙，終於彌蔓，枝葉扶疏，榮華紛縟，[6]末雖繁蔚，致之者根也。夫仁人之有孝，猶四體之有心腹，[7]枝葉之有本根也。聖人知之，故曰：‘夫孝，天之經也，地之義也，人之行也。’[8]‘君子務本，本立而道生，孝悌也者，其為仁之本與！’[9][一五]然體大難備，物性好偏，故所施不同，事少兩兼者也。如必對其優劣，則仁以枝葉扶疏為大，孝以心體本根為先，可無訟也。或謂先孝後仁，非仲尼序回、參之意。[10]蓋以為仁孝同質而生，純體之者，則互以為稱，虞舜、顏回是也。[11]若偏而體之，則各有其目，公劉、曾參是也。[12]夫曾、閔以孝悌為至德，[13]管仲以九合為仁功，[14]未有論德不先回、參，考功不大夷吾。以此而言，各從其稱者也。"

【注】

〔1〕辯，爭也。

〔2〕代，更也。

〔3〕篤，厚也。

〔4〕二致，仁、孝也。《易·繫詞》曰"殊塗而同歸，百慮而一致"也。

〔5〕較猶略也。

〔6〕《說文》曰："縟，繁采飾也。"

〔7〕四體謂手足也。

〔8〕《左氏傳》趙簡子問子太叔："何謂禮？"對曰："聞諸先大夫子產曰：‘夫禮，天之經也，地之義也，人之行也。天地之經，人實則之，則天之明，因地之性。’"孔子取為《孝經》之詞也。

〔9〕《論語》載有若之詞也。

〔10〕《論語》孔子曰:"參也魯,回也其庶乎?"言庶幾於善道也。魯,鈍也。言若先孝後仁,則曾參不得不賢於顏子。

〔11〕虞舜、顏回純德既備,或仁或孝,但隨其所稱爾。

〔12〕《史記》,公劉,后稷曾孫也。能修復后稷之業,務耕種,行地宜,百姓懷之,多從而保歸焉。故公劉以仁紀德,曾參以至孝稱賢,此則各自為目,不能總兼其美也。

〔13〕曾參、閔損也。

〔14〕《論語》孔子曰:"桓公九合諸侯,不以兵車,管仲之力,如其仁,如其仁。"九合者,謂再會於鄄,兩會于幽,又會檉、首止、戴甯、母洮、葵丘也。

前越嶲太守李文德素善於篤,時在京師,謂公卿曰:"延叔堅有王佐之才,奈何屈千里之足乎?"欲令引進之。篤聞,乃為書止文德曰:"夫道之將廢,所謂命也。〔1〕流聞乃欲相為求還東觀,來命雖篤,所未敢當。吾嘗昧爽櫛梳,坐於客堂。〔2〕〔一六〕朝則誦羲、文之《易》,虞、夏之《書》,歷公旦之典禮,覽仲尼之《春秋》。〔3〕夕則消搖內階,詠《詩》南軒。〔4〕百家眾氏,投閒而作。〔5〕洋洋乎其盈耳也,〔6〕渙爛兮其溢目也,〔7〕紛紛欣欣兮其獨樂也。當此之時,不知天之為蓋,地之為輿;〔8〕不知世之有人,己之有軀也。雖漸離擊筑,傍若無人,〔9〕高鳳讀書,不知暴雨,〔10〕方之於吾,未足況也。且吾自束脩已來,〔11〕為人臣不陷於不忠,為人子不陷於不孝,上交不諂,下交不黷,〔12〕從此而歿,下見先君遠祖,可不慙赧。〔13〕如此而不以善止者,恐如教羿射者也。〔14〕慎勿迷其本,弃其生也。"

【注】

〔1〕《論語》孔子曰:"道之將行也與?命也。道之將廢也與?命也。"

〔2〕孔安國注《尚書》曰:"昧,暝也。爽,明也。"

〔3〕周公攝政七年，制禮作樂。班固《東都賦》曰"今論者但知誦虞、夏之《書》，詠殷、周之《詩》，講羲、文之《易》，論孔氏之《春秋》"也。

〔4〕《楚詞》："高堂邃宇，鏤檻層軒。"王逸注云："軒，樓板也。"

〔5〕言誦經典之餘，投射間隙而翫百氏也。

〔6〕洋洋，美也。《論語》曰："洋洋乎盈耳哉。"

〔7〕涣爛，文章貌也。

〔8〕宋玉《大言賦》曰"方地為輿，員天為蓋"也。

〔9〕《說文》曰："筑，五絃之樂也。"沈約《宋書》曰："筑不知誰所造也。《史記》唯云高漸離擊筑。"案：今筑形似筝，有項有柱。《史記》，荆軻至燕，日與屠狗及高漸離擊筑，荆軻和而歌於市中，相樂，已而相泣，傍若無人。

〔10〕事具《逸人傳》也。

〔11〕束脩謂束帶修飾。鄭玄注《論語》曰"謂年十五已上"也。

〔12〕《易·繫詞》之文也。

〔13〕色媿曰赧，音女板反。

〔14〕《史記》，有養由基者，善射者也，去柳葉百步而射之，百發而百中之。左右觀者數千人，皆曰"善射"。有一人立其旁，曰："善，可教射矣。"養由基怒，釋弓搤劍曰："客安能教我射乎？"客曰："非吾能教枝左詘右也。夫去柳葉百步而射之，百發百中之，不以善息，少焉氣衰力倦，弓撥矢鉤，一發不中者百發盡息。"此言羿者，蓋以俱善射而稱之焉。

後遭黨事禁錮。[1] 永康元年，卒于家。鄉里圖其形于屈原之廟。[2]

【注】

〔1〕錮謂閉塞。

〔2〕屈原，楚大夫，抱忠貞而死。篤有志行文彩，故圖其像而偶之焉。

篤論解經傳，多所駁正，後儒服虔等以為折中。所著詩、論、銘、書、應訊、表、教令,〔1〕凡二十篇云。

【注】
〔1〕訊,問也。蓋《荅客難》之類。

史弼字公謙,陳留考城人也。父敞,順帝時以佞辯至尚書、郡守。〔1〕弼少篤學,聚徒數百。仕州郡,〔2〕辟公府,遷北軍中候。

【注】
〔1〕《續漢書》曰"敞為京兆尹,化有能名,尤善條教,見稱於三輔"也。
〔2〕謝承《書》曰:"弼年二十為郡功曹,承前太守宋訢穢濁之後,悉條諸生聚斂姦吏〔一七〕百餘人,皆白太守,埽迹還縣,高名由此而興。"

是時桓帝弟渤海王悝〔一八〕素行險辟,僭傲多不法。弼懼其驕悖為亂,乃上封事曰:"臣聞帝王之於親戚,愛雖隆,必示之以威;體雖貴,必禁之以度。如是,和睦之道興,骨肉之恩遂。昔周襄王恣甘昭公,〔1〕孝景皇帝驕梁孝王,〔2〕而二弟階寵,終用教慢,卒周有播蕩之禍,漢有爰盎之變。竊聞勃海王悝,憑至親之屬,恃偏私之愛,失奉上之節,有僭慢之心,外聚剽輕不逞之徒,〔3〕內荒酒樂,出入無常,所與群居,皆有口無行,〔4〕或家之弃子,或朝之斥臣,必有羊勝、伍被之變。〔5〕州司不敢彈糾,傅相不能匡輔。陛下隆於友于,不忍遏絕。〔6〕恐遂滋蔓,為害彌大。〔7〕乞露臣奏,宣示百僚,使臣得於清朝明言其失,然後詔公卿平處其法。法決罪定,乃下不忍之詔。臣下固執,然後少有所許。如是,則聖朝無傷親之譏,勃海有享國之慶。不然,懼大獄將興,使者相望於路矣。臣職典禁兵,備禦非常,而妄知藩國,干犯至戚,罪不容誅。不勝憤懣,謹冒死以聞。"帝以至親,不忍下其事。後悝竟坐逆謀,貶為廮陶王。

【注】

〔1〕甘昭公王子帶,周襄王弟也,食邑於甘,謚曰昭。《左傳》曰,初,甘昭公有寵於惠后,后將立之,未及而卒。昭公奔齊。王復之,遂以狄師攻王,王出適鄭也。

〔2〕梁孝王,景帝弟,竇太后少子,愛之,賜天子旌旗,出警入蹕。景帝嘗與王宴太后前,曰:"千秋萬歲後傳王。"爰盎諫不許,遂令人刺殺盎也。

〔3〕剽,悍也。逞,快也。謂被侵枉不快之人也。《左傳》曰:"率群不逞之人。"剽音疋妙反。

〔4〕有虛言無實行也。

〔5〕《前書》羊勝勸梁王求漢嗣,伍被勸淮南(子)〔王〕謀反誅也。〔一九〕

〔6〕友,親也。《尚書》曰:"惟孝友于兄弟。"

〔7〕滋,長;蔓,延也。《左氏傳》:"無使滋蔓,蔓難圖也。"

弼遷尚書,出為平原相。時詔書下舉鉤黨,〔1〕郡國所奏相連及者多至數百,唯弼獨無所上。詔書前後切却州郡,〔2〕髡笞掾史。從事坐傳責曰:〔3〕"詔書疾惡黨人,旨意懇惻。青州六郡,其五有黨,〔4〕近國甘陵,亦考南北部,〔5〕平原何理而得獨無?"弼曰:"先王疆理天下,畫界分境,〔6〕水土異齊,風俗不同。〔7〕它郡自有,平原自無,胡可相比?若承望上司,誣陷良善,淫刑濫罰,以逞非理,則平原之人,戶可為黨。相有死而已,所不能也。"從事大怒,即收郡僚職送獄,遂舉奏弼。會黨禁中解,弼以俸贖罪得免,〔8〕濟活者千餘人。

【注】

〔1〕鉤謂相連也。

〔2〕切,急也。却,退也。

〔3〕《續漢志》每州皆有從事史及諸曹掾史。傳,客舍也,音知戀反。坐

傳舍召弼而責。

〔4〕濟南、樂安、齊國、東萊、平原、北海六郡,青州所管也。青州在齊國臨淄,見《漢官儀》。

〔5〕桓帝為蠡吾侯,受學於甘陵周福,及帝即位,擢福為尚書。時同郡河南尹房植有名當朝,二家賓客互相譏揣,遂各樹朋徒,漸成尤隙,由是甘陵有南北部。見《黨人篇》序也。

〔6〕疆,界也。理,正也。《左傳》曰"先王疆理天下,物土之宜而布其利"也。

〔7〕《前書》曰"凡人函五常之性,而其剛柔緩急,音聲不同。繫水土之風氣,故謂之風。好惡取舍,動靜無常,隨君上之情欲,故謂之俗"也。

〔8〕(奉)〔俸〕音扶用反。〔二〇〕

弼為政特挫抑彊豪,其小民有罪,多所容貸。遷河東太守,被一切詔書當舉孝廉。弼知多權貴請託,乃豫勅斷絶書屬。〔1〕中常侍侯覽果遣諸生齎書請之,并求假鹽稅,積日不得通。生乃說以它事謁弼,〔二一〕而因達覽書。弼大怒曰:"太守忝荷重任,當選士報國,爾何人而偽詐無狀!"命左右引出,楚捶數百,府丞、掾史十餘人皆諫於廷,弼不對。遂付安邑獄,即日考殺之。侯覽大怨,〔二二〕遂詐作飛章下司隸,誣弼誹謗,檻車徵。吏人莫敢近者,唯前孝廉裴瑜送到崤澠之閒,大言於道傍曰:"明府摧折虐臣,選德報國,如其獲罪,足以垂名竹帛,願不憂不懼。"弼曰:"'誰謂荼苦,其甘如薺。'〔2〕昔人刎頸,九死不恨。"〔3〕及下廷尉詔獄,平原吏人奔走詣闕訟之。又前孝廉魏劭毀變形服,詐為家僮,瞻護於弼。弼遂受誣,事當弃市。劭與同郡人賣郡邸,〔4〕行賂於侯覽,得減死罪一等,論輸左校。時人或譏曰:"平原行貨以免君,無乃蚩乎!"陶丘洪曰:〔5〕"昔文王牖里,閎、散懷金。〔6〕史弼遭患,義夫獻寶。亦何疑焉!"於是議者乃息。刑竟歸田里,稱病閉門不出。數為公卿所薦,議郎何休又訟弼有幹國之器,宜登台相,徵拜議郎。侯覽等惡之。光和中,出為彭城相,會病卒。裴瑜位至尚書。〔7〕

【注】

〔1〕屬音之欲反。

〔2〕《詩‧衛風》也。荼,苦菜也。

〔3〕刎,割也。《楚詞》曰"雖九死其猶未悔"也。

〔4〕郡邸,若今之寺邸也。

〔5〕《青州先賢傳》曰:"洪字子林,〔二三〕平原人也。清達博辯,文冠當代。舉孝廉,不行,辟太尉府。年三十卒。"

〔6〕羑里,殷獄名。或作"羑",亦名羑城,在今相州湯陰縣北。《帝王紀》:"散宜生、南宮括、閎夭學乎呂尚。尚知三人賢,結朋友之交。及紂囚文王,乃以黃金千鎰與宜生,令求諸物與紂。"《史記》曰"閎夭之徒乃求有莘美女,驪戎文馬,有熊九駟,它奇怪物,因殷嬖臣費仲獻之於紂,紂大説,乃赦之"也。

〔7〕《先賢行狀》曰"瑜字雉璜。聰明敏達,觀物無滯。清論所加,必為成器;醜議所指,沒齒無怨"也。

論曰:夫剛烈表性,鮮能優寬;仁柔用情,多乏貞直。吳季英視人畏傷,發言烝烝,〔1〕似夫儒者;〔二四〕而懷憤激揚,折讓權枉,又何壯也!仁以衿物,義以退身,君子哉!〔2〕語曰:"活千人者子孫必封。"〔3〕史弼頡頏嚴吏,〔4〕終全平原之黨,而其後不大,〔5〕斯亦未可論也。

【注】

〔1〕烝烝猶仍也。

〔2〕《法言》曰:"君子於仁也柔,於義也剛。"

〔3〕《前書》王翁孺曰:"聞活千人者有封[子]孫。〔二五〕吾所活者千人,[後]世其興乎?"〔二六〕

〔4〕頡頏猶上下也。

〔5〕不大謂子孫衰替也。《左傳》晉卜偃曰:"畢萬之後必大。"

盧植字子幹，涿郡涿人也。身長八尺二寸，音聲如鍾。少與鄭玄俱事馬融，能通古今學，好研精而不守章句。融外戚豪家，[1]多列女倡歌舞於前。植侍講積年，未嘗轉眄，融以是敬之。學終辭歸，闔門教授。性剛毅有大節，常懷濟世志，不好辭賦，能飲酒一石。

【注】
〔1〕融，明德皇后之從姪也。

時皇后父大將軍竇武援立靈帝，初秉機政，朝議欲加封爵。植雖布衣，以武素有名譽，乃獻書以規之曰："植聞嫠有不恤緯之事，[1]漆室有倚楹之戚，[2]憂深思遠，君子之情。[2]夫士立爭友，義貴切磋。[4]《書》陳'謀及庶人'，[5]《詩》詠'詢于芻蕘'。[6]植誦先王之書久矣，敢愛其瞽言哉！[7]今足下之於漢朝，猶旦、奭之在周室，建立聖主，四海有繫。論者以為吾子之功，於斯為重。天下聚目而視，攢耳而聽，[8]謂準之前事，將有景風之祚。[9]尋《春秋》之義，王后無嗣，擇立親長，年均以德，德均則決之卜筮。[10]今同宗相後，披圖案牒，以次建之，何勳之有？豈橫叨天功以為己力乎！[11]宜辭大賞，以全身名。又比世祚不競，[12]仍外求嗣，可謂危矣。而四方未寧，盜賊伺隙，恒岳、勃碣，[13]特多姦盜，將有楚人脅比，尹氏立朝之變。[14]宜依古禮，置諸子之官，徵王侯愛子，宗室賢才，外崇訓道之義，內息貪利之心，簡其良能，隨用爵之，彊幹弱枝之道也。"[15]武並不能用。州郡數命，植皆不就。建寧中，徵為博士，乃始起焉。熹平四年，九江蠻反，四府選植才兼文武，拜九江太守，蠻寇賓服。以疾去官。

【注】
〔1〕《左傳》曰，范獻子曰："人亦有言，嫠不恤其緯而憂宗周之隕，為將及焉。"杜預注曰："嫠，寡婦也。織者常苦緯少，寡婦所宜憂也。"

〔2〕《琴操》曰："魯漆室女倚柱悲吟而嘯，隣人見其心之不樂也，進而問

之曰:'有淫心欲嫁之念耶,何吟之悲?'漆室女曰:'嗟乎!嗟乎!子無志,不知人之甚也。昔者楚人得罪於其君,走逃吾東家,馬逸,蹈吾園葵,使吾終年不饜菜;吾西隣人失羊不還,請吾兄追之,霧濁水出,使吾兄溺死,終身無兄。政之所致也。吾憂國傷人,心悲而嘯,豈欲嫁哉!'自傷懷結而為人所疑,於是褰裳入山林之中,見女貞之木,喟然歎息,援琴而弦歌以女貞之辭,自經而死。"

〔3〕《詩序》曰:"憂深思遠,儉而用禮,乃有堯之遺風焉。"

〔4〕《孝經》曰:"士有爭友,身不陷於不義。"《詩》云:"如切如磋。"鄭玄注云:"骨曰切,象曰磋。言友之相規誡,如骨象之見切磋。"

〔5〕《尚書·洪範》曰"謀及卿士,謀及庶人"也。

〔6〕《詩·大雅》曰:"先人有言,詢于芻蕘。"毛萇注云:"芻蕘,採薪者也。"

〔7〕無目眹曰瞽。眹音直忍反。

〔8〕《前書》賈山曰"使天下戴目而視,傾耳而聽"也。

〔9〕景風,解見《和紀》。

〔10〕《左傳》王子朝曰:"先王之命,王后無嫡,則擇立長。年鈞以德,德鈞以卜,古之制也。"

〔11〕叨,貪也。《左傳》曰"貪天之功,以為己力"也。

〔12〕競,彊也。

〔13〕勃,勃海也。碣,碣石山也。

〔14〕《左傳》曰,楚公子比,恭王之子也。靈王立,子比奔晉。靈王卒,子比自晉歸楚,立為君。比弟公子弃疾欲篡其位,夜乃使人周走呼曰:"王至矣。"國人大驚,子比乃自殺。王子朝,周景王之庶子。景王卒,子猛立。尹氏,周卿士,立子朝,奪猛位也。

〔15〕以樹為喻也。謂京師為幹,四方為枝。《前書》曰:"漢興,立都長安,徙齊諸田、楚昭、屈、景及諸功臣家於長陵。蓋以彊幹弱枝,非獨為奉山園也。"

作《尚書章句》、《三禮解詁》。[1]時始立太學《石經》，以正五經文字，植乃上書曰："臣少從通儒故南郡太守馬融受古學，頗知今之《禮記》特多回宂。[2]臣前以《周禮》諸經，發起粃謬，[3][二七]敢率愚淺，為之解詁，而家乏，無力供繕〔寫〕上。[4][二八]願得將能書生二人，共詣東觀，就官財糧，專心研精，合《尚書》章句，考《禮記》失得，庶裁定聖典，刊正碑文。古文科斗，近於為實，而厭抑流俗，降在小學。[5]中興以來，通儒達士班固、賈逵、鄭興父子，並敦悅之。[6]今《毛詩》、《左氏》、《周禮》各有傳記，其與《春秋》共相表裏，[7]宜置博士，為立學官，以助後來，以廣聖意。"

【注】

〔1〕詁，事也。言解其事意。

〔2〕回宂猶紆曲也。

〔3〕粃，粟不成。諭義之乖僻也。

〔4〕繕，善也。言家貧不能善寫而上也。

〔5〕古文謂孔子壁中書也。形似科斗，因以為名。《前書》謂文字為"小學"也。

〔6〕興子衆也，自有傳。《左傳》曰"郤縠悅《禮》、《樂》而敦《詩》、《書》"也。

〔7〕表裏言義相須而成也。《前書》云："《河圖》、《洛書》相為經緯，八卦、九章相為表裏。"

會南夷反叛，以植嘗在九江有恩信，拜為廬江太守。植深達政宜，務存清靜，弘大體而已。

歲餘，復徵拜議郎，與諫議大夫馬日磾、議郎蔡邕、楊彪、韓說等並在東觀，校中書五經記傳，補續《漢記》。[1]帝以非急務，轉為侍中，遷尚書。光和元年，有日食之異，植上封事諫曰："臣聞《五行傳》'日晦而月見謂之朓，王侯其舒'。[2]此謂君政舒緩，故日食晦也。《春秋傳》

曰'天子避位移時',[3]言其相掩不過移時。而閒者日食自巳過午,既食之後,雲霧晻曖。比年地震,彗孛互見。臣聞漢以火德,化當寬明。近色信讒,忌之甚者,如火畏水故也。案今年之變,皆陽失陰侵,消禦災凶,宜有其道。謹略陳八事:一曰用良,二曰原禁,[4]三曰禦癘,[5]四曰備寇,五曰修禮,六曰遵堯,七曰御下,八曰散利。用良者,宜使州郡覈舉賢良,[6]隨方委用,責求選舉。原禁者,凡諸黨錮,多非其罪,可加赦恕,申宥回枉。[7]禦癘者,宋后家屬,並以無辜委骸橫尸,不得收葬,疫癘之來,皆由於此。宜勅收拾,以安遊魂。[8]備寇者,侯王之家,賦稅減削,愁窮思亂,必致非常,宜使給足,以防未然。脩禮者,應徵有道之人,若鄭玄之徒,陳明《洪範》,攘服災咎。[二九]遵堯者,今郡守刺史一月數遷,宜依黜陟,以章能否,縱不九載,可滿三歲。[9]御下者,請謁希爵,一宜禁塞,[10]遷舉之事,責成主者。散利者,天子之體,理無私積,宜弘大務,蠲略細微。"[11]帝不省。

【注】

〔1〕言中書以別於外也。

〔2〕《五行傳》,劉向所著。朓者,月行速在日前,[三〇]故早見。劉向以為君舒緩則臣(嬌)[驕]慢,[三一]故日行遲而月行速也。

〔3〕《左氏傳》曰:"日過分未至三辰有災,於是乎君不舉,避移時。"杜預注曰:"避正寢,過日食時也。"

〔4〕原其所禁而宥之也。

〔5〕防禦疫癘之氣。

〔6〕覈,實也。

〔7〕回,邪也。

〔8〕后以王甫、程阿所搆,[三二]憂死,父及兄弟並被誅。靈帝後夢見桓帝怒曰"宋皇后何罪而絕其命?已訴於天,上帝震怒,罪在難救"也。

〔9〕《書》曰:"三載考績,黜陟幽明。"孔安國注曰:"三年考功,三考九年,能否幽明有別,升進其明者,黜退其幽者。"此皆唐堯之法也。

〔10〕希,求也。

〔11〕蠲,除也。

中平元年,黃巾賊起,四府舉植,拜北中郎將,持節,以護烏桓中郎將宗員副,將北軍五校士,發天下諸郡兵征之。連戰破賊帥張角,斬獲萬餘人。角等走保廣宗,植築圍鑿壍,造作雲梯,垂當拔之。帝遣小黃門左豐詣軍觀賊形執,或勸植以賂送豐,植不肯。豐還言於帝曰:"廣宗賊易破耳。盧中郎固壘息軍,以待天誅。"帝怒,遂檻車徵植,減死罪一等。及車騎將軍皇甫嵩討平黃巾,盛稱植行師方略,嵩皆資用規謀,濟成其功。以其年復為尚書。

帝崩,大將軍何進謀誅中官,乃召并州牧董卓,以懼太后。植知卓凶悍難制,必生後患,固止之。進不從。及卓至,果陵虐朝廷,乃大會百官於朝堂,議欲廢立。群僚無敢言,植獨抗議不同。卓怒罷會,將誅植,語在《卓傳》。植素善蔡邕,邕前徙朔方,植獨上書請之。邕時見親於卓,故往請植事。又議郎彭伯諫卓曰:"盧尚書海內大儒,人之望也。今先害[之],〔三三〕天下震怖。"卓乃止,但免植官而已。

植以老病求歸,懼不免禍,乃詭道從轘轅出。〔1〕卓果使人追之,到懷,不及。遂隱於上谷,不交人事。冀州牧袁紹請為軍師。初平三年卒。臨困,勑其子儉葬於土穴,不用棺槨,附體單帛而已。所著碑、誄、表、記凡六篇。

【注】

〔1〕詭,詐也。轘轅道在今洛州緱氏縣東南也。

建安中,曹操北討柳城,過涿郡,〔1〕告守令曰:"故北中郎將盧植,名著海內,學為儒宗,士之楷模,國之楨榦也。昔武王入殷,封商容之閭;鄭喪子產,仲尼隕涕。〔2〕孤到此州,嘉其餘風。《春秋》之義,賢者之後,宜有殊禮。〔3〕亟遣丞掾除其墳墓,〔4〕存其子孫,并致薄醊,〔5〕以彰厥德。"子毓,知名。[6]

【注】
〔1〕《魏志》曰,建安十二年,操北征烏桓,涉鮮卑,討柳城,登白狼山也。
〔2〕《左傳》曰:"仲尼聞子產死,出涕曰:'古之遺愛也。'"
〔3〕《公羊傳》曰:"君子之善善也長,惡惡也短。惡惡止其身,善善及子孫。賢者子孫,故君子為之諱也。"
〔4〕亟,急也。
〔5〕醼,祭酹也,音張芮反。
〔6〕《魏志》曰:"毓字子家,十歲而孤,以學行稱,仕魏至侍中、吏部尚書。時舉中書郎,詔曰:'得其人與不,在盧生耳。選舉莫取有名,如畫地為餅,不可啖也。'毓對曰:'名不足以致異人,而可以得常士。常士畏教慕善,然後有名也。'"

論曰:風霜以別草木之性,[1]危亂而見貞良之節,[2]則盧公之心可知矣。夫螽蝨起懷,雷霆駭耳,雖賁、育、荊、諸之倫,[3]未有不尢豫奪常者也。[4]當植抽白刃嚴閣之下,追帝河津之閒,排戈刃,赴戕折,[5]豈先計哉?君子之於忠義,造次必於是,顛沛必於是也。[6]

【注】
〔1〕《論語》曰:"歲寒然後知松柏之後彫也。"
〔2〕《老子》曰:"國家昏亂有忠臣。"
〔3〕孟賁,多力者也;夏育,勇者也:並衛人。荊,荊軻也。諸,專諸也。
〔4〕尢,人行貌也,音淫。言尢豫不能自定也。奪謂易其常分者也。
〔5〕事見《何進傳》。杜預注《左傳》曰:"戕者,卒暴之名也。"
〔6〕孔子曰:"君子無終食之閒違仁,造次必於是,顛沛必於是。"馬融

注云:"造次,急遽也。顛沛,僵仆也。雖急遽僵仆,不違仁也。"

趙岐字邠卿,〔三四〕京兆長陵人也。初名嘉,生於御史臺,因字臺卿,〔1〕後避難,故自改名字,示不忘本土也。岐少明經,有才藝,娶扶風馬融兄女。融外戚豪家,岐常鄙之,不與融相見。〔2〕仕州郡,以廉直疾惡見憚。年三十餘,有重疾,〔三五〕臥蓐七年,〔3〕自慮奄忽,乃為遺令勑兄子曰:"大丈夫生世,遯無箕山之操,〔4〕仕無伊、呂之勳,天不我與,復何言哉!可立一員石於吾墓前,刻之曰:'漢有逸人,姓趙名嘉。有志無時,命也奈何!'"其後疾瘳。

【注】

〔1〕以其祖為御史,故生於臺也。

〔2〕《三輔決錄注》曰:"岐娶馬敦女宗姜為妻。敦兄子融嘗至岐家,多從賓與從妹宴飲作樂,日夕乃出。過問趙處士所在。岐亦厲節,不以妹壻之故屈志於融也。與其友書曰:'馬季長雖有名當世,而不持士節,三輔高士未曾以衣裾襒其門也。'岐曾讀《周官》二義不通,一往造之,賤融如此也。"

〔3〕蓐,寢蓐也。《聲類》曰:"蓐,薦也。"

〔4〕《易》曰:"遯而亨,君子以遠小人。"王弼注:"遯之義,避內而之外者也。"箕山,許由所隱處也。

永興二年,辟司空掾,議二千石得去官為親行服,朝廷從之。其後為大將軍梁冀所辟,為陳損益求賢之策,冀不納。舉理劇,為皮氏長。〔1〕會河東太守劉祐去郡,而中常侍左悺兄勝代之,岐恥疾宦官,即日西歸。京兆尹延篤復以為功曹。

【注】

〔1〕皮氏故城在今絳州龍門縣西。《決錄》曰"岐為長,抑彊討姦,大興

學校"也。

　　先是中常侍唐衡兄玹為京兆虎牙都尉,[1]郡人以玹進不由德,皆輕侮之。岐及從兄襲又數為貶議,玹深毒恨。[2]延熹元年,玹為京兆尹,岐懼禍及,乃與從子戩逃避之。玹果收岐家屬宗親,陷以重法,盡殺之。[3]岐遂逃難四方,江、淮、海、岱,靡所不歷。自匿姓名,賣餅北海市中。時安丘孫嵩年二十餘,遊市見岐,察非常人,停車呼與共載。岐懼失色,嵩乃下帷,令騎屏行人。密問岐曰:"視子非賣餅者,又相問而色動,不有重怨,即亡命乎？我北海孫賓石,闔門百口,執能相濟。"岐素聞嵩名,即以實告之,遂以俱歸。嵩先入白母曰:"出行,乃得死友。"迎入上堂,饗之極歡。藏岐複壁中數年,岐作《戹屯歌》二十三章。

【注】
〔1〕玹音玄。
〔2〕《決錄注》:"襲字元嗣。先是杜伯度、崔子玉以工草書稱于前代,襲與羅暉拙書,見蚩於張伯英。英頗自矜高,與朱賜書云'上比崔、杜不足,下方羅、趙有餘'"也。
〔3〕《決錄注》曰:"岐長兄磐,州都官從事,早亡。次兄無忌,字世卿,部河東從事,為玹所殺。"戩音翦。

　　後諸唐死滅,因赦乃出。三府聞之,同時並辟。九年,乃應司徒胡廣之命。會南匈奴、烏桓、鮮卑反叛,公卿舉岐,擢拜并州刺史。岐欲奏守邊之策,未及上,會坐黨事免,因撰次以為《禦寇論》。[1]

【注】
〔1〕《決錄注》曰:"是時綱維不攝,閹豎專權,岐擬前代連珠之書四十章上之,留中不出。"

靈帝初，復遭黨錮十餘歲。中平元年，四方兵起，詔選故刺史、二千石有文武才用者，徵岐拜議郎。車騎將軍張溫西征關中，請補長史，別屯安定。大將軍何進舉為敦煌太守，行至襄武，[1]岐與新除諸郡太守數人俱為賊邊章等所執。賊欲脅以為帥，岐詭辭得免，展轉還長安。[2]

【注】
〔1〕縣名，屬隴西郡。
〔2〕《決錄注》曰"岐還至陳倉，復遇亂兵，裸身得免，在草中十二日不食"也。

及獻帝西都，復拜議郎，稍遷太僕。及李傕專政，使太傅馬日磾撫慰天下，以岐為副。日磾行至洛陽，表別遣岐宣揚國命，所到郡縣，百姓皆喜曰："今日乃復見使者車騎。"

是時袁紹、曹操與公孫瓚爭冀州，紹及操聞岐至，皆自將兵數百里奉迎，岐深陳天子恩德，宜罷兵安人之道，又移書公孫瓚，為言利害。紹等各引兵去，皆與岐期會洛陽，奉迎車駕。岐南到陳留，得篤疾，經涉二年，期者遂不至。

興平元年，詔書徵岐，會帝當還洛陽，先遣衛將軍董承修理宮室。岐謂承曰："今海內分崩，唯有荊州境廣地勝，西通巴蜀，南當交阯，年穀獨登，兵人差全。岐雖迫大命，猶志報國家，欲自乘牛車，南說劉表，可使其身自將兵來衛朝廷，與將軍并心同力，共獎王室。此安上救人之策也。"承即表遣岐使荊州，督租糧。岐至，劉表即遣兵詣洛陽助修宮室，軍資委輸，前後不絕。時孫嵩亦寓於表，表不為禮，岐乃稱嵩素行篤烈，因共上為青州刺史。岐以老病，遂留荊州。

曹操時為司空，舉以自代。光祿勳桓典、少府孔融上書薦之，於是就拜岐為太常。年九十餘，建安六年卒。先自為壽藏，[1]圖季札、子產、晏嬰、叔向四像居賓位，又自畫其像居主位，皆為讚頌。勅其子曰:"我死之日,墓中聚沙為牀,布簟白衣,散髮其上,覆以單被,即日便下,下訖便掩。"岐多所述作,著《孟子章句》、《三輔決錄》傳於時。〔2〕

【注】
〔1〕壽藏謂塚壙也。稱壽者,取其久遠之意也。猶如壽宮、壽器之類。塚在今荆州古郢城中也。
〔2〕《決錄》序曰:"三輔者,本雍州之地,世世徙公卿吏二千石及高貲,皆以陪諸陵。五方之俗雜會,非一國之風,不但繫於《詩·秦》《豳》也。其為士好高尚義,貴於名行。其俗失則趣埶進權,唯利是視。余以不才,生於西土,耳能聽而聞故老之言,目能視[而]見衣冠之疇,〔三六〕心能識而觀其賢愚。常以玄冬,夢黃髮之士,〔三七〕姓玄名明,字子真,〔三八〕與余寤言,言必有中,〔三九〕善否之閒,無所依違,命操筆者書之。近從建武以來,暨于斯今,其人既亡,行乃可書,玉石朱紫,由此定矣,故謂之《決錄》矣。"

贊曰:吳翁溫愛,義干剛烈。〔1〕延、史字人,風和恩結。梁使顯刑,誣黨潛絕。子幹兼姿,逢掖臨師。〔2〕邠卿出疆,專命朝威。〔3〕

【注】
〔1〕謂以義干梁冀争李固也。
〔2〕《禮記》孔子曰:"丘少居魯,衣逢掖之衣。"鄭玄注曰:"逢猶大也。為大掖之衣,此君子有道藝者所衣也。"相承本作縫,義亦通。
〔3〕疆,界也。《左傳》曰:"大夫出疆,苟利社稷,專之可也。"

【校勘記】
〔一〕常牧豕於長垣澤中　按:《集解》引惠棟說,謂袁《紀》作"長羅澤"。《水經注》云圈稱言長垣縣有羅亭,故長羅縣也,後漢并長垣。有長羅澤,季英牧豕處。

〔二〕裴氏廣（川）〔州〕記　據殿本《考證》改。

〔三〕桂陽甲騎九真都龐　按：《集解》引沈欽韓説，謂《水經注》"甲騎"作"騎田"，"都龐"作"部龍"。又按：汲本"都龐"作"都寵"。

〔四〕及（祀）〔犯〕軷　據殿本改。按：殿本《考證》謂"犯"字監本誤"祀"，據《周禮·大馭》文改正。

〔五〕〔犯〕軷（祀）者　據殿本改。

〔六〕以〔菩〕芻棘柏為神主　據《刊誤》補，與《周禮》鄭注合。

〔七〕觀過斯知人矣　按：殿本"人"作"仁"，疑後人據《論語》改。錢大昕謂古書仁人二字多通用，然以"人"義為長。

〔八〕安丘男子毋丘長　按："毋"原譌"母"，逕據殿本改正。

〔九〕明府雖加哀矜　汲本、殿本"矜"作"矝"。按：段注《説文》作"矝"，云从矛令聲。

〔一〇〕年二十二　按：殿本作"年三十二"。

〔一一〕延篤字叔堅　按：《集解》引汪文臺説，謂《御覽》四百五十二引謝承《書》，云"字叔固"。

〔一二〕旬日能諷之　按：殿本"諷"下有"誦"字。

〔一三〕嗟乎延生　按："乎"原作"呼"，逕據汲本、殿本改。

〔一四〕南平陽故城〔在〕今兗州鄒縣　據汲本、殿本補。

〔一五〕其為仁之本與　按：《集解》引錢大昕説，謂葛本"仁"作"人"，今本《論語》作"仁"，《初學記·友悌部》、《御覽·人事部》引《論語》俱作"人"，與有子先言"其為人也孝弟"，後言"其為人之本"，首尾相應，亦當以"人"為長也。

〔一六〕坐於客堂　按：《集解》引沈欽韓説，謂"客"一本作"容"，是也。隱蔽自障者皆謂之容。堂前有屏蔽之設，故曰容堂。

〔一七〕悉條諸生聚斂姦吏　按：殿本《考證》謂"生"字疑衍。

〔一八〕桓帝弟渤海王悝　何焯校本改"渤"為"勃"。按：下文皆作"勃"，故何氏改為一律。

〔一九〕伍被勸淮南（子）〔王〕謀反誅也　據汲本、殿本改。

〔二〇〕(奉)〔俸〕音扶用反　據汲本、殿本改，與正文合。

〔二一〕生乃説以它事謁弼　按：《刊誤》謂案文"説"字當作"詭"，謂詭譎也。

〔二二〕侯覽大怨　按：殿本"怨"作"怒"。

〔二三〕洪字子林　按：殿本"林"作"休"。

〔二四〕似夫儒者　汲本、殿本"儒"作"懦"。按：《説文》儒，柔也。儒有懦弱義，非譌字。

〔二五〕聞活千人者有封〔子〕孫　據殿本補。

〔二六〕〔後〕世其興乎　據汲本、殿本補。

〔二七〕發起粃謬　按：《集解》引惠棟説，謂"粃謬"疑"紕繆"之訛。

〔二八〕無力供繕〔寫〕上　據汲本、殿本補。

〔二九〕攘服災咎　汲本、殿本"攘"作"禳"。按：攘禳通。

〔三〇〕朓者月行速在日前　按："日"原譌"目"，逕據汲本、殿本改正。

〔三一〕君舒緩則臣(嬌)〔驕〕慢　據汲本、殿本改。

〔三二〕后以王甫程阿所搆　按："甫"原譌"封"，逕據汲本、殿本改正。

〔三三〕今先害〔之〕　《刊誤》謂案文少"之"字，不成文理。又《集解》引惠棟説，謂《先賢傳》云"今先害之"。今據補。

〔三四〕趙岐字邠卿　按：此傳"岐"字原本皆作"歧"，汲本同。王先謙謂殿本"歧"作"岐"，古書通作，以"岐"為是。今一律依殿本改為"岐"。

〔三五〕年三十餘有重疾　按：《御覽》五百一引"三十餘"作"四十餘"。

〔三六〕目能視〔而〕見衣冠之疇　據汲本補。

〔三七〕常以玄冬夢黃髮之士　《集解》引惠棟説，謂據《御覽》三百九十九卷引"玄冬"下有"修夜思而未之得也忽然而寢"十二字，"夢"下有"此"字。今按：《御覽》"士"作"叟"。

〔三八〕字子真　按：惠棟謂《御覽》引"字"下有"曰"字。

〔三九〕言必有中　按：惠棟謂《御覽》引此下有"予授其人子真評之析微通理"十二字。

後漢書卷六十五

皇甫張段列傳第五十五

皇甫規字威明，安定朝那人也。祖父棱，度遼將軍。父旗，扶風都尉。

永和六年，西羌大寇三輔，圍安定，征西將軍馬賢將諸郡兵擊之，不能克。規雖在布衣，見賢不卹軍事，審其必敗，乃上書言狀。尋而賢果為羌所沒。郡將知規有兵略，乃命為功曹，使率甲士八百，與羌交戰，斬首數級，賊遂退卻。舉規上計掾。其後羌眾大合，攻燒隴西，朝廷患之。規乃上疏求乞自效，[一]曰："臣比年以來，數陳便宜。羌戎未動，策其將反，馬賢始出，頗知必敗。誤中之言，在可考校。臣每惟賢等擁眾四年，未有成功，懸師之費且百億計，[1]出於平人，回入姦吏。[2]故江湖之人，群為盜賊，青、徐荒飢，襁負流散。夫羌戎潰叛，不由承平，皆由邊將失於綏御。乘常守安，則加侵暴，苟競小利，則致大害，微勝則虛張首級，軍敗則隱匿不言。軍士勞怨，困於猾吏，進不得快戰以徼功，退不得溫飽以全命，餓死溝渠，暴骨中原。徒見王師之出，不聞振旅之聲。[3]酋豪泣血，驚懼生變。是以安不能久，敗則經年。臣所以搏手叩心而增歎者也。願假臣兩營二郡，[4]屯列坐食之兵五千，出其不意，與護羌校尉趙沖共相首尾。土地山谷，臣所曉習；兵埶巧便，臣已更之。可不煩方寸之印，尺帛之賜，高可以滌患，下可以納降。若謂臣年少官輕，不足用者，凡諸敗將，非官爵之不高，年齒之不邁。[5]臣不勝至誠,沒死自陳。"時帝不能用。

【注】
[1]懸猶停也。
[2]平人,齊人也。
[3]振,整;旅,衆也。《穀梁傳》曰"出曰治兵,入曰振旅"也。
[4]兩營謂馬賢及趙沖等。二郡,安定、隴西也。
[5]邁,往也。

沖質之間,梁太后臨朝,規舉賢良方正。對策曰:
　　伏惟孝順皇帝,初勤王政,紀綱四方,幾以獲安。後遭姦偽,威分近習,[1]畜貨聚馬,戲謔是聞;又因緣嬖倖,受賂賣爵,輕使賓客,交錯其間,天下擾擾,從亂如歸。[2]故每有征戰,鮮不挫傷,官民並竭,上下窮虛。臣在關西,竊聽風聲,未聞國家有所先後,[3]而威福之來,咸歸權倖。陛下體兼乾坤,聰哲純茂。攝政之初,拔用忠貞,其餘維綱,多所改正。遠近翕然,望見太平。而地震之後,霧氣白濁,日月不光,旱魃為虐,[4]大賊從橫,流血丹野,[二]庶品不安,譴誡累至,殆以姦臣權重之所致也。其常侍尤無狀者,亟便黜遣,[5]披埽凶黨,收入財賄,以塞痛怨,以荅天誡。

【注】
[1]近習,諸佞倖親近小人也。《禮記》曰:"雖有貴戚近習。"
[2]《左傳》曰"人患王之無厭也,故從亂如歸"也。
[3]先後謂進退也。言國家不妄有襃貶進退,[三]而權倖之徒反為禍福也。
[4]《詩·大雅》曰:"旱魃為虐,如惔如焚。"魃,旱神也。
[5]無狀者,謂無善狀。

　　今大將軍梁冀、河南尹不疑,處周、邵之任,為社稷之鎮,加與王室世為姻族,〔1〕今日立號雖尊可也,〔2〕實宜增脩謙節,輔以儒術,省去遊娛不急之務,割減廬第無益之飾。夫君者舟也,人者水也。〔3〕群臣乘舟者也,將軍兄弟操楫者也。若能平志畢力,以度元元,所謂福也。如其怠弛,將淪波濤。可不慎乎!夫德不稱祿,猶鑿墉之趾,以益其高。豈量力審功安固之道哉?凡諸宿猾、酒徒、戲客,皆耳納邪聲,口出諂言,甘心逸遊,唱造不義。亦宜貶斥,以懲不軌。令冀等深思得賢之福,失人之累。又在位素餐,尚書怠職,有司依違,莫肯糾察,故使陛下專受諂諛之言,不聞戶牖之外。臣誠知阿諛有福,深言近禍,豈敢隱心以避誅責乎!臣生長邊遠,希涉紫庭,怖慴失守,言不盡心。

【注】

〔1〕梁商女為順帝后,后女弟又為桓帝后。冀即商子,故曰代姻也。

〔2〕可猶宜也。

〔3〕《家語》孔子曰:"夫君者舟也,人者水也。水可載舟,亦以覆舟。君以此思危,則可知也。"

梁冀忿其刺己,以規為下第,拜郎中。託疾免歸,州郡承冀旨,幾陷死者再三。遂以《詩》、《易》教授,門徒三百餘人,積十四年。後梁冀被誅,旬月之間,禮命五至,皆不就。

時太山賊叔孫無忌侵亂郡縣,中郎將宗資討之未服。公車特徵規,拜太山太守。規到官,廣設方略,寇賊悉平。延熹四年秋,叛羌零吾等與先零別種寇鈔關中,護羌校尉段熲坐徵。〔1〕〔四〕後先零諸種陸梁,覆沒營塢。〔2〕規素悉羌事,志自奮効,乃上疏曰:"自臣受任,志竭愚鈍,實賴兗州刺史牽顥之清猛,中郎將宗資之信義,得承節度,幸無咎譽。今猾賊就滅,太山略平,復聞群羌並皆反逆。臣生長邠岐,〔五〕年五十有九,昔為郡吏,再更叛羌,豫籌其事,有誤中之言。臣素有固疾,恐犬馬齒窮,不報大恩,願乞冗官,備單車一介之使,勞來三輔,宣國威澤，以所習地形兵執，佐助諸軍。臣窮居孤危之中，坐觀郡將，已數十年矣。自鳥鼠至于東岱，其病一也。[3]力求猛敵，不如清平；勤明吳、孫，未若奉法。[4]前變未遠，臣誠戚之。[5]是以越職，盡其區區。"

【注】

〔1〕頴擊羌，坐為涼州刺史郭閎留兵不進卜獄。

〔2〕《說文》曰："塢，小障也。一曰庳城也。"音烏古反。

〔3〕郡將，郡守也。鳥鼠，山名，在今渭州西，即先零羌寇鈔處也。東岱謂泰山，叔孫無忌反處也。皆由郡守不加綏撫，致使反叛，其疾同也。

〔4〕吳起，魏將也。孫武，吳將也。言若求猛(敵)[將]，[六]不如撫以青平之政；明習兵書，不如郡守奉法，使之無反也。

〔5〕戚，憂也。前變謂羌反。

至冬，羌遂大合，朝廷為憂。三公舉規為中郎將，持節監關西兵，討零吾等，破之，斬首八百級。先零諸種羌慕規威信，相勸降者十餘萬。明年，規因發其騎共討隴右，而道路隔絕，軍中大疫，死者十三四。規親入菴廬，巡視將士，三軍感悅。東羌遂遣使乞降，涼州復通。

先是安定太守孫儁受取狼籍，屬國都尉李翕、督軍御史張稟多殺降羌，涼州刺史郭閎、漢陽太守趙熹並老弱不堪任職，而皆倚恃權貴，不遵法度。規到州界，悉條奏其罪，或免或誅。羌人聞之，翕然反善。沈氏大豪滇昌、飢恬等十餘萬口，[七]復詣規降。

規出身數年，持節為將，擁眾立功，還督鄉里，既無它私惠，而多所舉奏，又惡絕宦官，不與交通，於是中外並怨，遂共誣規貨賂群羌，令其文降。[1]天子璽書誚讓相屬。規懼不免，上疏自訟曰："四年之秋，戎醜蠢戾，[2]爰自西州，侵及涇陽，[3]舊都懼駭，朝廷西顧。明詔不以臣愚駑，急使軍就道。[4][八]幸蒙威靈，遂振國命，羌戎諸種，大小稽首，輒移書營郡，以訪誅納，[5]所省之費，一億以上。以為忠臣之義，不敢告勞，[6]故恥以片言自及微効。然比方先事，庶免罪悔。[7]前踐州界，先奏郡守孫儁，次及屬國都尉李禽、督軍御史張稟；旋師南征，又上涼州刺史郭閎、漢陽太守趙熹，陳其過惡，執據大辟。凡此五臣，支黨半國，其餘墨綬，下至小吏，所連及者，復有百餘。吏託報將之怨，子思復父之恥，載贄馳車，懷糧步走，交搆豪門，競流謗讟，云臣私報諸羌，謝其錢貨。[8]若臣以私財，則家無擔石；如物出於官，則文簿易考。就臣愚惑，信如言者，前世尚遺匈奴以宮姬，[9]鎮烏孫以公主。[10]今臣但費千萬，以懷叛羌。則良臣之才略，兵家之所貴，將有何罪，負義違理乎？自永初以來，將出不少，覆軍有五，動資巨億。有旋車完封，寫之權門，[11]而名成功立，厚加爵封。今臣還督本土，糾舉諸郡，絕交離親，戮辱舊故，衆謗陰害，固其宜也。臣雖汙穢，廉絜無聞，今見覆没，恥痛實深。傳稱'鹿死不擇音'，謹冒昧略上。"[12]

【注】

〔1〕以文簿虛降，非真心也。

〔2〕蠢，動也。戾，乖也。

〔3〕縣名，屬安定郡，其故城在今原州平源縣南也。

〔4〕就猶上也。

〔5〕訪，問也。規言羌種既服，臣即移書軍營及郡，勘問誅殺并納受多少之數目也。

〔6〕《詩·小雅》曰："密勿從事，不敢告勞。無罪無辜，讒口嗸嗸。"

〔7〕先事謂前輩敗將也。

〔8〕謝猶讎也。

〔9〕元帝賜呼韓邪單于待詔掖庭王嬙為閼氏也。

〔10〕武帝以江都王建女細君妻烏孫王昆莫為夫人也。

〔11〕言覆軍之將，旋師之日，多載珍寶，封印完全，便入權門。

〔12〕《左傳》曰"鹿死不擇音，挺而走險，急何能擇"也。

其年冬，徵還拜議郎。論功當封。而中常侍徐璜、左悺欲從求貨，數遣賓客就問功狀，規終不荅。璜等忿怒，陷以前事，下之於吏。官屬欲賦斂請謝，規誓而不聽，遂以餘寇不絕，坐繫廷尉，論輸左校。[1]諸公及太學生張鳳等三百餘人詣闕訟之。會赦，歸家。

【注】
〔1〕《漢官儀》曰，左校署屬將作大匠也。

徵拜度遼將軍，至營數月，上書薦中郎將張奐以自代。曰："臣聞人無常俗，而政有治亂；兵無強弱，而將有能否。伏見中郎將張奐，才略兼優，[九]宜正元帥，以從衆望。若猶謂愚臣宜充軍事者，願乞冗官，以為奐副。"朝庭從之，以奐代為度遼將軍，規為使匈奴中郎將。及奐遷大司農，規復代為度遼將軍。

規為人多意筭，自以連在大位，欲退身避第，[一〇]數上病，不見聽。會友人上郡太守王旻喪還，規縞素越界，到下亭迎之。因令客密告并州刺史胡芳，言規擅遠軍營，公違禁憲，當急舉奏。芳曰："威明欲避第仕塗，故激發我耳。[1]吾當為朝廷愛才，何能申此子計邪！"遂無所問。及黨事大起，天下名賢多見染逮，規雖為名將，素譽不高。自以西州豪桀，恥不得豫，乃先自上言："臣前薦故大司農張奐，是附黨也。又臣昔論輸左校時，太學生張鳳等上書訟臣，是為黨人所附也。臣宜坐之。"朝廷知而不問，時人以為規賢。[一一][一二]

【注】
〔1〕言欲歸第避仕宦之塗也。

在事數歲，北邊威服。永康元年，徵為尚書。其夏日食，詔公卿舉賢良方正，下問得失。規對曰："天之於王者，如君之於臣，父之於子也。誠以災妖，使從福祥。陛下八年之中，三斷大獄，[1]一除內嬖，[2]

再誅外臣。〔3〕而災異猶見，人情未安者，殆賢愚進退，威刑所加，有非其理也。前太尉陳蕃、劉矩，〔4〕忠謀高世，廢在里巷；劉祐、馮緄、〔5〕趙典、尹勳，正直多怨，流放家門；李膺、王暢、孔翊，絜身守禮，終無宰相之階。至於鉤黨之譽，事起無端，〔6〕虐賢傷善，哀及無辜。今興改善政，易於覆手，而群臣杜口，鑒畏前害，互相瞻顧，莫肯正言。伏願陛下暫留聖明，容受瞽直，則前責可弭，後福必降。"對奏，不省。

【注】
〔1〕謂誅梁冀，誅鄧萬、〔一三〕鄧會，誅李膺等黨事也。
〔2〕無德而寵曰嬖，謂廢鄧皇后也。
〔3〕殺桂陽太守任胤，殺南陽太守成瑨、太原太守劉質等也。
〔4〕《漢官儀》曰："矩字叔方。"
〔5〕古本反。
〔6〕鉤，引也。謂李膺等事也。

遷規弘農太守，封壽成亭侯，邑二百户，讓封不受。再轉為護羌校尉。熹平三年，以疾召還，未至，卒于穀城，年七十一。所著賦、銘、碑、讚、禱文、弔、章表、教令、書、檄、牋記，凡二十七篇。

論曰：孔子稱"其言之不怍，則其為之也難"。〔1〕察皇甫規之言，其心不怍哉！夫其審己則干禄，見賢則委位，故干禄不為貪，而委位不求讓；稱己不疑伐，而讓人無懼情。故能功成於戎狄，身全於邦家也。

【注】
〔1〕怍，慙也。

張奐字然明，敦煌（酒）[淵]泉人也。〔1〕〔一四〕父惇，為漢陽太守。

奐少遊三輔，師事太尉朱寵，學《歐陽尚書》。初，《牟氏章句》浮辭繁多，〔2〕有四十五萬餘言，奐減為九萬言。後辟大將軍梁冀府，乃上書桓帝，奏其《章句》，詔下東觀。以疾去官，復舉賢良，對策第一，擢拜議郎。

【注】

〔1〕（酒）〔淵〕泉，縣名，地多泉水，故城在今（陽）〔瓜〕州晉昌縣〔一五〕東北也。

〔2〕時牟卿受書於張堪，〔一六〕為博士，故有《牟氏章句》。

永壽元年，遷安定屬國都尉。初到職，而南匈奴左薁鞬臺耆、且渠伯德等七千餘人寇美稷，東羌復舉種應之，而奐壁唯有二百許人，聞即勒兵而出。軍吏以為力不敵，叩頭爭止之。奐不聽，遂進屯長城，收集兵士，遣將王衞招誘東羌，因據龜茲，〔1〕使南匈奴不得交通東羌。諸豪遂相率與奐和親，共擊薁鞬等，連戰破之。伯德惶恐，將其衆降，郡界以寧。

【注】

〔1〕龜茲音丘慈，縣名，屬上郡。《前書音義》曰"龜茲國人來降之，因以名縣"也。

羌豪帥感奐恩德，上馬二十匹，先零酋長又遺金鐻八枚。奐並受之，〔1〕而召主簿於諸羌前，以酒酹地曰：〔2〕"使馬如羊，不以入廄；使金如粟，不以入懷。"悉以金馬還之。〔3〕羌性貪而貴吏清，前有八都尉率好財貨，為所患苦，及奐正身絜己，威化大行。

【注】

〔1〕郭璞注《山海經》云："鐻音渠，金（食）〔銀〕器名。"〔一七〕未詳形

制也。

〔2〕以酒沃地謂之酹。音力外反。

〔3〕如羊如粟，喻多也。

遷使匈奴中郎將。時休屠各〔1〕及朔方烏桓並同反叛，燒度遼將軍門，〔2〕引屯赤阬，烟火相望。兵眾大恐，各欲亡去。奐安坐帷中，與弟子講誦自若，軍士稍安。乃潛誘烏桓陰與和通，遂使斬屠各渠帥，襲破其眾。諸胡悉降。

【注】

〔1〕屠音直於反。

〔2〕時度遼將軍屯五原。

延熹元年，鮮卑寇邊，奐率南單于擊之，斬首數百級。

明年，梁冀被誅，奐以故吏免官禁錮。奐與皇甫規友善，奐既被錮，凡諸交舊莫敢為言，唯規薦舉前後七上。在家四歲，復拜武威太守。平均徭賦，率屬散敗，常為諸郡最，河西由是而全。其俗多妖忌，凡二月、五月產子及與父母同月生者，悉殺之。奐示以義方，嚴加賞罰，風俗遂改，百姓生為立祠。舉尤異，遷度遼將軍。數載閒，幽、并清靜。

九年春，徵拜大司農。鮮卑聞奐去，其夏，遂招結南匈奴、烏桓數道入塞，或五六千騎，或三四千騎，寇掠緣邊九郡，殺略百姓。秋，鮮卑復率八九千騎入塞，誘引東羌與共盟詛。於是上郡沈氐、安定先零諸種共寇武威、張掖，緣邊大被其毒。朝廷以為憂，復拜奐為護匈奴中郎將，以九卿秩督幽、并、涼三州及度遼、烏桓二營，〔1〕兼察刺史、二千石能否，賞賜甚厚。匈奴、烏桓聞奐至，因相率還降，凡二十萬口。奐但誅其首惡，餘皆慰納之。唯鮮卑出塞去。

【注】
〔1〕明帝永平八年，初置度遼將軍，屯五原郡曼栢縣，《漢官儀》曰"烏丸校尉屯上谷郡甯縣"，故曰二營。

永康元年春，東羌、先零五六千騎寇關中，圍祋祤，掠雲陽。夏，復攻沒兩營，殺千餘人。冬，羌岸尾、摩蟞等[1]脅同種復鈔三輔。奐遣司馬尹端、董卓並擊，大破之，斬其酋豪，首虜萬餘人，三州清定。論功當封，奐不事宦官，故賞遂不行，唯賜錢二十萬，除家一人為郎。並辭不受，而願徙屬弘農華陰。舊制邊人不得內移，唯奐因功特聽，故始為弘農人焉。

【注】
〔1〕蟞音必薛反。

建寧元年，振旅而還。時竇太后臨朝，大將軍竇武與太傅陳蕃謀誅宦官，事泄，中常侍曹節等於中作亂，以奐新徵，不知本謀，矯制使奐與少府周靖率五營士圍武。武自殺，蕃因見害。奐遷少府，又拜大司農，以功封侯。奐深病為節所賣，上書固讓，封還印綬，卒不肯當。

明年夏，青蛇見於御坐軒前，[1]又大風雨雹，霹靂拔樹，詔使百僚各言災應。奐上疏曰："臣聞風為號令，動物通氣。[2]木生於火，相須乃明。蛇能屈申，配龍騰蟄。[3]順至為休徵，逆來為殃咎。陰氣專用，則凝精為雹。故大將軍竇武、太傅陳蕃，或志寧社稷，或方直不回，前以讒勝，並伏誅戮，海內默默，人懷震憒。昔周公葬不如禮，天乃動威。[4]今武、蕃忠貞，未被明宥，妖眚之來，皆為此也。宜急為改葬，徙還家屬。其從坐禁錮，一切蠲除。又皇太后雖居南宮，而恩禮不接，朝臣莫言，遠近失望。宜思大義顧復之報。"[5]天子深納奐言，以問諸黃門常侍，左右皆惡之，帝不得自從。

【注】

〔1〕軒,殿檻闌板也。

〔2〕《翼氏風角》曰:"凡風者天之號令,所以譴告人君者也。"

〔3〕《易》曰"龍蛇之蟄,以存身也"。《慎子》曰"騰蛇游霧,飛龍乘雲,雲罷霧散,與蚯蚓同"也。

〔4〕《尚書大傳》:"周公薨,成王欲葬之於成周,天乃雷雨以風,〔一八〕禾即盡偃,大木斯拔,國人大恐。王葬周公於畢,示不敢臣也。"

〔5〕顧,旋視也。復,反覆也。《小雅》曰:"父兮生我,母兮鞠我,顧我復我,出入腹我。"

　　轉奐太常,與尚書劉猛、刁韙、衛良同薦王暢、李膺可參三公之選,而曹節等彌疾其言,遂下詔切責之。奐等皆自囚廷尉,數日乃得出,並以三月俸贖罪。司隸校尉王寓,出於宦官,欲借寵公卿,以求薦舉,百僚畏憚,莫不許諾,唯奐獨拒之。寓怒,因此遂陷以黨罪,禁錮歸田里。

　　奐前為度遼將軍,與段熲爭擊羌,不相平。及熲為司隸校尉,欲逐奐歸敦煌,將害之。奐憂懼,奏記謝熲曰:"小人不明,得過州將,千里委命,以情相歸。〔1〕足下仁篤,照其辛苦,使人未反,復獲郵書。恩詔分明,前以寫白,而州期切促,郡縣惶懼,屏營延企,側待歸命。父母朽骨,孤魂相託,若蒙矜憐,壹惠咳唾,則澤流黃泉,施及冥寞,非奐生死所能報塞。夫無毛髮之勞,而欲求人丘山之用,此淳于髡所以拍髀仰天而笑者也。〔2〕誠知言必見讖,然猶未能無望。何者?朽骨無益於人,而文王葬之;〔3〕死馬無所復用,而燕昭寶之。〔4〕黨同文、昭之德,豈不大哉!〔5〕凡人之情,冤則呼天,窮則叩心。今呼天不聞,叩心無益,誠自傷痛。俱生聖世,獨為匪人。〔6〕孤微之人,無所告訴。如不哀憐,便為魚肉。〔7〕企心東望,無所復言。"熲雖剛猛,省書哀之,卒不忍也。時禁錮者多不能守靜,或死或徙。奐閉門不出,養徒千人,著《尚書記難》三十餘萬言。

【注】

〔1〕《漢官儀》曰:"司隸州部河南雒陽,管三輔、三河、弘農七郡。"所以奐屈於潁,稱曰"州將"焉。

〔2〕拍音片百反。髀音步弟反。《史記》,楚發兵伐齊,齊威王使淳于髡齎百金,車馬十駟,之趙請救。髡仰天大笑,冠纓索絶。王曰:"先生少之乎?"髡曰:"今者臣從東方來,見道傍有禳田者,操一豚蹄,酒一盂,而祝曰:'甌窶滿篝,汙邪滿車,五穀蕃熟,穰穰滿家。'〔一九〕臣見其所持者狹,所求者奢,故笑。"於是王乃益以黃金千鎰、白璧十雙、車馬百駟也。

〔3〕《新序》曰:"文王作靈臺,掘得死人骨,吏以聞。文王曰:'葬之。'吏曰:'此無主矣。'文王曰:'有天下者,天下之主也;有一國者,一國之主也。寡人固其主焉。'令吏以棺葬之。天下聞之,曰:'文王賢矣,澤及朽骨,又況人乎。'"

〔4〕《新序》曰:"燕昭王即位,卑身求賢。謂郭隗曰:'齊因孤國之亂而襲燕,然得賢士與共國,以雪先王之醜,孤之願也。先生視可者,得身事之。'隗曰:'臣聞古之人君,有以千金求千里馬者,三年不得,涓人言於君請求之,君遣焉。三月,得千里馬,馬已死,乃以五百金買其首以報。〔二〇〕君大怒曰:"所求者生馬,安市死馬而捐五百金乎?"對曰:"死馬且市之,況生馬乎?天下必以王為能市馬,馬今至矣。"不出朞年,千里馬至者二。今王誠欲必致士,從隗始。隗且見事,況賢於隗者乎?'於是王為隗築宮而師之。樂毅自魏往,鄒衍自齊往,劇辛自趙往,士爭歸燕焉。"

〔5〕黨音佗朗反。

〔6〕《詩·小雅》曰"哀我征夫,獨為匪人"也。

〔7〕言將為人所吞噬也。

奐少立志節,嘗與士友言曰:"大丈夫處世,當為國家立功邊境。"及為將帥,果有勳名。董卓慕之,使其兄遺縑百匹。奐惡卓為人,絶而不受。光和四年卒,年七十八。遺命曰:"吾前後仕進,十要銀艾,[1]不能和光同塵,為讒邪所忌。[2]通塞命也,始終常也。但地底冥冥,長無曉期,而復纏以縑緜,牢以釘密,為不喜耳。幸有前窆,朝殞夕下,措屍靈牀,幅巾而已。奢非晉文,[3][二一]儉非王孫,[4]推情從意,庶無咎吝。"諸子從之。武威多為立祠,世世不絕。所著銘、頌、書、教、誡述、志、對策、章表二十四篇。

【注】

[1]銀印緑綬也,以艾草染之,故曰艾也。

[2]《老子》曰"和其光,同其塵"也。

[3]陸翽《鄴中記》曰:"永嘉末,發齊桓公墓,得水銀池金蠶數十箔,珠襦、玉匣、繒綵不可勝數。"《左傳》曰:"晉文公朝王,請隧。王不許,曰:'王章也,未有代德而有二王,亦叔父之所惡也。'"晉文既臣,請用王禮,是其奢也。

[4]武帝時,楊王孫死,誡其子為布囊盛屍,入地七尺,脫去其囊,以身親土。

長子芝,字伯英,最知名。[1]芝及弟昶,字文舒,並善草書,至今稱傳之。

【注】

[1]王愔《文志》[二二]曰:"芝少持高操,以名臣子勤學,文為儒宗,武為將表。太尉辟,公車有道徵,皆不至,號張有道。尤好草書,學崔、杜之法,家之衣帛,必書而後練。臨池學書,水為之黑。下筆則為楷則,號匆匆不暇草書,為世所寶,寸紙不遺,韋仲將謂之'草聖'也。"

初,奐為武威太守,其妻懷孕,夢帶奐印綬登樓而歌。訊之占者,曰:"必將生男,復臨茲邦,命終此樓。"既而生子猛,以建安中為武威太守,殺刺史邯鄲商,州兵圍之急,猛恥見擒,乃登樓自燒而死,卒如占云。

論曰：自鄡鄉之封，中官世盛，[1]暴恣數十年閒，四海之內，莫不切齒憤盈，願投兵於其族。陳蕃、竇武奮義草謀，徵會天下，名士有識所共聞也，而張奐見欺豎子，揚戈以斷忠烈。[2]雖恨毒在心，辭爵謝咎。《詩》云："啜其泣矣，何嗟及矣！"[3]

【注】

〔1〕宦者鄭衆封鄡鄉侯也。

〔2〕奐被曹節等矯制，使率五營士圍殺陳蕃、竇武等。

〔3〕《詩·國風》也。啜，泣貌也，音知劣反。

段熲字紀明，武威姑臧人也。其先出鄭共叔段，西域都護會宗之從曾孫也。[1]熲少便習弓馬，尚遊俠，輕財賄，長乃折節好古學。初舉孝廉，為憲陵園丞、陽陵令，[2]所在［有］能政。[二三]

【注】

〔1〕［會］宗字子松，[二四]天水上邽人，元帝時為西域都護。死，城郭諸國為發喪立祠。

〔2〕憲陵，順帝陵；陽陵，景帝陵。《漢官儀》曰"丞秩三百石，令秩六百石"也。

遷遼東屬國都尉。時鮮卑犯塞，熲即率所領馳赴之。既而恐賊驚去，乃使驛騎詐齎璽書詔熲，熲於道偽退，潛於還路設伏。虜以為信然，乃入追熲。熲因大縱兵，悉斬獲之。坐詐璽書伏重刑，以有功論司寇。刑竟，徵拜議郎。

時太山、琅邪賊東郭竇、公孫舉等聚衆三萬人，破壞郡縣，遣兵討之，連年不克。永壽二年，桓帝詔公卿選將有文武者，司徒尹（訟）［頌］薦熲，[1][二五]乃拜為中郎將。擊竇、舉等，大破斬之，獲首萬餘級,餘黨降散。封熲為列侯,賜錢五十萬,除一子為郎中。

【注】
〔1〕《漢官儀》曰:"(訟)〔頌〕字公孫,鞏人也。"

延熹二年,遷護羌校尉。會燒當、燒何、當煎、勒姐等八種羌[1]寇隴西、金城塞,熲將兵及湟中義從羌萬二千騎出湟谷,擊破之。追討南度河,使軍吏田晏、夏育募先登,懸索相引,復戰於羅亭,大破之,斬其酋豪以下二千級,獲生口萬餘人,虜皆奔走。

【注】
〔1〕姐音紫且反。

明年春,餘羌復與燒何大豪寇張掖,攻没鉅鹿塢,殺屬國吏民,又招同種千餘落,并兵晨奔熲軍。熲下馬大戰,至日中,刀折矢盡,虜亦引退。熲追之,且鬭且行,晝夜相攻,割肉食雪,四十餘日,遂至河首積石山,出塞二千餘里,斬燒何大帥,首虜五千餘人。[二六]又分兵擊石城羌,斬首溺死者千六百人。燒當種九十餘口詣熲降。[二七]又雜種羌屯聚白石,[1]熲復進擊,首虜三千餘人。冬,勒姐、零吾種圍允街,[2]殺略吏民,熲排營救之,斬獲數百人。

【注】
〔1〕白石,山,在今蘭州狄道縣東。
〔2〕允音鈆。街音階。

四年冬,上郡沈氐、隴西牢姐、烏吾諸種羌共寇并涼二州,熲將湟中義從討之。涼州刺史郭閎貪共其功,稽固熲軍,使不得進。[1]義從役久,戀鄉舊,皆悉反叛。郭閎歸罪於熲,熲坐徵下獄,輸作左校。羌遂陸梁，覆没營塢，轉相招結，唐突諸郡，於是吏人守闕訟頊以千數。朝廷知頊為郭閎所誣，詔問其狀。頊但謝罪，不敢言枉，京師稱為長者。起於徒中，復拜議郎，遷并州刺史。

【注】
〔1〕稽固猶停留也。

時滇那等諸種羌五六千人寇武威、張掖、酒泉，燒人廬舍。六年，寇執轉盛，涼州幾亡。冬，復以頊為護羌校尉，乘驛之職。明年春，羌封僇、良多、滇那等[1]酋豪三百五十五人率三千落詣頊降。當煎、勒姐種猶自屯結。冬，頊將萬餘人擊破之，斬其酋豪，首虜四千餘人。

【注】
〔1〕僇音良逐反，又力救反。

八年春，頊復擊勒姐種，斬首四百餘級，降者二千餘人。夏，進軍擊當煎種於湟中，頊兵敗，被圍三日，用隱士樊志張策，潛師夜出，鳴鼓還戰，大破之，首虜數千人。頊遂窮追，展轉山谷間，自春及秋，無日不戰，虜遂飢困敗散，北略武威閒。
頊凡破西羌，斬首二萬三千級，獲生口數萬人，馬牛羊八百萬頭，降者萬餘落。封頊都鄉侯，邑五百戶。
永康元年，當煎諸種復反，合四千餘人，欲攻武威，頊復追擊於鸞鳥，大破之，[1]殺其渠帥，斬首三千餘級，西羌於此弭定。

【注】
〔1〕鳥音爵，縣名，屬武威郡，故城在今涼州昌松縣北也。

而東羌先零等，自覆没征西將軍馬賢後，朝廷不能討，遂數寇擾三輔。其後度遼將軍皇甫規、中郎將張奐招之連年，既降又叛。桓帝詔問熲曰："先零東羌造惡反逆，而皇甫規、張奐各擁強衆，不時輯定。欲熲移兵東討，未識其宜，可參思術略。"熲因上言曰："臣伏見先零東羌雖數叛逆，而降於皇甫規者，已二萬許落，善惡既分，餘寇無幾。今張奐躊躇久不進者，當慮外離内合，兵往必驚。且自冬踐春，屯結不散，人畜疲羸，自亡之執，徒更招降，〔二八〕坐制強敵耳。臣以爲狼子野心，難以恩納，〔1〕執窮雖服，兵去復動。唯當長矛挾脅，白刃加頸耳。計東種所餘三萬餘落，居近塞内，路無險折，非有燕、齊、秦、趙縱橫之執，而久亂并、涼，累侵三輔，西河、上郡，已各内徙，安定、北地，復至單危，自雲中、五原，西至漢陽二千餘里，匈奴、種羌，並擅其地，是爲癰疽伏疾，留滯脅下，如不加誅，轉就滋大。今若以騎五千，步萬人，車三千兩，三冬二夏，足以破定，無慮用費爲錢五十四億。〔2〕如此，則可令群羌破盡，匈奴長服，内徙郡縣，得反本土。伏計永初中，諸羌反叛，十有四年，用二百四十億；永和之末，復經七年，用八十餘億。費耗若此，猶不誅盡，餘孽復起，于茲作害。今不暫疲人，則永寧無期。臣庶竭駑劣，伏待節度。"帝許之，悉聽如所上。

【注】

〔1〕《左傳》晉叔向母曰"狼子野心"也。

〔2〕無慮，都凡也。

建寧元年春，熲將兵萬餘人，齎十五日糧，從彭陽直指高平，〔1〕與先零諸種戰於逢義山。虜兵盛，熲衆恐。熲乃令軍中張鏃利刃，〔二九〕長矛三重，挾以強弩，列輕騎爲左右翼。激怒兵將曰："今去家數千里，進則事成，走必盡死，努力共功名！"因大呼，衆皆應聲騰赴，熲馳騎於傍，突而擊之，虜衆大潰，斬首八千餘級，獲牛馬羊二十八萬頭。

【注】
〔1〕彭陽,高平,並縣名,屬安定郡。彭陽縣即今原州彭原縣也。高平縣今原州也。

時竇太后臨朝,下詔曰:"先零東羌歷載為患,熲前陳狀,欲必埽滅。涉履霜雪,兼行晨夜,身當矢石,感厲吏士。曾未浹日,凶醜奔破,[1]連尸積俘,掠獲無筭。洗雪百年之逋負,以慰忠將之亡魂。[2]功用顯著,朕甚嘉之。須東羌盡定,當并録功勤。今且賜熲錢二十萬,以家一人為郎中。"勅中藏府調金錢綵物,增助軍費。拜熲破羌將軍。

【注】
〔1〕浹,帀也。浹音子牒反。謂帀十二辰也。
〔2〕《東觀記》曰,太后詔云"此以慰种光、馬賢等亡魂"也。

夏,熲復追羌出橋門,至走馬水上。[1]尋聞虜在奢延澤,[2]乃將輕兵兼行,一日一夜二百餘里,晨及賊,擊破之。餘虜走向落川,復相屯結。熲乃分遣騎司馬田晏將五千人出其東,假司馬夏育將二千人繞其西。羌分六七千人攻圍晏等,晏等與戰,羌潰走。熲急進,與晏等共追之於令鮮水上。[3]熲士卒飢渴,乃勒衆推方奪其水,[4]虜復散走。熲遂與相連綴,且鬥且引,及於靈武谷。[5]熲乃被甲先登,士卒無敢後者。羌遂大敗,弃兵而走。追之三日三夜,士皆重繭。[6]既到涇陽,[7]餘寇四千落,悉散入漢陽山谷間。

【注】
〔1〕《東觀記・段熲(曰)傳》[曰][三〇]"出橋門谷"也。
〔2〕即上郡奢延縣界也。
〔3〕令鮮,水名,在今甘州張掖縣界。一名合黎水,一名羌谷水也。
〔4〕推方謂方頭競進也。

〔5〕靈武,縣名,有谷,在今靈州懷遠縣西北。

〔6〕繭,足下傷起形如繭也。《淮南子》曰"申包胥曾繭重胝"也。

〔7〕縣名,屬安定郡。

　　時張奐上言:"東羌雖破,餘種難盡,頗性輕果,慮負敗難常。宜且以恩降,可無後悔。"詔書下熲。熲復上言:"臣本知東羌雖衆,而頓弱易制,所以比陳愚慮,思為永寧之第。而中郎將張奐,說虜強難破,宜用招降。聖朝明監,信納瞽言,故臣謀得行,奐計不用。事埶相反,遂懷猜恨。信叛羌之訴,飾潤辭意,云臣兵累見折衂,〔1〕又言羌一氣所生,不可誅盡,〔2〕山谷廣大,不可空靜,血流汙野,傷和致災。臣伏念周秦之際,戎狄為害,中興以來,羌寇最盛,誅之不盡,雖降復叛。今先零雜種,累以反覆,攻沒縣邑,剽略人物,發冢露尸,禍及生死,上天震怒,假手行誅。〔3〕昔邢為無道,衛國伐之,師興而雨。〔4〕臣動兵涉夏,連獲甘澍,歲時豐稔,人無疵疫。上占天心,不為災傷;〔5〕下察人事,衆和師克。〔6〕自橋門以西,落川以東,故(宫)〔官〕縣邑,更相通屬,〔三一〕非為深險絶域之地,車騎安行,無應折衂。案奐為漢吏,身當武職,駐軍二年,不能平寇,虛欲修文戢戈,招降獷敵,〔7〕誕辭空說,僭而無徵。何以言之?昔先零作寇,趙充國徙令居内,〔8〕煎當亂邊,馬援遷之三輔,〔9〕始服終叛,至今為鯁。〔10〕故遠識之士,以為深憂。今傍郡戶口單少,數為羌所創毒,而欲令降徒與之雜居,是猶種枳棘於良田,養虺蛇於室内也。故臣奉大漢之威,建長久之策,欲絶其本根,不使能殖。〔11〕本規三歲之費,用五十四億,今適朞年,所耗未半,而餘寇殘燼,將向殄滅。〔12〕臣每奉詔書,軍不内御,〔13〕願卒斯言,一以任臣,臨時量宜,不失權便。"

【注】

〔1〕傷敗曰衂,音女六反。

〔2〕言羌亦稟天之一氣所生,誅之不可盡也。

〔3〕假，借也。《尚書》曰"皇天降災，假手于我有命"也。

〔4〕《左傳》曰"衞大旱，卜有事於山川，不吉。甯莊子曰：'昔周飢，克殷而年豐。今邢方無道，天欲衞伐邢乎？'從之，師興而雨"也。

〔5〕占，候也。

〔6〕克，勝也。《左傳》曰"師克在和不在衆"也。

〔7〕獷，惡皃也，音谷猛反。

〔8〕宣帝時，充國擊西羌，徙之於金城郡也。

〔9〕遷置天水、隴西、扶風，見《西羌傳》也。

〔10〕"鯁"與"梗"同。梗，病也。《大雅》云："至今爲梗。"

〔11〕殖，生也。《左傳》曰："爲國家者，見惡如農夫之務去草焉，絕其本根，勿使能殖。"

〔12〕杜預注《左傳》曰："燼，火餘木也。"

〔13〕御，制御也。《淮南子》曰"國不可從外理，軍不可從中御"也。

　　二年，詔遣謁者馮禪說降漢陽散羌。熲以春農，百姓布野，羌雖暫降，而縣官無廩，必當復爲盜賊，不如乘虛放兵，勢必殄滅。夏，熲自進營，去羌所屯凡亭山四五十里，遣田晏、夏育將五千人據其山上。羌悉衆攻之，屬聲問曰："田晏、夏育在此不？湟中義從羌悉在何面？今日欲決死生。"軍中恐，晏等勸激兵士，殊死大戰，遂破之。羌衆潰，東奔，復聚射虎谷，分兵守諸谷上下門。熲規一舉滅之，不欲復令散走，乃遣千人於西縣結木爲柵，廣二十步，長四十里，遮之。[1]分遣晏、育等將七千人，銜枚夜上西山，結營穿塹，去虜一里許。又遣司馬張愷等將三千人上東山。虜乃覺之，遂攻晏等，分遮汲水道。熲自率步騎進擊水上，羌卻走，因與愷等挾東西山，縱兵擊破之，羌復敗散。熲追至谷上下門窮山深谷之中，處處破之，斬其渠帥以下萬九千級，獲牛馬驢騾氈裘廬帳什物，不可勝數。馮禪等所招降四千人，分置安定、漢陽、隴西三郡，於是東羌悉平。

【注】
〔1〕西縣屬天水郡,〔三二〕故城在今秦州上邽縣西南也。

凡百八十戰,斬三萬八千六百餘級,獲牛馬羊騾驢駱駝四十二萬七千五百餘頭,費用四十四億,軍士死者四百餘人。更封新豐縣侯,邑萬戶。熲行軍仁愛,士卒疾病者,親自瞻省,手為裹創。在邊十餘年,未嘗一日蓐寢。〔1〕與將士同苦,故皆樂為死戰。

【注】
〔1〕郭璞曰:"蓐,席也。"言身不自安。

三年春,徵還京師,將秦胡步騎五萬餘人,及汗血千里馬,生口萬餘人。詔遣大鴻臚持節慰勞於鎬。〔1〕軍至,拜侍中。轉執金吾河南尹。有盜發馮貴人冢,坐左轉諫議大夫,再遷司隸校尉。

【注】
〔1〕鎬,水名,在今長安縣西。

熲曲意宦官,故得保其富貴,遂黨中常侍王甫,枉誅中常侍鄭颯、董騰等,增封四千戶,并前萬四千戶。
明年,代李咸為太尉,其冬病罷,復為司隸校尉。數歲,轉潁川太守,徵拜太中大夫。
光和二年,復代橋玄為太尉。在位月餘,會日食自劾,有司舉奏,詔收印綬,詣廷尉。時司隸校尉陽球奏誅王甫,并及熲,就獄中詰責之,遂飲鴆死,家屬徙邊。後中常侍呂強上疏,追訟熲功,靈帝詔熲妻子還本郡。
初,熲與皇甫威明、張然明,並知名顯達,京師稱為"涼州三明"云。

贊曰：山西多猛，"三明"儷蹤。[1]戎驂糾結，塵斥河、潼。[2]規、奐審策，亟遏嚚凶。文會志比，更相為容。段追兩狄，束馬縣鋒。紛紜騰突，谷静山空。

【注】

〔1〕儷，偶也。《前書》班固曰："秦漢以來，山東出相，山西出將。"若白起、王翦、李廣、辛慶忌之流，皆山西人也。

〔2〕潼，谷名。谷有水，曰潼水，即潼關。

【校勘記】

〔一〕規乃上疏求乞自効　按：殿本無"乞"字，王先謙謂無"乞"字是。

〔二〕流血丹野　殿本"丹"作"川"，《校補》引錢大昭説，謂閩本作"川"。按：《集解》引周壽昌説，謂丹野猶赤地也，本書《公孫瓚傳》有"流血丹水"語，與此同，作"丹"為是。

〔三〕言國家不妄有襃貶進退　《校補》謂案文"妄"當作"聞"。

〔四〕護羌校尉段熲坐徵　按"段"字原皆譌"叚"，逕改正，後如此不悉出校記。

〔五〕臣生長邠岐　按："岐"原譌"歧"，逕據汲本、殿本改正。

〔六〕若求猛（敵）〔將〕　據汲本、殿本改。

〔七〕沈氏大豪滇昌飢恬等十餘萬口　按：《集解》引惠棟説，謂袁《紀》作"二十餘萬口"。

〔八〕急使軍就道　按：《刊誤》謂"軍"上少一字，或"督"或"領"也。

〔九〕才略兼優　按："兼"原譌"廉"，逕據汲本、殿本改正。

〔一〇〕欲退身避第　按：《集解》引錢大昕説，謂"第"當作"弟"，避弟謂己避位而弟得辟召也，此事見《風俗通・過譽篇》，下文"避第仕途"亦"弟"字之譌。

〔一一〕及黨事大起至時人以為規賢　按：《校補》謂此文九十一字當在"讓封不受"下。以所敍乃張奐已坐黨禁錮歸田里後事，故稱奐為故大司農。據《奐傳》，奐之被禁錮，先因災應上疏追訟竇武、陳蕃，及言皇太后恩禮不接，觸宦官忌，事已在靈帝建寧二年四月矣，不應反列於桓帝永康元年前也。

〔一二〕時人以為規賢　按：《刊誤》謂案文當作"以規為賢"。

〔一三〕誅鄧萬　按：《校補》謂鄧萬即鄧萬世，章懷避唐諱，省去一"世"字。

〔一四〕敦煌（酒）〔淵〕泉人也　按：《集解》引錢大昕說，謂酒泉郡名，非縣名，當作"淵泉"。《漢志》敦煌郡有淵泉縣，《晉志》作"深泉"，蓋避唐諱。章懷本亦當作"深"，後人妄改為"酒"耳。胡注《通鑑》云奐敦煌淵泉人，胡所見本尚未譌也。今據改。注同。

〔一五〕（陽）〔瓜〕州晉昌縣　汲本、殿本"陽"作"永"。按：《刊誤》謂"永"當作"瓜"。《集解》引錢大昕說，謂閩本"永"作"陽"，攷《唐書·地理志》，晉昌縣屬瓜州，永陽二字俱誤。今據改。

〔一六〕時牟卿受書於張堪　按：《集解》引洪亮吉說，謂"張"字應作"周"字。

〔一七〕金（食）〔銀〕器名　《集解》引洪頤煊說，謂《中山經》郭注，鐐，金銀器之名。李注"食"當是"銀"字之譌。今據改。

〔一八〕天乃雷雨以風　按：汲本、殿本"雨"作"電"。

〔一九〕穰穰滿家　按："穰穰"原譌"禳禳"，逕據汲本、殿本改正。

〔二〇〕乃以五百金買其首以報　按：《校補》引柳從辰說，謂今《新序》"首"作"骨"。案《北史·隱逸傳》崔賾答豫章王書"燕求馬首，辭養雞鳴"，知古本原有作"首"者。《南史·鄭鮮之傳》"燕昭市骨而駿足至"，則仍作"骨"。且孔融與魏武論盛孝章書已云"燕君市駿馬之骨"，是作"骨"亦由來已久。疑《新序》自有南北本之別，唐起北方，章懷所據蓋是北本。

〔二一〕奢非晉文　按：《集解》引惠棟說，謂《晉》《續漢書》作"桓"，據注引齊桓公事，疑本書亦元是"桓"字。

〔二二〕王愔文志　按：殿本"文志"作"文字志"。

〔二三〕所在［有］能政　據《刊誤》補。

〔二四〕［會］宗字子松　據殿本補。

〔二五〕司徒尹（訟）［頌］薦潁　《通鑑》胡注謂《桓帝紀》"訟"作"頌"，作"頌"為是。今據改。注同。

〔二六〕首虜五千餘人　按："千"原譌"十"，逕據汲本、殿本改正。

〔二七〕燒當種九十餘口詣潁降　按：《刊誤》謂燒當一種不止九十餘口，其種中九十口降亦不足記，"十"當作"千"。

〔二八〕徒更招降　按："徒"字疑譌，《通鑑》作"欲"。

〔二九〕乃令軍中張鏃利刃　《刊誤》謂案文鏃非可張，未知何字。按：殿本《考證》謂《通鑑》"張"作"長"。

〔三〇〕段潁（曰）傳［曰］　據汲本改。

〔三一〕故（宮）［官］縣邑更相通屬　據汲本改。按：《刊誤》謂案文"宮"當作"官"，舊屯田營壁皆是故官也。

〔三二〕西縣屬天水郡　按：《集解》引洪亮吉說，謂"天水"應作"漢陽"，明帝永平十七年所改也。

後漢書卷六十六

陳王列傳第五十六

　　陳蕃字仲舉，汝南平輿人也。祖河東太守。蕃年十五，嘗閑處一室，而庭宇蕪穢。父友同郡薛勤來候之，謂蕃曰："孺子何不洒埽以待賓客？"蕃曰："大丈夫處世，當埽除天下，安事一室乎！"勤知其有清世志，甚奇之。

　　初仕郡，舉孝廉，除郎中。遭母憂，弃官行喪。服闋，刺史周景辟別駕從事，[1]以諫爭不合，投傳而去。[2]後公府辟舉方正，皆不就。

【注】
〔1〕《續漢志》曰："別駕從事，校尉行部奉引，總錄衆事。"
〔2〕投，弃也。傳謂符也，音丁戀反。

　　太尉李固表薦，徵拜議郎，再遷為樂安太守。[1]時李膺為青州刺史，名有威政，屬城聞風，皆自引去，蕃獨以清績留。郡人周璆，高絜之士。[2]前後郡守招命莫肯至，唯蕃能致焉。字而不名，特為置一榻，去則縣之。璆字孟玉，臨濟人，有美名。民有趙宣葬親而不閉埏隧，[3]因居其中，行服二十餘年，鄉邑稱孝，州郡數禮請之。郡內以薦蕃，蕃與相見，問及妻子，而宣五子皆服中所生。蕃大怒曰："聖人制禮，賢者俯就，不肖企及。[4]且祭不欲數，以其易黷故也。[5]況乃寢宿冢藏，而孕育其中，誑時惑眾，誣汙鬼神乎？"遂致其罪。

【注】
〔1〕《續漢志》曰，樂安本名千乘，和帝更名也。
〔2〕璆音仇。
〔3〕埏隧，今人墓道也。〔一〕杜預注《左傳》云："掘地通路曰隧。"
〔4〕《禮記》曰："三年之喪，可復父母之恩也。賢者俯而就之，不肖者企而及之。"
〔5〕黷，媟也。《禮記》曰："祭不欲數，數則煩，煩則不敬。"

大將軍梁冀威震天下，時遣書詣蕃，有所請託，不得通，使者詐求謁，蕃怒，笞殺之，坐左轉脩武令。稍遷，拜尚書。〔二〕
時零陵、桂陽山賊為害，公卿議遣討之，又詔下州郡，一切皆得舉孝廉、茂才。蕃上疏駁之曰："昔高祖創業，萬邦息肩，撫養百姓，同之赤子。〔1〕今二郡之民，亦陛下赤子也。致令赤子為害，豈非所在貪虐，使其然乎？宜嚴勑三府，隱覈牧守令長，其有在政失和，侵暴百姓者，即便舉奏，更選清賢奉公之人，能班宣法令情在愛惠者，可不勞王師，而群賊弭息矣。又三署郎吏二千餘人，三府掾屬過限未除，但當擇善而授之，簡惡而去之。豈煩一切之詔，以長請屬之路乎！"以此忤左右，故出為豫章太守。性方峻，不接賓客，士民亦畏其高。〔2〕徵為尚書令，送者不出郭門。

【注】
〔1〕《尚書》曰："若保赤子，唯人其康乂。"
〔2〕蕃喪妻，鄉人畢至，唯許子將不往，曰："仲舉性峻，峻則少通，故不造也。"

遷大鴻臚。會白馬令李雲抗疏諫，桓帝怒，當伏［重］誅。〔三〕蕃上書救雲,坐免歸田里。

復徵拜議郎,數日遷光祿勳。時封賞踰制,內寵猥盛,蕃乃上疏諫曰:"臣聞有事社稷者,社稷是為;有事人君者,容悅是為。今臣蒙恩聖朝,備位九列,見非不諫,則容悅也。夫諸侯上象四七,垂燿在天,下應分土,藩屏上國。〔1〕高祖之約,非功臣不侯。而聞追錄河南尹鄧萬世父遵之微功,更爵尚書令黃儁先人之絶封,近習以非義授邑,左右以無功傳賞,授位不料其任,裂土莫紀其功,至乃一門之內,侯者數人,故緯象失度,陰陽謬序,稼用不成,民用不康。臣知封事已行,言之無及,誠欲陛下從是而止。又比年收斂,十傷五六,萬人飢寒,不聊生活,而采女數千,食肉衣綺,脂油粉黛,不可貲計。〔2〕鄙諺言'盜不過五女門',以女貧家也。今後宮之女,豈不貧國乎!是以傾宮嫁而天下化,〔3〕楚女悲而西宮災。〔4〕且聚而不御,必生憂悲之感,以致并隔水旱之困。夫獄以禁止姦違,官以稱才理物。若法虧於平,官失其人,則王道有缺。而令天下之論,〔四〕皆謂獄由怨起,爵以賄成。夫不有臭穢,則蒼蠅不飛。陛下宜採求失得,擇從忠善。尺一選舉,委尚書三公,〔5〕使褒責誅賞,各有所歸,豈不幸甚!"帝頗納其言,為出宮女五百餘人,但賜儁爵關內侯,而萬世南鄉侯。

【注】
〔1〕上象四七,謂二十八宿各主諸侯之分野,故曰下應分土,言皆以輔王室也。
〔2〕貲,量也。
〔3〕《帝王紀》曰"紂作傾宮,多采美女以充之。武王伐殷,乃歸傾宮之女於諸侯"也。
〔4〕《公羊傳》曰:"西宮災。"何休注云:"時僖公為齊桓所脅,以齊媵為嫡,楚女廢居西宮,而不見恤,悲愁怨曠所生。"
〔5〕尺一謂板長尺一,以寫詔書也。

延熹六年，車駕幸廣（城）[成]校獵。[1][五]蕃上疏諫曰："臣聞人君有事於苑囿，唯仲秋西郊，順時講武，殺禽助祭，以敦孝敬。如或違此，則為肆縱。故皋陶戒舜'無教逸遊'，[2][六]周公戒成王'無槃于遊田'。[3]虞舜、成王猶有此戒，況德不及二主者乎！夫安平之時，尚宜有節，況當今之世，有三空之戹哉！[七]田野空，朝廷空，倉庫空，是謂三空。加兵戎未戢，四方離散，是陛下焦心毀顏，坐以待旦之時也。豈宜揚旗曜武，騁心輿馬之觀乎！又（前）秋[前]多雨，[八]民始種麥。今失其勸種之時，而令給驅禽除路之役，非賢聖恤民之意也。齊景公欲觀於海，放乎琅邪，晏子為陳百姓惡聞旌旗輿馬之音，舉首嚬眉之感，景公為之不行。周穆王欲肆車轍馬跡，祭公謀父為誦《祈招》之詩，以止其心。誠惡逸遊之害人也。"[4]書奏不納。

【注】
〔1〕廣（城）[成]，苑名，在今汝州梁縣西也。
〔2〕《尚書·皋繇謨》曰："無教逸欲有邦。"
〔3〕《尚書·無逸篇》之言。
〔4〕祭公，祭國公，為周卿士。謀父，名也。《祈招》，逸詩也。《左傳》曰："昔周穆王欲肆其心，周行天下，將皆必有車轍馬跡焉。祭公謀父作《祈招》之詩以止王心。其詩曰：'祈招之愔愔，式昭德音，思我王度，式如玉，式如金。刑人之力，而無醉飽之心。'"

自蕃為光祿勳，與五官中郎將黃琬共典選舉，不偏權富，而為執家郎所譖訴，坐免歸。頃之，徵為尚書僕射，轉太中大夫。八年，代楊秉為太尉。蕃讓曰："'不愆不忘，率由舊章，'[1]臣不如太常胡廣。齊七政，訓五典，臣不如議郎王暢。聰明亮達，文武兼姿，[九]臣不如弛刑徒李膺。"帝不許。

【注】

〔1〕《詩·大雅》也。言成王令德，不過誤，不遺失，循用舊典文章，謂周公之禮法也。

中常侍蘇康、管霸等復被任用，遂排陷忠良，共相阿媚。大司農劉祐、廷尉馮緄、[1]河南尹李膺，皆以忤旨，為之抵罪。蕃因朝會，固理膺等，請加原宥，升之爵任。言及反覆，誠辭懇切。帝不聽，因流涕而起。時小黄門趙津、[一〇]南陽大猾張（氾）[汜][一一]等，奉事中官，乘埶犯法，二郡太守劉瓆、成瑨考案其罪，雖經赦令，而並竟考殺之。[一二]宦官怨恚，有司承旨，遂奏瓆、瑨罪當弃市。又山陽太守翟超，没入中常侍侯覽財産，東海相黄浮，誅殺下邳令徐宣，超、浮並坐髡鉗，輸作左校。蕃與司徒劉矩、[一三]司空劉茂共諫請瓆、瑨、超、浮等，帝不悦。有司劾奏之，矩、茂不敢復言。蕃乃獨上疏曰："臣聞齊桓修霸，務為内政；[2]《春秋》於魯，小惡必書。[3]宜先自整勑，後以及人。今寇賊在外，四支之疾；内政不理，心腹之患。臣寢不能寐，食不能飽，實憂左右日親，忠言以疏，内患漸積，外難方深。陛下超從列侯，繼承天位。[4]小家畜産百萬之資，子孫尚恥愧失其先業，況乃産兼天下，受之先帝，而欲懈怠以自輕忽乎？誠不愛己，不當念先帝得之勤苦邪？前梁氏五侯，毒徧海内，[5]天啓聖意，收而戮之，天下之議，冀當小平。明鑒未遠，覆車如昨，而近習之權，復相扇結。小黄門趙津、大猾張（氾）[汜]等，肆行貪虐，姦媚左右，前太原太守劉瓆、南陽太守成瑨，糾而戮之。雖言赦後不當誅殺，原其誠心，在乎去惡。至於陛下，有何悁悁？[6]而小人道長，營惑聖聽，[一四]遂使天威為之發怒。如加刑譴，已為過甚，況乃重罰，令伏歐刀乎！又前山陽太守翟超、東海相黄浮，奉公不橈，疾惡如讎，超没侯覽財物，浮誅徐宣之罪，並蒙刑坐，不逢赦恕。覽之從横，没財已幸；宣犯釁過，死有餘辜。昔丞相申屠嘉召責鄧通，洛陽令董宣折辱公主，而文帝從而請之，光武加以重賞，[7]未聞二臣有專命之誅。而今左右群豎，惡傷黨類，妄相交搆，致此刑譴。聞臣是言,當復曬訴。陛下深宜割塞近習豫政之源,引納尚書朝省之事,公卿大官,五日壹朝,〔8〕簡練清高,斥黜佞邪。如是天和於上,地洽於下,休禎符瑞,豈遠乎哉!陛下雖厭毒臣言,凡人主有自勉強,敢以死陳。"帝得奏愈怒,竟無所納。朝廷眾庶莫不怨之。宦官由此疾蕃彌甚,選舉奏議,輒以中詔譴卻,長(吏)〔史〕已下多至抵罪。〔一五〕猶以蕃名臣,不敢加害。瓆字文理,高唐人。〔9〕璆字幼平,陝人。〔一六〕並有經術稱,處位敢直言,多所搏擊,知名當時,皆死於獄中。

【注】

〔1〕音古本反。

〔2〕《國語》曰:"桓公問管仲曰:'安國可乎?'對曰:'未可。君若正卒伍,修甲兵,大國亦如之。若欲速得志於天下諸侯,則可以隱令,可以寄政。'公曰:'隱令寄政若何?'對曰:'作內政而寄軍令焉。'"

〔3〕《公羊傳》莊公四年,公及齊人狩于郜,譏其與讎狩也。僖公二十年,新作南門,譏其奢也。故曰"小惡必書"也。

〔4〕言桓帝以蠡吾侯即位。

〔5〕五侯謂胤、讓、淑、忠、戟五人,與冀同時誅。事見《冀傳》也。

〔6〕《說文》曰:"悁悁,恚忿。"

〔7〕文帝時,太中大夫鄧通愛幸,居上旁有怠嫚禮。丞相申屠嘉入朝,因見之,為檄召通。通至,嘉曰:"通小臣,戲殿上,大不敬,當斬。"通頓首,首盡出血。文帝使使召通,而謝丞相曰"吾弄臣,君釋之"也。湖陽公主蒼頭白日殺人,匿主家,吏追不得。公主出,宣駐車叩馬,以刀畫地數主。主言於帝,帝賜宣錢三十萬。語見《董宣傳》。

〔8〕宣帝五日一聽事,自丞相已下,各敷奏其言。

〔9〕高唐,縣名,今博州縣也。

九年,李膺等以黨事下獄考實。蕃因上疏極諫曰:"臣聞賢明之君,委心輔佐;亡國之主,諱聞直辭。故湯武雖聖,而興於伊呂;桀紂迷惑，亡在失人。〔1〕由此言之，君為元首，臣為股肱，同體相須，共成美惡者也。〔2〕伏見前司隷校尉李膺、太僕杜密、太尉掾范滂等，正身無玷，死心社稷。以忠忤旨，橫加考案，或禁錮閉隔，或死徙非所。杜塞天下之口，聾盲一世之人，與秦焚書阬儒，何以為異？〔3〕昔武王克殷，表閭封墓，〔4〕今陛下臨政，先誅忠賢。遇善何薄？待惡何優？夫讒人似實，巧言如簧，〔5〕使聽之者惑，視之者昏。夫吉凶之効，存乎識善；成敗之機，在於察言。人君者，攝天地之政，秉四海之維，舉動不可以違聖法，進退不可以離道規。謬言出口，則亂及八方，何況殺無罪於獄，殺無辜於市乎！昔禹巡狩蒼梧，見市殺人，下車而哭之曰：'萬方有罪，在予一人！'故其興也勃焉。〔6〕又青、徐炎旱，五穀損傷，民物流遷，茹菽不足。〔7〕而宮女積於房掖，國用盡於羅紈，外戚私門，貪財受賂，所謂'祿去公室，政在大夫'。〔8〕昔春秋之末，周德衰微，數十年閒無復災眚者，天所棄也。〔9〕天之於漢，悢悢無已，〔10〕故殷勤示變，以悟陛下。除妖去孽，實在脩德。臣位列台司，憂責深重，不敢尸祿惜生，坐觀成敗。如蒙採錄，使身首分裂，異門而出，所不恨也。"〔11〕帝諱其言切，託以蕃辟召非其人，遂策免之。

【注】

〔1〕關龍逢，桀臣。王子比干，紂諸父。二人並諫，悉皆誅死。

〔2〕《前書》曰"君為元首，臣為股肱，明其一體相須而成"也。

〔3〕秦始皇時，丞相李斯上言曰："天下已定，百姓力農。今諸生好古，惑亂黔首，臣請史官非《秦記》及天下敢有藏《詩》、《書》、百家語者，悉燒之。"事見《史記》。衞宏《詔定古文官書序》曰："秦既焚書，患苦天下不從所改更，而諸生到者拜為郎，前後七百人。乃密令種瓜於驪山阬谷中溫處，瓜實，詔博士説之，人人不同。乃令就視，為伏機，諸生賢儒皆至焉，方相難不決，因發機從上填之以土，皆壓之，終乃無聲。"今新豐縣溫湯處號愍儒鄉。湯西有馬谷，西岸有阬，古老相傳以為秦阬儒處也。

〔4〕《史記》武王克殷，命畢公表商容之閭，閎夭封比干之墓也。

〔5〕《詩·小雅》曰："巧言如簧，顏之厚矣。"簧，笙簧也。言讒人之口以喻笙簧也。

〔6〕《說苑》曰：[一七]"禹見罪人，下車泣而問之。左右曰：'夫罪人不順，故使殺焉，君王何為痛之至此也！'禹曰：'堯舜之人，皆以堯舜之心為心。今寡人為君也，百姓各自以其心，是以痛之。'"《書》曰："百姓有罪，在予一人。"《左傳》曰："禹湯罪己，其興也勃焉。桀紂罪人，其亡也忽焉。"杜預注曰："勃，盛也。"

〔7〕《廣雅》曰："茹，食也。"

〔8〕《論語》孔子之言也。

〔9〕《春秋感精符》曰："魯哀公政亂，絕無日食，天不譴告也。"

〔10〕悢悢猶眷眷也。

〔11〕《穀梁傳》曰"公會齊侯于頰谷，齊人使優施舞於魯之幕下。孔子曰：'笑君者罪當死。'使司馬行法焉，首足異門而出"也。

永康元年，帝崩。竇后臨朝，詔曰："夫民生樹君，使司牧之，必須良佐，以固王業。[1]前太尉陳蕃，忠清直亮。其以蕃為太傅，錄尚書事。"時新遭大喪，國嗣未立，諸尚書畏懼權官，託病不朝。蕃以書責之曰："古人立節，事亡如存。[2]今帝祚未立，政事日蹙，諸君奈何委茶蓼之苦，息偃在牀？[3]於義不足，焉得仁乎！"諸尚書惶怖，皆起視事。

【注】

〔1〕《前書》谷永曰"臣聞天生蒸人，不能相持，[一八]為立王者以統理之（故）"也。[一九]

〔2〕言人主雖亡，法度尚存，[二〇]當行之與不亡時同，故曰"如存"。《前書》爰盎曰"主在與在，主亡與亡"也。

〔3〕《詩·國風》曰："誰謂荼苦，其甘如薺。"《周頌》曰："未堪家多難，予又集于蓼。"

靈帝即位，竇太后復優詔蕃曰："蓋褒功以勸善，表義以厲俗，無德不報，《大雅》所歎。[1]太傅陳蕃，輔弼先帝，出內累年。[2]忠孝之美，德冠本朝；謇愕之操，華首彌固。[3]今封蕃高陽鄉侯，食邑三百戶。"蕃上疏讓曰："使者即臣廬，授高陽鄉侯印綬，[4]臣誠悼心，不知所裁。臣聞讓，身之文，德之昭也，然不敢盜以為名。竊惟割地之封，功德是為。臣執自思省，前後歷職，無它異能，合亦食祿，不合亦食祿。臣雖無素絜之行，竊慕'君子不以其道得之，不居也'。[5]若受爵不讓，掩面就之，[6]使皇天震怒，[二一]災流下民，於臣之身，亦何所寄？顧惟陛下哀臣朽老，戒之在得。"[7]竇太后不許，蕃復固讓，章前後十上，竟不受封。

【注】

〔1〕《詩·大雅》曰："無言不讎，無德不報。"

〔2〕內音納。《尚書》曰"出納朕命"也。

〔3〕齊宣王對閭丘卬曰："夫士亦華髮墮顛而後可用。"見《新序》。

〔4〕即，就也。

〔5〕《論語》孔子曰："富與貴是人之所欲，不以其道得之，不處也。"

〔6〕《詩·小雅》曰"受爵不讓，至于已斯亡。"注云："爵祿不以相讓，故怨禍及之"也。

〔7〕《論語》孔子曰："及其老也，血氣既衰，戒之在得。"注云："得，貪也。"

初，桓帝欲立所幸田貴人為皇后。蕃以田氏卑微，竇族良家，爭之甚固。帝不得已，乃立竇后。及后臨朝，故委用於蕃。蕃與后父大將軍竇武，同心盡力，徵用名賢，共參政事，天下之士，莫不延頸想望太平。而帝乳母趙嬈，旦夕在太后側，[1]中常侍曹節、王甫等與共交搆，諂事太后。太后信之，數出詔命，有所封拜，及其支類，多行貪虐。蕃常疾之，志誅中官，會竇武亦有謀。蕃自以既從人望而德於太后，必謂其志可申，乃先上疏曰："臣聞言不直而行不正，則為欺乎天而負乎人。危言極意，則群凶側目，禍不旋踵。鈞此二者，臣寧得禍，不敢欺天也。今京師囂囂，道路諠譁，言侯覽、曹節、公乘昕、王甫、鄭颯等與趙夫人諸女尚書並亂天下。〔2〕附從者升進，忤逆者中傷。〔3〕方今一朝群臣，如河中木耳，汎汎東西，耽祿畏害。陛下前始攝位，順天行誅，蘇康、管霸並伏其辜。是時天地清明，人鬼歡喜，奈何數月復縱左右？元惡大姦，莫此之甚。今不急誅，必生變亂，傾危社稷，其禍難量。願出臣章宣示左右，並令天下諸姦知臣疾之。"太后不納，朝廷聞者莫不震恐。蕃因與竇武謀之，語在《武傳》。

【注】
〔1〕嬈音乃了反。
〔2〕趙夫人即趙嬈也。女尚書，宮內官也。
〔3〕《前書》劉向上書論王鳳曰"稱譽者登進，忤恨者誅傷"也。

及事泄，曹節等矯詔誅武等。蕃時年七十餘，聞難作，將官屬諸生八十餘人，並拔刃突入承明門，攘臂呼曰："大將軍忠以衛國，黃門反逆，何云竇氏不道邪？"王甫時出，與蕃相迕，〔1〕適聞其言，而讓蕃曰："先帝新弃天下，山陵未成，竇武何功，兄弟父子，一門三侯？又多取掖庭宮人，作樂飲讌，旬月之閒，貲財億計。大臣若此，是為道邪？公為棟梁，枉橈阿黨，復焉求賊！"遂令收蕃。蕃拔劍叱甫，甫兵不敢近，乃益人圍之數十重，遂執蕃送黃門北寺獄。黃門從官騶〔2〕蹋踧蕃曰："死老魅！復能損我曹員數，奪我曹稟假不？"即日害之。徙其家屬於比景，宗族、門生、故吏皆斥免禁錮。

【注】
〔1〕迕猶遇也。
〔2〕騶，騎士也。

蕃友人陳留朱震，時為銍令，[1]聞而弃官哭之，收葬蕃尸，匿其子逸於甘陵界中。事覺繫獄，合門桎梏。震受考掠，誓死不言，故逸得免。後黃巾賊起，大赦黨人，乃追還逸，官至魯相。

【注】
〔1〕銍，縣，屬沛郡。

震字伯厚，初為州從事，奏濟陰太守單匡臧罪，并連匡兄中常侍車騎將軍超。[二二]桓帝收匡下廷尉，以譴超，超詣獄謝。三府諺曰："車如雞栖馬如狗，疾惡如風朱伯厚。"

論曰：桓、靈之世，若陳蕃之徒，咸能樹立風聲，抗論愍俗。而驅馳嶮陀之中，與刑人腐夫同朝爭衡，[1]終取滅亡之禍者，彼非不能絜情志，違埃霧也。[2]愍夫世士以離俗為高，而人倫莫相恤也。[二三]以遯世為非義，故屢退而不去；以仁心為己任，雖道遠而彌厲。[3]及遭際會，[二四]協策竇武，自謂萬世一遇也。懍懍乎伊、望之業矣！[4]功雖不終，然其信義足以攜持民心。漢世亂而不亡，百餘年間，數公之力也。

【注】
〔1〕《前書》班固曰："相與提衡。"《音義》云："衡，平也。言二人齊也。"
〔2〕違，避也。
〔3〕《論語》曰："仁以為己任，不亦重乎！死而後已，不亦遠乎！"
〔4〕懍懍，有風采之貌也。

王允字子師，太原祁人也。[1]世仕州郡為冠蓋。同郡郭林宗嘗見允而奇之，曰："王生一日千里，王佐才也。"[2]遂與定交。

【注】
〔1〕祁，今并州縣也。
〔2〕《史記》曰，田光謂燕太子丹曰："臣聞騏驥壯盛之時，一日千里；至其老也，駑馬先之。"

年十九，為郡吏。時小黃門晉陽趙津貪橫放恣，為一縣巨患，允討捕殺之。而津兄弟諂事宦官，因緣譖訴，桓帝震怒，徵太守劉瓆，遂下獄死。允送喪還平原，終畢三年，然後歸家。復還仕，郡人有路佛者，〔二五〕少無名行，而太守王球召以補吏，允犯顏固爭，球怒，收允欲殺之。刺史鄧盛聞而馳傳辟為別駕從事。允由是知名，而路佛以之廢弃。

允少好大節，有志於立功，常習誦經傳，朝夕試馳射。三公並辟，以司徒高第為侍御史。中平元年，黃巾賊起，特選拜豫州刺史。辟荀爽、孔融等為從事，上除禁黨。〔二六〕討擊黃巾別帥，大破之，與左中郎將皇甫嵩、右中郎將朱儁等受降數十萬。於賊中得中常侍張讓賓客書疏，與黃巾交通，允具發其姦，以狀聞。靈帝責怒讓，讓叩頭陳謝，竟不能罪之。而讓懷協忿怨，〔二七〕以事中允。〔1〕明年，遂傳下獄。〔2〕〔二八〕

【注】
〔1〕中，傷也。
〔2〕傳，逮也。

會赦，還復刺史。旬日間，復以它罪被捕。司徒楊賜以允素高，不欲使更楚辱，〔1〕乃遣客謝之曰："君以張讓之事，故一月再徵。凶慝難量，幸為深計。"〔2〕又諸從事好氣決者，共流涕奉藥而進之。允厲聲曰："吾為人臣，獲罪於君，當伏大辟以謝天下，豈有乳藥求死乎！"投杯而起，出就檻車。既至廷尉，左右皆促其事，朝臣莫不歎息。大將軍何進、太尉袁隗、司徒楊賜〔二九〕共上疏請之曰："夫內視反聽，則忠臣竭誠；寬賢矜能，則義士厲節。[3]是以孝文納馮唐之説，[4]晉悼宥魏絳之罪。[5]允以特選受命，誅逆撫順，曾未期月，州境澄清。方欲列其庸勳，請加爵賞，而以奉事不當，當肆大戮。責輕罰重，有虧衆望。臣等備位宰相，不敢寢默。誠以允宜蒙三槐之聽，以昭忠貞之心。"[6]書奏，得以減死論。是冬大赦，而允獨不在宥，三公咸復為言。至明年，乃得解釋。是時宦者橫暴，睚眦觸死。[7]允懼不免，乃變易名姓，轉側河內、陳留間。[8]

【注】
〔1〕更，經也。楚，苦痛。
〔2〕深計謂令自死。
〔3〕內視，自視也。反聽，自聽也。言皆恕己，不責於人也。
〔4〕文帝時，魏尚為雲中守，下吏免。馮唐為郎中署長，奏言曰："臣聞魏尚為雲中守，上功首虜差六級，陛下下之吏，削其爵。愚以為陛下法太明，賞太輕，罰太重。"帝即日赦尚復為雲中太守。
〔5〕《左傳》曰，晉悼公之弟楊干亂行於曲梁，魏絳戮其僕。公怒之。絳曰："臣聞師衆以順為武，軍事有死無犯為敬。臣懼其死，以及楊干，無所逃罪。"公曰："寡人有弟不能教訓，使干大命，寡人之過也。子無重寡人之過。"與之禮食，使佐新軍。
〔6〕《周禮》朝士職，三槐、九棘，公卿於下聽訟，故曰"三槐之聽"。
〔7〕睚音五懈反。眦音士懈反。《前書》曰："原涉好殺，睚眦於塵中，觸死者甚多。"
〔8〕轉側猶去來也。

及帝崩，乃奔喪京師。時大將軍何進欲誅宦官，召允與謀事，請為從事中郎，轉河南尹。獻帝即位，拜太僕，再遷守尚書令。
初平元年，代楊彪為司徒，守尚書令如故。及董卓遷都關中，允悉收斂蘭臺，石室圖書秘緯要者以從。既至長安，皆分別條上。又集漢朝舊事所當施用者,一皆奏之。經籍具存,允有力焉。時董卓尚留洛陽,朝政大小,悉委之於允。允矯情屈意,每相承附,卓亦推心,不生乖疑,故得扶持王室於危亂之中,臣主内外,莫不倚恃焉。

允見卓禍毒方深,篡逆已兆,密與司隷校尉黄琬、尚書鄭公業等謀共誅之。乃上護羌校尉楊瓚行左將軍事,執金吾士孫瑞為南陽太守,並將兵出武關道,以討袁術為名,實欲分路征卓,而後拔天子還洛陽。卓疑而留之,允乃引内瑞為僕射,瓚為尚書。

二年,卓還長安,錄入關之功,封允為温侯,食邑五千户。固讓不受。士孫瑞説允曰:"夫執謙守約,存乎其時。公與董太師並位俱封,而獨崇高節,豈和光之道邪?"[1]允納其言,乃受二千户。

【注】
[1]《老子》曰:"和其光,同其塵。"

三年春,連雨六十餘日,允與士孫瑞、楊瓚登臺請霽,復結前謀。[1]瑞曰:"自歲末以來,太陽不照,霖雨積時,月犯執法,[2]彗孛仍見,晝陰夜陽,霧氣交侵,此期應促盡,内發者勝。幾不可後,公其圖之。"允然其言,乃潛結卓將呂布,使為内應。會卓入賀,呂布因刺殺之。語在《卓傳》。[3]

【注】
[1]《説文》曰:"霽,雨止也。"郭璞曰:"南陽人呼雨止曰霽。"
[2]執法,星名。《史記》曰"太微南四星曰執法"也。
[3]帝時疾愈,故入賀也。

允初議赦卓部曲,呂布亦數勸之。既而疑曰:"此輩無罪,從其主耳。今若名為惡逆而特赦之,適足使其自疑,非所以安之之道也。"呂布又欲以卓財物班賜公卿、將校,允又不從。而素輕布,以劍客遇之。

布亦負其功勞,多自誇伐,既失意望,漸不相平。

允性剛棱疾惡,〔1〕初懼董卓豺狼,故折節圖之。卓既殲滅,自謂無復患難,及在際會,每乏溫潤之色,杖正持重,不循權宜之計,是以群下不甚附之。

【注】
〔1〕棱,威稜也,力登反。

董卓將校及在位者多涼州人,允議罷其軍。或說允曰:"涼州人素憚袁氏而畏關東。今若一旦解兵(關東),〔三〇〕則必人人自危。可以皇甫義真為將軍,就領其衆,因使留陝以安撫之,而徐與關東通謀,以觀其變。"允曰:"不然。關東舉義兵者,皆吾徒耳。今若距險屯陝,雖安涼州,而疑關東之心,甚不可也。"時百姓訛言,當悉誅涼州人,遂轉相恐動。其在關中者,皆擁兵自守。更相謂曰:"丁彦思、蔡伯喈但以董公親厚,並尚從坐。〔三一〕今既不赦我曹,而欲解兵,今日解兵,明日當復為魚肉矣。"卓部曲將李傕、郭汜等先將兵在關東,因不自安,遂合謀為亂,攻圍長安。城陷,呂布奔走。布駐馬青瑣門外,〔1〕招允曰:"公可以去乎?"允曰:"若蒙社稷之靈,上安國家,吾之願也。如其不獲,則奉身以死之。朝廷幼少,恃我而已,〔2〕臨難苟免,吾不忍也。努力謝關東諸公,勤以國家為念。"

【注】
〔1〕《前書音義》曰:"以青畫戶邊鏤中,天子制也。"
〔2〕朝廷謂天子也。

初,允以同郡宋翼為左馮翊,王宏為右扶風。是時三輔民庶熾盛,兵穀富實,李傕等欲即殺允,懼二郡為患,乃先徵翼、宏。宏遣使謂翼曰:"郭汜、李傕以我二人在外,故未危王公。今日就徵,明日俱族。

計將安出？"翼曰："雖禍福難量，然王命所不得避也。"宏曰："義兵鼎沸，在於董卓，況其黨與乎！若舉兵共討君側惡人，山東必應之，此轉禍為福之計也。"翼不從。宏不能獨立，遂俱就徵，下廷尉。催乃收允及翼、宏，并殺之。

允時年五十六。長子侍中蓋、次子景、定及宗族十餘人皆見誅害，唯兄子晨、陵得脫歸鄉里。天子感慟，百姓喪氣，莫敢收允尸者，唯故吏平陵令趙戩弃官營喪。[1]

【注】
[1]戩音翦。

王宏字長文，少有氣力，不拘細行。初為弘農太守，考案郡中有事宦官買爵位者，雖位至二千石，皆掠考收捕，遂殺數十人，威動鄰界。素與司隸校尉胡种有隙，及宏下獄，种遂迫促殺之。宏臨命詬[1]曰："宋翼豎儒，不足議大計。[2]胡种樂人之禍，禍將及之。"种後眠輒見宏以杖擊之，因發病，數日死。

【注】
[1]詬，罵也，音火豆反。
[2]豎者，言賤劣如僮豎。

後遷都於許，帝思允忠節，使改殯葬之，遣虎賁中郎將奉策弔祭，賜東園祕器，贈以本官印綬，送還本郡。封其孫黑為安樂亭侯，[二]食邑三百户。

士孫瑞字君策，[三]扶風人，頗有才謀。瑞以允自專討董卓之勞，故歸功不侯，所以獲免於難。後為國三老、光祿大夫。每三公缺，楊彪、皇甫嵩皆讓位於瑞。興平二年，從駕東歸，為亂兵所殺。

趙戩字叔茂，長陵人，性質正多謀。初平中，為尚書，典選舉。董卓數欲有所私授，戩輒堅拒不聽，言色強厲。卓怒，召將殺之，衆人悚慄，而戩辭貌自若。卓悔，謝釋之。長安之亂，客於荆州，劉表厚禮焉。及曹操平荆州，乃辟之，執戩手曰：“恨相見晚。”卒相國鍾繇長史。[1]

【注】
[1] 鍾繇字元常，魏太祖時為相國。

論曰：士雖以正立，亦以謀濟。若王允之推董卓而引其權，伺其閒而敝其罪，當此之時，天下懸解矣。[1]而終不以猜忤為釁者，知其本於忠義之誠也。故推卓不為失正，分權不為苟冒，伺閒不為狙詐。及其謀濟意從，則歸成於正也。

【注】
[1]《莊子》曰：“斯所謂帝之懸解。”懸解喻安泰也。

贊曰：陳蕃蕪室，志清天綱。人謀雖緝，幽運未當。[1]言觀殄瘁，曷非云亡？[2]子師圖難，晦心傾節。[3]功全元醜，身殘餘孽。時有隆夷，事亦工拙。[4]

【注】
[1] 緝，合也。《易·下繫》曰：“人謀鬼謀。”言蕃設謀雖合，而冥運未符也。
[2] 殄，盡也。瘁，病也。言國將殄瘁，豈不由賢人云亡乎？《詩·大雅》曰“人之云亡，邦國殄瘁”也。
[3] 謂矯性屈意於董卓。
[4] 誅卓為工，被殺為拙也。

【校勘記】

〔一〕埏隧今人墓道也　按：汲本"人"作"入"。

〔二〕稍遷拜尚書　按：《校補》謂案文"拜"上當有"召"字。

〔三〕當伏［重］誅　據汲本、殿本補。

〔四〕而令天下之論　按：《刊誤》謂案文"令"當作"今"。

〔五〕車駕幸廣（城）［成］校獵　按：《集解》引錢大昕說，謂"城"當作"成"，馬融上《廣成頌》，即此。今據改。注同。

〔六〕無教逸遊　按："教"原譌"放"，逕據汲本、殿本改正。

〔七〕有三空之戹哉　按：《校補》引柳從辰說，謂《御覽》四五二引本書，"戹"作"危"。

〔八〕又（前）秋［前］多雨　據殿本改。

〔九〕文武兼姿　按：《刊誤》謂姿是姿貌，此當作"資"。

〔一〇〕時小黃門趙津　按：錢大昕謂據《王允傳》稱"小黃門晉陽趙津"，此傳"小黃門"下無"晉陽"字，則"二郡"文不可通矣。

〔一一〕南陽大猾張（氾）［汜］　據汲本、殿本改。下同。按：《岑晊傳》作"張汎"，汎與汜同。

〔一二〕而並竟考殺之　按：《刊誤》謂案漢、魏鞫獄皆云"考竟"，此誤倒。

〔一三〕蕃與司徒劉矩　《集解》引惠棟說，謂《考異》云時胡廣為司徒，非矩也，棟案《劉愷傳》，《考異》非也。今按：劉矩未嘗為司徒，《考異》說是。《劉愷傳》亦誤，參閱《劉愷傳》校記。

〔一四〕營惑聖聽　按：何焯校本改"營"為"熒"。

〔一五〕長（吏）［史］已下多至抵罪　《刊誤》謂案文"吏"當作"史"，太尉府有長史，故因蕃見譴也。今據改。

〔一六〕璠字幼平陝人　按："陝"原譌"陜"，逕據汲本改正。

〔一七〕說菀曰　汲本、殿本"菀"作"苑"。按：苑菀通。

〔一八〕不能相持　殿本"持"作"治"。案："治"作"持"，避唐諱改。

〔一九〕為立王者以統理之（故）也　據殿本刪，與《前書·谷永傳》合。

〔二〇〕法度尚存　按：汲本、殿本"存"作"在"。

〔二一〕使皇天震怒　按："震"原譌"振"，逕據汲本、殿本改正。

〔二二〕并連匡兄中常侍車騎將軍超　按：《校補》謂《宦者傳》又謂匡為超弟之子。

〔二三〕而人倫莫相恤也　按：李慈銘謂《治要》"莫"下有"能"字，當據增。

〔二四〕及遭際會　按：李慈銘謂《治要》"遭"下有"值"字，當據增。

〔二五〕復還仕郡人有路佛者　按：張森楷謂"郡"下當更有一"郡"字。

〔二六〕上除禁黨　按：李慈銘謂"禁黨"當作"黨禁"。

〔二七〕而讓懷協忿怨　汲本、殿本"協"作"挾"。按：協挾古字通，《黨錮傳》"懷經協術"，《黃瓊傳》"黃門協邪"，皆借"協"為"挾"也。

〔二八〕明年遂傳下獄　按：《校補》引柳從辰說，謂"明年"二字衍，蓋黃巾起事及允之討擊黃巾別帥，發張讓之姦，皆中平元年二三月事，下獄會赦，還復刺史，旬日間復以它罪被捕，仍不出元年三月也。

〔二九〕太尉袁隗司徒楊賜　《通鑑考異》謂隗、賜時皆不為此官，恐誤。按：《通鑑》繫此事於中平元年冬十二月，故《考異》云然。柳從辰謂隗、賜之與何進共上疏請，乃在元年二三月間，其時袁隗為司徒，楊賜為太尉，不過官名互誤耳。

〔三〇〕今若一旦解兵（關東）　《刊誤》謂案文多"關東"二字。今據刪。按：《集解》引王補說，謂《通鑑》作"解兵開關"。

〔三一〕丁彥思蔡伯喈但以董公親厚並尚從坐　按：《集解》引洪亮吉說，謂丁彥思不知何人，陳、范二史于《卓傳》俱不載，裴松之注極詳，亦不及此。又引王補說，謂《通鑑》無"丁彥思"三字。

〔三二〕封其孫黑為安樂亭侯　按：《校補》引柳從辰說，謂袁《紀》"黑"作"異"。

〔三三〕士孫瑞字君策　按：《集解》引惠棟說，謂"策"一作"榮"，見《三輔決錄》。

後漢書卷六十七

黨錮列傳第五十七

　　孔子曰："性相近也，習相遠也。"言嗜惡之本同，而遷染之塗異也。〔1〕夫刻意則行不肆，牽物則其志流。〔2〕是以聖人導人理性，裁抑宕佚，慎其所與，節其所偏，雖情品萬區，質文異數，至於陶物振俗，其道一也。〔3〕叔末澆訛，王道陵缺，〔4〕而猶假仁以效己，憑義以濟功。舉中於理，則強梁褫氣；片言違正，則厮臺解情。蓋前哲之遺塵，有足求者。〔5〕

【注】
〔1〕嗜猶好也。惡音烏故反。言人好惡，各有本性，遷染者，由其所習。《尚書》曰："唯人生厚，因物有遷。"《墨子》曰："墨子見染絲者，泣而歎曰：'染於蒼則蒼，染於黃則黃，故染不可不慎也。非獨染絲然也，國亦有染。湯染於伊尹，故王天下；殷紂染於惡來，故國殘身死，為天下僇。'"
〔2〕刻意，刻削其意不得自恣也。《莊子》曰："刻意尚行，離時異俗。"行音下孟反。肆猶放縱也。牽物謂為物所牽制，則其志流宕忘反也。《淮南子》曰："非拘繫牽連於物，而不與推移也。"
〔3〕陶謂陶冶以成之。《管子》曰："夫法之制人，猶陶之於埴，冶之於金也。"埴音植。
〔4〕叔末猶季末也。謂當春秋之時。

〔5〕襯猶奪也,音直紙反。廝臺,賤人也。齊侯伐楚,楚子使與師言曰:"君處北海,寡人處南海,唯是風馬牛不相及也,不虞君之涉吾地也。何故?"管仲對曰:"爾貢苞茅不入,王祭不供,無以縮酒,寡人是徵。"對曰:"貢之不入,寡君之罪也。"遂使屈完與齊盟于召陵。此強梁襯氣也。又晉呂甥、郄芮將焚公宮而殺晉侯,寺人披請見,公使讓之,且辭曰:"汝為惠公來求殺余,命汝三宿,汝中宿而至。雖君有命,何其速也?"對曰:"臣謂君之入也,其知之矣。若猶未也,又將及難。〔一〕君命無二,古之制也。除君之惡,唯力是視,蒲人狄人,余何有焉。今君即位,其無蒲、狄乎?"此為廝臺解情也。並見《左傳》。

霸德既衰,狙詐萌起。〔1〕彊者以決勝為雄,弱者以詐劣受屈。至有畫半策而縮萬金,開一說而錫琛瑞。〔2〕或起徒步而仕執珪,解草衣以升卿相。〔3〕士之飾巧馳辯,以要能釣利者,不期而景從矣。〔4〕自是愛尚相奪,與時回變,其風不可留,其敝不能反。

【注】

〔1〕霸德衰謂六國時也。狙音七余反。《廣雅》曰:"狙,獼猴也。"〔二〕以其多詐,故比之也。

〔2〕蘇秦說趙王,賜白璧百雙,黃金萬鎰。虞卿一見趙王,賜白璧一雙,黃金百鎰。見《史記》及《戰國策》。

〔3〕《史記》曰,楚惠王言"莊舄,越之鄙細人也,今仕楚執珪,貴富矣"。解草衣謂范睢、蔡澤之類。〔三〕

〔4〕《韓子》李斯曰"韓非飾辯詐謀,以釣利於秦"也。賈誼《過秦》曰"贏糧而景從"也。〔四〕

及漢祖杖劍,武夫敦興,憲令寬賒,文禮簡闊,緒餘四豪之烈,人懷陵上之心,〔1〕輕死重氣,怨惠必讎,令行私庭,權移匹庶,任俠之方,成其俗矣。〔2〕自武帝以後,崇尚儒學,懷經協術,〔五〕所在霧會,至有石渠分争之論，黨同伐異之説，守文之徒，盛於時矣。[3]至王莽專僞，終於篡國，忠義之流，[六]恥見纓紼，遂乃榮華丘壑，甘足枯槁。[4]雖中興在運，漢德重開，而保身懷方，彌相慕襲，去就之節，重於時矣。[5]逮桓靈之閒，主荒政繆，國命委於閹寺，[七]士子羞與爲伍，故匹夫抗憤，處士橫議，遂乃激揚名聲，互相題拂，品覈公卿，裁量執政，婞直之風，於斯行矣。[6]

【注】

〔1〕四豪謂信陵君魏公子無忌、平原君趙勝、春申君黄歇、孟嘗君田文。《前書》班固曰："游談者以四豪爲稱首。"

〔2〕《前書音義》曰："相與信爲任，同是非爲俠，所謂權行州域，力折公侯者也。"

〔3〕武帝詔求賢良，於是公孫弘、董仲舒等出焉。宣帝時，集諸儒於石渠閣，講論六蓺。召五經名儒太子太傅蕭望之等大議殿中，平《公羊》、《穀梁》同異，同己者朋黨之，異己者攻伐之。劉歆書曰："黨同門，妬道眞。"

〔4〕謂龔勝、薛方、郭欽、蔣詡之類，並隱居不應莽召。

〔5〕謂逢萌、嚴光、周黨、尚長之屬。

〔6〕婞，狠也，音邢鼎反。

夫上好則下必甚，矯枉故直必過，其理然矣。[1]若范滂、張儉之徒，清心忌惡，終陷黨議，不其然乎？

【注】

〔1〕《禮記》曰："下之事上也，不從其所令，從其所行。上好是物，下必有甚者矣。"矯，正也。正枉必過其直，見《孟子》。[八]

初，桓帝爲蠡吾侯，受學於甘陵周福，及即帝位，擢福爲尚書。時同郡河南尹房植有名當朝，鄉人爲之謡曰："天下規矩房伯武，因師獲印周仲進。"二家賓客，互相譏揣，[1]遂各樹朋徒，漸成尤隙，由是甘陵有南北部，黨人之議，自此始矣。後汝南太守宗資任功曹范滂，南陽太守成瑨亦委功曹岑晊，[2]二郡又為謠曰："汝南太守范孟博，南陽宗資主畫諾。南陽太守岑公孝，弘農成瑨但坐嘯。"[3]因此流言轉入太學，諸生三萬餘人，郭林宗、賈偉節為其冠，[4]並與李膺、陳蕃、王暢更相襃重。學中語曰："天下模楷李元禮，不畏強禦陳仲舉，天下俊秀王叔茂。"又渤海公族進階、[5]扶風魏齊卿，並危言深論，不隱豪強。[6]自公卿以下，莫不畏其貶議，屣履到門。

【注】

〔1〕初委反。

〔2〕音質。

〔3〕謝承《書》曰"成瑨少脩仁義，篤學，以清名見。舉孝廉，拜郎中，遷南陽太守。郡舊多豪強，中官黃門磐（牙）［互］境界。〔九〕瑨下車，振威嚴以撿攝之。是時桓帝乳母、中官貴人外親張子禁，怙恃貴執，不畏法網，功曹岑晊勸使捕子禁付宛獄，答殺之。桓帝徵瑨，下獄死。宗資字叔都，南陽安衆人也。家代為漢將相名臣。祖父均，自有傳。資少在京師，學《孟氏易》、《歐陽尚書》。舉孝廉，拜議郎，補御史中丞、汝南太守。署范滂為功曹，委任政事，推功於滂，不伐其美。任善之名，聞於海內"也。

〔4〕冠猶首也。

〔5〕公族，姓也，名進階。《風俗通》曰："晉成公立嫡子為公族大夫。"韓無忌號公族穆子，見《左氏傳》。

〔6〕危言謂不畏危難而直言也。《論語》孔子曰："邦有道，危言危行。"

時河內張成善說風角，推占當赦，遂教子殺人。李膺為河南尹，[一〇]督促收捕，既而逢宥獲免，膺愈懷憤疾，竟案殺之。初，成以方伎交通宦官，帝亦頗訊其占。[一一]成弟子牢脩[一二]因上書誣告膺等養太學遊士，交結諸郡生徒，更相驅馳，共為部黨，誹訕朝廷，疑亂風俗。[1]於是天子震怒,班下郡國,逮捕黨人,布告天下,使同忿疾,遂收執膺等。其辭所連及陳寔之徒二百餘人,或有逃遁不獲,皆懸金購募。使者四出,相望於道。明年,尚書霍諝、城門校尉竇武並表為請,帝意稍解,乃皆赦歸田里,禁錮終身。而黨人之名,猶書王府。

【注】
[1]《說文》曰:"誹,謗也。"《蒼頡篇》曰:"訕,非也。"

自是正直廢放,邪枉熾結,海內希風之流,遂共相摽榜,[1]指天下名士,為之稱號。上曰"三君",次曰"八俊",次曰"八顧",次曰"八及",次曰"八廚",猶古之"八元""八凱"也。竇武、劉淑、陳蕃為"三君"。君者,言一世之所宗也。李膺、荀翌、[一三]杜密、王暢、劉祐、魏朗、趙典、朱為"八俊"。俊者,言人之英也。郭林宗、宗慈、巴肅、夏馥、范滂、尹勳、蔡衍、羊陟為"八顧"。顧者,言能以德行引人者也。張儉、岑晊、劉表、陳翔、孔昱、[一四]苑康、[一五]檀(敷)〔敷〕、[一六]翟超為"八及"。及者,言其能導人追宗者也。[2]度尚、張邈、王考、劉儒、胡母班、秦周、蕃嚮、王章為"八廚"。[3]廚者,言能以財救人者也。

【注】
[1]希,望也。摽榜猶相稱揚也。"榜"與"牓"同,古字通。
[2]導,引也。宗謂所宗仰者。
[3]蕃,姓也,音皮。

又張儉鄉人朱並,承望中常侍侯覽意旨,上書告儉與同鄉二十四人別相署號,共為部黨,圖危社稷。以儉及檀彬、褚鳳、張肅、薛蘭、馮禧、魏玄、徐乾為"八俊",田林、張隱、劉表、薛郁、王訪、劉祇、[一七]宣靖、公緒恭為"八顧",[1]朱楷、[一八]田槃、疎耽、薛敦、宋布、唐龍、嬴咨、宣褒為"八及",刻石立墠,共為部黨,而儉為之魁。[2] 靈帝詔刊章捕儉等。[3] 大長秋曹節因此諷有司奏捕前黨故司空虞放、太僕杜密、長樂少府李膺、司隸校尉朱㝢、潁川太守巴肅、沛相荀翌、河內太守魏朗、山陽太守翟超、任城相劉儒、太尉掾范滂等百餘人,皆死獄中。餘或先歿不及,或亡命獲免。自此諸為怨隙者,因相陷害,睚眦之忿,濫入黨中。[4] 又州郡承旨,或有未嘗交關,亦離禍毒。其死徙廢禁者,六七百人。

【注】
〔1〕公緒,姓也。
〔2〕墠,除地於中為壇。墠音禪。魁,大帥也。
〔3〕刊,削。不欲宣露並名,故削除之,而直捕儉等。
〔4〕睚音五懈反。《廣雅》曰:"睚,裂也。"眦音才賜反。《前書音義》曰:"瞋目皃也。"《史記》曰:"睚眦之隙必報。"

熹平五年,永昌太守曹鸞上書大訟黨人,言甚方切。帝省奏大怒,即詔司隸、益州檻車收鸞,送槐里獄掠殺之。於是又詔州郡更考黨人門生故吏父子兄弟,其在位者,免官禁錮,爰及五屬。[1]

【注】
〔1〕謂斬衰、齊衰、大功、小功、緦麻也。

光和二年,上祿長和海[1]上言:"禮,從祖兄弟別居異財,恩義已輕,服屬疎末。而今黨人錮及五族,既乖典訓之文,有謬經常之法。"[2] 帝覽而悟之,黨錮自從祖以下,皆得解釋。

【注】
〔1〕上祿,縣,屬武都郡,今成州縣也。

〔2〕《左氏傳》曰:"父子兄弟,罪不相及。"

中平元年,黃巾賊起,中常侍呂彊言於帝曰:"黨錮久積,人情多怨。若久不赦宥,輕與張角合謀,為變滋大,悔之無救。"帝懼其言,乃大赦黨人,誅徙之家皆歸故郡。其後黃巾遂盛,朝野崩離,綱紀文章蕩然矣。〔1〕

【注】
〔1〕《詩·大雅·蕩篇》序曰:"厲王無道,天下蕩蕩,無綱紀文章。"鄭玄注云:"蕩蕩,法度廢壞之皃也。"

凡黨事始自甘陵、汝南,成於李膺、張儉,海內塗炭,二十餘年,諸所蔓衍,皆天下善士。三君、八俊等三十五人,其名迹存者,並載乎篇。陳蕃、竇武、王暢、劉表、度尚、郭林宗別有傳。荀翌附祖《淑傳》。〔一九〕張邈附《呂布傳》。胡母班附《袁紹傳》。王考字文祖,東平壽張人,冀州刺史;秦周字平王,陳留平丘人,北海相;蕃嚮字嘉景,魯國人,郎中;王璋字伯儀,〔二○〕東萊曲城人,少府卿:〔1〕位行並不顯。翟超,山陽太守,事在《陳蕃傳》,字及郡縣未詳。朱寓,沛人,與杜密等俱死獄中。唯趙典名見而已。

【注】
〔1〕曲城,縣,故城在今萊州掖縣東北也。

劉淑字仲承,河間樂成人也。祖父稱,司隸校尉。淑少學明五經,遂隱居,立精舍講授,諸生常數百人。州郡禮請,五府連辟,並不就。永興二年,司徒种暠舉淑賢良方正,辭以疾。桓帝聞淑高名,切責州郡,使輿病詣京師。淑不得已而赴洛陽,對策為天下第一,拜議郎。又陳時政得失，災異之占，事皆效驗。再遷尚書，納忠建議，多所補益。又再遷侍中、虎賁中郎將。上疏以為宜罷宦官，辭甚切直，帝雖不能用，亦不罪焉。以淑宗室之賢，特加敬異，每有疑事，常密諮問之。靈帝即位，宦官譖淑與竇武等通謀，下獄自殺。

李膺字元禮，潁川襄城人也。祖父脩，安帝時為太尉。[1]父益，趙國相。膺性簡亢，無所交接，[2]唯以同郡荀淑、陳寔為師友。

【注】
[1]《漢官儀》曰："脩字伯游。"
[2]亢，高也。

初舉孝廉，為司徒胡廣所辟，舉高第，再遷青州刺史。守令畏威明，多望風弃官。復徵，再遷漁陽太守。尋轉蜀郡太守，以母老乞不之官。[1]轉護烏桓校尉。鮮卑數犯塞，膺常蒙矢石，每破走之，虜甚憚懾。[2]以公事免官，還居綸氏，[二一]教授常千人。[3]南陽樊陵求為門徒，膺謝不受。陵後以阿附宦官，致位太尉，為節[志]者所羞。[4][二二]荀爽嘗就謁膺，因為其御，既還，喜曰："今日乃得御李君矣。"其見慕如此。

【注】
[1]謝承《書》曰："出補蜀郡太守，修庠序，設條教，明法令，威恩並行。蜀之珍玩，不入於門。益州紀其政化，朝廷舉能理劇，轉烏桓校尉。"
[2]謝承《書》曰："膺常率步騎臨陣交戰，身被創夷，拭血進戰，遂破寇，斬首二千級。"
[3]綸氏，縣，屬潁川郡，故城今陽城縣也。
[4]《漢官儀》曰："樊陵字德雲。"

永壽二年，鮮卑寇雲中，桓帝聞膺能，乃復徵為度遼將軍。先是羌虜及疏勒、龜茲，數出攻鈔張掖、酒泉、雲中諸郡，百姓屢被其害。自膺到邊，皆望風懼服，先所掠男女，悉送還塞下。自是之後，聲振遠域。

延熹二年徵，再遷河南尹。時宛陵大姓羊元群罷北海郡，臧罪狼藉，郡舍溷軒有奇巧，乃載之以歸。[1]膺表欲按其罪，元群行賂宦豎，膺反坐輸作左校。

【注】

〔1〕溷軒，廁屋。

初，膺與廷尉馮緄、大司農劉祐等共同心志，糾罰姦倖，緄、祐時亦得罪輸作。司隸校尉應奉上疏理膺等曰："昔秦人觀寶於楚，昭奚恤莅以群賢；[1]梁惠王瑋其照乘之珠，齊威王荅以四臣。[2]夫忠賢武將，國之心膂。竊見左校弛刑徒前廷尉馮緄、大司農劉祐、河南尹李膺等，執法不撓，誅舉邪臣，肆之以法，[3]眾庶稱宜。昔季孫行父親逆君命，逐出莒僕，於舜之功二十之一。[4]今膺等投身彊禦，畢力致罪，陛下既不聽察，而猥受譖訴，遂令忠臣同愆元惡。自春迄冬，不蒙降恕，遐邇觀聽，為之歎息。夫立政之要，記功忘失，是以武帝捨安國於徒中，[5]宣帝徵張敞於亡命。[6]緄前討蠻荊，均吉甫之功。[7]祐數臨督司，有不吐茹之節。[8]膺著威幽、并，遺愛度遼。今三垂蠢動，王旅未振。《易》稱'雷雨作解，君子以赦過宥罪'。[9]乞原膺等，以備不虞。"書奏，乃悉免其刑。

【注】

〔1〕《新序》曰："秦欲伐楚，使[使]者往觀楚之寶器。[二三]楚王聞之，召昭奚恤問焉。對曰：'此欲觀吾國之得失而圖之，寶器在於賢臣。'遂使恤應之。乃為東面之壇一，為南面之壇四，為西面之壇一。秦使者至，恤曰：'君，

客也,請就上位東面,子西南面,太宰子方次之,葉公子高次之,司馬子反次之。'恤自居西面之壇,稱曰:'客觀楚國之寶器。所寶者,賢臣也。理百姓,實倉廩,使人各得其所,子西在此。奉珪璋,使諸侯,解忿悁之難,交兩國之懽,使無兵革之憂,太宰子方在此。守封壇,謹境界,不侵鄰國,鄰亦不侵,葉公子高在此。理師旅,正兵戎,以當強敵,提枹鼓以動百萬之衆,使皆赴湯火,蹈白刃,出萬死不顧,司馬子反在此。若懷霸王之餘義,獵理亂之遺風,昭奚恤在此。惟大國所觀。'秦使者瞿然無以對,恤遂攝衣而去。使反,言秦君曰:'楚多賢臣,未可謀也。'"

〔2〕瑋猶美也。《史記》曰,魏惠王問齊威王曰:"王亦有寶乎?"威王曰:"無有。"魏王曰:"寡人之國雖小,尚有徑寸珠照車前後十二乘者十枚,柰何以萬乘之國而無寶乎!"威王曰:"寡人所以為寶者與王異。吾臣有檀子者,使守南城,楚人不敢為寇。吾臣有盼子者,使守高堂,〔二四〕則趙人不敢東漁於河。吾臣有黔夫者,使守徐州,於是燕人祭北門,趙人祭西門,從者七千餘家。吾臣有種首者,使備盜賊,則道不拾遺。以此為寶,將以照千里,豈直十二乘哉?"魏王慙,不懌而去。

〔3〕肆,陳也。

〔4〕紀太子僕殺紀公,以其寶玉來奔,納諸宣公,公命與之邑,季文子使司寇出之境。公問其故,對曰:"孝敬忠信為吉德,盜賊藏姦為凶德。夫莒僕,則其孝敬,〔則〕弒君父矣,〔二五〕則其忠信,則竊寶玉矣,其人則盜賊也,是以去之。舜舉十六相,去四凶,有大功二十而為天子。今行父雖未獲一吉人,去一凶矣,於舜之功,二十之一也。"見《左傳》。

〔5〕景帝時,韓安國為梁大夫,坐法抵罪。後梁內史缺,起徒中為二千石,拜為內史。臣賢案:此言武帝,誤也。

〔6〕張敞為京兆尹,坐殺人亡命歸家。冀州亂,徵敞為冀州刺史。

〔7〕《詩·小雅》曰:"顯允方叔,征伐獵狁,蠻荊來威。"鄭玄注云:"方叔先與吉甫征伐獵狁,今特往伐蠻荊,皆使來服於宣王之威,美其功之多也。"緄以順帝時討長沙武陵蠻夷有功,故以比之。

〔8〕謂祐奏梁冀弟旻,又為司隸校尉,權豪畏之也。《詩》曰:"唯仲山

甫,柔亦不茹,剛亦不吐,不侮鰥寡,不畏彊禦。"

〔9〕《易·解卦·象詞》也。卦坎下震上。解,坎為險,為水。水者,雨之象。震為動,為雷。王弼注云:"屯難盤結,於是乎解也。"

再遷,復拜司隸校尉。時張讓弟朔為野王令,〔二六〕貪殘無道,至乃殺孕婦,聞膺厲威嚴,懼罪逃還京師,因匿兄讓弟舍,藏於合柱中。膺知其狀,率將吏卒破柱取朔,付洛陽獄。受辭畢,即殺之。讓訴冤於帝,詔膺入殿,御親臨軒,詰以不先請便加誅辟之意。膺對曰:"昔晉文公執衛成公歸于京師,《春秋》是焉。〔1〕《禮》云公族有罪,雖曰宥之,有司執憲不從。〔2〕昔仲尼為魯司寇,七日而誅少正卯。今臣到官已積一旬,〔二七〕私懼以稽留為愆,不意獲速疾之罪。誠自知釁責,死不旋踵,特乞留五日,剋殄元惡,退就鼎鑊,始生之願也。"帝無復言,顧謂讓曰:"此汝弟之罪,司隸何愆?"乃遣出之。自此諸黃門常侍皆鞠躬屏氣,〔二八〕休沐不敢復出宮省。帝怪問其故,並叩頭泣曰:"畏李校尉。"

【注】

〔1〕《公羊傳》曰:"晉人執衛侯,歸之于京師。歸之于者,執之乎天子之側者也。罪定不定已可知矣。"何休注云:"歸之于者,決辭也。"

〔2〕解見《張酺傳》。

是時朝庭日亂,綱紀頹阤,膺獨持風裁,以聲名自高。〔1〕士有被其容接者,名為登龍門。〔2〕及遭黨事,當考實膺等。案經三府,太尉陳蕃卻之。曰:"今所考案,皆海內人譽,憂國忠公之臣。此等猶將十世宥也,〔3〕豈有罪名不章而致收掠者乎?"不肯平署。〔4〕帝愈怒,遂下膺等於黃門北寺獄。〔5〕膺等頗引宦官子弟,宦官多懼,請帝以天時宜赦,於是大赦天下。膺免歸鄉里,居陽城山中,天下士大夫皆高尚其道,而汙穢朝廷。〔6〕

【注】

〔1〕裁音才代反。

〔2〕以魚為喻也。龍門，河水所下之口，在今絳州龍門縣。辛氏《三秦記》曰"河津一名龍門，水險不通，魚鼈之屬莫能上，江海大魚薄集龍門下數千，不得上，上則為龍"也。

〔3〕解見《耿弇傳》。

〔4〕平署猶連署也。

〔5〕獄名，解見《靈紀》也。

〔6〕以朝廷為汙穢也。

及陳蕃免太尉，朝野屬意於膺，荀爽恐其名高致禍，欲令屈節以全亂世，為書貽曰："久廢過庭，不聞善誘，陟岵瞻望，惟日為歲。〔1〕知以直道不容於時，悦山樂水，家于陽城。道近路夷，當即聘問，無狀嬰疾，闕於所仰。頃聞上帝震怒，貶黜鼎臣，〔2〕人鬼同謀，〔3〕以為天子當貞觀二五，利見大人，〔4〕不謂夷之初旦，明而未融，〔5〕虹蜺揚煇，弃和取同。〔6〕方今天地氣閉，大人休否，〔7〕智者見險，投以遠害。〔8〕雖匿人望，内合私願。〔9〕想甚欣然，不為恨也。願怡神無事，偃息衡門，〔10〕任其飛沈，與時抑揚。"頃之，帝崩。陳蕃為太傅，與大將軍竇武共秉朝政，連謀誅諸宦官，故引用天下名士，乃以膺為長樂少府。及陳、竇之敗，膺等復廢。

【注】

〔1〕《論語》曰："鯉趨而過庭。子曰：'學《詩》乎？'曰'未也'。"又曰："孔子恂恂然善誘人。"《詩》曰："陟彼岵兮，瞻望父兮。"又曰："一日不見，如三歲兮。"爽致敬於膺，故以父為喻也。

〔2〕上帝謂天子，鼎臣即陳蕃。

〔3〕《易·下繫》曰："人謀鬼謀，百姓與能。"

〔4〕《易》曰："天地之道，貞觀也。"《乾》九二、九五並曰"利見大

人"也。

〔5〕夷，傷也。融，朗也。明夷卦离下坤上，离為日，坤為地，日之初出，其明未朗。《左傳》曰："明而未融，其當旦乎？"以膺黜，故喻之也。

〔6〕《春秋考異郵》曰："虹蜺出，亂惑弃和。"謂弃君子，同小人也。《論語》曰："君子和而不同，小人同而不和"也。

〔7〕《易·文言》曰："天地閉，賢人隱。"《否》九五曰："大人休否。"休否謂休廢而否塞。

〔8〕見險難，故投身以遠害也。《易》曰："君子以儉德避難，不可榮以祿。"

〔9〕匱，乏也。

〔10〕毛萇《詩》注曰："衡門，橫木為門。"

後張儉事起，收捕鉤黨，鄉人謂膺曰："可去矣。"對曰："事不辭難，罪不逃刑，臣之節也。[1]吾年已六十，死生有命，去將安之？"乃詣詔獄。考死，妻子徙邊，門生、故吏及其父兄，並被禁錮。

【注】

〔1〕《左傳》曰，晉侯之弟楊干亂行於曲梁，魏絳戮其僕。晉侯怒，謂羊舌赤曰："合諸侯以為榮也。楊干為戮，何辱如之？必殺魏絳，無失也。"對曰："絳無貳志，事君不避難，有罪不逃刑，其將來辭，何辱命焉！"

時侍御史蜀郡景毅子顧為膺門徒，而未有錄牒，故不及於譴。毅乃慨然曰："本謂膺賢，遣子師之，豈可以漏奪名籍，[二九]苟安而已！"遂自表免歸，時人義之。

膺子瓚，位至東平相。[1]初，曹操微時，瓚異其才，將没，謂子宣等曰："時將亂矣，天下英雄無過曹操。張孟卓與吾善，袁本初汝外親，雖爾勿依，必歸曹氏。"諸子從之，並免於亂世。

【注】
〔1〕謝承《書》"瓚"作"珪"。

杜密字周甫，潁川陽城人也。為人沈質，少有厲俗志。為司徒胡廣所辟，稍遷代郡太守。徵，三遷太山太守、北海相。其宦官子弟為令長有姦惡者，輒捕案之。行春到高密縣，見鄭玄為鄉佐，知其異器，即召署郡職，遂遣就學。

後密去官還家，每謁守令，多所陳託。同郡劉勝，亦自蜀郡告歸鄉里，閉門埽軌，無所干及。〔1〕太守王昱謂密曰："劉季陵清高士，〔三〇〕公卿多舉之者。"密知昱激己，對曰："劉勝位為大夫，見禮上賓，而知善不薦，聞惡無言，隱情惜己，自同寒蟬，此罪人也。〔2〕今志義力行之賢而密達之，〔3〕違道失節之士而密糾之，使明府賞刑得中，令問休揚，不亦萬分之一乎？"昱慙服，待之彌厚。

【注】
〔1〕軌，車迹也。言絕人事。
〔2〕寒蟬謂寂默也。《楚詞》曰："悲哉秋之為氣也，蟬寂漠而無聲。"
〔3〕力行謂盡力行善也。《禮記》曰："好問近乎智，力行近乎仁。"

後桓帝徵拜尚書令，遷河南尹，轉太僕。黨事既起，免歸本郡，與李膺俱坐，而名行相次，故時人亦稱"李杜"焉。〔1〕後太傅陳蕃輔政，復為太僕。明年，坐黨事被徵，自殺。

【注】
〔1〕前有李固、杜喬，故言"亦"也。

劉祐字伯祖，中山安國人也。[1]安國後別屬博陵。祐初察孝廉，補尚書侍郎，閑練故事，文札強辨，每有奏議，應對無滯，為僚類所歸。

【注】
[1]安國，縣，故城在今定州義豐縣東南。謝承《書》曰："祐，宗室胤緒，代有名位。少脩操行，學《嚴氏春秋》、《小戴禮》、《古文尚書》，仕郡為主簿。郡將小子嘗出錢付之，令市買果實，祐悉以買筆書具與之，因白郡將，言'郎君年可入小學，而但傲佷，遠近謂明府無過庭之教，請出授書'。郡將為使子就祐受經，五日一試，不滿呈限，白決罰，遂成學業也。"

除任城令，兗州舉為尤異，遷揚州刺史。是時會稽太守梁旻，大將軍冀之從弟也。祐舉奏其罪，旻坐徵。復遷祐河東太守。時屬縣令長率多中官子弟，百姓患之。祐到，黜其權強，平理冤結，政為三河表。[1]

【注】
[1]三河謂河東、河内、河南也。表猶標準也。

再遷，延熹四年，拜尚書令，又出為河南尹，轉司隸校尉。時權貴子弟罷州郡還入京師者，每至界首，輒改易輿服，隱匿財寶，威行朝廷。
拜宗正，三轉大司農。時中常侍蘇康、管霸用事於内，遂固天下良田美業，山林湖澤，民庶窮困，州郡累氣。[1]祐移書所在，依科品没入之。桓帝大怒，論祐輸左校。

【注】
[1]累氣，屏息也。

後得赦出，復歷三卿，輒以疾辭，乞骸骨歸田里。詔拜中散大夫，遂杜門絕迹。每三公缺，朝廷皆屬意於祐，以譖毀不用。延篤貽之書曰："昔太伯三讓，人無德而稱焉。〔1〕延陵高揖，華夏仰風。〔2〕吾子懷蘧氏之可卷，體甯子之如愚，〔3〕微妙玄通，沖而不盈，〔4〕蔑三光之明，未暇以天下為事，何其劭與！"〔5〕

【注】

〔1〕三讓，解見《和紀》。

〔2〕揖，讓也。《左傳》，吳王壽夢卒，子諸樊既除喪，將立弟季札，札弃其室而耕，乃舍之。

〔3〕蘧瑗字伯玉，甯子名俞，並衞大夫。《論語》孔子曰："君子哉蘧伯玉，邦有道則仕，邦無道則可卷而懷之。"又曰："甯武子邦無道則愚。"

〔4〕《老子》曰"古之善為道者，微妙玄通，深不可識"也。又曰"道沖而用之或不盈"。

〔5〕《莊子》曰："舜讓天下於子州支伯，子州支伯曰：'予適有幽憂之病，方且理之，未暇理天下也。'"

靈帝初，陳蕃輔政，以祐為河南尹。及蕃敗，祐黜歸，卒于家。明年，大誅黨人，幸不及禍。

魏朗字少英，會稽上虞人也。〔1〕少為縣吏。兄為鄉人所殺，朗白日操刀報讎於縣中，遂亡命到陳國。從博士郤仲信學《春秋圖緯》，〔2〕又詣太學受五經，京師長者李膺之徒爭從之。

【注】

〔1〕上虞，縣，故城在今越州餘姚縣西。有虞山，在縣東。

〔2〕孔子作《春秋緯》十二篇。

初辟司徒府，再遷彭城令。時中官子弟為國相，多行非法，朗與更相章奏，幸臣忿疾，欲中之。[1]會九真賊起，乃共薦朗為九真都尉。到官，獎厲吏兵，討破群賊，斬首二千級。桓帝美其功，徵拜議郎。頃之，遷尚書。屢陳便宜，有所補益。出為河內太守，政稱三河表。尚書令陳蕃薦朗公忠亮直，宜在機密，復徵為尚書。會被黨議，免歸家。

【注】
[1]中猶中傷。

　　朗性矜嚴，閉門整法度，家人不見惰容。後竇武等誅，朗以黨被急徵，行至牛渚，自殺。[1]著書數篇，號《魏子》云。

【注】
[1]牛渚，山名。突出江中，謂為牛渚圻，在今宣州當塗縣北也。

　　夏馥字子治，陳留圉人也。少為書生，言行質直。同縣高氏、蔡氏並皆富殖，郡人畏而事之，唯馥比門不與交通，[1]由是為豪姓所仇。桓帝初，舉直言，不就。

【注】
[1]比門猶並門也。

　　馥雖不交時宜，然以聲名為中官所憚，遂與范滂、張儉等俱被誣陷，詔下州郡，捕為黨魁。
　　及儉等亡命，經歷之處，皆被收考，辭所連引，布徧天下。馥乃頓足而歎曰："孽自己作，空汙良善，一人逃死，禍及萬家，何以生為！"乃自翦須變形，入林慮山中，[1][三一]隱匿姓名，為冶家傭。[三二]親突煙炭，形貌毀瘁，積二三年，人無知者。後馥弟靜，乘車馬，載縑帛，追之於涅陽市中。[2][三三] 遇馥不識，聞其言聲，乃覺而拜之。馥避不與語，靜追隨至客舍，共宿。夜中密呼靜曰："吾以守道疾惡，故為權宦所陷。且念營苟全，以庇性命，弟柰何載物相求，是以禍見追也。"明旦，別去。黨禁未解而卒。

【注】
〔1〕林慮，今相州縣。
〔2〕涅陽，縣，屬南陽郡。

宗慈字孝初，南陽安眾人也。[1] 舉孝廉，九辟公府，有道徵，不就。後為脩武令。時太守出自權豪，多取貨賂，慈遂棄官去。徵拜議郎，未到，道疾卒。南陽群士皆重其義行。

【注】
〔1〕安眾在今南陽縣西南，仍有其名，無復基趾也。

巴肅字恭祖，勃海高城人也。[1] 初察孝廉，歷慎令、貝丘長，[2] 皆以郡守非其人，辭病去。辟公府，稍遷拜議郎。與竇武、陳蕃等謀誅閹官，武等遇害，肅亦坐黨禁錮。中常侍曹節後聞其謀，收之。肅自載詣縣。縣令見肅，入閤解印綬與俱去。肅曰："為人臣者，有謀不敢隱，有罪不逃刑。既不隱其謀矣，又敢逃其刑乎？" 遂被害。刺史賈琮刊石立銘以記之。

【注】
〔1〕高城，縣，故城在今滄州鹽山縣南。

〔2〕慎，縣，屬汝南郡。貝丘，縣，屬清河郡。

范滂字孟博，汝南征羌人也。〔1〕少厲清節，為州里所服，舉孝廉、光祿四行。〔2〕時冀州飢荒，盜賊群起，乃以滂為清詔使，案察之。滂登車攬轡，慨然有澄清天下之志。及至州境，守令自知臧汙，望風解印綬去。其所舉奏，莫不厭塞衆議。遷光祿勳主事。時陳蕃為光祿勳，滂執公儀詣蕃，蕃不止之，滂懷恨，投版棄官而去。〔3〕郭林宗聞而讓蕃曰："若范孟博者，豈宜以公禮格之？〔4〕今成其去就之名，得無自取不優之議也？"〔三四〕蕃乃謝焉。

【注】
〔1〕征羌，解見《來歙傳》。謝承《書》曰："汝南細陽人也。"
〔2〕《漢官儀》曰："光祿舉敦厚、質樸、遜讓、節儉。"此為四行也。
〔3〕版，笏也。
〔4〕格，正也。

復為太尉黃瓊所辟。後詔三府掾屬舉謠言，〔1〕滂奏刺史、二千石權豪之黨二十餘人。尚書責滂所劾猥多，疑有私故。滂對曰："臣之所舉，自非叨穢姦暴，深為民害，豈以汙簡札哉！閒以會日迫促，故先舉所急，其未審者，方更參實。臣聞農夫去草，嘉穀必茂；〔2〕忠臣除姦，王道以清。若臣言有貳，甘受顯戮。"吏不能詰。滂覩時方艱，〔三五〕知意不行，因投劾去。

【注】
〔1〕《漢官儀》曰："三公聽採長史臧否，人所疾苦，還條奏之，是為舉謠言也。頃者舉謠言，掾屬令史都會殿上，主者大言，州郡行狀云何，善者同聲稱之，不善者默爾銜枚。"

〔2〕《左傳》曰:"為國家者,見惡如農夫之務去草焉。"

太守宗資先聞其名,請署功曹,委任政事。滂在職,嚴整疾惡。其有行違孝悌,不軌仁義者,皆埽迹斥逐,不與共朝。顯薦異節,抽拔幽陋。滂外甥西平李頌,公族子孫,而為鄉曲所弃,中常侍唐衡以頌請資,資用為吏。滂以非其人,寢而不召。資遷怒,捶書佐朱零。零仰曰:"范滂清裁,猶以利刃齒腐朽。〔1〕今日寧受笞死,而滂不可違。"資乃止。郡中中人以下,莫不歸怨,乃指滂之所用以為"范黨"。

【注】
〔1〕裁音才載反。

後牢脩誣言鉤黨,〔1〕滂坐繫黃門北寺獄。獄吏謂曰:"凡坐繫皆祭皋陶。"滂曰:"皋陶賢者,古之直臣。知滂無罪,將理之於帝;〔2〕如其有罪,祭之何益!"眾人由此亦止。獄吏將加掠考,滂以同囚多嬰病,乃請先就格,遂與同郡袁忠爭受楚毒。桓帝使中常侍王甫以次辨詰,滂等皆三木囊頭,暴於階下。〔3〕餘人在前,或對或否,滂、忠於後越次而進。王甫詰曰:"君為人臣,不惟忠國,而共造部黨,自相褒舉,評論朝廷,虛搆無端,諸所謀結,並欲何為?皆以情對,不得隱飾。"滂對曰:"臣聞仲尼之言,'見善如不及,見惡如探湯'。〔4〕欲使善善同其清,惡惡同其汙,謂王政之所願聞,不悟更以為黨。"甫曰:"卿更相拔舉,迭為脣齒,有不合者,見則排斥,〔三六〕其意如何?"滂乃慷慨仰天曰:"古之循善,〔三七〕自求多福;今之循善,身陷大戮。身死之日,願埋滂於首陽山側,上不負皇天,下不愧夷、齊。"〔5〕甫愍然為之改容。乃得並解桎梏。〔6〕

【注】
〔1〕鉤,引也。

〔2〕帝謂天也。

〔3〕三木,項及手足皆有械,更以物蒙覆其頭也。《前書》司馬遷曰"魏其,大將也,衣赭關三木"也。

〔4〕探湯喻去疾也。見《論語》。

〔5〕伯夷、叔齊餓死首陽山,見《史記》。首陽山在洛陽東北。

〔6〕鄭玄注《周禮》曰:"木在足曰桎,在手曰梏。"

滂後事釋,南歸。始發京師,汝南、南陽士大夫迎之者數千兩。[1]同囚鄉人殷陶、黃穆,亦免俱歸,並衛侍於滂,〔三八〕應對賓客。滂顧謂陶等曰:"今子相隨,是重吾禍也。"遂遁還鄉里。

【注】

〔1〕兩,車也。《尚書》曰:"戎車三百兩。"

初,滂等繫獄,尚書霍諝理之。及得免,到京師,往候諝而不為謝。或有讓滂者。對曰:"昔叔向嬰罪,祁奚救之,未聞羊舌有謝恩之辭,祁老有自伐之色。"竟無所言。[1]

【注】

〔1〕《左傳》,晉討欒盈之黨,殺叔向之弟羊舌虎,并囚叔向。於是祁奚聞之,見范宣子曰:"夫謀而鮮過,惠訓不倦者,叔向有焉。社稷之固也,猶將十代宥之,今一不免其身,不亦惑乎?"宣子說而免之。祁奚不見叔向而歸,叔向亦不告免焉而朝。孔安國注《尚書》曰"自功曰伐"也。

建寧二年,遂大誅黨人,詔下急捕滂等。督郵吳導至縣,抱詔書,閉傳舍,伏牀而泣。[1]滂聞之,曰:"必為我也。"即自詣獄。縣令郭揖大驚,出解印綬,引與俱亡。曰:"天下大矣,子何為在此?"滂曰:"滂死則禍塞,何敢以罪累君,又令老母流離乎!"其母就與之訣。滂白母曰:"仲博孝敬,足以供養,〔2〕滂從龍舒君歸黃泉,〔3〕存亡各得其所。惟大人割不可忍之恩,勿增感戚。"母曰:"汝今得與李、杜齊名,死亦何恨!〔4〕既有令名,復求壽考,可兼得乎?"滂跪受教,再拜而辭。顧謂其子曰:"吾欲使汝為惡,則惡不可為;使汝為善,則我不為惡。"行路聞之,莫不流涕。時年三十三。

【注】
〔1〕傳,驛舍也,音知戀反。
〔2〕仲博,滂弟也。
〔3〕謝承《書》曰:"滂父顯,故龍舒侯相也。"
〔4〕李膺、杜密。

論曰:李膺振拔汙險之中,〔1〕蘊義生風,以鼓動流俗,〔2〕激素行以恥威權,立廉尚以振貴埶,使天下之士奮迅感槩,波蕩而從之,幽深牢破室族而不顧,至于子伏其死而母歡其義。壯矣哉!子曰:"道之將廢也與?命也!"〔3〕

【注】
〔1〕《前書》班固曰"振拔汙塗,跨騰風雲"也。
〔2〕《周易》曰:"鼓以動之。"〔三九〕
〔3〕《論語》之文。

尹勳字伯元,河南鞏人也。家世衣冠。伯父睦為司徒,兄頌為太尉,宗族多居貴位者,而勳獨持清操,不以地埶尚人。州郡連辟,察孝廉,三遷邯鄲令,政有異迹。後舉高第,五遷尚書令。及桓帝誅大將軍梁冀,勳參建大謀,封都鄉侯。遷汝南太守。上書解釋范滂、袁忠等黨議禁錮。尋徵拜將作大匠,轉大司農。坐竇武等事,下獄自殺。

蔡衍字孟喜,汝南項人也。[1]少明經講授,以禮讓化鄉里。鄉里有爭訟者,輒詣衍決之,其所平處,皆曰無怨。

【注】
〔1〕項,今陳州項城縣也。

舉孝廉,稍遷冀州刺史。中常侍具瑗託其弟恭舉茂才,衍不受,乃收齎書者案之。又劾奏河閒相曹鼎贓罪千萬。鼎者,中常侍騰之弟也。騰使大將軍梁冀為書請之,衍不荅,鼎竟坐輸作左校。乃徵衍拜議郎、符節令。梁冀聞衍賢,請欲相見,衍辭疾不往,冀恨之。時南陽太守成瑨等以收糾宦官考廷尉,衍與議郎劉瑜表救之,言甚切厲,坐免官還家,杜門不出。靈帝即位,(徵)〔復〕拜議郎,[四〇]會病卒。

羊陟字嗣祖,太山梁父人也。[1]家世冠族。[四一]陟少清直有學行,舉孝廉,辟太尉李固府,舉高第,拜侍御史。會固被誅,陟以故吏禁錮歷年。復舉高第,再遷冀州刺史。奏案貪濁,所在肅然。又再遷虎賁中郎將、城門校尉,三遷尚書令。時太尉張顥、司徒樊陵、[四二]大鴻臚郭防、太僕曹陵、大司農馮方並與宦豎相姻私,公行貨賂,並奏罷黜之,不納。以前太尉劉寵、司隸校尉許冰、[四三]幽州刺史楊熙、[四四]涼州刺史劉恭、益州刺史龐艾清亮在公,薦舉升進。帝嘉之,拜陟河南尹。計日受奉,常食乾飯茹菜,禁制豪右,京師憚之。會黨事起,免官禁錮,卒於家。

【注】
〔1〕梁父故城在今兗州泗水縣北。

張儉字元節，山陽高平人，趙王張耳之後也。[1]父成，江夏太守。儉初舉茂才，以刺史非其人，謝病不起。

【注】
[1]張耳，大梁人也。高祖立為趙王。

延熹八年，太守翟超請為東部督郵。時中常侍侯覽家在防東，[1]殘暴百姓，所為不軌。儉舉劾覽及其母罪惡，請誅之。覽遏絕章表，並不得通，由是結仇。鄉人朱並，[四五]素性佞邪，為儉所弃，並懷怨恚，遂上書告儉與同郡二十四人為黨，於是刊章討捕。儉得亡命，困迫遁走，望門投止，莫不重其名行，破家相容。後流轉東萊，止李篤家。外黃令毛欽操兵到門，[四六]篤引欽謂曰："張儉知名天下，而亡非其罪。縱儉可得，寧忍執之乎？"欽因起撫篤曰："蘧伯玉恥獨為君子，足下如何自專仁義？"篤曰："篤雖好義，明廷今日載其半矣。"[2]欽歎息而去。篤因緣送儉出塞，以故得免。其所經歷，伏重誅者以十數，宗親並皆殄滅，郡縣為之殘破。

【注】
[1]縣名，屬山陽郡，故城在今兗州金鄉縣南。
[2]明廷猶明府。言不執儉，得義之半也。

中平元年，黨事解，乃還鄉里。大將軍、三公並辟，又舉敦樸，公車特徵，起家拜少府，皆不就。獻帝初，百姓飢荒，而儉資計差溫，乃傾竭財產，與邑里共之，賴其存者以百數。

建安初，徵為衛尉，不得已而起。儉見曹氏世德已萌，乃闔門懸車，不豫政事。歲餘卒于許下。年八十四。

論曰：昔魏齊違死，虞卿解印；[1]季布逃亡，朱家甘罪。[2]而張儉見怒時王，顛沛假命，天下聞其風者，莫不憐其壯志，而爭為之主。至乃捐城委爵、破族屠身，蓋數十百所，豈不賢哉！然儉以區區一掌，而欲獨堙江河，[3]終嬰疾甚之亂，多見其不知量也。[4]

【注】
[1]違，避也。《史記》魏齊，魏之諸公子也。虞卿，趙相也。范雎入秦，為昭王相，昭王乃遺趙王書曰："魏齊，范雎之仇也，急持其頭來。"趙王乃圍齊，齊急亡，見虞卿。卿度趙王不可說，乃解其印，與齊往信陵君所。信陵君初聞之疑，後乃出迎。齊聞信陵初疑，遂自刎。趙王持其頭遺秦也。
[2]季布，楚人。為項羽將，數窘漢王。羽敗，漢購求布千金，敢舍匿，罪三族。布匿濮陽周氏，髡鉗布，之魯朱家所賣之。朱家心知是季布也，買置田舍。乃往洛陽，見汝陰侯灌嬰，說之曰："季布何罪？臣各為主用，職耳。"汝陰侯言於高帝，帝乃赦之。拜郎中，後為河東守也。
[3]堙，塞也。《前書》班固曰："何武、王嘉，區區以一簣障江河，用沒其身。"
[4]《論語》曰："人而不仁，疾之以甚，亂也。"又曰："人雖欲自絕，其何傷於日月[乎]？[四七]多見其不知量也。"

岑晊字公孝，南陽棘陽人也。[1]父（像）[豫]，為南郡太守，[四八]以貪叨誅死。[2]晊年少未知名，往候同郡宗慈，慈方以有道見徵，賓客滿門，以晊非良家子，不肯見。晊留門下數日，晚乃引入。慈與語，大奇之，遂將俱至洛陽，因詣太學受業。

【注】
[1]棘音力。
[2]《方言》曰："叨，殘也。"

晊有高才，郭林宗、朱公叔等皆為友，李膺、王暢稱其有幹國器，雖在閭里，慨然有董正天下之志。[1]太守弘農成瑨下車，欲振威嚴，聞晊高名，請為功曹，又以張牧為中賊曹吏。[四九]瑨委心晊、牧，褒善糾違，肅清朝府。宛有富賈張汜者，桓帝美人之外親，善巧雕鏤玩好之物，頗以賂遺中官，以此並得顯位，恃其伎巧，用埶縱橫。晊與牧勸瑨收捕汜等，既而遇赦，晊竟誅之，并收其宗族賓客，殺二百餘人，後乃奏聞。於是中常侍侯覽使汜妻上書訟其冤。帝大震怒，徵瑨，下獄死。晊與牧亡匿齊魯之閒。[五〇]會赦出。後州郡察舉，三府交辟，並不就。及李、杜之誅，因復逃竄，終于江夏山中云。

【注】
〔1〕《爾雅》曰："董，督正也。"

陳翔字子麟，汝南邵陵人也。祖父珍，司隸校尉。翔少知名，善交結。察孝廉，太尉周景辟舉高第，拜侍御史。時正旦朝賀，大將軍梁冀威儀不整，[翔]奏冀恃貴不敬，[五一]請收案罪，時人奇之。遷定襄太守，徵拜議郎，遷揚州刺史。舉奏豫章太守王永奏事中官，[五二]吳郡太守徐參在職貪穢，並徵詣廷尉。參，中常侍璜之弟也。由此威名大振。又徵拜議郎，補御史中丞。坐黨事考黃門北寺獄，以無驗見原，卒于家。

孔昱字元世，魯國魯人也。七世祖霸，成帝時歷九卿，封褒成侯。[1]自霸至昱，爵位相係，其卿相牧守五十三人，列侯七人。昱少習家學，[2]大將軍梁冀辟，不應。太尉舉方正，對策不合，乃辭病去。後遭黨事禁錮。靈帝即位，公車徵拜議郎，補洛陽令，以師喪弃官，卒於家。

【注】
〔1〕臣賢案：《前書》孔霸字次（孺）〔儒〕，〔五三〕即安國孫，世習《尚書》。宣帝時為太中大夫，授太子經，遷詹事，高密相。元帝即位，霸以師賜爵關內侯，號襃成君。薨，謚曰烈君。今范《書》及謝承《書》皆云成帝，又言封侯，蓋誤也。詹事及相俱二千石，故曰歷卿。
〔2〕家學《尚書》。

苑康字仲真，勃海重合人也。〔1〕少受業太學，與郭林宗親善。舉孝廉，再遷潁陰令，有能迹。

【注】
〔1〕重合，縣，故城在今滄州樂陵縣東。

遷太山太守。郡內豪姓多不法，康至，奮威怒，施嚴令，莫有干犯者。先所請奪人田宅，皆遽還之。〔五四〕
是時山陽張儉殺常侍侯覽母，案其宗黨賓客，或有迸匿太山界者，康既常疾閹官，因此皆窮相收掩，無得遺脫。覽大怨之，誣康與兗州刺史第五種及都尉壺嘉詐上賊降，徵康詣廷尉獄，減死罪一等，徙日南。潁陰人及太山羊陟等詣闕為訟，乃原還本郡，卒於家。

檀敷字文有，山陽瑕丘人也。〔1〕少為諸生，家貧而志清，不受鄉里施惠。舉孝廉，連辟公府，皆不就。立精舍教授，遠方至者常數百人。〔五五〕桓帝時，博士徵，不就。靈帝即位，太尉黃瓊舉方正，對策合時宜，再遷議郎，補蒙令。〔2〕以郡守非其人，弃官去。家無產業，子孫同衣而出。年八十，卒於家。〔3〕

【注】

〔1〕瑕丘，今兗州縣。

〔2〕蒙，縣，屬梁國。

〔3〕謝承《書》曰"敞〔與〕子孫同衣而行，〔五六〕并日而食"也。

劉儒字叔林，東郡陽平人也。〔1〕郭林宗常謂儒口訥心辯，有珪璋之質。〔2〕察孝廉，舉高第，三遷侍中。桓帝時，數有災異，下策博求直言，儒上封事十條，極言得失，辭甚忠切。帝不能納，出為任城相。〔五七〕頃之，徵拜議郎。會竇武事，下獄自殺。

【注】

〔1〕陽平故城，今魏州莘縣。

〔2〕珪璋，玉也。半珪曰璋。謝承《書》曰："林宗歎儒有珪璋之質，終必為令德之士。"《詩》曰："如珪如璋，令聞令望。"〔五八〕

賈彪字偉節，潁川定陵人也。少遊京師，志節慷慨，與同郡荀爽齊名。

初仕州郡，舉孝廉，補新息長。〔1〕小民困貧，多不養子，彪嚴為其制，與殺人同罪。城南有盜劫害人者，北有婦人殺子者，彪出案發，〔2〕而掾吏欲引南。〔五九〕彪怒曰："賊寇害人，此則常理，母子相殘，逆天違道。"遂驅車北行，案驗其罪。城南賊聞之，亦面縛自首。數年間，人養子者千數，僉曰"賈父所長"，生男名為"賈子"，生女名為"賈女"。

【注】

〔1〕新息，今豫州縣。

〔2〕就發處案驗之。

延熹九年，黨事起，太尉陳蕃争之不能得，朝廷寒心，莫敢復言。彪謂同志曰："吾不西行，大禍不解。"乃入洛陽，説城門校尉竇武、尚書霍諝，武等訟之，桓帝以此大赦黨人。李膺出，曰："吾得免此，賈生之謀也。"

先是岑晊以黨事逃亡，親友多匿焉，彪獨閉門不納，時人望之。〔1〕彪曰："《傳》言'相時而動，無累後人'。〔2〕公孝以要君致釁，自遺其咎，吾以不能奮戈相待，反可容隱之乎？"於是咸服其裁正。

【注】
〔1〕望，怨也。
〔2〕相，視也。《左傳》之文也。

以黨禁錮，卒于家。初，彪兄弟三人，並有高名，而彪最優，故天下稱曰"賈氏三虎，偉節最怒"。

何顒字伯求，南陽襄鄉人也。〔1〕少遊學洛陽。顒雖後進，而郭林宗、賈偉節等與之相好，顯名太學。友人虞偉高有父讎未報，而篤病將終，顒往候之，偉高泣而訴。顒感其義，為復讎，以頭醊其墓。〔2〕

【注】
〔1〕襄鄉故城在今隨州棗陽縣東北也。
〔2〕醊，祭酹也，音竹歲反。

及陳蕃、李膺之敗，顒以與蕃、膺善，遂為宦官所陷，乃變姓名，亡匿汝南閒。〔六〇〕所至皆親其豪桀，有聲荆豫之域。袁紹慕之，私與往來，結為奔走之友。[1]是時黨事起，天下多離其難，顒常私入洛陽，從紹計議。其窮困閉戹者，為求援救，以濟其患。有被掩捕者，則廣設權計，使得逃隱，全免者甚衆。

【注】
〔1〕《詩·大雅》曰："予曰有胥附，予曰有先後，予曰有奔走，予曰有禦侮。"毛萇注曰："諭德宣譽曰奔走。"

及黨錮解，顒辟司空府。每三府會議，莫不推顒之長。累遷。及董卓秉政，逼顒以為長史，託疾不就，乃與司空荀爽、司徒王允等共謀卓。會爽薨，顒以它事為卓所繫，憂憤而卒。初，顒見曹操，歎曰："漢家將亡，安天下者必此人也。"操以是嘉之。嘗稱"潁川荀彧，王佐之器"。及彧為尚書令，遣人西迎叔父爽，[六一]并致顒屍，而葬之爽之冢傍。

贊曰：渭以涇濁，玉以礫貞。物性既區，嗜惡從形。[1]蘭蕕無並，銷長相傾。[2][六二]徒恨芳膏，煎灼燈明。[3]

【注】
〔1〕礫音歷。《說文》曰："礫，小石也。"言渭以涇濁，乃顯其清，玉居礫石，乃見其貞。區猶別也。嗜，愛也。從形謂形有善惡也。以諭彼李膺等與宦豎不同，故相憎疾。
〔2〕蕕，臭草也。《左傳》曰："一薰一蕕，十年尚猶有臭。"《易·否卦》曰："小人道長，君子道銷。"《泰卦》曰："君子道長，小人道銷。"《老子》曰"高下相傾"也。
〔3〕《前書》龔勝死，有一老父入哭甚哀，曰："薰以香自燒，膏以明自銷。"

【校勘記】

〔一〕又將及難　按："又"原譌"及",逕據汲本、殿本改正。

〔二〕狙獼猴也　按："獼"原譌"彌",逕據汲本、殿本改正。

〔三〕謂范睢蔡澤之類　按：汲本、殿本"睢"作"雎"。

〔四〕贏糧而景從也　按："贏"原譌"嬴",逕據汲本、殿本改正。

〔五〕懷經協術　《集解》引惠棟說,謂"協"當作"挾",古字通,《黃瓊傳》"黃門協邪"是也。

〔六〕忠義之流　按："忠"原譌"志",逕據汲本、殿本改正。

〔七〕國命委於閹寺　按："閹"原譌"閻",逕據汲本、殿本改正。

〔八〕正枉必過其直見孟子　按：殿本《考證》謂今《孟子》無此文。

〔九〕磐（牙）〔互〕境界　按：《校補》引柳從辰說,謂"牙"應作"㸦",即"互"字。今據改。

〔一○〕李膺為河南尹　《集解》引惠棟說,謂《考異》云"河南尹"當作"司隸"。《校補》引侯康說,謂《通鑑》繫張成事於延熹九年,是年李膺為司隸,故《考異》云然,然《靈紀》九年無赦,惟八年三月大赦天下,則張成推占當赦,命子殺人,實在八年三月前,是時李膺正代鄧萬世為河南尹也。今按：黃山謂按張成事不必在八年。膺之輸作左校,本傳及《陳蕃傳》皆謂膺河南尹,《馮緄傳》則謂膺司隸校尉,此范《書》之疏繆也。

〔一一〕帝亦頗諱其占　《集解》引錢大昕說,謂"諱"當作"訊",古書訊諱二字多相亂。今按：《御覽》六五一引作"訊"。

〔一二〕成弟子牢脩　《集解》引惠棟說,謂袁宏《紀》作"牢順",《續漢志》作"牢川"。今按：《御覽》引作"牢循"。

〔一三〕荀翌　按：汲本、殿本"翌"作"昱"。下同。按："翌"字經史多假為"昱"字。

〔一四〕孔昱　按：《皇甫規傳》"昱"作"翊"。《集解》引惠棟說,謂《黨錮傳》有孔昱,昱字元世,《韓敕碑》有御史孔翊元世,則翊即昱也。

〔一五〕苑康　汲本、殿本"苑"作"范"。下同。按：荀淑、竇武《傳》並作"苑康",作"范"誤。

〔一六〕檀（敷）〔敷〕　按：《集解》引惠棟説，謂本傳及《韓敕碑》皆作"敷"。今據改，與下文合。

〔一七〕劉祇　按："祇"原譌"祇"，逕據汲本、殿本改正。

〔一八〕朱楷　按："楷"原譌"揩"，逕據汲本、殿本改正。

〔一九〕荀翌附祖淑傳　按：沈家本謂案《淑傳》云兄淑子昱，則"祖"字譌。

〔二〇〕王璋字伯儀　《集解》引惠棟説，謂"璋"當作"章"，"儀"當作"義"。按：《校補》引柳從辰説，謂上文王章為八廚，字本作"章"，此又作"璋"，必有一誤。

〔二一〕還居綸氏　《續志》"綸氏"作"輪氏"。按：綸輪通。

〔二二〕為節〔志〕者所羞　據汲本、殿本補。

〔二三〕使〔使〕者往觀楚之寶器　據汲本、殿本補。

〔二四〕使守高堂　按：汲本、殿本"堂"作"唐"。

〔二五〕〔則〕弑君父矣　據汲本、殿本補，與《左傳》合。

〔二六〕時張讓弟朔為野王令　按：《集解》引惠棟説，謂袁《紀》作"陽翟令張興"，又膺為河南尹時考殺之也。

〔二七〕今臣到官已積一旬　按：《集解》引惠棟説，謂袁《紀》"一旬"作"二旬"。

〔二八〕皆鞠躬屏氣　按："鞠"原譌"鞫"，逕據汲本、殿本改正。

〔二九〕漏奪名籍　《刊誤》謂"奪"當作"脱"。按：惠棟謂《續漢書》作"漏脱"，奪與脱古字通。

〔三〇〕劉季陵清高士　按：汲本"陵"作"林"。殿本《考證》謂"陵"本或作"林"。

〔三一〕入林慮山中　按：《御覽》八一七引謝承《書》，作"遁迹黑山"。

〔三二〕為冶家傭　按："冶"原譌"治"，逕據汲本、殿本改正。

〔三三〕追之於涅陽市中　按：《集解》引惠棟説，謂袁《紀》作"滏陽"，魏郡鄴縣有釜水，或是滏水之陽。案漢末林慮、鄴縣皆屬魏郡，馥入林慮山，靜追之滏陽市中，為得其實。

〔三四〕得無自取不優之議也　按：汲本"議也"作"譏邪"。

〔三五〕滂覩時方艱　按：《集解》引王補說，謂袁《紀》"艱"下有"難"字。

〔三六〕見則排斥　按：《刊誤》謂"見則"案文當作"則見"。

〔三七〕古之循善　按：《刊誤》謂案文"循"當作"修"。

〔三八〕並衞侍於滂　按：汲本、殿本"滂"作"傍"。

〔三九〕周易曰鼓以動之　殿本《考證》云諸本同，王會汾謂案《易》無此文。張森楷《校勘記》謂"鼓"或當是"風"誤。今按：注或引《詩大序》"風以動之"，展轉傳寫，誤"詩序"為"周易"，誤"風"為"鼓"耳。

〔四〇〕(徵)〔復〕拜議郎　據汲本、殿本改。按：前曾徵拜議郎，故此云復拜，作"徵"誤。

〔四一〕家世冠族　按：汲本、殿本"冠"上有"衣"字。

〔四二〕司徒樊陵　按：《集解》引錢大昕說，謂《靈帝紀》陵為太尉，非司徒。

〔四三〕司隸校尉許冰　汲本、殿本"冰"作"永"。按：殿本《考證》謂"永"毛本作"冰"，監本作"水"，今從宋本。王先謙謂毛本並不作"冰"，不知所據何本。

〔四四〕幽州刺史楊熙　按："楊"原譌"揚"，逕改正。

〔四五〕由是結仇鄉人朱並　汲本、殿本"結仇"下衍"覽等"二字。按："覽等"二字如連上讀，當以"由是結仇覽等"句絕，然上文祇言侯覽與張儉結仇，不當有"等"字也。如連下讀，則朱並成為侯覽之鄉人，《通鑑》即以"覽等"二字連下讀，而省去一"等"字，作"覽鄉人朱並"，然朱並為張儉之鄉人，非侯覽之鄉人也。紹興本無此二字，乃知此二字為衍文。《册府元龜》九四九正作"鄉人朱並告儉與同郡二十四人為黨"，亦一明證也。

〔四六〕外黃令毛欽操兵到門　按：外黃屬陳留郡，黃縣屬東萊郡，故顧炎武、錢大昕皆謂當作"黃令"，多一"外"字。惠棟則謂袁《紀》作"督郵毛欽"，或欽是外黃人，衍一"令"字耳。

〔四七〕其何傷於日月〔乎〕　據汲本、殿本補，與《論語》合。

〔四八〕父（像）〔豫〕為南郡太守　據汲本、殿本改。按：殿本《考證》謂"豫"監本作"像"，從宋本改。

〔四九〕又以張牧為中賊曹吏　按：《刊誤》謂案文多一"中"字，"吏"當作"史"。

〔五〇〕睦與牧亡匿齊魯之閒　按：汲本、殿本"亡匿"上衍"遁逃"二字。

〔五一〕〔翔〕奏冀恃貴不敬　據汲本、殿本補。

〔五二〕奏事中官　按：《校補》謂案文"奏"當為"奉"之譌。又按：據張元濟《後漢書校勘記》，"官"原作"宮"，影印時描改為"官"。

〔五三〕前書孔霸字次（孺）〔儒〕　據汲本、殿本改，與《前書》合。

〔五四〕皆遽還之　按：王先謙謂"遽"乃"追"之譌。

〔五五〕遠方至者常數百人　按："常"原作"嘗"，逕據汲本、殿本改。

〔五六〕敢〔與〕子孫同衣而行　據汲本、殿本補。

〔五七〕出為任城相　按："城"原譌"成"，逕據汲本、殿本改正。

〔五八〕令聞令望　按："聞"原作"問"，逕據汲本、殿本改。

〔五九〕而掾吏欲引南　按：《刊誤》謂案文"吏"當作"史"。

〔六〇〕亡匿汝南閒　按：《刊誤》謂案文"閒"字下又云"有聲荊豫之域"，若祇在汝南，則無用"閒"字，不當云"荊"，蓋漏"南郡"二字也，南郡則屬荊州。

〔六一〕遣人西迎叔父爽　按：《刊誤》謂案文致顯屍，又葬冢傍，則爽亦死矣，明脫一"喪"字。

〔六二〕銷長相傾　殿本"銷"作"消"，注同。按：銷消多通用。

後漢書卷六十八

郭符許列傳第五十八

郭太字林宗,〔1〕太原界休人也。〔2〕家世貧賤。早孤,母欲使給事縣廷。〔3〕林宗曰:"大丈夫焉能處斗筲之役乎?"遂辭。就成皋屈伯彥學,三年業畢,博通墳籍。善談論,美音制。乃游於洛陽。始見河南尹李膺,膺大奇之,遂相友善,於是名震京師。後歸鄉里,衣冠諸儒送至河上,車數千兩。林宗唯與李膺同舟而濟,眾賓望之,以為神仙焉。

【注】
〔1〕范曄父名泰,故改為此"太"。鄭公業之名亦同焉。
〔2〕介休,今汾州縣。
〔3〕《蒼頡篇》曰:"廷,直也。"《說文》:"廷,朝中也。"《風俗通》:"廷,正也。言縣廷、郡廷、朝廷,皆取平均正直也。"

司徒黃瓊辟,太常趙典舉有道。或勸林宗仕進者,對曰:"吾夜觀乾象,晝察人事,天之所廢,不可支也。"〔1〕遂並不應。性明知人,好獎訓士類。身長八尺,容貌魁偉,褒衣博帶,周遊郡國。嘗於陳梁閒行遇雨,巾一角墊,〔2〕時人乃故折巾一角,以為"林宗巾"。其見慕皆如此。〔3〕或問汝南范滂曰:"郭林宗何如人?"滂曰:"隱不違親,〔4〕貞不絕俗,〔5〕天子不得臣,諸侯不得友,吾不知其它。"〔6〕後遭母憂,有至孝稱。[7]林宗雖善人倫，而不為危言覈論，[8]故宦官擅政而不能傷也。及黨事起，知名之士多被其害，唯林宗及汝南袁閎得免焉。遂閉門教授，弟子以千數。

【注】

〔1〕《左傳》晉汝叔寬之詞。支猶持也。

〔2〕音丁念反。周遷《輿服雜事》曰："巾以葛為之，形如（幍）[帢]，[一]音口洽反。本居士野人所服。魏武造（幍）[帢]，其巾乃廢。今國子學生服焉。以白紗為之。"

〔3〕《泰別傳》曰："泰名顯，士爭歸之，載刺常盈車。"

〔4〕介推之類。

〔5〕柳下惠之類。

〔6〕《禮記》曰："儒有上不臣天子，下不事諸侯。"

〔7〕謝承《書》曰："遭母憂，歐血發病，歷年乃瘳。"

〔8〕《禮記》曰："擬人必於其倫。"鄭玄注曰："倫猶類也。"《論語》孔子曰："邦有道，危言危行。邦無道，危行言孫。"覈猶實也。

建寧元年，太傅陳蕃、大將軍竇武為閹人所害，林宗哭之於野，慟。既而歎曰："'人之云亡，邦國殄瘁'。[1]'瞻烏爰止，不知于誰之屋'耳。"[2]

【注】

〔1〕《詩·大雅》之詞。

〔2〕《詩·小雅》也。言不知王業當何所歸。

明年春，卒于家，時年四十二。四方之士千餘人，皆來會葬。[1]同志者乃共刻石立碑，蔡邕為其文，既而謂涿郡盧植曰："吾為碑銘多矣，皆有慙德，唯郭有道無愧色耳。"

【注】
〔1〕謝承《書》曰:"泰以建寧二年正月卒,自弘農函谷關以西,河內湯陰以北,二千里負笈荷擔彌路,柴車葦裝塞塗,蓋有萬數來赴。"

其獎拔士人,皆如所鑒。〔1〕後之好事,或附益增張,故多華辭不經,又類卜相之書。今錄其章章效於事者,著之篇末。〔2〕

【注】
〔1〕謝承《書》曰:"泰之所名,人品乃定,先言後驗,衆皆服之。故適陳留則友符偉明,遊太學則師仇季智,之陳國則親魏德公,入汝南則交黃叔度。初,太始至南州,過袁奉高,不宿而去;從叔度,累日不去。或以問太。太曰:'奉高之器,譬之(泛)[沈]濫,〔三〕雖清而易挹。叔度之器,汪汪若千頃之陂,澄之不清,擾之不濁,〔四〕不可量也。'已而果然,太以是名聞天下。"〔二〕
〔2〕章章猶昭昭也。

左原者,陳留人也。為郡學生,犯法見斥。林宗嘗遇諸路,為設酒肴以慰之。謂曰:"昔顏涿聚梁甫之巨盜,段干木〔五〕晉國之大駔,卒為齊之忠臣,魏之名賢。〔1〕蘧瑗、顏回尚不能無過,況其餘乎?〔2〕慎勿恚恨,責躬而已。"原納其言而去。或有譏林宗不絕惡人者。對曰:"人而不仁,疾之以甚,亂也。"〔3〕原後忽更懷忿,結客欲報諸生。其日林宗在學,原愧負前言,因遂罷去。後事露,衆人咸謝服焉。

【注】
〔1〕《呂氏春秋》曰:"顏涿聚,梁父大盜也,學於孔子。"《左傳》曰:"晉伐齊,戰于黎丘,齊師敗績,親禽顏庚。"杜預注曰:"黎丘,隰也。顏庚,齊大夫顏涿聚也。"又曰:"晉荀瑤伐鄭,[鄭駟弘]請救於齊。〔六〕齊師將興,陳成子屬孤子,三日朝,設乘車兩馬,繫五邑焉。召顏涿聚之子晉,曰:'隰之役,而父死焉,以國之多難,未汝恤也。今君命汝以是邑也,服車而朝,無

廢前勞。'"《吕氏春秋》曰："段干木,晉國之駔。"《說文》曰："駔,會也。謂合兩家之賣買,如今之度市也。"《新序》曰"魏文侯過段干木之閭而軾之,遂致禄百萬,而時往問之。國人皆喜,相與誦之曰：'吾君好正,段干木之敬；吾君好忠,段干木之隆。'秦欲攻魏,司馬唐諫曰〔七〕：'段干木賢者也,而魏禮之,天下莫。不聞,無乃不可加兵乎?'秦君以為然"也。駔音子朗反。

〔2〕《論語》曰："蘧伯玉使人於孔子,問之曰：'夫子何為?'對曰：'夫子欲寡其過而未能也。'"又曰："顏回好學,不貳過。"

〔3〕《論語》孔子之言也。鄭玄注云："不仁之人,當以風化之。若疾之以甚,是益使為亂也。"

茅容字季偉,〔八〕陳留人也。年四十餘,耕於野,時與等輩避雨樹下,衆皆夷踞相對,〔1〕容獨危坐愈恭。林宗行見之而奇其異,遂與共言,因請寓宿。旦日,容殺雞為饌,林宗謂為己設,既而以供其母,自以草蔬與客同飯。〔2〕林宗起拜之曰："卿賢乎哉!"因勸令學,卒以成德。

【注】
〔1〕夷,平也。《說文》曰："踞,蹲也。"
〔2〕草,蔬也。

孟敏字叔達,鉅鹿楊氏人也。〔1〕〔九〕客居太原。荷甑墯地,不顧而去。林宗見而問其意。對曰："甑以破矣,視之何益?"林宗以此異之,因勸令遊學。十年知名,三公俱辟,並不屈云。

【注】
〔1〕《十三州志》曰,楊氏縣在今魏郡北也。

庾乘字世遊,潁川鄢陵人也。少給事縣廷為門士。〔1〕林宗見而拔之,勸遊學(宮)[官],〔一〇〕遂為諸生傭。後能講論,自以卑第,每處下坐，諸生博士皆就讎問，由是學中以下坐為貴。後徵辟並不起，號曰"徵君"。

【注】
〔1〕士即門卒。

宋果字仲乙，[1]扶風人也。性輕悍，憙與人報讎，為郡縣所疾。林宗乃訓之義方，懼以禍敗。果感悔，叩頭謝負，遂改節自勑。後以烈氣聞，辟公府，侍御史、并州刺史，所在能化。

【注】
〔1〕謝承《書》"乙"作"文"。

賈淑字子厚，[一]林宗鄉人也。雖世有冠冕，而性險害，邑里患之。[1]林宗遭母憂，淑來修弔，既而鉅鹿孫威直亦至。[一二]威直以林宗賢而受惡人弔，心怪之，不進而去。林宗追而謝之曰："賈子厚誠實凶德，然洗心向善。仲尼不逆互鄉，故吾許其進也。"[2]淑聞之，改過自厲，終成善士。鄉里有憂患者，淑輒傾身營救，為州閭所稱。

【注】
〔1〕謝承《書》曰："淑為舅宋瑗報讎於縣中，為吏所捕，繫獄當死。泰與語，淑懇惻流涕。泰詣縣令應操，陳其報怨蹈義之士。被赦，縣不宥之，郡上言，乃得原。"
〔2〕互鄉，鄉名。"互鄉難與言，童子見，門人惑。孔子曰：'人潔己以進，與其進，不保其往。'"

史叔賓者，陳留人也。少有盛名。林宗見而告人曰："牆高基下，雖得必失。"後果以論議阿枉敗名云。

黃允字子艾,〔一三〕濟陰人也。以儁才知名。林宗見而謂曰:"卿有絕人之才,足成偉器。然恐守道不篤,將失之矣。"後司徒袁隗欲為從女求姻,見允而歎曰:"得壻如是足矣。"允聞而黜遣其妻夏侯氏。婦謂姑曰:"今當見弃,方與黃氏長辭,乞一會親屬,以展離訣之情。"於是大集賓客三百餘人,〔一四〕婦中坐,攘袂數允隱匿穢惡十五事,言畢,登車而去。允以此廢於時。

　　謝甄字子微,汝南召陵人也。與陳留邊讓並善談論,俱有盛名。每共候林宗,未嘗不連日達夜。林宗謂門人曰:"二子英才有餘,而並不入道,惜乎!"甄後不拘細行,為時所毁。讓以輕侮曹操,操殺之。

　　王柔字叔優,弟澤,字季道,林宗同郡晉陽縣人也。兄弟總角共候林宗,以訪才行所宜。林宗曰:"叔優當以仕進顯,季道當以經術通,然違方改務,亦不能至也。"後果如所言,柔為護匈奴中郎將,澤為代郡太守。

　　又識張孝仲芻牧之中,知范特祖郵置之役,〔1〕召公子、許偉康並出屠酤,司馬子威拔自卒伍,及同郡郭長信、王長文、韓文布、李子政、曹子元、定襄周康子、西河王季然、雲中丘季智、郝禮真等六十人,並以成名。〔2〕

【注】

〔1〕《說文》曰:"郵,境上傳書舍也。"《廣雅》曰:"郵,驛也。"置亦驛也。《風俗通》曰:"漢改郵為置。置者,度其遠近之閒置之也。"

〔2〕謝承《書》曰:"太原郭長信、王長文、長文弟子師、韓文布、李子政、曹子元、定襄周康子、西河王季然、雲中丘季智名靈舉。子師位至司徒,季然北地太守,其餘多典州郡者。"

　　論曰:莊周有言,人情險於山川,以其動靜可識,而沈阻難徵。〔1〕故深厚之性,詭於情貌;〔2〕"則哲"之鑒,惟帝所難。〔3〕而林宗雅俗無所失,將其明性特有主乎?然而遜言危行,終亨時晦,〔4〕恂恂善導,使士慕成名,雖墨、孟之徒,不能絕也。[5]

【注】
〔1〕徵,明也。沈,深也。
〔2〕詭,違也。
〔3〕帝謂堯也。《書》曰:"知人則哲,惟帝為難。"
〔4〕亨,通也。
〔5〕墨翟、孟軻也。絕,過也。

符融字偉明,陳留浚儀人也。少為都官吏,恥之,委去。[1]後遊太學,師事少府李膺。膺風性高簡,每見融,輒絕它賓客,聽其言論。融幅巾奮褎,談辭如雲,[2]膺每捧手歎息。郭林宗始入京師,時人莫識,融一見嗟服,因以介於李膺,由是知名。[3]

【注】
〔1〕《續漢志》曰:"都官從事,主察舉百官犯法者。"融恥為其吏而去。
〔2〕幅巾者,以一幅為之也。褎,古袖字。如雲者,奔踊而出也。
〔3〕古人相見,必因紹介。介,因也,言因此人以相接見也。謝承《書》曰:"融見林宗,便與之交。又紹介於膺,以為海之明珠,未燿其光,鳥之鳳皇,羽儀未翔。膺與林宗相見,待以師友之禮,遂振名天下,融之致也。"

時漢中晉文經、梁國黃子艾,並恃其才智,炫曜上京,臥託養疾,無所通接。洛中士大夫好事者,承其聲名,坐門問疾,猶不得見。[1]三公所辟召者,輒以詢訪之,隨所臧否,以為與奪。融察其非真,乃到太學,并見李膺曰:"二子行業無聞,以豪桀自置,遂使公卿問疾,王臣坐門。融恐其小道破義,空譽違實,特宜察焉。"膺然之。二人自是名論漸衰,賓徒稍省,旬日之閒,慙歎逃去。後果為輕薄子,並以罪廢弃。

【注】
〔1〕謝承《書》曰："文經、子艾，曜名遠近，聲價已定，徵辟不就，療病京師，不通賓客。公卿將相大夫遣門生旦暮問疾，郎吏公府掾屬雜坐其門，不得見也。"

融益以知名。州郡禮請，舉孝廉，公府連辟，皆不應。太守馮岱有名稱，到官，請融相見。融一往，薦達郡士范冉、韓卓、孔伷等三人，〔1〕因辭病自絕。會有黨事，亦遭禁錮。

【注】
〔1〕伷音冑。謝承《書》曰："馮岱字德山。性忼慨，有文武異才。既到官，融往相見，薦范冉為功曹，韓卓為主簿，孔伷為上計吏。"袁山松《書》曰："卓字子助。臘日，奴竊食祭其先，卓義其心，即日免之。"

妻亡，貧無殯斂，鄉人欲為具棺服，融不肯受。曰："古之亡者，弃之中野。〔1〕唯妻子可以行志，但即土埋藏而已。"〔2〕

【注】
〔1〕《易‧繫詞》曰："古之葬者，厚衣以薪，葬之中野。"
〔2〕謝承《書》："潁川張元祖，志行士也，來存融，弔其妻亡，知其如此，謂言'足下欲尚古道，非不清妙；且禮設棺槨，制杖章，孔子曰"吾從周"'。便推所乘羸牛車，命融以給殯，融受而不辭也。"

融同郡田盛，字仲嚮，與郭林宗同好，亦名知人，優遊不仕，並以壽終。

許劭字子將，汝南平輿人也。[1]少峻名節，好人倫，多所賞識。若樊子昭、和陽士者，並顯名於世。[2]故天下言拔士者，咸稱許、郭。

【注】
[1]輿音預。
[2]《魏志》曰："和洽字陽士，汝南西平人也。初舉孝廉，大將軍辟，不就。魏國建，為侍中。"

　　初為郡功曹，太守徐璆甚敬之。[1]府中聞子將為吏，莫不改操飾行。同郡袁紹，公族豪俠，去濮陽令歸，車徒甚盛，將入郡界，乃謝遣賓客，曰："吾輿服豈可使許子將見。"遂以單車歸家。

【注】
[1]璆音求，又巨秋反。

　　劭嘗到潁川，多長者之遊，唯不候陳寔。又陳蕃喪妻還葬，鄉人（必）[畢]至，[一五]而劭獨不往。或問其故，劭曰："太丘道廣，廣則難周；仲舉性峻，峻則少通。故不造也。"其多所裁量若此。
　　曹操微時，常卑辭厚禮，求為己目。[1]劭鄙其人而不肯對，操乃伺隙脅劭，劭不得已，曰："君清平之姦賊，亂世之英雄。"[一六]操大悅而去。

【注】
[1]令品藻為題目。

　　劭從祖敬，敬子訓，訓子相，並為三公，相以能諂事宦官，故自致台司封侯，數遣請劭。劭惡其薄行，終不候之。
　　劭邑人李逵，壯直有高氣，劭初善之，而後為隙，又與從兄靖不睦,〔1〕時議以此少之。初,劭與靖俱有高名,好共覈論鄉黨人物,每月輒更其品題,故汝南俗有"月旦評"焉。

【注】
〔1〕《蜀志》曰:"許靖字文休,少與從弟劭俱知名,並有人倫臧否之稱,而私情不協。劭為郡功曹,排擯靖不得齒敘,以馬磨自給。"

司空楊彪〔一七〕辟,舉方正、敦樸,徵,皆不就。或勸劭仕,對曰:"方今小人道長,王室將亂,吾欲避地淮海,以全老幼。"乃南到廣陵。徐州刺史陶謙禮之甚厚。劭不自安,告其徒曰:"陶恭祖外慕聲名,內非真正。待吾雖厚,其勢必薄。不如去之。"遂復投揚州刺史劉繇於曲阿。〔1〕其後陶謙果捕諸寓士。〔2〕及孫策平吳,劭與繇南奔豫章而卒,時年四十六。

【注】
〔1〕繇字正禮。
〔2〕寓,寄也。

兄虔亦知名,汝南人稱平輿淵有二龍焉。〔1〕

【注】
〔1〕平輿故城[在]今豫州汝陽縣東北,〔一八〕有二龍鄉、月旦里。

贊曰:林宗懷寶,識深甄藻。〔1〕明發周流,永言時道。〔2〕符融鑒真,子將人倫。守節好恥,並亦逡巡。〔3〕

【注】
〔1〕甄,明也。藻猶飾也。

〔2〕明發，發夕至明也。《吕氏春秋》曰："孔子周流天下。"

〔3〕逡巡，自退不仕也。

【校勘記】

〔一〕形如（幍）〔帢〕　按：注云"音口洽反"，則字當作"帢"，今改，下同。

〔二〕初太始至南州至太以是名聞天下　按：此注文七十四字，汲本、殿本皆儳入正文。明嘉靖汪文盛刻本不誤，閩本亦不誤，閩本蓋據汪文盛本翻刻也。

〔三〕譬之（泛）〔汎〕濫　《集解》引惠棟説，謂蔣杲云"泛"當作"汎"，俗本誤"汎"為"汛"，因轉誤為"泛"也。王先謙謂《黄憲傳》"泛濫"作"汎濫"，謂汎泉、濫泉也。今據改。

〔四〕擾之不濁　按：殿本"擾"作"撓"，《御覽》七十二引《續漢書》同。

〔五〕段干木　按："段"原譌"叚"，逕改正。注同。

〔六〕晉荀瑶伐鄭〔鄭駟弘〕請救於齊　按：注脱"鄭駟弘"三字，則上下文語意不屬，今據今本《左傳》補。

〔七〕司馬唐諫曰　按：《校補》引柳從辰説，謂"司馬唐"今《新序》作"司馬唐且"。

〔八〕茅容字季偉　按：《校補》謂"偉"一作"瑋"。柳從辰云《風俗通》有黄瓊門生茅季瑋，即其人。

〔九〕鉅鹿楊氏人也　按："楊"原譌"揚"，逕改正。注同。

〔一〇〕勸遊學（宫）〔官〕　《刊誤》謂案文"宫"當作"官"。今據改。

〔一一〕賈淑字子厚　按：《集解》引惠棟説，謂袁《紀》"子厚"作"子序"。

〔一二〕既而鉅鹿孫威直亦至　按：《集解》引惠棟説，謂《郭泰别傳》"威"作"咸"。

〔一三〕黃允字子艾　按:《集解》引惠棟説, 謂袁《紀》"子艾"作"元艾"。

〔一四〕於是大集賓客三百餘人　按:《校補》引柳從辰説, 謂袁《紀》作"請親屬及賓客二十餘人"。

〔一五〕鄉人(必)[畢]至　據汲本、殿本改。

〔一六〕君清平之姦賊亂世之英雄　按:《三國·魏志》裴注引《世説》, 作"治世之能臣, 亂世之姦雄"。

〔一七〕司空楊彪　按:"楊"原譌"揚", 逕改正。

〔一八〕平輿故城[在]今豫州汝陽縣東北　據汲本、殿本補。

後漢書卷六十九

竇何列傳第五十九

竇武字游平，扶風平陵人，安豐戴侯融之玄孫也。父奉，定襄太守。武少以經行著稱，常教授於大澤中，不交時事，名顯關西。

延熹八年，長女選入掖庭，桓帝以為貴人，拜武郎中。其冬，貴人立為皇后，武遷越騎校尉，封槐里侯，五千戶。明年冬，拜城門校尉。在位多辟名士，清身疾惡，禮賂不通，妻子衣食裁充足而已。是時羌蠻寇難，歲儉民飢，武得兩宮賞賜，悉散與太學諸生，及載肴糧於路，匄施貧民。兄子紹，[一]為虎賁中郎將，性疎簡奢侈。武每數切厲相戒，猶不覺悟，乃上書求退紹位，又自責不能訓導，當先受罪。由是紹更遵節，大小莫敢違犯。

時國政多失，內官專寵，李膺、杜密等為黨事考逮。永康元年，上疏諫曰：「臣聞明主不諱譏刺之言，以探幽暗之實；忠臣不畏諫爭之患，以暢萬端之事。是以君臣並熙，名奮百世。[1]臣幸得遭盛明之世，逢文武之化，豈敢懷祿逃罪，不竭其誠！陛下初從藩國，爰登聖祚，天下逸豫，謂當中興。自即位以來，未聞善政。梁、孫、寇、鄧雖或誅滅，[2][二]而常侍黃門續為禍虐，欺罔陛下，競行譎詐，自造制度，妄爵非人，朝政日衰，姦臣日彊。伏尋西京放恣王氏，佞臣執政，終喪天下。今不慮前事之失，復循覆車之軌，臣恐二世之難，必將復及，[3]趙高之變，不朝則夕。[4]近者姦臣牢脩，造設黨議，遂收前司隸校尉李膺、太僕杜密、御史中丞陳翔、太尉掾范滂等逮考,連及數百人,曠年拘錄,事無効驗。臣惟膺等建忠抗節,志經王室,此誠陛下稷、卨、伊、吕之佐,〔三〕而虛為姦臣賊子之所誣枉,天下寒心,海内失望。惟陛下留神澄省,時見理出,〔5〕以厭人鬼噎噎之心。臣聞古之明君,必須賢佐,以成政道。今臺閣近臣,尚書令陳蕃、僕射胡廣,〔四〕尚書朱寓、荀緄、〔6〕劉祐、魏朗、劉矩、尹勳等,皆國之貞士,朝之良佐。尚書郎張陵、嬀皓、苑康、楊喬、邊韶、戴恢等,文質彬彬,明達國典。内外之職,群才並列。而陛下委任近習,專樹饕餮,外典州郡,内幹心膂。宜以次貶黜,案罪糾罰,抑奪宦官欺國之封,案其無狀誣罔之罪,信任忠良,平決臧否,使邪正毀譽,各得其所,寶愛天官,唯善是授。如此,咎徵可消,天應可待。閒者有嘉禾、芝草、黄龍之見。夫瑞生必於嘉士,〔7〕福至實由善人,在德為瑞,無德為灾。陛下所行,不合天意,不宜稱慶。"書奏,因以病上還城門校尉、槐里侯印綬。〔8〕帝不許,有詔原李膺、杜密等,自黄門北寺若盧、都内諸獄,繫囚罪輕者皆出之。〔9〕

【注】
〔1〕熙,盛也。
〔2〕梁冀、孫壽、寇榮、鄧萬代,見《桓紀》也。
〔3〕二世即胡亥。
〔4〕趙高使女壻閻樂弑胡亥於望夷宮。
〔5〕時謂即時也。
〔6〕音古本反。
〔7〕嘉士猶善人也。
〔8〕上音時丈反。
〔9〕都内,主藏官名。《前書》有都内令丞,屬大司農也。

其冬帝崩,無嗣。武召侍御史河閒劉儵,參問其國中王子侯之賢者,儵稱解瀆亭侯宏。武入白太后,遂徵立之,是為靈帝。拜武為大將軍，常居禁中。帝既立，論定策功，更封武為聞喜侯；子機渭陽侯，拜侍中；兄子紹鄠侯，遷步兵校尉；紹弟靖西鄉侯，為侍中，監羽林左騎。

武既輔朝政，常有誅翦宦官之意，太傅陳蕃亦素有謀。時共會朝堂，蕃私謂武曰："中常侍曹節、王甫等，自先帝時操弄國權，濁亂海內，百姓匈匈，歸咎於此。今不誅節等，後必難圖。"武深然之。蕃大喜，以手推席而起。武於是引同志尹勳為尚書令，劉瑜為侍中，馮述為屯騎校尉；又徵天下名士廢黜者前司隸李膺、宗正劉猛、太僕杜密、廬江太守朱寓等，列於朝廷；請前越巂太守荀翌為從事中郎，〔五〕辟潁川陳寔為屬：共定計策。於是天下雄俊，知其風旨，莫不延頸企踵，思奮其智力。〔1〕

【注】
〔1〕《續漢志》曰："桓帝初，京都童謠曰：'游平賣印自有評，不避賢豪及大姓。'案：武字游平。與陳蕃合策勠力，唯德是建，咸得其人，豪賢大姓皆絕望矣。"

會五月日食，蕃復說武曰："昔蕭望之困一石顯，〔1〕近者李、杜諸公禍及妻子，況今石顯數十輩乎！蕃以八十之年，欲為將軍除害，今可且因日食，斥罷宦官，以塞天變。又趙夫人及女尚書，旦夕亂太后，〔2〕急宜退絕。惟將軍慮焉。"武乃白太后曰："故事，黃門、常侍但當給事省內，典門戶，主近署財物耳。今乃使與政事而任權重，子弟布列，專為貪暴。天下匈匈，正以此故。宜悉誅廢，以清朝廷。"太后曰："漢來故事世有，但當誅其有罪，豈可盡廢邪？"時中常侍管霸頗有才略，專制省內。武先白誅霸及中常侍蘇康等，竟死。武復數白誅曹節等，太后尤豫未忍，〔3〕故事久不發。

【注】

〔1〕元帝時，閹人石顯為中書令，譖御史大夫蕭望之，令自殺也。

〔2〕女尚書，內官也。夫人即趙嬈。

〔3〕尢音淫。尢豫，不定也。

至八月，太白出西方。劉瑜素善天官，惡之，上書皇太后曰：「太白犯房左驂，上將星入太微，其占宮門當閉，將相不利，姦人在主傍。願急防之。」又與武、蕃書，以星辰錯繆，不利大臣，宜速斷大計。武、蕃得書將發，於是以朱寓為司隸校尉，劉祐為河南尹，虞祁為洛陽令。武乃奏免黃門令魏彪，以所親小黃門山冰代之。使冰奏素狡猾尢無狀者長樂尚書鄭颯，〔1〕送北寺獄。蕃謂武曰：「此曹子便當收殺，何復考為！」武不從，令冰與尹勳、侍御史祝瑨雜考颯，辭連及曹節、王甫。勳、冰即奏收節等，使劉瑜內奏。

【注】

〔1〕音立。

時武出宿歸府，典中書者先以告長樂五官史朱瑀。〔六〕瑀盜發武奏，罵曰：「中官放縱者，自可誅耳。我曹何罪，而當盡見族滅？」因大呼曰：「陳蕃、竇武奏白太后廢帝，為大逆！」乃夜召素所親壯健者長樂從官史〔七〕共普、張亮等十七人，歃血共盟誅武等。曹節聞之，驚起，白帝曰：「外閒切切，請出御德陽前殿。」令帝拔劍踊躍，使乳母趙嬈等擁衛左右，取棨信，閉諸禁門。〔1〕召尚書官屬，脅以白刃，使作詔板。拜王甫為黃門令，持節至北寺獄收尹勳、山冰。冰疑，不受詔，甫格殺之。遂害勳，出鄭颯。還共劫太后，奪璽書。〔八〕令中謁者守南宮，閉門，絕複道。〔2〕使鄭颯等持節，及侍御史、謁者捕收武等。武不受詔，馳入步兵營，與紹共射殺使者。召會北軍五校士數千人屯都亭下，令軍士曰：「黃門常侍反，盡力者封侯重賞。」詔以少府周靖行車騎將軍，加節,與護匈奴中郎將張奐率五營士討武。夜漏盡,王甫將虎賁、羽林、廐騶、都候、劍戟士,合千餘人,出屯朱雀掖門,與奐等合。明旦悉軍闕下,與武對陳。甫兵漸盛,使其士大呼武軍曰:"竇武反,汝皆禁兵,當宿衞宮省,何故隨反者乎?先降有賞!"營府素畏服中官,於是武軍稍稍歸甫。自旦至食時,兵降略盡。武、紹走,諸軍追圍之,皆自殺,梟首洛陽都亭。〔3〕收捕宗親、賓客、姻屬,悉誅之,及劉瑜、馮述,皆夷其族。徙武家屬日南,遷太后於雲臺。

【注】
〔1〕縈,有衣戟也。《漢官儀》曰:"凡居宮中,〔九〕皆施籍於掖門,案姓名當入者,本官為封縈傳,審印信,然後受之。"
〔2〕複音福。
〔3〕《續漢志》曰:"桓帝末,京師童謠曰:'茅田一頃中有井,四方纖纖不可整。嚼復嚼,今年尚可後年磽。'案:《易》曰'拔茅連茹',茅喻群賢也。井者,法也。時中常侍管霸等憎疾海內英賢,並見廢錮。'茅田一頃'言群賢衆多也。'中有井'者,言雖厄窮,不失法度也。'四方纖纖'言姦慝不可理也。'嚼',飲酒相強之辭也。言不恤王政,徒耽宴而已。'今年尚可'者,言但禁錮也。'後年磽'者,陳蕃、竇武等誅,天下大壞也。"磽音苦教反。磽猶惡也。

當是時,凶豎得志,士大夫皆喪其氣矣。武府掾桂陽胡騰,少師事武,獨殯斂行喪,坐以禁錮。

武孫輔,時年二歲,逃竄得全。事覺,節等捕之急。胡騰及令史南陽張敞共逃輔於零陵界,詐云已死,騰以為己子,而使聘娶焉。後舉桂陽孝廉。至建安中,荊州牧劉表聞而辟焉,以為從事,使還竇姓,以事列上。會表卒,曹操定荊州,輔與宗人徙居於鄴,辟丞相府。從征馬超,為流矢所中死。[1]

【注】
〔1〕飛矢曰流矢。中,傷也。

初,武母產武而并產一蛇,送之林中。後母卒,及葬未窆,有大蛇自榛草而出,[1]徑至喪所,以頭擊柩,涕血皆流,俯仰蛣屈,[2]若哀泣之容,有頃而去。時人知為竇氏之祥。[3]

【注】
〔1〕《廣雅》曰:"木叢生曰榛。"
〔2〕蛣音丘吉反。
〔3〕祥,吉凶之先見者。《尚書》曰:"亳有祥。"

騰字子升。初,桓帝巡狩南陽,以騰為護駕從事。公卿貴戚車騎萬計,徵求費役,不可勝極。騰上言:"天子無外,乘輿所幸,即為京師。臣請以荊州刺史比司隸校尉,[1]臣自同都官從事。"帝從之。[2]自是肅然,莫敢妄有干欲,騰以此顯名。黨錮解,官至尚書。

【注】
〔1〕南陽屬荊州,故請以刺史比司隸。
〔2〕《漢官儀》曰"都官從事主洛陽百官,[一〇]朝會與三府掾同"也。

張敞者,太尉溫之弟也。[1]

【注】
〔1〕《漢官儀》曰:"溫字伯慎,穰人也,封(玄)[互]鄉侯。[一一]太史奏言有大臣誅死,董卓取溫笞殺於市以厭之。"

何進字遂高，南陽宛人也。異母女弟選入掖庭為貴人，有寵於靈帝，拜進郎中，再遷虎賁中郎將，出為潁川太守。光和（二）〔三〕年，貴人立為皇后，〔一二〕徵進入，拜侍中、將作大匠、河南尹。

中平元年，黃巾賊張角等起，以進為大將軍，率左右羽林五營士屯都亭，修理器械，以鎮京師。張角別黨馬元義謀起洛陽，進發其姦，以功封慎侯。〔1〕

【注】
〔1〕慎，縣，屬汝南郡。

四年，滎陽賊數千人群起，攻燒郡縣，殺中牟縣令，詔使進弟河南尹苗〔一三〕出擊之。苗攻破群賊，平定而還。詔遣使者迎於成皋，拜苗為車騎將軍，封濟陽侯。

五年，天下滋亂，望氣者以為京師當有大兵，兩宮流血。大將軍司馬許涼、假司馬伍宕說進曰："《太公六韜》有天子將兵事，〔1〕可以威厭四方。"進以為然，入言之於帝。於是乃詔進大發四方兵，講武於平樂觀下。起大壇，上建十二重五采華蓋，高十丈，壇東北為小壇，復建九重華蓋，高九丈，列步兵、騎士數萬人，結營為陳。天子親出臨軍，駐大華蓋下，進駐小華蓋下。禮畢，帝躬擐甲介馬，〔2〕稱"無上將軍"，行陳三匝而還。詔使進悉領兵屯於觀下。是時置西園八校尉，以小黃門蹇碩為上軍校尉，虎賁中郎將袁紹為中軍校尉，屯騎都尉鮑鴻為下軍校尉，〔一四〕議郎曹操為典軍校尉，趙融為助軍校尉，淳于瓊為佐軍校尉，又有左右校尉。帝以蹇碩壯健而有武略，特親任之，以為元帥，督司隸校尉以下，雖大將軍亦領屬焉。

【注】
〔1〕《太公六韜篇》：第一《霸典》，文論；第二《文師》，武論；第三《龍韜》，主將；第四《虎韜》，偏裨；第五《豹韜》，校尉；第六《犬韜》，司

馬。《龍韜》云:"武王曰:'吾欲令三軍之衆,親其將如父母,聞金聲而怒,聞鼓音而喜,為之奈何?'"

〔2〕擐音宦。擐,貫也。介亦甲也。

碩雖擅兵於中,而猶畏忌於進,乃與諸常侍共說帝遣進西擊邊章、韓遂。帝從之,賜兵車百乘,虎賁斧鉞。進陰知其謀,乃上遣袁紹東擊徐兗二州兵,〔一五〕須紹還,即戎事,以稽行期。

初,何皇后生皇子辯,王貴人生皇子協。群臣請立太子,帝以辯輕佻無威儀,不可為人主,〔1〕然皇后有寵,且進又居重權,故久不決。

【注】
〔1〕《字書》曰:"佻,輕也。"

六年,帝疾篤,屬協於蹇碩。碩既受遺詔,且素輕忌於進兄弟,及帝崩,碩時在內,欲先誅進而立協。及進從外入,碩司馬潘隱與進早舊,迎而目之。進驚,馳從儳道歸營,引兵入屯百郡邸,〔1〕因稱疾不入。碩謀不行,皇子辯乃即位,何太后臨朝,進與太傅袁隗輔政,錄尚書事。

【注】
〔1〕《廣雅》曰:"儳,疾也。"音仕鑒反。

進素知中官天下所疾,兼忿蹇碩圖己,及秉朝政,陰規誅之。袁紹亦素有謀,因進親客張津勸之曰:"黃門常侍權重日久,又與長樂太后專通姦利,〔1〕將軍宜更清選賢良,整齊天下,為國家除患。"進然其言。又以袁氏累世寵貴,海內所歸,〔2〕而紹素善養士,能得豪傑用,其從弟虎賁中郎將術亦尚氣俠,故並厚待之。因復博徵智謀之士(龐)〔逢〕紀、〔一六〕何顒、荀攸等,與同腹心。

【注】

〔1〕靈帝母董太后居長樂宮。

〔2〕袁安為司徒、司空,孫湯為司徒、太尉,湯子成五官中郎將,成生紹,故云"累代寵貴"也。

蹇碩疑不自安,與中常侍趙忠等書曰:"大將軍兄弟秉國專朝,今與天下黨人謀誅先帝左右,埽滅我曹。但以碩典禁兵,故且沈吟。今宜共閉上閤,急捕誅之。"中常侍郭勝,進同郡人也。太后及進之貴幸,勝有力焉。故勝親信何氏,遂共趙忠等議,不從碩計,而以其書示進。進乃使黃門令收碩,誅之,因領其屯兵。

袁紹復說進曰:"前竇武欲誅內寵而反為所害者,以其言語漏泄,而五營百官服畏中人故也。今將軍既有元舅之重,而兄弟並領勁兵,部曲將吏皆英俊名士,樂盡力命,事在掌握,此天贊之時也。將軍宜一為天下除患,名垂後世。雖周之申伯,何足道哉!〔1〕今大行在前殿,〔2〕將軍(宜)受詔領禁兵,〔一七〕不宜輕出入宮省。"進甚然之,乃稱疾不入陪喪,又不送山陵。遂與紹定籌策,而以其計白太后。太后不聽,曰:"中官統領禁省,自古及今,漢家故事,不可廢也。且先帝新弃天下,我奈何楚楚與士人對共事乎?"〔3〕進難違太后意,且欲誅其放縱者。紹以為中官親近至尊,出入號令,今不悉廢,後必為患。而太后母舞陽君及苗數受諸宦官賂遺,知進欲誅之,數白太后,為其障蔽。又言:"大將軍專殺左右,擅權以弱社稷。"太后疑以為然。中官在省闥者或數十年,封侯貴寵,膠固內外。進新當重任,素敬憚之,雖外收大名而內不能斷,故事久不決。

【注】

〔1〕申伯,周申后父也。《詩·大雅》曰:"維申及甫,維周之翰。"

〔2〕人主崩未有謚,故稱大行也。《前書音義》曰:"大行者,不反之辭也。"

〔3〕《楚詞》曰"楚楚"，鮮明貌也。《詩》曰："衣裳楚楚。"

紹等又為畫策，多召四方猛將及諸豪傑，使並引兵向京城，以脅太后。進然之。主簿陳琳入諫曰："《易》稱'即鹿無虞'，[1]諺有'掩目捕雀'。夫微物尚不可欺以得志，況國之大事，其可以詐立乎？今將軍總皇威，握兵要，龍驤虎步，高下在心，此猶鼓洪爐燎毛髮耳。夫違經合道，天人所順，而反委釋利器，更徵外助。大兵聚會，彊者為雄，所謂倒持干戈，授人以柄，[2]功必不成，祇為亂階。"進不聽。遂西召前將軍董卓屯關中上林苑，又使府掾太山王匡東發其郡強弩，并召東郡太守橋瑁屯城皋，使武猛都尉丁原燒孟津，火照城中，[3]皆以誅宦官為言。太后猶不從。

【注】

〔1〕《易·屯卦》六三爻辭也。虞，掌山澤之官。即鹿猶從禽也。無虞言不可得。

〔2〕《前書》梅福上書曰："倒持太阿，授楚其柄。"

〔3〕武猛謂有武藝而勇猛者。取其嘉名，因以名官也。

苗謂進曰："始共從南陽來，俱以貧賤，依省內以致貴富。國家之事，亦何容易！覆水不可收。宜深思之，且與省內和也。"進意更狐疑。紹懼進變計，乃脅之曰："交搆已成，形執已露，事留變生，將軍復欲何待，而不早決之乎？"進於是以紹為司隸校尉，假節，專命擊斷；從事中郎王允為河南尹。紹使洛陽方略武吏司察宦者，而促董卓等使馳驛上，欲進兵平樂觀。太后乃恐，悉罷中常侍小黃門，使還里舍，唯留進素所私人，以守省中。諸常侍小黃門皆詣進謝罪，唯所措置。進謂曰："天下匈匈，正患諸君耳。今董卓垂至，諸君何不早各就國？"袁紹勸進便於此決之，至于再三。進不許。紹又為書告諸州郡，詐宣進意，使捕案中官親屬。

進謀積日，頗泄，中官懼而思變。張讓子婦，太后之妹也。〔一八〕讓向子婦叩頭曰："老臣得罪，當與新婦俱歸私門。惟受恩累世，〔1〕今當遠離宮殿，情懷戀戀，願復一入直，得暫奉望太后、陛下顏色，然後退就溝壑，死不恨矣。"子婦言於舞陽君，入白太后，乃詔諸常侍皆復入直。

【注】
〔1〕惟，思念也。

　　八月，進入長樂白太后，請盡誅諸常侍以下，選三署郎入守宦官廬。諸宦官相謂曰："大將軍稱疾不臨喪，不送葬，今欻入省，〔1〕此意何為？竇氏事竟復起邪？"又張讓等使人潛聽，具聞其語，乃率常侍段珪、〔一九〕畢嵐等數十人，持兵竊自側闥入，伏省中。及進出，因詐以太后詔召進。入坐省闥，讓等詰進曰："天下憒憒，〔二〇〕亦非獨我曹罪也。〔2〕先帝嘗與太后不快，幾至成敗，〔3〕我曹涕泣救解，各出家財千萬為禮，和悅上意，但欲託卿門戶耳。今乃欲滅我曹種族，不亦太甚乎？卿言省內穢濁，公卿以下忠清者為誰？"於是尚方監渠穆拔劍斬進於嘉德殿前。讓、珪等為詔，以故太尉樊陵為司隸校尉，少府許相為河南尹。尚書得詔板，疑之，曰："請大將軍出共議。"中黃門以進頭擲與尚書，曰："何進謀反，已伏誅矣。"

【注】
〔1〕欻音許物反。
〔2〕《說文》曰："憒憒，亂也。"
〔3〕陳留王協母王美人，何后鴆殺之，帝怒，欲廢后，宦官固請得止。

　　進部曲將吳匡、張璋，素所親幸，在外聞進被害，欲將兵入宮，宮閤閉。袁術與匡共斫攻之，中黃門持兵守閤。會日暮，術因燒南宮九龍門〔二一〕及東西宮，欲以脅出讓等。讓等入白太后，言大將軍兵反，燒宮，攻尚書闥，因將太后、天子及陳留王，又劫省內官屬，從複道走北宮。〔1〕尚書盧植執戈於閣道窗下，仰數段珪。段珪等懼，乃釋太后。太后投閣得免。

【注】
〔1〕複音福。

袁紹與叔父隗矯詔召樊陵、許相，斬之。苗、紹乃引兵屯朱雀闕下，捕得趙忠等，斬之。吳匡等素怨苗不與進同心，而又疑其與宦官同謀，乃令軍中曰："殺大將軍者即車騎也，士吏能為報讎乎？"進素有仁恩，士卒皆流涕曰："願致死！"匡遂引兵與董卓弟奉車都尉旻攻殺苗，弃其屍於苑中。紹遂閉北宮門，勒兵捕宦者，無少長皆殺之。或有無須而誤死者，至自發露然後得免。[死]者二千餘人。〔二二〕紹因進兵排宮，或上端門屋，以攻省內。

張讓、段珪等困迫，遂將帝與陳留王數十人步出穀門，奔小平津。〔1〕公卿並出平樂觀，無得從者，唯尚書盧植夜馳河上，王允遣河南中部掾閔貢隨植後。貢至，手劍斬數人，餘皆投河而死。明日，公卿百官乃奉迎天子還宮，以貢為郎中，封都亭侯。

【注】
〔1〕穀門，洛城北當中門也。

董卓遂廢帝，又迫殺太后，殺舞陽君，何氏遂亡，而漢室亦自此敗亂。

論曰：竇武、何進藉元舅之資，據輔政之權，內倚太后臨朝之威，外迎群英乘風之執，卒而事敗閹豎，身死功積，為世所悲，豈智不足而權有餘乎？[1]《傳》曰："天之廢商久矣，君將興之。"斯宋襄公所以敗於泓也。[2]

【注】
[1]言智非不足，權亦有餘，蓋天敗也。
[2]《左傳》曰，楚伐宋，宋公將戰。子魚諫曰："天之弃商久矣，公將興之，不可。"宋公不從，遂與楚戰，大敗於泓也。

贊曰：武生蛇祥，進自屠羊。[1]惟女惟弟，來儀紫房。上悎下嬖，人靈動怨。將糾邪慝，以合人願。道之屈矣，代離凶困。[2]

【注】
[1]進本屠家子也。
[2]代，更也。

【校勘記】
[一]兄子紹　按：《集解》引惠棟說，謂袁宏《紀》紹為武長子，與此異。
[二]梁孫寇鄧雖或誅滅　按：《集解》引惠棟說，謂袁宏《紀》云"梁、孫、鄧、亳貴戚專勢"云云，案寇榮未嘗有此，袁《紀》是也。
[三]此誠陛下稷禼伊吕之佐　"禼"原譌"离"，汲本譌"咼"，逕改正。按："禼"乃"契"之古文。
[四]尚書令陳蕃僕射胡廣　按：《通鑑》刪此九字，《攷異》謂蕃、廣時不為令、僕，故去之。
[五]請前越巂太守荀翌為從事中郎　按：汲本、殿本"翌"作"昱"。
[六]長樂五官史朱瑀　按：《集解》引惠棟說，謂《百官志》云"長信、長樂宦者署少府一人，職如長秋，及餘吏皆以宮名為號"，劉昭云"如長樂五官吏朱瑀之類"，是"史"當作"吏"。

〔七〕長樂從官史　按：惠棟《補注》謂胡三省云"掌太后宮從官"，案"史"亦當作"吏"。

〔八〕奪璽書　《刊誤》謂"書"當作"綬"。按：《集解》引惠棟説，謂袁《紀》作"璽綬"。

〔九〕凡居宮中　按："宮"原譌"官"，逕據汲本、殿本改正。

〔一〇〕主洛陽百官　按：《集解》引惠棟説，謂《北堂書鈔》引《漢官儀》，云都官從事掌洛陽中百姓，似"百官"當作"百姓"。

〔一一〕封（玄）〔互〕鄉侯　據殿本改。按：王先謙謂作"互"是。

〔一二〕光和（二）〔三〕年貴人立為皇后　據《校補》引錢大昭説改。

〔一三〕進弟何南尹苗　殿本《考證》謂苗，朱氏子，《五行志》作"皇后異父兄"。按：李慈銘謂何后本屠家，其父真早死，舞陽君改適朱氏，生苗，及何氏貴，苗亦冒姓何氏，幸《續志》偶存其本姓耳。苗與進固非一姓，故進之部將疑其同謀殺進，遂報殺苗也。

〔一四〕屯騎都尉鮑鴻為下軍校尉　按：《刊誤》謂漢無屯騎都尉，"都"當作"校"。

〔一五〕乃上遣袁紹東擊徐兗二州兵　按：《校補》謂案文"擊"當作"集"。

〔一六〕因復博徵智謀之士（龐）〔逢〕紀　《校補》引陳景雲説，謂據荀彧、袁紹《傳》均作"逢紀"，此作"龐"，誤。今據改。按：逢讀同龐，音近而譌。

〔一七〕將軍（宜）受詔領禁兵　據《刊誤》删。

〔一八〕張讓子婦太后之妹也　按：汲本"妹"作"甥"，誤。袁《紀》作"娣"，娣訓女弟也。

〔一九〕乃率常侍段珪　按："段"字原譌"叚"，逕改正，下同。

〔二〇〕天下憒憒　按：《校補》引柳從辰説，謂袁《紀》"憒憒"作"憤憤"。

〔二一〕術因燒南宮九龍門　按：《集解》引惠棟説，謂袁宏《紀》"九龍門"作"青瑣門"。又引王補説，謂《通鑑》從袁《紀》。

〔二二〕至自發露然後得免［死］者二千餘人　《刊誤》謂案文少一"死"字。今按：《魏志·袁紹傳》作"或有無鬚而誤死者，至自發露形體而後得免。死者二千餘人"。又袁《紀》及《通鑑》均作"死者二千餘人"。此明脱一"死"字，今補。

後漢書卷七十

鄭孔荀列傳第六十

鄭太字公業,河南開封人,司農衆之曾孫也。〔1〕〔一〕少有才略。靈帝末,知天下將亂,陰交結豪桀。家富於財,有田四百頃,而食常不足,名聞山東。

【注】
〔1〕開封,縣,故城在今汴州南。

初舉孝廉,三府辟,公車徵,皆不就。及大將軍何進輔政,徵用名士,以公業為尚書侍郎,〔1〕遷侍御史。進將誅閹官,欲召并州牧董卓為助。公業謂進曰:"董卓彊忍寡義,志欲無猒。若借之朝政,授以大事,〔2〕將恣凶慾,必危朝廷。明公以親德之重,據阿衡之權,秉意獨斷,誅除有罪,誠不宜假卓以為資援也。且事留變生,殷鑒不遠。"又為陳時務之所急數事。進不能用,乃弃官去。謂潁川人荀攸曰:"何公未易輔也。"

【注】
〔1〕《續漢志》曰:"尚書凡六曹,侍郎三十六人,四百石。一曹有六人,主作文書起草。"

〔2〕借音子夜反。

　　進尋見害，卓果作亂。公業等與侍中伍瓊、卓長史何顒共說卓，以袁紹為勃海太守，以發山東之謀。及義兵起，卓乃會公卿議，大發卒討之，群僚莫敢忤旨。公業恐其眾多益橫，凶彊難制，獨曰："夫政在德，不在眾也。"卓不悅，曰，"如卿此言，兵為無用邪？"公業懼，乃詭詞更對曰：[1]"非謂無用，以為山東不足加大兵耳。如有不信，試為明公略陳其要。今山東合謀，州郡連結，人庶相動，非不強盛。然光武以來，中國無警，百姓優逸，忘戰日久。仲尼有言：'不教人戰，是謂棄之。'其眾雖多，不能為害。一也。明公出自西州，少為國將，閑習軍事，數踐戰場，名振當世，人懷懾服。二也。袁本初公卿子弟，生處京師。張孟卓東平長者，[2]坐不闚堂。[3]孔公緒[4]清談高論，噓枯吹生。[5]並無軍旅之才，執銳之幹，臨鋒決敵，非公之儔。三也。山東之士，素乏精悍。[6]未有孟賁之勇，慶忌之捷，[7]聊城之守，[8]良、平之謀，可任偏師，責以成功。四也。就有其人，而尊卑無序，王爵不加，若恃眾怙力，[9]將各（基）〔萁〕峙，[10]〔二〕以觀成敗，不肯同心共膽，與齊進退。五也。關西諸郡，頗習兵事，自頃以來，數與羌戰，婦女猶戴戟操矛，〔三〕挾弓負矢，[11]況其壯勇之士，以當妄戰之人乎！其勝可必。六也。且天下彊勇，百姓所畏者，有并、涼之人，〔四〕及匈奴屠各、湟中義從、西羌八種，[12]而明公擁之，以為爪牙，譬驅虎兕以赴犬羊。七也。又明公將帥，皆中表腹心，周旋日久，恩信淳著，忠誠可任，智謀可恃。以膠固之眾，[13]當解合之執，猶以烈風掃彼枯葉。八也。夫戰有三亡，以亂攻理者亡，以邪攻正者亡，以逆攻順者亡。今明公秉國平正，討滅宦豎，忠義克立。以此三德，待彼三亡，奉辭伐罪，誰敢禦之！九也。東州鄭玄學該古今，[14]北海邴原清高直亮，[15]皆儒生所仰，群士楷式。彼諸將若詢其計畫，足知彊弱。且燕、趙、齊、梁非不盛也，終滅於秦；吳、楚七國非不眾也，卒敗滎陽。[16]況今德政赫赫，股肱惟良，彼豈讚成其謀，造亂長寇哉？其不然。十也。若其所陳少有可採，無事徵兵以驚天下，使患役之民相聚為非，弃德恃衆，自虧威重。"卓乃悦，以公業為將軍，使統諸軍討擊關東。或説卓曰："鄭公業智略過人，而結謀外寇，今資之士馬，就其黨與，竊為明公懼之。"卓乃收還其兵，留拜議郎。

【注】

〔1〕詭猶詐也。

〔2〕孟卓名邈。

〔3〕言不妄視也。

〔4〕名佁。

〔5〕枯者噓之使生，生者吹之使枯。言談論有所抑揚也。

〔6〕悍，勇也。

〔7〕《説苑》曰〔五〕："孟賁水行不避鮫龍，陸行不避虎狼，發怒吐氣，聲響動天。"〔六〕許慎注《淮南子》曰："孟賁，衛人也。"《吕氏春秋》曰："孟賁過於河，先其伍，船人怒，以楫虎其頭，不知其孟賁故也。中河，孟賁瞋目視船人，髮植目裂，舟中人盡播入河。"慶忌，吳王僚子也。射之矢，滿把不能中，四馬追之不能及。

〔8〕《史記》，燕將攻下聊城，因保守之。齊將田單攻之，歲餘不下。

〔9〕怙亦恃也。

〔10〕峙，止也。

〔11〕挾，持也。

〔12〕義從、八種並見《西羌傳》。

〔13〕膠亦固也。

〔14〕玄，北海人，故云東州。

〔15〕《魏志》，原字根矩，北海朱虛人也。與管寧俱以操尚稱。

〔16〕《前書》吳王濞、楚王戊、趙王遂、淄川王賢、濟南王辟光、膠西王卬、膠東王雄渠，景帝（二）[三]年反，〔七〕大將軍條侯周亞夫將兵破之滎陽。

卓既遷都長安，天下飢亂，士大夫多不得其命。而公業家有餘資，日引賓客高會倡樂，所贍救者甚衆。乃與何顒、荀攸共謀殺卓。事洩，顒等被執，公業脫身自武關走，東歸袁術。術上以為楊州刺史。未至官，道卒，年四十一。〔八〕

孔融字文舉，魯國人，孔子二十世孫也。七世祖霸，為元帝師，位至侍中。〔1〕父宙，太山都尉。

【注】
〔1〕《前書》霸字次（孺）[儒]，〔九〕元帝師。解見《孔昱傳》。

融幼有異才。〔1〕年十歲，隨父詣京師。時河南尹李膺〔2〕〔一〇〕以簡重自居，不妄接士賓客，勑外自非當世名人及與通家，皆不得白。融欲觀其人，故造膺門。語門者曰："我是李君通家子弟。"門者言之。膺請融，問曰："高明祖父嘗與僕有恩舊乎？"融曰："然。先君孔子與君先人李老君同德比義，而相師友，〔3〕則融與君累世通家。"衆坐莫不歎息。太中大夫陳煒〔一一〕後至，〔4〕坐中以告煒。煒曰："夫人小而聰了，大未必奇。"融應聲曰："觀君所言，將不早惠乎？"〔一二〕膺大笑曰："高明必為偉器。"〔一三〕

【注】
〔1〕《融家傳》曰："兄弟七人，融第六，幼有自然之性。年四歲時，每與諸兄共食梨，融輒引小者。大人問其故，荅曰：'我小兒，法當取小者。'由是宗族奇之。"
〔2〕膺，潁川襄城人。《融家傳》曰："聞漢中李公清節直亮，意慕之，遂造公門。"李固，漢中人，為太尉，與此傳不同也。
〔3〕《家語》曰："孔子謂南宮敬叔曰：'吾聞老聃博古而達今，通禮樂之

源,明道德之歸,即吾之師也。今將往矣。'遂至周,問禮於老耼焉。"

〔4〕煒音于匭反。

年十三,喪父,〔一四〕哀悴過毀,扶而後起,州里歸其孝。性好學,博涉多該覽。

山陽張儉為中常侍侯覽所怨,覽為刊章下州郡,以名捕儉。〔1〕儉與融兄襃有舊,亡抵於襃,不遇。〔2〕時融年十六,〔一五〕儉少之而不告。融見其有窘色,〔3〕謂曰:"兄雖在外,吾獨不能為君主邪?"因留舍之。〔4〕後事泄,國相以下,密就掩捕,儉得脫走,遂并收襃、融送獄。二人未知所坐。融曰:"保納舍藏者,融也,當坐之。"襃曰:"彼來求我,非弟之過,請甘其罪。"吏問其母,母曰:"家事任長,妾當其辜。"一門爭死,郡縣疑不能決,乃上讞之。〔5〕詔書竟坐襃焉。融由是顯名,與平原陶丘洪、陳留邊讓齊聲稱。州郡禮命,皆不就。

【注】

〔1〕刊,削也。謂削去告人姓名。

〔2〕抵,歸也。《融家傳》"襃字文禮"也。

〔3〕窘,迫也。

〔4〕舍,止也。

〔5〕《前書音義》曰:"讞,請也,音宜傑反。"

辟司徒楊賜府。時隱覈官僚之貪濁者,將加貶黜,融多舉中官親族。尚書畏迫內寵,召掾屬詰責之。融陳對罪惡,言無阿撓。〔1〕河南尹何進當遷為大將軍,楊賜遣融奉謁賀進,不時通,融即奪謁還府,投劾而去。河南官屬恥之,私遣劍客欲追殺融。客有言於進曰:"孔文舉有重名,〔2〕將軍若造怨此人,則四方之士引領而去矣。不如因而禮之,可以示廣於天下。"進然之,既拜而辟融,舉高第,為侍御史。與中丞趙舍不同,託病歸家。

【注】

〔1〕撓，曲也，音乃孝反。

〔2〕《融家傳》曰："客言於進曰：'孔文舉於時英雄特傑，譬諸物類，猶衆星之有北辰，百穀之有黍稷，天下莫不屬目也。'"

後辟司空掾，拜中軍候。[一六]在職三日，遷虎賁中郎將。會董卓廢立，融每因對答，輒有匡正之言。以忤卓旨，轉為議郎。時黃巾寇數州，而北海最為賊衝，卓乃諷三府同舉融為北海相。

融到郡，收合士民，起兵講武，馳檄飛翰，引謀州郡。賊張饒等群輩二十萬衆從冀州還，融逆擊，為饒所敗，乃收散兵保朱虛縣。稍復鳩集吏民為黃巾所誤者男女四萬餘人，更置城邑，立學校，表顯儒術，薦舉賢良鄭玄、彭璆、邴原等。〔1〕郡人甄子然、臨孝存知名早卒，融恨不及之，乃命配食縣社。其餘雖一介之善，莫不加禮焉。郡人無後及四方游士有死亡者，皆為棺具而斂葬之。時黃巾復來侵暴，融乃出屯都昌，〔2〕為賊管亥所圍。融逼急，乃遣東萊太史慈求救於平原相劉備。〔3〕備驚曰："孔北海乃復知天下有劉備邪？"即遣兵三千救之，賊乃散走。

【注】

〔1〕璆音巨秋反，又音求。

〔2〕都昌，縣，屬北海郡，故城在今青州臨朐縣東北。

〔3〕《吳志》，慈字子義，東萊人也。避事之遼東，北海相孔融聞而奇之，數遣人訊問其母，并致餉遺。時融為管亥所圍，慈從遼東還，母謂之曰："汝與孔北海未嘗相見，至汝行後，贍恤殷勤，過於故舊。今為賊所圍，汝宜赴之。"慈單步見融，既而求救於劉備，得兵以解圍焉。

時袁、曹方盛，而融無所協附。左丞祖者，稱有意謀，勸融有所結納。融知紹、操終圖漢室，不欲與同，故怒而殺之。

融負其高氣，志在靖難，而才疎意廣，迄無成功。[1]在郡六年，劉備表領青州刺史。建安元年，為袁譚所攻，自春至夏，戰士所餘裁數百人，流矢雨集，戈矛內接。融隱几讀書，[2]談笑自若。城夜陷，乃奔東山，妻子為譚所虜。

【注】
[1]迄，竟也。
[2]隱，憑也。《莊子》曰：“南郭子綦隱几而坐。”

及獻帝都許，徵融為將作大匠，遷少府。每朝會訪對，融輒引正定議，公卿大夫皆隸名而已。[1]

【注】
[1]《說文》云：“隸，附著。”

初，太傅馬日磾奉使山東，及至淮南，數有意於袁術。術輕侮之，遂奪取其節，求去又不聽，因欲逼為軍帥。日磾深自恨，遂嘔血而斃。[1]及喪還，朝廷議欲加禮。融乃獨議曰：“日磾以上公之尊，秉髦節之使，銜命直指，[2]寧輯東夏，[3]而曲媚姦臣，為所牽率，章表署用，輒使首名，[4]附下罔上，[5]姦以事君。[6]昔國佐當晉軍而不撓，[7]宜僚臨白刃而正色。[8]王室大臣，豈得以見脅為辭！又袁術僭逆，非一朝一夕，日磾隨從，周旋歷歲。《漢律》與罪人交關三日已上，皆應知情。《春秋》魯叔孫得臣卒，以不發揚襄仲之罪，貶不書日。[9]鄭人討幽公之亂，斵子家之棺。[10]聖上哀矜舊臣，未忍追案，不宜加禮。”朝廷從之。

【注】
[1]《三輔決錄》曰：“日磾字翁叔，馬融之族子。少傳融業，以才學進。

與楊彪、盧植、蔡邕等典校中書,歷位九卿,遂登台輔。"《獻帝春秋》曰:"術從日磾借節觀之,因奪不還,條軍中十餘人使促辟之。日磾謂術曰:'卿先代諸公辟士云何?而言促之,謂公府掾可劫得乎?'從術求去,而術不遣,既以失節屈辱憂恚。"

〔2〕直指,無屈撓也。《前書》有繡衣直指。

〔3〕輯,和也。

〔4〕所上章表及署補用,皆以日磾名為首也。

〔5〕《前書》曰:"附下罔上者刑。"

〔6〕《左傳》叔向曰:"姦以事君者,吾所能禦。"

〔7〕《公羊傳》曰:"鞌之戰,齊師大敗。齊侯使國佐如師。郤克曰:'與我紀侯之甗,(及)〔反〕魯、衛之侵地,〔一七〕使耕者東西其畝,以蕭同叔子為質,則吾舍子。'國佐曰:'與我紀侯之甗,請諾。使反魯、衛之侵,請諾。使耕者東西其畝,是則土齊也。蕭同叔子者,齊君母也,齊君母猶晉君之母也,曰不可。請戰,一戰而不勝,請再戰,再戰而不勝,請三戰,三戰不勝,則齊國盡子之有也,何必蕭同叔子為質!'揖而去之。"

〔8〕楚白公勝欲為亂,謂石乞曰:"王卿士皆以五百人當之則可。"乞曰:"不可得也。"曰:"市南有熊相宜僚者,若得之,可以當五百人矣。"乃從白公而見之。與言,悅;告之故,辭;承之以劍,不動。事見《左傳》。

〔9〕《公羊傳》曰:"叔孫得臣卒。"何休注曰:"不日者,知公子遂欲殺君,而為人臣知賊而不言,明當誅也。"公子遂即襄仲也。

〔10〕《左傳》:"鄭子家卒,鄭人討幽公之亂,斲子家之棺而逐其族。"杜預注曰:"斲薄其棺,不使從卿禮。"為其殺君故也。

時論者多欲復肉刑。融乃建議曰:"古者敦庬,善否不別,〔1〕〔一八〕吏端刑清,〔2〕政無過失。百姓有罪,皆自取之。末世陵遲,風化壞亂,政撓其俗,法害其人。故曰上失其道,民散久矣。而欲繩之以古刑,投之以殘棄,〔3〕非所謂與時消息者也。〔4〕紂斮朝涉之脛,天下謂為無道。〔5〕夫九牧之地,千八百君,〔6〕若各刖一人,是下常有千八百紂也。〔一九〕求俗休和，弗可得已。且被刑之人，慮不念生，志在思死，類多趨惡，莫復歸正。夙沙亂齊，〔7〕伊戾禍宋，〔8〕趙高、英布，為世大患。〔9〕不能止人遂為非也，適足絕人還為善耳。雖忠如鬻拳，〔10〕信如卞和，〔11〕智如孫臏，〔12〕冤如巷伯，〔13〕才如史遷，〔14〕達如子政，〔15〕一離刀鋸，没世不齒。〔16〕是太甲之思庸，〔17〕穆公之霸秦，〔18〕南睢之骨立，衛武之《初筵》，〔19〕陳湯之都賴，〔20〕魏尚之守邊，〔21〕無所復施也。漢開改惡之路，凡為此也。故明德之君，遠度深惟，棄短就長，不苟革其政者也。"朝廷善之，卒不改焉。

【注】

〔1〕《左傳》楚申叔時曰："人生敦厖。"杜預注："厖，厚大也。"

〔2〕端，直也。

〔3〕殘其支體而弃廢之。

〔4〕《易》曰："天地盈虛，與時消息。"

〔5〕《尚書》曰："斮斬朝涉之脛。"孔安國注曰："冬日見朝涉水者，謂其脛耐寒，斮而視之。"

〔6〕《前書》賈山曰："昔者周蓋千八百國，以九州之人養千八百君也。"

〔7〕《左傳》曰，靈公廢太子光，立公子牙，使高厚傅牙，夙沙衛為少傅。崔杼逆光而立之，是為莊公。莊公以夙沙衛易已，衛奔高唐以叛。

〔8〕《左傳》，楚客聘于晉，過宋，太子痤知之，請野享之。公使往，伊戾請從，遣之。至則欷用牲，加書徵之，騁而告曰："太子將為亂，既與楚客盟矣。"公使視之，則信有焉。公囚太子，太子縊死。公徐聞其無罪，乃亨伊戾。

〔9〕《史記》，胡亥謂李斯曰："高，故宦人也。"遂專信任之。後殺李斯，劫殺胡亥，卒亡秦也。《前書》，英布坐法黥，論輸驪山，亡之江中為群盜。及屬項羽，常為先鋒陷陣。後歸漢，為九江王。謀反，誅之。

〔10〕《左傳》："初，鬻拳彊諫，楚子弗從。臨之以兵，懼而從之。拳曰：'吾懼君以兵，罪莫大焉。'遂自刖。楚人以為大閽。君子曰：'鬻拳可謂愛君

矣。諫以自納於刑,刑猶不忘納君於善。'"

〔11〕《韓子》曰:"楚人和氏得璞玉於楚山之中,獻之武王。武王使玉人相之,曰:'石也。'王以和為謾己,刖其左足。及文王即位,和又奉其璞,玉人又曰:'石也。'又刖其右足。文王薨,成王即位,和乃抱其璞而哭於楚山之下,三日三夜,泣盡而繼以血。王使玉人攻璞而得寶焉。"《琴操》曰:"荆王封和為陵陽侯,和辭不就而去。乃作怨歌曰:'進寶得刑,足離分兮。去封立信,守休芸兮。斷者不續,豈不冤兮!'"

〔12〕《史記》,孫臏與龐涓學兵法,涓事魏惠王為將軍,自以能不及臏,陰使召臏,斷其兩足而黥之。臏後入齊,威王問兵法,以為師。魏與趙攻韓,齊使田忌將而往。龐涓聞,去韓而歸。臏謂田忌曰:"三晉之兵素悍勇而輕齊。軍半至。〔二〇〕使齊軍入魏地為十萬竈,明日為五萬竈,明日為二萬竈。"龐涓行三日,大喜曰:"我固知齊卒怯,入吾地三日,士卒亡者過半矣。"乃弃其步兵,與其輕銳倍日并行逐之。孫子度其行,暮當至馬陵。馬陵道狹,旁多險阻,可伏兵,乃斫大樹白而書之曰"龐涓死於此木下"。於是令齊軍曰:〔二一〕"善射者萬弩,夾道而伏,期日莫見火舉而俱發。"〔二二〕涓夜至斫木下,見白書,乃攢火燭之,讀書未畢,齊軍萬弩俱發,魏軍大亂相失。龐涓自知智窮兵敗,遂自刭。曰:"遂成豎子之名矣。"

〔13〕毛萇注《詩》云:"巷伯,内小臣也。掌王后之命於宫中,故謂之巷伯。"伯被讒將刑,寺人孟子傷而作詩,以刺幽王也。

〔14〕李陵為匈奴敗,馬遷明陵當必立功以報漢,遂被下蠶室宫刑,後乃著《史記》。

〔15〕劉向字子政。宣帝時,上言黄金可成。上令典尚方鑄作事,費甚多,方不驗,乃下吏,當死。上奇其材,得踰冬減論。班固云:"向博物洽聞,通達古今。"

〔16〕《國語》"中刑用刀鋸"也。

〔17〕《尚書》:"太甲既立,不明,伊尹放諸桐。三年,復歸於亳。思庸。"孔注曰:"念常道也。"

〔18〕秦穆使孟明、白乙等伐鄭,蹇叔諫,不從。晉襄公敗諸殽,囚孟明

等,後歸之。穆公曰:"孤之罪也,夫子何罪!"復使為政,遂霸西戎。事見《左傳》。

〔19〕《韓詩》曰:"賓之初筵,衛武公飲酒悔過也。言賓客初就筵之時,賓主秩秩然,俱謹敬也。賓既醉止,載號載呶,不知其為惡也。"

〔20〕《前書》,湯字子公。遷西域副校尉,矯制發諸國兵,斬郅支單于於都賴水上。

〔21〕文帝時,尚為雲中守,坐上首虜差六級,下吏削爵。趙人馮唐為郎,為言文帝,赦尚復為雲中守也。

是時荊州牧劉表不供職貢,多行僭偽,遂乃郊祀天地,擬斥乘輿。〔1〕詔書班下其事。融上疏曰:"竊聞領荊州牧劉表桀逆放恣,所為不軌,至乃郊祭天地,擬儀社稷。雖昏僭惡極,罪不容誅,至於國體,宜且諱之。〔2〕何者?萬乘至重,天王至尊,身為聖躬,國為神器,〔3〕陛級縣遠,祿位限絕,〔4〕猶天之不可階,日月之不可踰也。〔5〕每有一豎臣,輒云圖之,若形之四方,非所以杜塞邪萌。〔6〕愚謂雖有重戾,必宜隱忍。賈誼所謂'擲鼠忌器',蓋謂此也。〔7〕是以齊兵次楚,唯責包茅;〔8〕王師敗績,不書晉人。〔9〕前以露袁術之罪,今復下劉表之事,是使跋扈欲闚高岸,天險可得而登也。〔10〕案表跋扈,擅誅列侯,遏絕詔命,斷盜貢篚,〔11〕招呼元惡,以自營衛,專為群逆,主萃淵藪。〔12〕郜鼎在廟,章孰甚焉!〔13〕桑落瓦解,其埶可見。〔14〕臣愚以為宜隱郊祀之事,以崇國防。"

【注】

〔1〕斥,指也。

〔2〕體謂國家之大體也。

〔3〕《老子》曰:"天下神器,不可為也。"

〔4〕賈誼曰:"人主之尊譬如堂,群臣如陛,眾庶如地。故陛乃九級上,廉遠地則堂高也。"

〔5〕《論語》曰:"夫子之不可及也,猶天之不可階而升也。"又曰:"仲尼如日月,無得而踰焉。"

〔6〕形,見也。

〔7〕《前書》賈誼曰:"里諺云'欲投鼠而忌器',此善諭也。鼠近於器,尚憚不投,恐傷其器,況乎貴臣之近主乎?"

〔8〕《左傳》,齊桓伐楚,責以"苞茅不入,〔二三〕王祭不供,無以縮酒"。杜預注曰:"包,裹束也。〔二四〕茅,菁茅也。束茅而灌之以酒,為縮酒也。"

〔9〕《公羊傳》:"成公元年秋,王師敗績于貿戎。孰敗之?蓋晉敗之。曷為不言晉敗之?王者無敵,莫敢當也。"

〔10〕《史記》李斯曰:"故城高五丈,而樓季不輕犯也;太山之高百仞,而跛牂牧其上。夫樓季而難五丈之限,豈跛牂而易百仞之高哉?峭漸之執異也。"《爾雅》曰:"羊牝曰牂。"《易》曰:"天險不可昇,地險山川丘陵也。"

〔11〕鄭玄注《儀禮》曰:"篚,竹器如筐也。"《書》曰:"厥篚玄纁璣組。"

〔12〕《書》曰:"今商王受亡道,為天下逋逃主,萃淵藪。"孔注曰:"天下罪人逃亡者,而紂為魁主,窟聚泉府藪澤也。"

〔13〕《左傳》:"取郜大鼎于宋,戊申納于太廟。臧哀伯諫曰:'君人者,昭德塞違,以臨照百官,百官於是乎戒懼。郜鼎在廟,彰孰甚焉!'"郜鼎,郜國所作也。

〔14〕《詩》曰:"桑之落矣,其黃而隕。"

五年,南陽王馮、東海王祇薨,〔1〕帝傷其早殁,欲為脩四時之祭,以訪於融。融對曰:"聖恩敦睦,感時增思,悼二王之靈,發哀愍之詔,稽度前典,以正禮制。竊觀故事,前梁懷王、臨江愍王、齊哀王、臨淮懷王並薨無後,同產昆弟,即景、武、昭、明四帝是也,〔2〕未聞前朝脩立祭祀。若臨時所施,則不列傳紀。臣愚以為諸在沖亂,聖慈哀悼,禮同成人,加以號謚者,宜稱上恩,〔3〕祭祀禮畢,而後絕之。至於一歲之

限,不合禮意,又違先帝已然之法,所未敢處。"〔4〕

【注】
〔1〕並獻帝子。〔二五〕
〔2〕梁懷王揖,景帝弟也,立十年薨。臨江閔王榮,武帝兄也,為皇太子,四歲廢為王,坐侵廟壖地自殺。齊懷王閎,武帝子,昭帝異母兄,立八年薨。臣賢案:齊哀王,悼惠王之子,高帝之孫,非昭帝兄弟,當為懷王,作"哀"者誤也。臨淮公衡,明帝弟,建武十五年立,未及進爵為王而薨。《融家傳》及本傳皆作"公",此為"王"者,亦誤也。
〔3〕稱音尺證反。
〔4〕處猶安也。

初,曹操攻屠鄴城,袁氏婦子多見侵略,而操子丕私納袁熙妻甄氏。〔1〕融乃與操書,稱"武王伐紂,以妲己賜周公"。〔2〕操不悟,後問出何經典。對曰:"以今度之,想當然耳。"後操討烏桓,〔3〕又嘲之曰:"大將軍遠征,蕭條海外。昔肅慎不貢楛矢,〔4〕丁零盜蘇武牛羊,可并案也。"〔5〕

【注】
〔1〕《袁紹傳》,熙,紹之中子也。甄氏,中山無極人,漢太保甄邯後也。父逸,上蔡令。《魏略》曰:"熙出在幽州,甄氏侍姑,及鄴城破,文帝入紹舍,后怖,伏姑膝上。帝令舉頭就視,見其顏色非凡。太祖聞其意,為迎取之。"
〔2〕妲音丁末反,又音旦。紂之妃,有蘇氏女也。紂用其言,毒虐衆庶。武王剋殷,斬妲己頭,縣之於小白旗,以為紂之亡由此女也。出《列女傳》也。
〔3〕建安十二年也。
〔4〕《國語》曰:"昔武王剋商,通于九夷百蠻,於是肅慎氏貢楛矢石砮,其長尺有咫。"《肅慎國記》曰:"肅慎氏,其地在夫餘國北,東濱大海。"

《魏略》曰："挹婁一名肅慎氏。"《說文》曰"楛，木也。今遼左有楛木，狀如荊，葉如榆"也。

〔5〕《山海經》曰："北海之內，有丁零之國。"《前書》蘇武使匈奴，單于徙北海上，〔二六〕丁零盜武牛羊，武遂窮厄也。

時年飢兵興，操表制酒禁，融頻書爭之，多侮慢之辭。[1]既見操雄詐漸著，數不能堪，故發辭偏宕，多致乖忤。[2]又嘗奏宜準古王畿之制，千里寰內，不以封建諸侯。[3]操疑其所論建漸廣，益憚之。然以融名重天下，外相容忍，而潛忌正議，慮鯁大業。山陽郗慮[4]承望風旨，以微法奏免融官。因顯明讎怨，操故書激厲融曰："蓋聞唐虞之朝，有克讓之臣，[5]故麟鳳來而頌聲作也。[6]後世德薄，猶有殺身為君，[7]破家為國。[8]及至其敝，睚眦之怨必讎，一餐之惠必報。[9]故鼌錯念國，遘禍於袁盎；[10]屈平悼楚，受譖於椒、蘭；[11]彭寵傾亂，起自朱浮；[12]鄧禹威損，失於宗、馮。[13]由此言之，喜怒怨愛，禍福所因，可不慎與！[14]昔廉、藺小國之臣，猶能相下；[15]寇、賈倉卒武夫，屈節崇好；光武不問伯升之怨；齊侯不疑射鉤之虜。[16]夫立大操者，豈累細故哉！往聞二君有執法之平，以為小介，[17]當收舊好；而怨毒漸積，志相危害，聞之憮然，中夜而起。[18]昔國家東遷，文舉盛歎鴻豫名實相副，綜達經學，出於鄭玄，又明《司馬法》，[19]鴻豫亦稱文舉奇逸博聞，誠怪今者與始相違。孤與文舉既非舊好，又於鴻豫亦無恩紀，然願人之相美，不樂人之相傷，是以區區思協歡好。又知二君群小所搆，孤為人臣，進不能風化海內，退不能建德和人，然撫養戰士，殺身為國，破浮華交會之徒，計有餘矣。"

【注】

〔1〕《融集》與操書云："酒之為德久矣。古先哲王，類帝禋宗，和神定人，以濟萬國，非酒莫以也。故天垂酒星之燿，地列酒泉之郡，人著旨酒之德。堯不千鍾，無以建太平。孔非百觚，無以堪上聖。樊噲解厄鴻門，非豕肩鍾酒，

無以奮其怒。趙之厮養,東迎其王,非引卮酒,無以激其氣。高祖非醉斬白蛇,無以暢其靈。景帝非醉幸唐姬,無以開中興。袁盎非醇醪之力,無以脱其命。定國不酣飲一斛,無以決其法。故酈生以高陽酒徒,著功於漢;屈原不餔醩歠醨,取困於楚。由是觀之,酒何負於政哉?"又書曰:"昨承訓荅,陳二代之禍,及衆人之敗,以酒亡者,實如來誨。雖然,徐偃王行仁義而亡,今令不絶仁義;燕噲以讓失社稷,今令不禁謙退;魯因儒而損,今令不弃文學;夏、商亦以婦人失天下,今令不斷婚姻。而將酒獨急者,疑但惜穀耳,非以亡王為戒也。"

〔2〕偏邪跌宕,不拘正理。

〔3〕《周禮》:"方千里曰國畿,其外五百里侯畿。"鄭玄注:"畿,限也。"

〔4〕《續漢書》:"慮字鴻豫,山陽高平人,少受學於鄭玄。"虞溥《江表傳》曰:"獻帝嘗時見慮〔二七〕及少府孔融。問融曰:'鴻豫何所優長?'融曰:'可與適道,未可與權。'慮舉笏曰:'融昔宰北海,政散人流,其權安在?'遂與融互相長短,以至不穆。曹操以書和解之。"慮從光禄勳遷御史大夫。

〔5〕《尚書》曰,舜以伯禹為司空,禹讓稷、契暨皋陶。以益為朕虞,益讓于朱虎、熊羆。以伯夷為秩宗,伯夷讓于夔龍。

〔6〕《史記》曰:"於是禹興《九韶》之樂,致異物,鳳皇來儀。"

〔7〕若齊孟陽代君居牀以待賊,西漢紀信乘黃屋誑楚之類也。

〔8〕若要離焚妻子以徇吳,李通誅宗族以從漢之類也。

〔9〕《史記》,范睢一餐之德必償,睚眦之怨必報。

〔10〕景帝時,錯為御史大夫,以諸侯國大,請削其土。吳楚七國反,以誅錯為名。袁盎素與錯不相善,盎乃進説,請斬錯以謝七國,景帝遂斬錯也。

〔11〕屈平楚懷王時為三閭大夫。秦昭王使張儀譎詐懷王,令絶齊交,又誘請會武關,平諫,王不聽其言,卒客死於秦。懷王子子椒、子蘭讒之於襄王,而放逐之。見《史記》。

〔12〕朱浮與寵不相能,數譖之光武,寵遂反。

〔13〕鄧禹征赤眉,令宗欽、馮愔守枸邑。〔二八〕二人爭權相攻,遂殺欽,

因反擊禹。今流俗本"宗"誤作"宋"也。

〔14〕音余。

〔15〕趙惠文王與秦昭王會黽池,歸,拜藺相如為上卿,位在廉頗右。頗曰:"吾不忍為之下,必辱之。"相如每朝,常避之。頗聞之,肉袒負荊謝之,相與為刎頸之友。事見《史記》。

〔16〕公子糾與桓公爭立,管仲射桓公中鉤。後桓公即位,以管仲為相也。

〔17〕介猶蔕芥也。公法雖平,私情為蔕芥者也。

〔18〕憮音舞。憮,失意貌也。

〔19〕《史記》,齊威王使大夫追論古者《司馬法》。其法論田及兵之法也。

融報曰:"猥惠書教,〔1〕告所不逮。融與鴻豫州里比郡,〔2〕知之最早。雖嘗陳其功美,欲以厚於見私,信於為國,不求其覆過掩惡,有罪望不坐也。前者黜退,懽欣受之。昔趙宣子朝登韓厥,夕被其戮,喜而求賀。〔3〕況無彼人之功,而敢枉當官之平哉!忠非三閭,〔4〕智非鼂錯,竊位為過,免罪為幸。乃使餘論遠聞,所以憝懼也。朱、彭、寇、賈,為世壯士,愛惡相攻,能為國憂。至於輕弱薄劣,猶昆蟲之相齧,適足還害其身,〔5〕誠無所至也。晉侯嘉其臣所爭者大,而師曠以為不如心競。〔6〕性既遲緩,與人無傷,雖出胯下之負,〔7〕榆次之辱,〔8〕不知貶毀之於己,猶蚊虻之一過也。〔9〕子產謂人心不相似,〔10〕或矜執者,欲以取勝為榮,不念宋人待四海之客,大鑪不欲令酒酸也。〔11〕至於屈穀巨瓠,堅而無竅,當以無用罪之耳。〔12〕它者奉遵嚴教,不敢失墜。郗為故吏,融所推進。趙衰之拔郤縠,〔13〕不輕公叔之升臣也。〔14〕知同其愛,訓誨發中。〔15〕雖懿伯之忌,猶不得念,〔16〕況恃舊交,而欲自外於賢吏哉!〔17〕輒布腹心,脩好如初。苦言至意,終身誦之。"

【注】

〔1〕猥,曲也。

〔2〕山陽與魯郡相鄰比。

〔3〕宣子，趙盾謚也。《國語》曰："宣子言韓厥於靈公，以為司馬。河曲之役，趙宣子使人以其乘車干行，韓厥執而戮之。衆咸曰：'韓厥必不没矣。其主朝升之而暮戮其車，其誰安之？'宣子召而禮之，謂諸大夫曰：'二三子可以賀我矣。吾舉厥也，中吾，乃今知免於罪矣。'"

〔4〕即屈原也。掌王族三姓，曰昭、屈、景，故曰"三閭"。

〔5〕《夏小正》云："昆，衆也。"《孫卿子》曰："昆蟲亦有知。"

〔6〕《左傳》"秦伯之弟鍼如晉脩成，叔向命召行人子員。行人子朱曰：'朱也當御。'三云，叔向不應。子朱怒曰：'班爵同，何以黜朱於朝？'撫劍從之。叔向曰：'秦晉不和久矣。今日之事，幸而集，晉國賴之；不集，三軍暴骨。子員導二國之言無私，子常易之。姦以事君者，吾所能禦也。'拂衣從之。人救之。平公曰：'晉其庶乎！吾臣之所爭者大。'師曠曰：'公室懼卑，臣不心競而力爭'"也。

〔7〕韓信貧賤，淮陰少年侮之，令信出跨下。〔二九〕

〔8〕《史記》，荆軻嘗游榆次，與蓋聶論劍，蓋聶怒而目之，荆軻出去。

〔9〕蚊音文。虻音萌。言蚊虻之暫過，未以為害。

〔10〕《左傳》曰，子產謂子皮曰："人心不同，其如面焉，吾豈敢謂子面如吾面乎？"

〔11〕鑪，累土為之，以居酒瓮，四邊隆起，一面高如鍛鑪，故名鑪。字或作"壚"。《韓子》曰："宋人有沽酒者，斗槩甚平，遇客甚謹，為酒甚美，而酒不售，酒酸（者）。〔三〇〕怪其故，問所知閭長者楊倩。（二人）〔倩〕曰：'汝狗猛耶？'〔三一〕曰：'狗猛。''何故不售？'曰：'人畏焉。'令孺子懷錢挈壺往沽，狗迎齕之，酒所以酸而不售。"

〔12〕《韓子》曰："齊有居士田仲，宋人屈穀往見之，曰：'穀聞先生之義，不恃仰人而食。今穀有樹瓠之法，堅如石，厚而無竅，願獻先生。'田仲曰：'夫子徒謂我也。凡貴於樹瓠者，為可以盛也。今厚而無竅，則不可以盛物，而任堅如石，則不可以割而斟，吾無以此瓠為也。'〔曰：'然，穀〕將弃之。'〔三二〕今仲不恃仰人而食，亦無益人國，亦堅瓠之類。"

〔13〕《左傳》,晉文公謀元帥,趙衰曰:"郤縠可。"乃使郤縠將中軍。

〔14〕公叔文子,衛大夫,其家臣名僎,行與文子同,升之於公,與之並為大夫。僎音士眷反,見《論語》。

〔15〕言曹公與己同愛郗慮,故發於中心而訓誨。

〔16〕《禮記·檀弓》曰:"滕成公之喪,使子叔敬叔弔,子服惠伯為介。及郊,為懿伯之忌不入。惠伯曰:'政也,不可以叔父之私不將公事。'遂入。"鄭玄注曰:"懿伯,惠伯之叔父也。忌,怨也。"

〔17〕賢吏謂慮也。

歲餘,復拜太中大夫。性寬容少忌,好士,喜誘益後進。及退閑職,[1]賓客日盈其門。常歎曰:"坐上客恒滿,尊中酒不空,吾無憂矣。"與蔡邕素善,邕卒後,有虎賁士貌類於邕,[2]融每酒酣,引與同坐,曰:"雖無老成人,且有典刑。"[3]融聞人之善,若出諸己,言有可採,必演而成之,面告其短,而退稱所長,薦達賢士,多所獎進,知而未言,以為己過,故海內英俊皆信服之。

【注】

〔1〕太中大夫職在言議,故云閑職。

〔2〕《漢官典職儀》曰:"虎賁中郎將,主武賁千五百人。"

〔3〕《詩·大雅》曰"雖無老成人,尚有典刑"也。

曹操既積嫌忌,而郗慮復搆成其罪,遂令丞相軍謀祭酒路粹[1]枉狀奏融曰:"少府孔融,昔在北海,見王室不靜,而招合徒衆,欲規不軌,云'我大聖之後,而見滅於宋,[2]有天下者,何必卯金刀'。及與孫權使語,謗訕朝廷。[3]又融為九列,不遵朝儀,禿巾微行,[4]唐突宮掖。又前與白衣禰衡跌蕩放言,[5]云'父之於子,當有何親?論其本意,實為情欲發耳。子之於母,亦復奚為?譬如寄物瓿中,[6]〔三三〕出則離矣'。既而與衡更相贊揚。衡謂融曰:'仲尼不死。'融答曰:'顏回復生。'

大逆不道，宜極重誅。"書奏，下獄弃市。時年五十六。妻子皆被誅。

【注】
〔1〕《典略》曰："粹字文蔚，陳留人，少學於蔡邕。建安初，以高第擢拜尚書郎，後為軍謀祭酒，與陳琳、阮瑀等典記室。融誅之後，人覩粹所作，無不嘉其才而忌其筆也。"
〔2〕《史記》曰，魯大夫孟釐子曰："孔丘，聖人之後，滅於宋。"服虔注曰："聖人謂商湯也。孔子六代祖孔父嘉為宋華督所殺，其子奔魯也。"
〔3〕訕音所諫反。訕謂謗毀也。《蒼頡篇》曰："訕，非也。"
〔4〕謂不加幘。
〔5〕跌蕩，無儀檢也。放，縱也。
〔6〕《説文》曰："瓵，缶也。"〔三四〕《字書》曰："瓵似缶而高。"

初，女年七歲，男年九歲，以其幼弱得全，寄它舍。二子方弈棋，融被收而不動。左右曰："父執而不起，何也？"荅曰："安有巢毀而卵不破乎！"主人有遺肉汁，男渴而飲之。女曰："今日之禍，豈得久活，何賴知肉味乎？"兄號泣而止。或言於曹操，遂盡殺之。及收至，謂兄曰："若死者有知，得見父母，豈非至願！"乃延頸就刑，顏色不變，莫不傷之。

初，京兆人脂習元升，與融相善，每戒融剛直。〔1〕及被害，許下莫敢收者，習往撫尸曰："文舉舍我死，吾何用生為？"操聞大怒，將收習殺之，後得赦出。

【注】
〔1〕《魏略》曰："曹操為司空，威德日盛，融故以舊意書疏倨傲，習常責融令改節，融不從之。"

魏文帝深好融文辭，每歎曰："楊、班儔也。"募天下有上融文章者,輒賞以金帛。所著詩、頌、碑文、論議、六言、策文、表、檄、教令、書記凡二十五篇。文帝以習有欒布之節,加中散大夫。〔1〕

【注】
〔1〕《前書》曰:"欒布,梁人也,為梁王彭越大夫,使於齊,未反。漢誅越,梟首雒陽下,布還,奏事越頭下,祠而哭之。"

論曰:昔諫大夫鄭昌有言:"山有猛獸者,藜藿為之不採。"〔1〕是以孔父正色,不容弒虐之謀;〔2〕平仲立朝,有紓盜齊之望。〔3〕若夫文舉之高志直情,其足以動義槩而忤雄心。〔4〕故使移鼎之迹,事隔於人存;〔5〕代終之規,啟機於身後也。〔6〕夫嚴氣正性,覆折而已。豈有員園委屈,可以每其生哉!〔7〕〔三五〕懍懍焉,皦皦焉,其與琨玉秋霜比質可也。〔8〕

【注】
〔1〕宣帝時,司隸校尉蓋寬饒以直言得罪,鄭昌愍傷寬饒忠直憂國,以言事不當意,而為文吏所詆挫,故上書訟之。
〔2〕《公羊傳》曰:"孔父正色而立于朝,則人莫敢過而致難於其君者,孔父可謂義形於色矣。"
〔3〕紓音舒,解也,緩也。盜齊謂田常也。《莊子》曰:"田成子一旦弒齊君而盜其國。"《左傳》,齊景公坐於路寢。公歎曰:"美哉室!其誰有此乎?"晏子對曰:"如君之言,其陳氏乎?"公曰:"是可若何?"對曰:"唯禮可以已之。"
〔4〕忤,逆也。
〔5〕移鼎謂遷漢之鼎也。人存謂曹操身在不得篡位也。《左傳》曰:"桀有昏德,鼎遷於商;商紂暴虐,鼎遷於周。"
〔6〕代終謂代漢祚之終也。身後謂曹丕受禪也。
〔7〕"园"即"刓"字,音五丸反。《前書音義》曰:"刓謂刓團無稜角

也。"每,貪也。言寧正直以傾覆摧折,不能委曲以貪生也。賈誼云:"品庶每生。"

〔8〕懍懍言勁烈如秋霜也。皜皜言堅貞如白玉也。皜音古老反。

荀彧字文若,[1]潁川潁陰人,朗陵令淑之孫也。[2]父緄,為濟南相。[3]緄畏憚宦官,乃為彧娶中常侍唐衡女。[4]彧以少有才名,故得免於譏議。南陽何顒名知人,見彧而異之,曰:"王佐才也。"

【注】
〔1〕袁宏《漢紀》"彧"作"郁"。
〔2〕朗陵,縣,屬汝南郡,故城在今豫州朗山縣西南。
〔3〕緄音古本反。
〔4〕《典略》曰:"衡欲以女妻汝南傅公明,公明不取,轉以妻郁。"

中平六年,舉孝廉,再遷亢父令。[1]董卓之亂,弃官歸鄉里。同郡韓融時將宗親千餘家,避亂密西山中。[2]彧謂父老曰:"潁川,四戰之地也。[3]天下有變,常為兵衝。密雖小固,不足以扞大難,宜亟避之。"[4]鄉人多懷土不能去。會冀州牧同郡韓馥遣騎迎之,彧乃獨將宗族從馥,留者後多為董卓將李傕所殺略焉。

【注】
〔1〕亢父,[縣],屬梁國,[三六]故城在今兗州任城縣南。亢音剛,父音甫。
〔2〕密縣西山也。
〔3〕四面通也。
〔4〕亟音紀力反。

或比至冀州，而袁紹已奪馥位，紹待或以上賓之禮。或明有意數，[1][三七]見漢室崩亂，每懷匡佐之義。時曹操在東郡，或聞操有雄略，而度紹終不能定大業。初平二年，乃去紹從操。操與語大悅，曰："吾子房也。"[2]以為奮武司馬，時年二十九。明年，又為操鎮東司馬。[三八]

【注】
〔1〕數，計數也。
〔2〕比之張良。

　　興平元年，操東擊陶謙，使或守甄城，[1]任以留事。會張邈、陳宮以兗州反操，[2]而潛迎呂布。布既至，諸城悉應之。邈乃使人譎或[3]曰："呂將軍來助曹使君擊陶謙，宜亟供軍實。"[三九]或知邈有變，即勒兵設備，故邈計不行。豫州刺史郭貢率兵數萬來到城下，求見或。或將往，東郡太守夏侯惇等止之。[4]曰："何知貢不與呂布同謀，而輕欲見之。今君為一州之鎮，往必危也。"或曰："貢與邈等分非素結，今來速者，計必未定，及其猶豫，宜時說之，縱不為用，可使中立。[5]若先懷疑嫌，彼將怒而成謀，不如往也。"貢既見或無懼意，知城不可攻，遂引而去。或乃使程昱說范、東阿，[6]使固其守，卒全三城以待操焉。[7]

【注】
〔1〕縣名，屬濟陰郡，今濮州縣也。"甄"今作"鄄"，音絹。
〔2〕《典略》"宮字公臺，東郡人。剛直烈壯，少與海內知名之士皆相連結"也。
〔3〕譎，詐也。
〔4〕《魏志》曰："惇字元讓，沛國人。"
〔5〕不令其有去就也。

〔6〕《魏志》:"昱字仲德,東郡東阿人。"范,縣,屬東郡,今濮陽縣也。東阿,縣,屬東郡,今濟州縣也。
〔7〕三城謂甄、范、東阿也。

　　二年,陶謙死,操欲遂取徐州,還定吕布。或諫曰:"昔高祖保關中,〔1〕光武據河内,皆深根固本,以制天下。進可以勝敵,退足以堅守,故雖有困敗,而終濟大業。將軍本以兗州首事,故能平定山東,〔2〕此實天下之要地,而將軍之關河也。〔四〇〕若不先定之,根本將何寄乎?宜急分討陳宫,使虜不得西顧,乘其間而收熟麥,約食稸穀,以資一舉,則吕布不足破也。今舍之而東,未見其便。多留兵則力不勝敵,少留兵則後不足固。布乘虛寇暴,震動人心,縱數城或全,其餘非復己有,則將軍尚安歸乎?且前討徐州,威罰實行,其子弟念父兄之恥,必人自為守。就能破之,尚不可保。彼若懼而相結,共為表裏,堅壁清野,以待將軍,將軍攻之不拔,掠之無獲,不出一旬,則十萬之衆未戰而自困矣。夫事固有棄彼取此,以權一時之執,願將軍慮焉。"操於是大收熟麥,復與布戰。布敗走,因分定諸縣,兗州遂平。

【注】
〔1〕高祖距項羽,常留蕭何守關中。
〔2〕曹操初從東郡守〔四一〕鮑信等迎領兗州牧,遂進兵破黄巾等,故能平定山東也。

　　建安元年,獻帝自河東還洛陽,操議欲奉迎車駕,徙都於許。衆多以山東未定,韓暹、楊奉負功恣睢,〔1〕未可卒制。或乃勸操曰:"昔晉文公納周襄王,而諸侯景從;〔2〕漢高祖為義帝縞素,而天下歸心。〔3〕自天子蒙塵,〔4〕將軍首唱義兵,徒以山東擾亂,未遑遠赴,雖禦難於外,乃心無不在王室。〔5〕今鑾駕旋軫,〔6〕東京榛蕪,義士有存本之思,兆人懷感舊之哀。誠因此時奉主上以從人望,大順也;秉至公以服天下,大略也;扶弘義以致英俊,大德也。四方雖有逆節,其何能為?韓暹、楊奉,安足恤哉!若不時定,使豪桀生心,後雖為慮,亦無及矣。"操從之。

【注】
〔1〕恣睢,肆怒貌。睢音火季反,又火佳反。《史記》:"盜跖日殺不辜,暴戾恣睢。"
〔2〕《左傳》,卜偃言於晉侯曰:"求諸侯莫如勤王,諸侯信之,且大義也。"晉侯以左師逆王,王入于王城,取太叔於温,殺之於隰城,遂定霸業,天下服從也。
〔3〕項羽殺義帝於郴,高祖為義帝發喪。高祖大哭,發使告諸侯曰:"天下共立義帝,北面事之。今項羽放殺義帝,大逆無道,寡人親為發喪,兵皆縞素。"
〔4〕蒙,冒也。《左傳》臧文仲曰:"天子蒙塵於外,敢不奔問官守。"
〔5〕《尚書》曰:"雖爾身在外,乃心無不在王室。"乃,汝也。
〔6〕鄭玄注《周禮》曰:"軫,輿後橫木也。"

及帝都許,以彧為侍中,守尚書令。操每征伐在外,其軍國之事,皆與彧籌焉。彧又進操計謀之士從子攸,〔1〕及鍾繇、郭嘉、〔2〕陳群、杜襲、〔3〕司馬懿、戲志才等,〔4〕皆稱其舉。唯嚴象為楊州,〔5〕韋康為涼州,後並負敗焉。〔6〕

【注】
〔1〕《魏志》,荀攸字公達。太祖素聞攸名,與語大悦,謂彧曰:"公達非常人,吾得與計事,天下當何憂哉?"
〔2〕《魏志》,嘉字奉孝,潁川人也。戲志才,籌畫士也,太祖甚器之,早卒。太祖與彧書曰:"自志才亡後,莫可與計事者。汝、潁固多奇士,誰可以繼之?"彧薦嘉,召見論天下事,太祖曰:"使孤成大業者,必此人也。"

〔3〕襲字子緒，潁川人。荀彧薦襲，太祖以為丞相軍謀祭酒，魏國建，為侍中。

〔4〕懿字仲達，即晉宣帝。

〔5〕《三輔決錄》曰："象字文則，京兆人。少聰博有膽智，為楊州刺史。後為孫策廬江太守李術所殺。"

〔6〕康字元將，京兆人。父端，從涼州牧徵為太僕，康代為涼州刺史，時人榮之。後為馬超所圍，堅守歷時，救軍不至，遂為超所殺。

袁紹既兼河朔之地，有驕氣。而操敗於張繡，〔1〕紹與操書甚倨。〔2〕操大怒，欲先攻之，而患力不敵，以謀於彧。彧量紹雖彊，終為操所制，乃說先取呂布，然後圖紹，操從之。三年，遂擒呂布，定徐州。

【注】

〔1〕《魏志》，張繡在南陽降，既而悔之，而復反。操與戰，軍敗為流矢所中。

〔2〕陳琳為紹作檄書曰："操祖父騰饕餮放橫，父嵩乞匄攜養，操贅閹遺醜。"並倨慢之詞也。

五年，袁紹率大衆以攻許，操與相距。紹甲兵甚盛，議者咸懷惶懼。少府孔融謂彧曰："袁紹地廣兵彊，田豐、許攸智計之士為其謀，〔1〕審配、逢紀盡忠之臣任其事，〔2〕顏良、文醜勇冠三軍，統其兵，殆難克乎？"彧曰："紹兵雖多而法不整，田豐剛而犯上，許攸貪而不正，審配專而無謀，逢紀果而自用，顏良、文醜匹夫之勇，可一戰而擒也。"後皆如彧之籌，事在《袁紹傳》。

【注】

〔1〕《先賢行狀》："豐字元皓，鉅鹿人。天姿瓌傑，權略多奇。"許攸字子遠。

〔2〕配字正南,魏郡人。忠烈慷慨,有不可犯之色。紹領冀州,委配腹心之任。《英雄記》曰:"紀字元圖。初,紹去董卓,與許攸及紀俱詣冀州,紹以紀聰達有計策,甚信之。"

操保官度,[1]與紹連戰,雖勝而軍糧方盡,[書]與彧議,〔四二〕欲還許以致紹師。[2]彧報曰:"今穀食雖少,未若楚漢在滎陽、成皋間也。是時劉項莫肯先退者,以為先退則執屈也。[3]公以十分居一之衆,[4]畫地而守之,[5]搤其喉而不得進,已半年矣。[6]情見執竭,必將有變,此用奇之時,不可失也。"操從之,乃堅壁持之。遂以奇兵破紹,紹退走。封彧萬歲亭侯,邑一千戶。

【注】
〔1〕官度,即古之鴻溝也。於滎陽下引河東南流,其所保處在今鄭州中牟縣北官度口是也。
〔2〕致猶至也。《兵法》曰:"善戰者,致人不致於人。"
〔3〕高祖與項羽於滎陽、成皋間,久相持不決,後羽請鴻溝以西為漢而退,高祖遂乘羽,敗之垓下,追殺之。
〔4〕言與紹衆寡相懸也。
〔5〕言畫地作限隔也。鄒陽曰:"畫地而不敢犯。"
〔6〕搤音厄。搤謂捉持之也。

六年,操以紹新破,未能為患,但欲留兵衛之,自欲南征劉表,以計問彧。彧對曰:"紹既新敗,衆懼人擾,今不因而定之,而欲遠兵江漢,若紹收離糾散,[1]乘虛以出,則公之事去矣。"操乃止。

【注】
〔1〕糾,合也。

九年，操拔鄴，自領冀州牧。有説操宜復置九州者，以爲冀部所統既廣，則天下易服。操將從之。或言曰：“今若依古制，是爲冀州所統，悉有河東、馮翊、扶風、西河、幽、并之地也。公前屠鄴城，海内震駭，各懼不得保其土宇，守其兵衆。今若一處被侵，必謂以次見奪，人心易動，若一旦生變，天下未可圖也。願公先定河北，然後脩復舊京，南臨楚郢，責王貢之不入。天下咸知公意，則人人自安。須海内大定，乃議古制，此社稷長久之利也。”操報曰：“微足下之相難，所失多矣！”遂寢九州議。

十二年，操上書表或曰：“昔袁紹作逆，連兵官度，時衆寡糧單，圖欲還許。尚書令荀彧深建宜住之便，遠恢進討之略，[1]起發臣心，革易愚慮，堅營固守，徼其軍實，[2]遂摧撲大寇，濟危以安。紹既破敗，臣糧亦盡，將舍河北之規，改就荆南之策。彧復備陳得失，用移臣議，故得反旆冀土，[3]克平四州。[4]向使臣退軍官度，紹必鼓行而前，[5]敵人懷利以自百，[6]臣衆怯沮以喪氣，[7]有必敗之形，無一捷之埶。[8]復若南征劉表，委弃兗、豫，飢軍深入，踰越江、沔，[9]利既難要，將失本據。而彧建二策，以亡爲存，以禍爲福，謀殊功異，臣所不及。是故先帝貴指縱之功，薄搏獲之賞；[10]古人尚帷幄之規，下攻拔之力。[11]原其績效，足享高爵。而海内未喻其狀，所受不侔其功，[12]臣誠惜之。乞重平議，增疇户邑。”[13]彧深辭讓。操譬之曰：“昔介子推有言：‘竊人之財，猶謂之盜。’[14]況君奇謨拔出，興亡所係，可專有之邪？[15]雖慕魯連冲高之迹，[16]將爲聖人達節之義乎！”[17]於是增封千户，并前二千户。又欲授以正司，[18]彧使荀攸深自陳讓，至于十數，乃止。操將伐劉表，問彧所策。彧曰：“今華夏以平，荆、漢知亡矣，可聲出宛、葉而閒行輕進，以掩其不意。”操從之。會表病死。[19]

【注】
〔1〕恢，大也。
〔2〕徼，邀也，音古堯反。

〔3〕《左傳》:"南轅反斾。"杜預曰:"軍門前大旂。"

〔4〕謂冀、青、幽、并也。

〔5〕鼓行謂鳴鼓而行,言無所畏也。

〔6〕各規利,人百其勇也。〔四三〕

〔7〕沮,止也。

〔8〕捷,勝也。

〔9〕沔即漢水也。孔安國曰:"漢上為沔。"

〔10〕搏,擊也。高祖既殺項羽,論功行封,以蕭何為最,功臣多不服。高祖曰:"諸君知獵乎?夫獵追殺獸者,狗也,而發縱指示獸者,人也。諸君徒能追得獸耳,功狗也。至如蕭何,發〔縱〕指示,功人也。"〔四四〕"縱"或作"蹤",兩通。

〔11〕張良未嘗有戰鬬功,高帝曰:"運策帷幄中,決勝千里外,子房功也。"自擇齊三萬户以封之。

〔12〕侔,等也。

〔13〕《前書》曰:"復其後代,疇其爵邑。"《音義》曰:"疇,等也,使其後常與先人等也。"

〔14〕《左傳》介子推,晉文公臣。

〔15〕操不專功,欲分之於彧也。

〔16〕《史記》曰,趙欲尊秦為帝,魯連止之,平原君乃欲封魯連。連笑曰:"所貴於天下之士,為人排患釋難解紛而無取也。即有取者,是商賈之士也,而連不忍為也。"

〔17〕《左傳》曰:"聖達節,次守節。"

〔18〕彧先守尚書令,今欲正除也。

〔19〕《魏志》,操如彧計,表子琮以州逆降。

十七年,董昭等〔1〕欲共進操爵國公,九錫備物,〔2〕密以訪彧。彧曰:"曹公本興義兵,以匡振漢朝,雖勳庸崇著,猶秉忠貞之節。君子愛人以德,不宜如此。"事遂寢。〔3〕操心不能平。會南征孫權,表請彧勞軍于譙,因表留彧曰:"臣聞古之遣將,上設監督之重,下建副二之任,[4]所以尊嚴國命,謀而鮮過者也。[5]臣今當濟江,奉辭伐罪,宜有大使肅將王命。文武並用,自古有之。使持節侍中守尚書令萬歲亭侯彧,國之(望)[重]臣,[四五]德洽華夏,既停軍所次,便宜與臣俱進,宣示國命,威懷醜虜。軍禮尚速,不及先請,臣輒留彧,依以為重。"書奏,帝從之,遂以彧為侍中、光祿大夫,持節,參丞相軍事。至濡須,[6]彧病留壽春,[7]操饋之食,發視,乃空器也,於是飲藥而卒。時年五十。[8]帝哀惜之,祖日為之廢讌樂。[9]諡曰敬侯。明年,操遂稱魏公云。

【注】

[1] 昭字公仁,濟陰人也。

[2]《禮含文嘉》曰:"九錫一曰車馬,二曰衣服,三曰樂器,四曰朱戶,五曰納陛,六曰虎賁百人,七曰斧鉞,八曰弓矢,九曰秬鬯,謂之九錫。錫,與也,九錫皆如其德。"《左傳》曰:"分魯公以大路大旂,夏后氏之璜,封父之繁弱,祝宗卜史,備物典策。"

[3]《禮記》曰"君子之愛人也以德,細人之愛人也以姑息"也。

[4]《史記》,齊景公以田穰苴為將軍,扞燕。苴曰:"臣素卑賤,擢之閭伍之中,加之大夫之上,士卒未附,百姓不信,權輕,願得君之寵臣,國之所尊,以監軍,乃可。"景公許之,使莊賈往。即監督之義也。

[5]《左傳》曰:"謀而鮮過,惠訓不倦。"

[6] 濡須,水名也,在今和州歷陽縣西南。《吳錄》曰:"孫權聞操來,夾水立塢,狀如偃月,以相拒,月餘乃退。"

[7] 壽春,縣,屬淮南郡,今壽州郡也。

[8]《獻帝春秋》,董承之誅,伏后與父完書,言司空殺董承,帝方為報怨。完得書以示彧,彧惡之,隱而不言。完以示其妻弟樊普,普封以呈太祖,太祖陰為之備。彧恐事覺,欲自發之,因求使至鄴,勸太祖以女配帝。太祖曰:"今朝廷有伏后,吾女何得配上?"彧曰:"伏后無子,性又凶邪,往嘗與父書,

言詞醜惡,可因此廢也。"太祖曰:"卿昔何不道之?"或陽驚曰:"昔已嘗為公言也。"太祖曰:"此豈小事,而吾忘之!"太祖以此恨或,而外含容之。至董昭建魏公議,或意不同,欲言之於太祖,乃齎璽書犒軍,飲饗禮畢,或請間,太祖知或欲言,揖而遣之,遂不得。留之,卒於壽春。

〔9〕祖日謂祭祖神之日,因為讌樂也。《風俗通》曰:"共工氏子曰脩,好遠遊,祀以為祖神。漢以午日祖。"

論曰:自遷帝西京,山東騰沸,[1]天下之命倒縣矣。[2]荀君乃越河、冀,閒關以從曹氏。[3]察其定舉措,立言策,[4]崇明王略,以急國艱,豈云因亂假義,以就違正之謀乎?[5]誠仁為己任,期紓民於倉卒也。[6]及阻董昭之議,以致非命,豈數也夫!世言荀君者,通塞或過矣。常以為中賢以下,道無求備,智筭有所研疎,原始未必要末,斯理之不可全詰者也。夫以衛賜之賢,一說而斃兩國。[7]彼非薄於仁而欲之,蓋有全必有喪也,斯又功之不兼者也。[8]方時運之屯遭,[9]非雄才無以濟其溺,功高埶彊,則皇器自移矣。[10]此又時之不可並也。蓋取其歸正而已,亦殺身以成仁之義也。

【注】

〔1〕《詩》曰:"百川沸騰。"

〔2〕趙岐注《孟子》曰:[四六]"倒縣猶困苦也。"

〔3〕閒關猶展轉也。

〔4〕措,置也。

〔5〕言或本心不背漢也。

〔6〕紓,緩也,音舒。

〔7〕兩國謂齊與吳也。端木賜字子貢,衛人也。田常欲伐魯,仲尼令出使勸田常伐吳,常許之。賜又至吳,請夫差伐齊。又之越,說句踐將兵助吳。又之晉,說以兵待吳伐齊之弊。吳既勝齊,與晉爭彊,晉果敗吳,越襲其後,遂殺夫差。故子貢一出,存魯,亂齊,破吳,彊晉,霸越。

〔8〕子貢不欲違仁義而致晉，但其事不兼濟也。言或豈願彊曹氏令代漢哉？事不得已也。

〔9〕《易》曰："屯如邅如。"邅音竹連反。

〔10〕謂魏太祖功業大而神器自歸也。

贊曰：公業稱豪，駿聲升騰。權詭時偪，[1]揮金僚朋。[2]北海天逸，音情頓挫。[3]越俗易驚，孤音少和。直轡安歸，高謀誰佐？[4]或之有弼，誠感國疾。功申運改，迹疑心一。[5]

【注】

〔1〕謂詭辭以對卓。

〔2〕揮，散也。

〔3〕逸，縱也。頓挫猶抑揚也。

〔4〕直轡，直道也。言其道無所歸，謀謨之高欲誰佐也。

〔5〕迹若可疑，心如一也。

【校勘記】

〔一〕司農衆之曾孫也　按："曾孫"當作"玄孫"。泰弟渾，《魏志》有傳，云高祖父衆，則泰乃衆之玄孫也。

〔二〕將各（基）[萁]峙　《刊誤》謂案文"基"當作"萁"，謂如萁不動。按：王先謙謂《魏志·鄭渾傳》注引張璠《漢紀》作"萁峙"。今據改。

〔三〕婦女猶戴戟操矛　按：王先謙謂戟不能戴，《魏志·鄭渾傳》注引張璠《漢紀》作"載戟"。

〔四〕百姓所畏者有并涼之人　按：《刊誤》謂案文多一"有"字。

〔五〕説菀曰　汲本、殿本"菀"作"苑"。按：菀苑通。

〔六〕聲響動天　按："響"原譌"嚮"，逕改正。

〔七〕景帝（二）[三]年反　據殿本改。

〔八〕年四十一　汲本、殿本作"四十二"。按：《魏志·鄭渾傳》注作

"四十一",盧弼校云宋本作"四十二"。

〔九〕霸字次(孺)〔儒〕 據汲本、殿本改,與《前書》合。

〔一〇〕年十歲隨父詣京師時河南尹李膺 《集解》引洪頤煊說,謂《獻帝紀》建安十三年八月,曹操殺孔融,傳云時年五十六,融當生於永興元年。今按:據《李膺傳》,膺於延熹二年為河南尹,坐輸左校,則是時融年七歲也,"十"乃"七"之譌。

〔一一〕太中大夫陳煒 按:袁《紀》"煒"作"禕"。

〔一二〕將不早惠乎 殿本"惠"作"慧",《冊府元龜》七七三卷同。按:惠慧通。

〔一三〕高明必為偉器 按:王先謙謂《世說》注引《續漢書》,"高明"上有"長大"二字,似不可少。

〔一四〕年十三喪父 按:《校補》引沈銘彝說,謂融父宙卒於桓帝延熹六年正月己未,見《孔宙碑》,以融卒年計之,則宙卒時,融年十一,非十三也。

〔一五〕時融年十六 按:《校補》引侯康說,謂詔捕張儉事在建寧二年,融年十七矣。

〔一六〕拜中軍候 《刊誤》謂漢官無中軍候,惟有北軍中候耳,明字有脫誤。按:《校補》引錢大昭說,謂《魏志·崔琰傳》注云"累遷北軍中候",此作"中軍候",誤。

〔一七〕(及)〔反〕魯衛之侵地 《刊誤》謂案《公羊傳》本文,"及"當作"反"。今據改。按:以下注所引《公羊傳》文與今本多不合,然意義無大出入。

〔一八〕善否不別 按:《御覽》六四八引《續漢書》,"不別"作"區別"。

〔一九〕是下常有千八百紂也 按:《刊誤》謂"是"下少一"天"字。

〔二〇〕軍半至 《刊誤》謂案《史記》,彼文更有他語,故末云"軍半至",今既節取,不宜長此三字。今按:《史記》作"兵法,百里而趣利者蹶上將,五十里而趣利者軍半至"。

〔二一〕於是令齊軍曰 按:《史記》無"曰"字。

〔二二〕期日莫見火舉而俱發 按:《史記》"日"作"曰"。

〔二三〕苞茅不入　汲本、殿本"苞"作"包"。按：阮元謂"包茅不入"之"包"，原從艸作"苞"，自石經始去艸頭，後人往往從之。

〔二四〕包裹束也　按："裹"原譌"裏"，逕改正。

〔二五〕並獻帝子　按：《校補》謂以融所對聖恩敦睦及同產昆弟之説證之，實皆獻帝之諸弟，而靈帝子耳。疑此注本作"並靈帝子"，淺人妄改為"獻"。

〔二六〕單于徙北海上　按：張森楷《校勘記》謂"徙"下疑有"之"字。

〔二七〕獻帝嘗時見慮　按：《刊誤》謂案文"時"當作"特"。

〔二八〕令宗欽馮愔守栒邑　按：《集解》引周壽昌説，謂案《鄧禹傳》，"宗欽"作"宗歆"。

〔二九〕令信出跨下　汲本、殿本"跨"作"胯"。按：跨胯同。

〔三○〕酒酸(者)　據今本《韓非子》删。

〔三一〕(二人)〔倩〕曰汝狗猛耶　據今本《韓非子》改。

〔三二〕〔曰然穀〕將弃之　按：《韓非子》作"曰然穀將棄之"，此脱"曰然穀"三字，今據補。

〔三三〕譬如寄物瓾中　按：殿本"瓾"作"瓶"。

〔三四〕瓾缶也　按：沈家本謂按《説文》，缾，甖也，瓶缾或從瓦。此注言缶也，疑傳寫奪爛其半耳。"瓶"字本或作"瓾"者誤，《説文》無瓾字也。

〔三五〕豈有員園委屈可以毎其生哉　汲本"有員"作"其負"。《校補》謂負，恃也，恃員道以為委屈也。園可通員，作"員園"於義為窒，似誤。今按：員園委屈，相對成文，古人自有複語耳，作"負"者譌，《校補》説非。

〔三六〕亢父〔縣〕屬梁國　據汲本、殿本補。

〔三七〕或明有意數　按：《刊誤》謂"明"上當有一"聰"字。

〔三八〕明年又為操鎮東司馬　按：《集解》引錢大昕説，謂此初平二年之明年也。據《魏志》，操為鎮東將軍在建安元年，則初平三年安得便稱鎮東司馬乎？《魏志·彧傳》本云明年太祖領兗州牧，後為鎮東將軍，常以司馬從。然則領兗州在此年，而除鎮東不在此年也。范《史》删去領兗州句，遂誤以鎮東司馬為是年事矣。

〔三九〕宜亟供軍實　按：《集解》引惠棟説，謂"實"《魏志》作"食"。

〔四〇〕而將軍之關河也　按：《集解》引錢大昕説，謂"關河"當依《魏志·彧傳》作"關中河内"，蓋上言高祖保關中，光武據河内，皆深根固本，以制天下，故以兗州比關中、河内。范《史》刪去二字，未當。

〔四一〕東郡守　按：《刊誤》謂案文少一"太"字。

〔四二〕［書］與彧議　據殿本補。按：下文云"彧報曰"，則此當有"書"字。

〔四三〕各規利人百其勇也　按："各"原譌"名"，逕改正。

〔四四〕發［縱］指示功人也　據汲本補。

〔四五〕國之（望）［重］臣　據汲本、殿本改。

〔四六〕趙岐注孟子曰　按："岐"原譌"歧"，逕改正。

後漢書卷七十一

皇甫嵩朱儁列傳第六十一〔一〕

　　皇甫嵩字義真，安定朝那人，度遼將軍規之兄子也。父節，鴈門太守。嵩少有文武志介，好《詩》、《書》，習弓馬。初舉孝廉、茂才。〔1〕太尉陳蕃、大將軍竇武連辟，並不到。靈帝公車徵為議郎，遷北地太守。

【注】
〔1〕《續漢書》曰："舉孝廉為郎中，遷霸陵、臨汾令，以父喪遂去官。"

　　初，鉅鹿張角自稱"大賢良師"，〔1〕奉事黃老道，畜養弟子，跪拜首過，〔2〕符水呪說以療病，病者頗愈，百姓信向之。角因遣弟子八人使於四方，以善道教化天下，轉相誑惑。十餘年間，眾徒數十萬，連結郡國，自青、徐、幽、冀、荊、楊、兗、豫八州之人，莫不畢應。遂置三十六方。〔二〕方猶將軍號也。大方萬餘人，小方六七千，各立渠帥。訛言"蒼天已死，黃天當立，歲在甲子，天下大吉"。以白土書京城寺門及州郡官府，皆作"甲子"字。中平元年，大方馬元義等先收荊、楊數萬人，期會發於鄴。元義數往來京師，以中常侍封諝、徐奉等為內應，約以三月五日內外俱起。未及作亂，而張角弟子濟南唐周上書告之，於是車裂元義於洛陽。靈帝以周章下三公、司隸，使鉤盾令周斌將三府掾屬，案驗宮省直衞及百姓有事角道者，誅殺千餘人，推考冀州，逐捕角等。角等知事已露，晨夜馳勑諸方，一時俱起。皆著黃巾為摽幟，[3]時人謂之"黃巾"，亦名為"蛾賊"。[4]殺人以祠天。角稱"天公將軍"，角弟寶稱"地公將軍"，寶弟梁[三]稱"人公將軍"。所在燔燒官府，劫略聚邑，州郡失據，長吏多逃亡。旬日之閒，天下嚮應，京師震動。

【注】
〔1〕"良"或作"郎"。
〔2〕首音式受反。
〔3〕幟音尺志反，又音試。
〔4〕蛾音魚綺反，即"蟻"字也。諭賊衆多，故以為名。

詔勑州郡修理攻守，簡練器械，自函谷、大谷、廣城、[四]伊闕、轘轅、旋門、孟津、小平津諸關，並置都尉。[1]召群臣會議。嵩以為宜解黨禁，益出中藏錢、西園廐馬，以班軍士。帝從之。於是發天下精兵，博選將帥，以嵩為左中郎將，持節，與右中郎將朱儁，共發五校、三河騎士及募精勇，合四萬餘人，嵩、儁各統一軍，共討潁川黃巾。

【注】
〔1〕大谷、轘轅在洛陽東南，旋門在汜水之西。[五]

儁前與賊波才戰，戰敗，嵩因進保長社。波才引大衆圍城，嵩兵少，軍中皆恐，乃召軍吏謂曰："兵有奇變，不在衆寡。[1]今賊依草結營，易為風火。若因夜縱燒，必大驚亂。吾出兵擊之，四面俱合，田單之功可成也。"[2]其夕遂大風，嵩乃約勑軍士皆束苣乘城，[3]使銳士閒出圍外，縱火大呼，城上舉燎應之，嵩因鼓而奔其陳，賊驚亂奔走。會帝遣騎都尉曹操將兵適至，嵩、操與朱儁合兵更戰，大破之，斬首數萬級。封嵩都鄉侯。嵩、儁乘勝進討汝南、陳國黃巾，追波才於陽翟，擊彭脫於西華，並破之。〔4〕餘賊降散，三郡悉平。

【注】
〔1〕《孫子兵法》曰："凡戰者，以正合，以奇勝者也。故善出奇，無窮如天地，無竭如江海。戰勢不過奇正。奇正之變，不可勝也。"
〔2〕田單為齊將，守即墨城。燕師攻城，田單取牛千頭，衣以五采，束矛盾於其角，繫火於其尾，穿城而出，城上大譟，燕師大敗。事見《史記》。
〔3〕苣音巨。《說文》云："束葦燒之。"
〔4〕西華，縣，屬汝南。

又進擊東郡黃巾卜己於倉亭，生禽卜己，斬首七千餘級。時北中郎將盧植及東中郎將董卓討張角，並無功而還，乃詔嵩進兵討之。嵩與角弟梁戰於廣宗。〔1〕梁衆精勇，嵩不能剋。明日，乃閉營休士，以觀其變。知賊意稍懈，乃潛夜勒兵，雞鳴馳赴其陳，戰至晡時，大破之，斬梁，獲首三萬級，赴河死者五萬許人，焚燒車重三萬餘兩，悉虜其婦子，繫獲甚衆。〔六〕角先已病死，乃剖棺戮屍，傳首京師。

【注】
〔1〕今貝州宗城縣。

嵩復與鉅鹿太守馮翊郭典攻角弟寶於下曲陽，又斬之。首獲十餘萬人，築京觀於城南。〔1〕即拜嵩為左車騎將軍，領冀州牧，封槐里侯，食槐里、美陽兩縣，〔2〕合八千戶。

【注】
〔1〕杜元凱注《左傳》曰："積尸封土於其上，謂之京觀。"
〔2〕並屬扶風。

以黃巾既平,故改年為中平。嵩奏請冀州一年田租,以贍飢民,帝從之。百姓歌曰:"天下大亂兮市為墟,母不保子兮妻失夫,賴得皇甫兮復安居。"嵩溫卹士卒,甚得眾情,每軍行頓止,須營幔修立,然後就舍帳。軍士皆食,(爾)〔已〕乃嘗飯。〔七〕吏有因事受賂者,嵩更以錢物賜之,吏懷慙,或至自殺。

嵩既破黃巾,威震天下,而朝政日亂,海內虛困。故信都令漢陽閻忠干說嵩曰:〔一〕"難得而易失者,時也;時至不旋踵者,幾也。故聖人順時以動,智者因幾以發。今將軍遭難得之運,蹈易駭之機,而踐運不撫,臨機不發,將何以保大名乎?"嵩曰:"何謂也?"忠曰:"天道無親,百姓與能。今將軍受鉞於暮春,收功於末冬。〔二〕兵動若神,謀不再計,摧強易於折枯,消堅甚於湯雪,旬月之間,神兵電埽,封尸刻石,南向以報,威德震本朝,風聲馳海外,雖湯武之舉,未有高將軍者也。今身建不賞之功,體兼高人之德,而北面庸主,何以求安乎?"嵩曰:"夙夜在公,心不忘忠,何故不安?"忠曰:"不然。昔韓信不忍一餐之遇,而弃三分之業,利劍已揣其喉,方發悔毒之歎者,機失而謀乖也。〔三〕今主上勢弱於劉、項,將軍權重於淮陰,指摩足以振風雲,叱咤可以興雷電。〔四〕赫然奮發,因危抵頹,〔五〕崇恩以綏先附,振武以臨後服,徵冀方之士,動七州之眾,羽檄先馳於前,大軍響振於後,蹈流漳河,飲馬孟津,誅閹官之罪,除群凶之積,雖僮兒可使奮拳以致力,女子可使褰裳以用命,況厲熊羆之卒,因迅風之執哉!功業已就,天下已順,然後請呼上帝,示以天命,混齊六合,南面稱制,移寶器於將興,〔六〕推亡漢於已墜,實神機之至會,風發之良時也。夫既朽不雕,衰世難佐。若欲輔難佐之朝,雕朽敗之木,是猶逆坂走丸,迎風縱棹,豈云易哉?且今豎宦群居,同惡如市,〔七〕上命不行,權歸近習,昏主之下,難以久居,〔八〕不賞之功,讒人側目,如不早圖,後悔無及。"嵩懼曰:"非常之謀,不施於有常之執。創圖大功,豈庸才所致。黃巾細蘖,敵非秦、項,新結易散,難以濟業。且人未忘主,天不祐逆。若虛造不冀之功,以速朝夕之禍,孰與委忠本朝,守其臣節。雖云多讒,不過放廢,猶有令名,死且不朽。[9]反常之論,所不敢聞。"忠知計不用,因亡去。[10]

【注】

[1]干謂冒進。

[2]《老子》曰:"天道無親,常與善人。"《易》曰:"人謀鬼謀,百姓與能。"《淮南子》曰:"凡命將,主親授鉞,[八]曰:'從此上至天,將軍制之。'"

[3]《前書》,項羽使武涉說韓信,信曰:"漢王解衣衣我,推食食我,背之不祥。"又蒯通說信,令信背漢,參分天下,鼎足而立。信曰:"漢王遇我厚,豈可背之哉?"後信謀反,為吕后所執,歎曰:"吾不用蒯通計,為女子所詐,豈非天哉!"

[4]"撝"即"麾"字,古通用。叱咤,怒聲也。

[5]抵音紙。抵,擊也。

[6]寶器猶神器也,謂天位也。

[7]《左氏傳》韓宣子曰:"同惡相求,如市賈焉。"

[8]《史記》范蠡曰:"大名之下,難以久居。"

[9]二句皆《左傳》之辭。

[10]《英雄記》曰:"梁州賊王國等起兵,劫忠為主,統三十六(郡)[部],[九]號'車騎將軍'。忠感慨發病死。"

會邊章、韓遂作亂隴右,明年春,詔嵩迴鎮長安,以衛園陵。章等遂復入寇三輔,使嵩因討之。

初,嵩討張角,路由鄴,見中常侍趙忠舍宅踰制,乃奏没入之。又中常侍張讓私求錢五千萬,嵩不與,二人由此為憾,奏嵩連戰無功,所費者多。其秋徵還,收左車騎將軍印綬,削戶六千,更封都鄉侯,二千户。

五年,(梁)[涼]州賊王國圍陳倉,[一〇]復拜嵩為左將軍,督前將軍董卓,各率二萬人拒之。卓欲速進赴陳倉,嵩不聽。卓曰:"智者不後時，勇者不留決。速救則城全，不救則城滅，全滅之埶，在於此也。"嵩曰："不然。百戰百勝，不如不戰而屈人之兵。是以先為不可勝，以待敵之可勝。不可勝在我，可勝在彼。彼守不足，我攻有餘。[1]有餘者動於九天之上，不足者陷於九地之下。[2]今陳倉雖小，城守固備，非九地之陷也。王國雖強，而攻我之所不救，非九天之埶也。夫埶非九天，攻者受害；陷非九地，守者不拔。國今已陷受害之地，而陳倉保不拔之城，我可不煩兵動衆，而取全勝之功，將何救焉！"遂不聽。王國圍陳倉，自冬迄春，八十餘日，城堅守固，竟不能拔。賊衆疲敝，果自解去。嵩進兵擊之。卓曰："不可。兵法，窮寇勿〈迫〉[追]，歸衆勿〈追〉[迫]。[3][一一]今我追國，是迫歸衆，追窮寇也。困獸猶鬬，蜂蠆有毒，[4]況大衆乎！"嵩曰："不然。前吾不擊，避其銳也。今而擊之，待其衰也。所擊疲師，非歸衆也。國衆且走，莫有鬬志。以整擊亂，非窮寇也。"遂獨進擊之，使卓為後拒。連戰大破之，斬首萬餘級，國走而死。卓大憯恨，由是忌嵩。

【注】
〔1〕《孫子》之文。
〔2〕《孫子兵法》曰："善守者藏於九地之下，善攻者動於九天之上。"《玄女三宮戰法》曰："行兵之道，天地之寶。九天九地，各有表裏。九天之上，六甲子也。九地之下，六癸酉也。子能順之，萬全可保。"
〔3〕《司馬兵法》之言。
〔4〕皆《左氏傳》文。

明年，卓拜為并州牧，詔使以兵委嵩，卓不從。嵩從子酈[1][一二]時在軍中，說嵩曰："本朝失政，天下倒懸，能安危定傾者，唯大人與董卓耳。今怨隙已結，埶不俱存。卓被詔委兵，而上書自請，此逆命也。又以京師昏亂，躊躇不進，此懷姦也。且其凶戾無親，將士不附。大人今為元帥，杖國威以討之，上顯忠義，下除凶害，此桓文之事也。"嵩曰:"專命雖罪,專誅亦有責也。[2][一三]不如顯奏其事,使朝廷裁之。"於是上書以聞。帝讓卓,卓又增怨於嵩。及後秉政,初平元年,乃徵嵩為城門校尉,因欲殺之。嵩將行,長史梁衍說曰:"漢室微弱,閹豎亂朝,董卓雖誅之,而不能盡忠於國,遂復寇掠京邑,廢立從意。今徵將軍,大則危禍,小則困辱。今卓在洛陽,天子來西,以將軍之衆,精兵三萬,迎接至尊,奉令討逆,發命海內,徵兵群帥,袁氏逼其東,將軍迫其西,此成禽也。"嵩不從,遂就徵。有司承旨,奏嵩下吏,將遂誅之。

【注】
[1]酈音歷。
[2]《春秋左氏傳》曰:"稟命則不威,專命則不孝。"

嵩子堅壽與卓素善,自長安亡走洛陽,歸投於卓。卓方置酒歡會,堅壽直前質讓,責以大義,[1]叩頭流涕。坐者感動,皆離席請之。卓乃起,牽與共坐。使免嵩囚,復拜嵩議郎,遷御史中丞。及卓還長安,公卿百官迎謁道次。卓風令御史中丞已下皆拜以屈嵩,[2]既而抵手言曰:"義真犕未乎?"[3]嵩笑而謝之,卓乃解釋。[4]

【注】
[1]質,正也。
[2]風音諷,謂諷動也。
[3]犕音服。《說文》曰:"犕牛乘馬。""犕",即古"服"字也,今河朔人猶有此言,音備。
[4]《獻帝春秋》曰:"初卓為前將軍,嵩為左將軍,俱征邊章、韓遂,爭雄。及嵩拜車下,卓曰:'可以服未?'嵩曰:'安知明公乃至於是?'卓曰:'鴻鵠固有遠志,但燕雀自不知耳。'嵩曰:'昔與明公俱為鴻鵠,但明公今日變為鳳皇耳。'"

及卓被誅,以嵩為征西將軍,又遷車騎將軍。其年秋,拜太尉,冬,以流星策免。[1]復拜光祿大夫,遷太常。尋李傕作亂,嵩亦病卒,贈驃騎將軍印綬,拜家一人為郎。

【注】
〔1〕《續漢書》曰以日有重珥免。

嵩為人愛慎盡勤,[一四]前後上表陳諫有補益者五百餘事,皆手書毀草,不宣於外。又折節下士,門無留客。[1]時人皆稱而附之。

【注】
〔1〕言汲引之速。

堅壽亦顯名,後為侍中,辭不拜,病卒。

朱儁字公偉,會稽上虞人也。少孤,母嘗販繒為業。儁以孝養致名,為縣門下書佐,好義輕財,鄉閭敬之。時同郡周規[一五]辟公府,當行,假郡庫錢百萬,以為冠幘費,而後倉卒督責,規家貧無以備,儁乃竊母繒帛,為規解對。[1]母既失產業,深恚責之。儁曰:"小損當大益,初貧後富,必然理也。"

【注】
〔1〕規被錄占對,儁為備錢以解其事。

本縣長山陽度尚見而奇之,薦於太守韋毅,稍歷郡職。後太守尹端以儁為主簿。熹平二年,端坐討賊許昭失利,為州所奏,罪應棄市。儁乃羸服閒行,輕齎數百金到京師,賂主章吏,遂得刊定州奏,故端得輸作左校。端喜於降免而不知其由,儁亦終無所言。

後太守徐珪舉儁孝廉,再遷除蘭陵令,政有異能,為東海相所表。會交阯部群賊並起,牧守頓弱不能禁。又交阯賊梁龍等萬餘人,與南海太守孔芝反叛,攻破郡縣。光和元年,即拜儁交阯刺史,令過本郡簡募家兵及所調,〔1〕合五千人,分從兩道而入。既到州界,按甲不前,先遣使詣郡,觀賊虛實,宣揚威德,以震動其心;既而與七郡兵俱進逼之,遂斬梁龍,降者數萬人,旬月盡定。以功封都亭侯,千五百戶,賜黃金五十斤,徵為諫議大夫。

【注】
〔1〕家兵,僮僕之屬。調謂調發之。

及黃巾起,公卿多薦儁有才略,拜為右中郎將,持節,與左中郎將皇甫嵩討潁川、汝南、陳國諸賊,悉破平之。嵩乃上言其狀,而以功歸儁,於是進封西鄉侯,遷鎮賊中郎將。

時南陽黃巾張曼成起兵,稱"神上使",眾數萬,殺郡守褚貢,〔一六〕屯宛下百餘日。後太守秦頡擊殺曼成,賊更以趙弘為帥,眾浸盛,遂十餘萬,據宛城。儁與荊州刺史徐璆及秦頡合兵萬八千人圍弘,自六月至八月不拔。有司奏欲徵儁。司空張溫上疏曰:"昔秦用白起,燕任樂毅,皆曠年歷載,乃能克敵。〔1〕儁討潁川,已有功效,〔一七〕引師南指,方略已設,臨軍易將,兵家所忌,宜假日月,責其成功。"靈帝乃止。儁因急擊弘,斬之。賊餘帥韓忠復據宛拒儁。儁兵少不敵,乃張圍結壘,起土山以臨城內,因鳴鼓攻其西南,賊悉眾赴之。儁自將精卒五千,掩其東北,乘城而入。忠乃退保小城,惶懼乞降。司馬張超及徐璆、秦頡皆欲聽之。儁曰:"兵有形同而執異者。昔秦項之際,民無定主,故賞附以勸來耳。今海內一統,唯黃巾造寇,納降無以勸善,討之足以懲惡。今若受之,更開逆意,賊利則進戰,鈍則乞降,縱敵長寇,非良計也。"因急攻,連戰不剋。儁登土山望之,顧謂張超曰:"吾知之矣。賊今外圍周固,内營逼急,乞降不受,欲出不得,所以死戰也。萬人一心,猶不可當,況十萬乎!其害甚矣。不如徹圍,并兵入城。忠見圍解,執必自出,出則意散,易破之道也。"既而解圍,忠果出戰,儁因擊,大破之。乘勝逐北數十里,斬首萬餘級。忠等遂降。而秦頡積忿忠,遂殺之。餘眾懼不自安,復以孫夏為帥,還屯宛中。儁急攻之。夏走,追至西鄂精山,又破之。〔2〕復斬萬餘級,賊遂解散。明年春,遣使者持節拜儁右車騎將軍,振旅還京師,以為光祿大夫,增邑五千,更封錢塘侯,〔3〕加位特進。以母喪去官,起家,復為將作大匠,轉少府、太僕。

【注】

〔1〕《史記》曰,白起,郿人也,善用兵,事秦昭王為大良造。攻魏,拔之。後五年,攻趙,拔光狼城。後七年,攻楚,拔鄢、鄧五城。明年,拔郢,燒夷陵,遂東至竟陵。樂毅,趙人也,賢而好兵,燕昭王以為亞卿,後為上將軍。伐齊,入臨淄,狗齊五歲,下齊七十餘城。

〔2〕西鄂故城在今鄧州向城縣南,精山在其南。

〔3〕錢塘,今杭州縣也。《錢塘記》云:"昔郡議曹華信(義)〔議〕立此塘,〔一八〕以防海水。始開募,有能致土石一斛,與錢一千,旬日之間,來者雲集。塘未成而譎不復取,皆遂弃土石而去,塘以之成也。"

自黃巾賊後,復有黑山、黃龍、白波、左校、郭大賢、于氐根、青牛角、〔一九〕張白騎、劉石、左髭丈八、〔二〇〕平漢、大計、司隸、掾哉、〔1〕〔二一〕雷公、浮雲、飛燕、白雀、楊鳳、于毒、〔二二〕五鹿、李大目、白繞、眭固、〔二三〕苦哂之徒,〔2〕並起山谷間,不可勝數。其大聲者稱雷公,騎白馬者為張白騎,輕便者言飛燕,多髭者號于氐根,〔3〕大眼者為大目,如此稱號,各有所因。大者二三萬,小者六七千。

【注】

〔1〕《九州春秋》"大計"作"大洪","掾哉"作"緣城"。〔二四〕

〔2〕《九州春秋》"哂"作"蟜",音才由反。
〔3〕《左氏傳》曰:"于思于思,弃甲復來。"杜預注云:"于思,多須之貌也。"

賊帥常山人張燕,輕勇趫捷,故軍中號曰飛燕。善得士卒心,乃與中山、常山、趙郡、上黨、河內諸山谷寇賊更相交通,眾至(伯)〔百〕萬,〔二五〕號曰黑山賊。河北諸郡縣並被其害,朝廷不能討。燕乃遣使至京師,奏書乞降,遂拜燕平難中郎將,使領河北諸山谷事,歲得舉孝廉、計吏。

燕後漸寇河內,逼近京師,於是出儁為河內太守,將家兵擊却之。其後諸賊多為袁紹所定,事在《紹傳》。復拜儁為光祿大夫,轉屯騎,尋拜城門校尉、河南尹。

時董卓擅政,以儁宿將,外甚親納而心實忌之。及關東兵盛,卓懼,數請公卿會議,徙都長安,儁輒止之。卓雖惡儁異己,然貪其名重,乃表遷太僕,以為己副。使者拜,儁辭不肯受。因曰:"國家西遷,必孤天下之望,以成山東之釁,臣不見其可也。"使者詰曰:"召君受拜而君拒之,不問徙事而君陳之,其故何也?"儁曰:"副相國,非臣所堪也;遷都計,非事所急也。辭所不堪,言所非急,臣之宜也。"使者曰:"遷都之事,不聞其計,〔二六〕就有未露,何所承受?"儁曰:"相國董卓具為臣說,所以知耳。"使人不能屈,由是止不為副。

卓後入關,留儁守洛陽,而儁與山東諸將通謀為內應。既而懼為卓所襲,乃弃官奔荊州。卓以弘農楊懿為河南尹,守洛陽。儁聞,復進兵還洛,懿走。儁以河南殘破無所資,乃東屯中牟,移書州郡,請師討卓。徐州刺史陶謙遣精兵三千,餘州郡稍有所給,謙乃上儁行車騎將軍。董卓聞之,使其將李傕、郭汜等數萬人屯河南拒儁。儁逆擊,為傕、汜所破。儁自知不敵,留關下不敢復前。

及董卓被誅,傕、汜作亂,儁時猶在中牟。陶謙以儁名臣,數有戰功,可委以大事,乃與諸豪桀共推儁為太師,因移檄牧伯,同討李傕等，奉迎天子。乃奏記於儁曰："徐州刺史陶謙、前楊州刺史周乾、琅邪相陰德、東海相劉馗、〔1〕彭城相汲廉、北海相孔融、沛相袁忠、太山太守應劭、汝南太守徐璆、前九江太守服虔、博士鄭玄等，敢言之行車騎將軍河南尹莫府：〔2〕國家既遭董卓，重以李傕、郭汜之禍，幼主劫執，忠良殘敝，長安隔絕，不知吉凶。是以臨官尹人，搢紳有識，莫不憂懼，以為自非明哲雄霸之士，曷能剋濟禍亂！自起兵已來，于茲三年，州郡轉相顧望，未有奮擊之功，而互争私變，更相疑惑。謙等並共諮諏，議消國難。僉曰：'將軍君侯，既文且武，應運而出，凡百君子，靡不顒顒。'故相率屬，簡選精悍，堪能深入，直指咸陽，多持資糧，足支半歲，謹同心腹，委之元帥。"會李傕用太尉周忠、尚書賈詡策，徵儁入朝。軍吏皆憚入關，欲應陶謙等。儁曰："以君召臣，義不俟駕，〔3〕況天子詔乎！且傕、汜小豎，樊稠庸兒，無他遠略，又執力相敵，變難必作。吾乘其閒，大事可濟。"遂辭謙議而就傕徵，復為太僕，謙等遂罷。

【注】

〔1〕馗音巨眉反。

〔2〕蔡質《典職儀》曰："諸州刺史上郡并列卿府，〔二七〕言'敢言之'。"

〔3〕《論語》曰："君命召，不俟駕行矣。"俟，待也。

初平四年，代周忠為太尉，錄尚書事。明年秋，以日食免，復行驃騎將軍事，持節鎮關東。未發，會李傕殺樊稠，而郭汜又自疑，與傕相攻，長安中亂，故儁止不出，留拜大司農。獻帝詔儁與太尉楊彪等十餘人譬郭汜，令與李傕和。汜不肯，遂留質儁等。儁素剛，即日發病卒。

子晧，亦有才行，官至豫章太守。

論曰：皇甫嵩、朱儁並以上將之略，受脤倉卒之時。〔1〕及其功成師剋，威聲滿天下。值弱主蒙塵，獷賊放命，斯誠葉公投袂之幾，翟義鞠旅之日,〔2〕故梁衍獻規,山東連盟,而舍格天之大業,蹈匹夫之小諒,卒狼狽虎口,為智士笑。〔3〕豈天之長斯亂也?何智勇之不終甚乎!前史晉平原華嶠,稱其父光祿大夫表,〔4〕每言其祖魏太尉歆〔5〕稱"時人說皇甫嵩之不伐,汝豫之戰,歸功朱儁,張角之捷,本之於盧植,收名斂策,而己不有焉。〔6〕蓋功名者,世之所甚重也。誠能不爭天下之所甚重,則怨禍不深矣"。如皇甫公之赴履危亂,而能終以歸全者,其致不亦貴乎!故顏子願不伐善為先,斯亦行身之要與!〔7〕

【注】

〔1〕《春秋左氏傳》曰:"國之大事在祀與戎。祀有執膰,戎有受脤。"脤,宜社之肉也。《爾雅》曰:"舉大事,動大衆,必先有事於社然後出,謂之宜。"

〔2〕《新序》曰:"楚白公勝既殺令尹、司馬,欲立王子閭為王。王子閭不肯,劫之以刃。王子閭曰:'吾聞辭天下者,非輕其利以明其德也。不為諸侯者,非惡其位以絜其行也。今子告我以利,威我以兵,吾不為也。'白公強之,不可,遂殺之。葉公子高率楚衆以誅白公,而反惠王於國。"投袂,奮袂也,言其怒也。《左氏傳》曰:"楚子聞之,投袂而起。"翟義,方進之子,舉兵將誅王莽,事見《前書》。《詩》曰:"陳師鞠旅。"鄭玄注云:"鞠,告也。"

〔3〕山東連盟謂上云群帥及袁氏也。《書》稱"伊尹格于皇天"。《論語》曰:"豈若匹夫匹婦之為諒也。"《莊子》云,孔子見盜跖,退曰:"吾幾不免虎口。"

〔4〕華嶠《譜敍》曰:"表字偉容,歆之子也。年二十餘,為散騎常侍。"

〔5〕《魏志》曰:"歆字子魚。"

〔6〕斂策,不論其功。

〔7〕《論語》曰,顏回曰:"願無伐善,無施勞。"

贊曰:黃妖衝發,嵩乃奮鉞。孰是振旅,不居不伐。〔1〕儁捷陳、潁,亦弭(于)〔於〕越。〔2〕〔二八〕言肅王命,並邁屯蹶。〔3〕

【注】
〔1〕《老子》曰:"功成而不居。"
〔2〕謂平許昭也。(于)〔於〕,語辭,猶云"句吴"之類矣。
〔3〕躐猶躓也。

【校勘記】
〔一〕皇甫嵩朱儁列傳第六十一　按:汲本"朱儁"作"朱雋",正文同。
〔二〕遂置三十六方　按:《集解》引惠棟説,謂袁《紀》"方"作"坊"。
〔三〕寶弟梁　按:《集解》引惠棟説,謂袁《紀》"梁"作"良"。《通鑑考異》據《九州春秋》云"角弟梁,梁弟寶"。
〔四〕廣城　按:殿本"城"作"成",《通鑑》同。
〔五〕旋門在氾水之西　殿本、《集解》本"氾"作"汜"。按:此水《漢書》作"氾水",如淳音祀,《水經》始作"汜水",後多從《水經》。
〔六〕繫獲甚衆　按:殿本"繫"作"擊"。
〔七〕(爾)〔己〕乃嘗飯　據殿本改。按:王先謙謂作"己"是。
〔八〕主親授鉞　按:汲本"主"作"王"。
〔九〕統三十六(郡)〔部〕　《集解》引惠棟説,謂"郡"當作"部",今據改。按:《董卓傳》注引此亦作"部"。
〔一〇〕(梁)〔涼〕州賊王國圍陳倉　《集解》引洪頤煊説,謂《靈帝紀》作"涼州賊王國",此"梁"字誤。今據改。
〔一一〕窮寇勿(迫)〔追〕歸衆勿(追)〔迫〕　據汲本、殿本改。按:下云"是迫歸衆,追窮寇也",明當作"窮寇勿追,歸衆勿迫"。
〔一二〕嵩從子酈　按:《集解》引惠棟説,謂袁《紀》"酈"作"邐",又作"麗"。
〔一三〕專命雖罪專誅亦有責也　按:《集解》引王補説,謂《通鑑》作"違命雖罪",故胡注卓不釋兵為違命,嵩擅討卓為專誅。
〔一四〕嵩為人愛慎盡勤　按:《刊誤》謂當作"愛畏勤盡"。
〔一五〕同郡周規　按:《集解》引汪文臺説,謂《御覽》八一四引張璠

《漢紀》,"規"作"起"。

〔一六〕殺郡守褚貢　按：殿本"貢"作"衷"。

〔一七〕以有功效　殿本"以"作"已"。按：以已古通作。

〔一八〕昔郡議曹華信(義)〔議〕立此塘　《刊誤》謂案文"義"當作"議"。今據改。按：《御覽》八三六引《錢塘記》，作"郡議曹華信象家富，乃議立此塘"。又七四引《錢塘記》，作"往時郡議曹華家信富，乃議立此塘"。《御覽》引文亦有譌，然"義"當作"議"，固無疑也。

〔一九〕青牛角　按：《袁紹傳》注引《九州春秋》及《三國・魏志・袁紹傳》，並作"張牛角"。

〔二〇〕左髭丈八　按：《魏志・張燕傳》注引張璠《漢紀》，云"又有左校郭大賢左髭丈八三部也"。趙一清謂郭大賢疑是左校之帥，故下云三部。潘眉則謂蓋左校一部，郭大賢一部，左髭丈八一部也。如趙說，則左校郭大賢為一部，左髭為一部，丈八為一部。如潘說，則左髭與丈八各為一部。《通鑑》作"左髭文八"，胡注云《朱儁傳》"左髭文八"作"左髭丈八"，是胡氏亦以左髭丈八連讀，今從潘說。

〔二一〕掾哉　按：《通鑑》作"緣城"。

〔二二〕于毒　汲本作"干毒"。按：《袁紹傳》亦作"干毒"，《通鑑》作"于毒"。

〔二三〕眭固　按：《集解》引惠棟說，謂《通鑑》作"睢固"。

〔二四〕掾哉作緣城　按：汲本"緣城"作"緣哉"，殿本作"緣成"。

〔二五〕衆至(伯)〔百〕萬　據殿本改。

〔二六〕不聞其計　按："計"原譌"討"，逕據汲本、殿本改正。

〔二七〕諸州刺史上郡并列卿府　按：《刊誤》謂案刺史在郡上，何緣有"上郡"之文，蓋本言"刺史並郡上列卿府"云云。

〔二八〕亦弭(于)〔於〕越　據殿本改。注同。按：王念孫謂於于古雖通用，而"於越"之"於"，不當作"于"。

後漢書卷七十二

董卓列傳第六十二

　　董卓字仲穎，[1][一]隴西臨洮人也。性麤猛有謀。少嘗遊羌中，盡與豪帥相結。後歸耕於野，諸豪帥有來從之者，卓為殺耕牛，與共宴樂，豪帥感其意，歸相斂得雜畜千餘頭以遺之，由是以健俠知名。為州兵馬掾，常徼守塞下。[2]卓臂力過人，雙帶兩鞬，左右馳射，[3]為羌胡所畏。

【注】
〔1〕《卓別傳》曰："卓父君雅為潁川輪氏尉，生卓及弟旻，故卓字仲穎，旻字叔穎。"
〔2〕《説文》曰："徼，巡也。"《前書》曰："中尉巡徼京師。"《音義》曰："所謂遊徼，備盜賊。"
〔3〕《方言》曰："所以藏箭謂之服，藏弓謂之鞬。"《左氏傳》云："右屬櫜鞬。"

　　桓帝末，以六郡良家子為羽林郎，從中郎將張奐為軍司馬，共擊漢陽叛羌，破之，拜郎中，賜縑九千匹。卓曰："為者則己，有者則士。"[1]乃悉分與吏兵，無所留。稍遷西域戊己校尉，坐事免。後為并州刺史，河東太守。

【注】
〔1〕為功者雖己,共有者乃士。

中平元年,拜東中郎將,持節,代盧植擊張角於下曲陽,軍敗抵罪。其冬,北地先零羌及枹罕河關群盜反叛,遂共立湟中義從胡北宮伯玉、李文侯為將軍,殺護羌校尉泠徵。〔二〕伯玉等乃劫致金城人邊章、韓遂,〔1〕使專任軍政,共殺金城太守陳懿,攻燒州郡。明年春,將數萬騎入寇三輔,侵逼園陵,托誅宦官為名。詔以卓為中郎將,副左車騎將軍皇甫嵩征之。嵩以無功免歸,而邊章、韓遂等大盛。朝廷復以司空張溫為車騎將軍,假節,執金吾袁滂為副。〔2〕拜卓破虜將軍,與盪寇將軍周慎並統於溫。并諸郡兵步騎合十餘萬,屯美陽,〔3〕以衛園陵。章、遂亦進兵美陽。溫、卓與戰,輒不利。十一月,夜有流星如火,光長十餘丈,照章、遂營中,驢馬盡鳴。賊以為不祥,欲歸金城。卓聞之喜,明日,乃與右扶風鮑鴻等并兵俱攻,大破之,斬首數千級。章、遂敗走榆中,〔4〕溫乃遣周慎將三萬人追討之。溫參軍事孫堅〔5〕說慎曰:"賊城中無穀,當外轉糧食。堅願得萬人斷其運道,將軍以大兵繼後,賊必困乏而不敢戰。若走入羌中,并力討之,則涼州可定也。"慎不從,引軍圍榆中城。而章、遂分屯葵園狹,反斷慎運道。慎懼,乃弃車重而退。溫時亦使卓將兵三萬討先零羌,卓於望垣北〔6〕為羌胡所圍,糧食乏絕,進退逼急。乃於所度水中偽立隁,以為捕魚,而潛從隁下過軍。〔7〕比賊追之,決水已深,不得度。時衆軍敗退,唯卓全師而還,屯於扶風,封斄鄉侯,邑千戶。〔8〕

【注】
〔1〕《獻帝春秋》曰:"涼州義從宋建、王國等反,〔三〕詐金城郡降,求見涼州大人故新安令邊允、從事韓約。約不見,太守陳懿勸之使(王)[往],〔四〕國等便劫質約等數十人。金城亂,懿出,國等扶以到護羌營,〔五〕殺之,而釋約、允等。隴西以愛憎露布,冠約、允名以為賊,州購約、允各千戶侯。約、

允被購,'約'改為'遂','允'改為'章'。"

〔2〕袁宏《漢紀》曰:"滂字公熙。純素寡欲,終不言人短。當權寵之盛,或以同異致禍,滂獨中立於朝,故愛憎不及焉。"

〔3〕美陽故城在今雍州武功縣北。

〔4〕榆中,縣,屬金城郡,故城在今蘭州金城縣中。

〔5〕堅字文臺,吳郡富春人,即孫權之父也。見《吳志》。

〔6〕望垣,縣,屬天水郡。

〔7〕《續漢書》"隑"字作"堨",其字義則同,但異體耳。

〔8〕鰲,縣,故城在今雍州武功縣。字或作"邰",音台。

三年春,遣使者持節就長安拜張溫為太尉。三公在外,始之於溫。其冬,徵溫還京師,韓遂乃殺邊章及伯玉、文侯,擁兵十餘萬,進圍隴西。太守李相如反,與遂連和,共殺涼州刺史耿鄙。而鄙司馬扶風馬騰,〔1〕亦擁兵反叛,又漢陽王國,自號"合眾將軍",皆與韓遂合。共推王國為主,悉令領其眾,寇掠三輔。五年,圍陳倉。乃拜卓前將軍,與左將軍皇甫嵩擊破之。韓遂等復共廢王國,而劫故信都令漢陽閻忠,〔2〕使督統諸部。忠恥為眾所脅,感恚病死。遂等稍爭權利,更相殺害,其諸部曲並各分乖。

【注】

〔1〕《典略》曰:"騰字壽成,扶風茂陵人,馬援後也。長八尺餘,身體洪大,面鼻雄異,而性賢厚,人多敬之。"

〔2〕《英雄記》曰:"王國等起兵,劫忠為主,統三十六部,號'車騎將軍'。"

六年,徵卓為少府,不肯就,上書言:"所將湟中義從及秦胡兵皆詣臣曰:'牢直不畢,稟賜斷絕,〔1〕妻子飢凍。'牽挽臣車,使不得行。羌胡敝腸狗態,〔2〕臣不能禁止,輒將順安慰。增異復上。"〔3〕朝廷不能制，頗以為慮。及靈帝寢疾，璽書拜卓為并州牧，令以兵屬皇甫嵩。卓復上書言曰："臣既無老謀，又無壯事，[六]天恩誤加，掌戎十年。士卒大小相狎彌久，戀臣畜養之恩，為臣奮一旦之命。乞將之北州，效力邊垂。"於是駐兵河東，以觀時變。

【注】

〔1〕《前書音義》曰："牢，稟食也。古者名稟為牢。"

〔2〕言羌胡心腸敝惡，情態如狗也。《續漢書》"敝"作"憋"。《方言》云："憋，惡也。"郭璞曰："憋怤，急性也。"憋音芳烈反，怤音芳于反。

〔3〕如其更增異志，當復聞上。

及帝崩，大將軍何進、司隸校尉袁紹謀誅閹宦，而太后不許，乃私呼卓將兵入朝，以脅太后。卓得召，即時就道。並上書[1]曰："中常侍張讓等竊倖承寵，濁亂海內。[七]臣聞揚湯止沸，莫若去薪；[2]潰癰雖痛，勝於內食。昔趙鞅興晉陽之甲，以逐君側之惡人。[3]今臣輒鳴鍾鼓如洛陽，[4]請收讓等，以清姦穢。"卓未至而何進敗，虎賁中郎將袁術乃燒南宮，欲討宦官，而中常侍段珪[八]等[5]劫少帝及陳留王夜走小平津。卓遠見火起，引兵急進，未明到城西，聞少帝在北芒，因往奉迎。帝見卓將兵卒至，恐怖涕泣。[6]卓與言，不能辭對；與陳留王語，遂及禍亂之事。卓以王為賢，且為董太后所養，卓自以與太后同族，有廢立意。

【注】

〔1〕並猶兼也。

〔2〕《前漢》枚乘上書曰："欲湯之凔，一人吹之，百人揚之，無益也。不如絕薪止火而已。"凔音測亮反，寒也。

〔3〕《公羊傳》曰："晉趙鞅取晉陽之甲以逐荀寅與士吉射。[荀寅與士吉射]者曷為[者也]？[九]君側之惡人也。此逐君側之惡人，曷為以叛言之？

〔4〕鳴鍾鼓者，聲其罪也。《論語》曰："小子鳴鼓而攻之。"《典略》載卓表曰："張讓等慆慢天常，擅操王命，父子兄弟並據州郡，一書出門，高獲千金，下數百萬膏腴美田，〔一〇〕皆屬讓等。使變氣上蒸，妖賊蜂起。"

〔5〕《山陽公載記》"段"字作"殷"。

〔6〕《典略》曰："帝望見卓涕泣，群公謂卓有詔却兵。卓曰：'公諸人為國大臣，不能匡正王室，至使國家播蕩，何却兵之有？'遂俱入城。"

初，卓之入也，步騎不過三千，自嫌兵少，恐不為遠近所服，率四五日輒夜潛出軍近營，明旦乃大陳旌鼓而還，以為西兵復至，洛中無知者。尋而何進及弟苗先所領部曲皆歸於卓，卓又使呂布殺執金吾丁原而并其衆，〔1〕卓兵士大盛。乃諷朝廷策免司空劉弘而自代之。〔2〕因集議廢立。百僚大會，卓乃奮首而言曰："大者天地，其次君臣，所以為政。皇帝闇弱，不可以奉宗廟，為天下主。今欲依伊尹、霍光故事，更立陳留王，何如？"公卿以下莫敢對。卓又抗言〔3〕曰："昔霍光定策，延年案劍。有敢沮大議，皆以軍法從之。"坐者震動。〔4〕尚書盧植獨曰："昔太甲既立不明，〔5〕昌邑罪過千餘，故有廢立之事。〔6〕今上富於春秋，行無失德，非前事之比也。"卓大怒，罷坐。明日復集群僚於崇德前殿，遂脅太后，策廢少帝。曰："皇帝在喪，無人子之心，威儀不類人君，今廢為弘農王。"乃立陳留王，是為獻帝。又議太后〔7〕蹙迫永樂太后，〔8〕至令憂死，逆婦姑之禮，無孝順之節，〔9〕遷於永安宮，遂以弒崩。

【注】

〔1〕《英雄記》曰："原字建陽。為人麤略有勇，善射，受使不辭，有警急，追寇虜輒在前。"

〔2〕《魏志》曰："以久不雨策免。"《漢官儀》曰："弘字子高，安衆人。"

〔3〕抗，高也。

〔4〕《前書》，昭帝崩，霍光迎立昌邑王賀，即位二十七日，行淫亂，光召丞相已下會議，莫敢發言。田延年前，離席按劍曰："群臣有後應者請斬之。"

〔5〕太甲，湯孫，太丁子也。《尚書》曰"太甲既立，不明，伊尹放諸桐宮"也。

〔6〕昌邑王凡所徵發一千一百二十七事。

〔7〕靈帝何皇后。

〔8〕孝仁董皇后，靈帝之母。

〔9〕《左傳》曰："婦，養姑者也。虧姑以成婦，逆莫大焉。"

卓遷太尉，領前將軍事，加節傳斧鉞虎賁，更封郿侯。[1]卓乃與司徒黃琬、司空楊彪，俱帶鈇鑕詣闕上書，追理陳蕃、竇武及諸黨人，以從人望。於是悉復蕃等爵位，擢用子孫。

【注】
〔1〕傳音陟戀反。郿，今岐州縣。〔一一〕

尋進卓為相國，入朝不趨，劍履上殿。封母為池陽君，置（丞）令[丞]。〔一二〕

是時洛中貴戚室第相望，金帛財產，家家殷積。卓縱放兵士，突其廬舍，淫略婦女，剽虜資物，謂之"搜牢"。[1]人情崩恐，不保朝夕。及何后葬，開文陵，[2]卓悉取藏中珍物。又姦亂公主，妻略宮人，虐刑濫罰，睚眦必死，群僚內外莫能自固。卓嘗遣軍至陽城，時人會於社下，悉令就斬之，駕其車重，載其婦女，以頭繫車轅，歌呼而還。又壞五銖錢，更鑄小錢，悉取洛陽及長安銅人、鍾虡、飛廉、銅馬之屬，以充鑄焉。[3]故貨賤物貴，穀石數萬。又錢無輪郭文章，不便人用。[4]時人以為秦始皇見長人於臨洮，乃鑄銅人。[5]卓，臨洮人也，而今毀之。雖成毀不同，凶暴相類焉。

【注】
〔1〕言牢固者皆搜索取之也。一曰牢，漉也。二字皆從去聲，今俗有此言。
〔2〕靈帝陵。
〔3〕鍾虡以銅為之，故賈山上書云"懸石鑄鍾虡"。《前書音義》曰："虡，鹿頭龍身，神獸也。"《說文》："鍾鼓之跗，以猛獸為飾也。"武帝置飛廉館。《音義》云："飛廉，神禽，身似鹿，頭如爵，有角，虵尾，文如豹文。"明帝永平五年，長安迎取飛廉及銅馬置上西門外，名平樂館。銅馬則東門京所作，致於金馬門外者也。張璠《紀》曰："太史靈臺及永安候銅蘭楯，卓亦取之。"
〔4〕《魏志》曰："卓鑄小錢，大五分，無文章，肉好無輪郭，不磨鑢。"
〔5〕《三輔舊事》曰："秦王立二十六年，初定天下，稱皇帝。大人見臨洮，身長五丈，迹長六尺，作銅人以厭之，立在阿房殿前。漢徙長樂宮中大夏殿前。"《史記》曰："始皇鑄天下兵器為十二金人。"

卓素聞天下同疾閹官誅殺忠良，及其在事，雖行無道，而猶忍性矯情，擢用群士。乃任吏部尚書漢陽周珌、〔一三〕侍中汝南伍瓊、〔1〕〔一四〕尚書鄭公業、〔2〕長史何顒等。以處士荀爽為司空。其染黨錮者陳紀、韓融之徒，皆為列卿。幽滯之士，多所顯拔。以尚書韓馥為冀州刺史，〔3〕侍中劉岱為兗州刺史，〔4〕陳留孔伷為豫州刺史，〔5〕潁川張咨為南陽太守。〔6〕卓所親愛，並不處顯職，但將校而已。初平元年，馥等到官，與袁紹之徒十餘人，各興義兵，同盟討卓，而伍瓊、周珌陰為內主。

【注】
〔1〕《英雄記》"珌"作"毖"，字仲遠，武威人。瓊字德瑜。珌音祕。
〔2〕公業名泰。餘人皆書名，范曄父名泰，避其諱耳。
〔3〕《英雄記》馥字文節，潁川人。
〔4〕《吳志》曰："劉岱字公山，東萊牟平人。"

〔5〕《英雄記》仙字公緒。《九州春秋》"仙"為"胄"。
〔6〕《獻帝春秋》"咨"作"資"。〔一五〕後為孫堅所殺。

　　初，靈帝末，黃巾餘黨郭太等復起西河白波谷，轉寇太原，遂破河東，百姓流轉三輔，號為"白波賊"，衆十餘萬。卓遣中郎將牛輔擊之，不能卻。及聞東方兵起，懼，乃鴆殺弘農王，欲徙都長安。會公卿議，太尉黃琬、司徒楊彪廷爭不能得，而伍瓊、周珌又固諫之。卓因大怒曰："卓初入朝，二子勸用善士，故相從，而諸君到官，舉兵相圖。此二君賣卓，卓何用相負！"遂斬瓊、珌。而彪、琬恐懼，詣卓謝曰："小人戀舊，非欲沮國事也，請以不及為罪。"卓既殺瓊、珌，旋亦悔之，故表彪、琬為光祿大夫。於是遷天子西都。
　　初，長安遭赤眉之亂，宮室營寺焚滅無餘，是時唯有高廟、京兆府舍，遂便時幸焉。[1]後移未央宮。於是盡徙洛陽人數百萬口於長安，步騎驅蹙，更相蹈藉，飢餓寇掠，積尸盈路。卓自屯留畢圭苑中，悉燒宮廟官府居家，〔一六〕二百里內無復孑遺。又使呂布發諸帝陵，及公卿已下冢墓，收其珍寶。

【注】
〔1〕便時謂時日吉便。

　　時長沙太守孫堅亦率豫州諸郡兵討卓。卓先遣將徐榮、李蒙四出虜掠。榮遇堅於梁，[1]與戰，破堅，生禽潁川太守李旻，亨之。卓所得義兵士卒，皆以布纏裹，倒立於地，熱膏灌殺之。

【注】
〔1〕故城在今汝州梁縣西南。

　　時河内太守王匡[1]屯兵河陽津，將以圖卓。卓遣疑兵挑戰，而潛使銳卒從小平津過津北，破之，死者略盡。明年，孫堅收合散卒，進屯梁縣之陽人。[2]卓遣將胡軫、呂布攻之。布與軫不相能，軍中自驚恐，士卒散亂。[3]堅追擊之，軫、布敗走。卓遣將李傕詣堅求和，堅拒絕不受，進軍大谷，距洛九十里。[4]卓自出與堅戰於諸陵墓閒，卓敗走，却屯黽池，聚兵於陝。〔一七〕堅進洛陽宣陽城門，[5]更擊呂布，布復破走。堅乃埽除宗廟，平塞諸陵，分兵出函谷關，至新安、黽池閒，以截卓後。卓謂長史劉艾曰："關東諸將數敗矣，無能為也。唯孫堅小戇，[6]諸將軍宜慎之。"乃使東中郎將董越屯黽池，中郎將段煨屯華陰，[7]中郎將牛輔屯安邑，其餘中郎將、校尉布在諸縣，以禦山東。

【注】

[1]《英雄記》曰："匡字公節，泰山人。輕財好施，以任俠聞。"

[2]梁縣屬河南郡，今汝州縣也。陽人，聚，故城在梁縣西。

[3]《九州春秋》曰："卓以東郡太守胡軫為大督，呂布為騎督。軫性急，豫宣言'今此行也，要當斬一青綬，乃整齊耳'。布等惡之，宣言相警云'賊至'，軍眾大亂奔走。"

[4]大谷口在故嵩陽西北三十五里，北出對洛陽故城。張衡《東京賦》云"盟津達其後，大谷通其前"是也。距，至也。

[5]《洛陽記》洛陽城南面有四門，從東第三門。〔一八〕

[6]《說文》曰："戇，愚也。"音都降反。

[7]《典略》曰："煨在華陰，特修農事。天子東遷，煨迎，（貢）[賚]饋周急。"〔一九〕《魏志》曰："武威人也。"煨音壹回反。

卓諷朝廷使光祿勳宣璠[1]持節拜卓為太師，位在諸侯王上。乃引還長安。百官迎路拜揖，卓遂僭擬車服，乘金華青蓋，爪畫兩轓，時人號"竿摩車"，言其服飾近天子也。[2]以弟旻為左將軍，封鄠侯，兄子璜為侍中、中軍校尉，皆典兵事。於是宗族內外，並居列位。其子孫雖在髫齔，男皆封侯，女為邑君。

【注】

〔1〕璠音煩，又音甫袁反。

〔2〕金華，以金為華飾車也。爪者，蓋弓頭為爪形也。轓音甫袁反。《廣雅》云："車箱也。"畫為文彩。《續漢志》曰："轓長六尺，下屈，廣八寸。"又云："皇太子青蓋金華蚤畫轓。"竿摩謂相逼近也。今俗以事干人者，謂之"相竿摩"。〔二〇〕

數與百官置酒宴會，淫樂縱恣。乃結壘於長安城東以自居。又築塢於郿，高厚七丈，號曰"萬歲塢"。[1]積穀為三十年儲。自云："事成，雄據天下；不成，守此足以畢老。"嘗至郿行塢，公卿已下祖道於橫門外。[2]卓施帳幔飲設，〔二一〕誘降北地反者數百人，於坐中殺之。先斷其舌，次斬手足，次鑿其眼目，以鑊煮之。未及得死，偃轉（柸）[杯]案閒。〔二二〕會者戰慄，亡失匕箸，而卓飲食自若。諸將有言語蹉跌，便戮於前。又稍誅關中舊族，陷以叛逆。

【注】

〔1〕今案：塢舊基高一丈，周迴一里一百步。

〔2〕橫音光。

時太史望氣，言當有大臣戮死者。卓乃使人誣衛尉張溫與袁術交通，遂笞溫於市，殺之，以塞天變。前溫出屯美陽，令卓與邊章等戰無功，溫召又不時應命，既到而辭對不遜。時孫堅為溫參軍，勸溫陳兵斬之。溫曰："卓有威名，方倚以西行。"堅曰："明公親帥王師，威振天下，何恃於卓而賴之乎？堅聞古之名將，杖鉞臨衆，未有不斷斬以示威武者也。故穰苴斬莊賈，[1]魏絳戮楊干。[2]今若縱之，自虧威重，後悔何及！"溫不能從，而卓猶懷忌恨，故及於難。

【注】
〔1〕《史記》齊景公時，晉伐阿、甄而燕侵河上，以司馬穰苴為將軍，使寵臣莊賈監軍。賈期後至，穰苴斬以徇三軍。甄音絹。
〔2〕魏絳，晉大夫。楊干，晉公弟。會諸侯於曲梁，楊干亂行，魏絳戮其僕。事在《左傳》。

溫字伯慎，[1]少有名譽，累登公卿，亦陰與司徒王允共謀誅卓，事未及發而見害。越騎校尉汝南伍孚[2]忿卓凶毒，志手刃之，乃朝服懷佩刀以見卓。孚語畢辭去，卓起送至閣，以手撫其背，孚因出刀刺之，不中。卓自奮得免，急呼左右執殺之，而大詬[3]曰："虜欲反耶！"孚大言曰："恨不得磔裂姦賊於都市，[4]以謝天地！"言未畢而斃。

【注】
〔1〕《漢官儀》曰："溫，穰人。"
〔2〕謝承《書》曰："孚字德瑜，汝南吳房人。質性剛毅，勇壯好義，力能兼人。"
〔3〕詬，罵也，音許豆反。
〔4〕磔，車裂之也，音丁格反。《獻帝春秋》"磔"作"車"。

時王允與呂布及僕射士孫瑞謀誅卓。[1]有人書"呂"字於布上，負而行於市，歌曰："布乎！"有告卓者，卓不悟。[2]三年四月，帝疾新愈，大會未央殿。卓朝服升車，既而馬驚墯泥，還入更衣。其少妻止之，卓不從，遂行。乃陳兵夾道，自壘及宮，左步右騎，屯衛周市，令呂布等扞衛前後。王允乃與士孫瑞密表其事，使瑞自書詔以授布，令騎都尉李肅[3][二三]與布同心勇士十餘人，偽著衛士服於北掖門內以待卓。卓將至，馬驚不行，怪懼欲還。呂布勸令進，遂入門。肅以戟刺之，卓衷甲不入，傷臂墯車，顧大呼曰："呂布何在？"布曰："有詔討賊臣。"卓大罵曰："庸狗敢如是邪！"布應聲持矛刺卓，趣兵斬之。[4]

主簿田儀[5][二四]及卓倉頭前赴其尸，布又殺之。馳齎赦書，以令宮陛內外。士卒皆稱萬歲，百姓歌舞於道。長安中士女賣其珠玉衣裝市酒肉相慶者，填滿街肆。使皇甫嵩攻卓弟旻於郿塢，殺其母妻男女，盡滅其族。[6]乃尸卓於市。天時始熱，卓素充肥，脂流於地。守尸吏然火置卓臍中，光明達曙，如是積日。諸袁門生又聚董氏之尸，焚灰揚之於路。塢中珍藏有金二三萬斤，銀八九萬斤，錦綺繢縠紈素奇玩，積如丘山。

【注】

〔1〕《三輔決錄》曰："瑞字君榮，[二五]扶風人，博達無不通。天子都許，追論瑞功，封子萌津亭侯。[二六]萌字文始，有才學，與王粲善，粲作詩贈萌。"

〔2〕《英雄記》曰："有道士書布為'呂'字，將以示卓，卓不知其為呂布也。"

〔3〕《獻帝紀》曰："肅，呂布同郡人也。"

〔4〕趣音促。《九州春秋》曰："布素使秦誼、陳衛、李黑等偽作宮門衛士，持長戟。卓到宮門，黑等以長戟俠叉卓車，[二七]或叉其馬。卓驚呼布，布素施鎧於衣中，持矛，即應聲刺卓，墜於車。"

〔5〕《九州春秋》"儀"字作"景"。

〔6〕《英雄記》曰："卓母年九十，走至塢門，曰：'乞脫我死。'即時斬首。"

初，卓以牛輔子壻，素所親信，使以兵屯陝。輔分遣其校尉李傕、郭汜、張濟[1]將步騎數萬，擊破河南尹朱儁於中牟。因掠陳留、潁川諸縣，殺略男女，所過無復遺類。呂布乃使李肅以詔命至陝討輔等，輔等逆與肅戰，肅敗走弘農，布誅殺之。其後牛輔營中無故大驚，輔懼，乃齎金寶踰城走。左右利其貨，斬輔，送首長安。[2]

【注】

〔1〕《英雄記》:"傕,北地人。"劉艾《獻帝紀》曰:"傕字稚然。汜,張掖人。"

〔2〕《獻帝紀》曰:"輔帳下支胡赤兒等,素待之過急,盡以家寶與之,自帶二十餘餅金、大白珠瓔。胡謂輔曰:'城北已有馬,可去也。'以繩繫輔臂,踰城懸下之,未及地丈許放之,輔傷臂不能行,諸胡共取其金并珠,斬首詣長安。"

傕、汜等以王允、呂布殺董卓,故忿怒并州人,并州人其在軍者男女數百人,皆誅殺之。牛輔既敗,衆無所依,欲各散去。傕等恐,乃先遣使詣長安,求乞赦免。王允以為一歲不可再赦,不許之。傕等益懷憂懼,不知所為。武威人賈詡時在傕軍,説之[1]曰:"聞長安中議欲盡誅涼州人,諸君若弃軍單行,則一亭長能束君矣。不如相率而西,以攻長安,為董公報仇。事濟,奉國家以正天下;若其不合,走未後也。"傕等然之,各相謂曰:"京師不赦我,我當以死决之。若攻長安剋,則得天下矣;不剋,則鈔三輔婦女財物,西歸鄉里,尚可延命。"衆以為然,於是共結盟,率軍數千,晨夜西行。王允聞之,乃遣卓故將胡軫、徐榮擊之於新豐。[2]榮戰死,軫以衆降。傕隨道收兵,比至長安,已十餘萬,與卓故部曲樊稠、李蒙等合,[3]圍長安。城峻不可攻,守之八日,呂布軍有叟兵內反,[4]引傕衆得入。城潰,放兵虜掠,死者萬餘人。殺衛尉种拂[二八]等。呂布戰敗出奔。王允奉天子保宣平城門樓上。[5]於是大赦天下。李傕、郭汜、樊稠等皆為將軍。[6]遂圍門樓,共表請司徒王允出,問"太師何罪"?允窮蹙乃下,後數日見殺。傕等葬董卓於郿,并收董氏所焚尸之灰,合斂一棺而葬之。葬日,大風雨,霆震卓墓,流水入藏,漂其棺木。[7]

【注】

〔1〕《魏志》曰:"卓之入洛陽,詡以太尉掾為平津尉,遷討虜校尉。"牛

輔屯陝，詡在輔軍。輔既死，故詡在傕軍。

〔2〕《九州春秋》曰："胡文才、楊整脩皆涼州人，王允素所不善也。及李傕之叛，乃召文才、整脩，使東曉喻之。不假借以溫顏，謂曰：'關東鼠子欲何為乎？卿往曉之。'於是二人往，實召兵而還。"

〔3〕袁宏《紀》[二九]曰："蒙後為傕所殺。"

〔4〕叟兵即蜀兵也。漢代謂蜀為叟。

〔5〕《三輔黃圖》曰："長安城東面北頭門號宣平門。"

〔6〕袁山松《書》曰"允謂傕等曰：'臣無作威作福，將軍乃放縱，欲何為乎？'傕等不應。自拜署傕為揚武將軍，汜為揚烈將軍，樊稠等皆為中郎將"也。

〔7〕《獻帝起居注》曰："冢戶開，大風暴雨，水土流入，抒出之。棺向入，輒復風雨，水溢郭戶，如此者三四。冢中水半所，稠等共下棺，天風雨益暴甚，遂閉戶。戶閉，大風復破其冢。"

傕又遷車騎將軍，開府，領司隸校尉，假節。汜後將軍，稠右將軍，張濟為鎮東將軍，並封列侯。傕、汜、稠共秉朝政。濟出屯弘農。以賈詡為左馮翊，欲侯之。詡曰："此救命之計，何功之有！"固辭乃止。更以為尚書典選。

明年夏，大雨晝夜二十餘日，漂没人庶，又風如冬時。帝使御史裴茂訊詔獄，原繫者二百餘人。其中有為傕所枉繫者，傕恐茂赦之，乃表奏茂擅出囚徒，疑有姦故，請收之。詔曰："災異屢降，陰雨為害，使者銜命宣布恩澤，原解輕微，庶合天心。欲釋冤結而復罪之乎！一切勿問。"

初，卓之入關，要韓遂、馬騰共謀山東。[1]遂、騰見天下方亂，亦欲倚卓起兵。興平元年，馬騰從隴右來朝，進屯霸橋。時騰私有求於傕，不獲而怒，遂與侍中馬宇、右中郎將劉範、[2][三〇]前涼州刺史种劭、[三一]中郎將杜稟[3]合兵攻傕，連日不決。韓遂聞之，乃率衆來欲和騰、傕，既而復與騰合。傕使兄子利共郭汜、樊稠與騰等戰於長平觀下。﹝4﹞遂、騰敗,斬首萬餘級,种劭、劉範等皆死。遂、騰走還涼州,稠等又追之。韓遂使人語稠曰:"天下反覆未可知,相與州里,今雖小違,要當大同,欲共一言。"乃駢馬交臂相加,﹝5﹞笑語良久。軍還,利告傕曰:"樊、韓駢馬笑語,不知其辭,而意愛甚密。"於是傕、稠始相猜疑。猶加稠及郭汜開府,與三公合為六府,皆參選舉。﹝6﹞

【注】

﹝1﹞《獻帝傳》曰:"騰父平,扶風人。為天水蘭干尉,失官,遂留隴西,與羌雜居。家貧無妻,遂取羌女,生騰。"

﹝2﹞焉之子。

﹝3﹞《獻帝紀》曰:"稟與賈詡有隙,脅扶風吏人為騰守槐里,欲共攻傕。傕令樊稠及兄子利數萬人攻圍槐里,夜梯城,城陷,斬稟梟首。"

﹝4﹞《前書音義》曰:"長平,坂名也,在池陽南。有長平觀,去長安五十里。"

﹝5﹞駢,並也。

﹝6﹞《獻帝起居注》曰:"傕等各欲用其所舉,若壹違之,便忿憤恚怒。﹝三二﹞主者患之,乃以次第用其所舉,先從傕起,汜次之,稠次之。三公所舉,終不見用。"

時長安中盜賊不禁,白日虜掠,傕、汜、稠乃參分城內,各備其界,猶不能制,而其子弟縱橫,侵暴百姓。是時穀一斛五十萬,豆麥二十萬,人相食啖,﹝1﹞白骨委積,臭穢滿路。帝使侍御史侯汶﹝2﹞出太倉米豆為飢人作糜,經日而死者無降。帝疑賦卹有虛,﹝3﹞乃親於御前自加臨檢。既知不實,使侍中劉艾出讓有司。於是尚書令以下皆詣省閣謝,﹝三三﹞奏收侯汶考實。詔曰:"未忍致汶于理,可杖五十。"自是後多得全濟。

【注】

〔1〕啖音徒敢反。

〔2〕音問。

〔3〕賦，布也。岬，憂也。

明年春，傕因會刺殺樊稠於坐，[1]由是諸將各相疑異，傕、汜遂復理兵相攻。[2]安西將軍楊定者，故卓部曲將也。懼傕忍害，乃與汜合謀迎天子幸其營。傕知其計，即使兄子暹[3]將數千人圍宮。以車三乘迎天子、皇后。太尉楊彪謂暹曰："古今帝王，無在人臣家者。諸君舉事，當上順天心，奈何如是！"暹曰："將軍計決矣。"帝於是遂幸傕營，彪等皆徒從。亂兵入殿，掠宮人什物，傕又徙御府金帛乘輿器服，而放火燒宮殿官府居人悉盡。帝使楊彪與司空張喜等十餘人和傕、汜，汜不從，遂質留公卿。彪謂汜曰："將軍達人閒事，奈何君臣分爭，一人劫天子，一人質公卿，此可行邪？"汜怒，欲手刃彪。彪曰："卿尚不奉國家，吾豈求生邪！"左右多諫，汜乃止。遂引兵攻傕，矢及帝前，[4]又貫傕耳。傕將楊奉本白波賊帥，乃將兵救傕，於是汜衆乃退。

【注】

〔1〕《獻帝紀》曰："傕見稠果勇而得衆心，疾害之，醉酒，潛使外生騎都尉胡封於坐中拉殺稠。"

〔2〕袁宏《紀》曰"李傕數設酒請汜，或留汜止宿。汜妻懼與傕婢妾私而奪己愛，思有以離間之。會傕送饋，汜妻乃以豉為藥。汜將食，妻曰：'食從外來，儻或有故？'遂摘藥示之，曰：'一栖不兩雄，我固疑將軍之信李公也。'他日傕請汜，大醉，汜疑傕藥之，絞糞汁飲之乃解，於是遂相猜疑"也。

〔3〕音纖。

〔4〕《獻帝紀》曰："汜與傕將張苞、張龍謀誅傕，汜將兵夜攻傕門。候開門內汜兵，苞等燒屋，火不然。汜兵弓弩並發，矢及天子樓帷簾中。"

是日,催復移帝幸其北塢,唯皇后、宋貴人俱。催使校尉監門,隔絕內外。〔1〕尋復欲徙帝於池陽黃白城,〔2〕〔三四〕君臣惶懼。司徒趙溫深解譬之,乃止。詔遣謁者僕射皇甫酈和催、汜。酈先譬汜,汜即從命。又詣催,催不聽。曰:"郭多,盜馬虜耳,何敢欲與我同邪!必誅之。君觀我方略士眾,足辦郭多不?多又劫質公卿。所為如是,而君苟欲左右之邪!"〔3〕汜一名多。酈曰:"今汜質公卿,而將軍脅主,誰輕重乎?"催怒,呵遣酈,因令虎賁王昌追殺之。昌偽不及,酈得以免。催乃自為大司馬。〔4〕與郭汜相攻連月,死者以萬數。

【注】

〔1〕《獻帝紀》曰:"催令門設反關,校尉守察。盛夏炎暑,不能得冷水,飢渴流離。上以前移宮人及侍臣,不得以穀米自隨,入門有禁防,不得出市,困乏,使就催索粳米五斛,牛骨五具,欲為食賜宮人左右。催不與米,取久牛肉牛骨給,皆已臭蟲,不可啖食。"

〔2〕池陽,縣,故城在今涇陽縣西北。

〔3〕左右,助也,音佐又。

〔4〕《獻帝起居注》曰:"催性喜鬼怪左道之術,常有道人及女巫歌謳擊鼓下神祭,〔三五〕六丁符劾厭勝之具,無所不為。又於朝廷省門外為董卓作神坐,數以牛羊祠之。天子使左中郎將李國持節拜催為大司馬,〔三六〕在三公之右。催自以為得鬼神之助,乃厚賜諸巫。"

張濟自陝來和解二人,仍欲遷帝權幸弘農。帝亦思舊京,因遣使敦請催求東歸,十反乃許。〔1〕車駕即日發邁。〔2〕李催出屯曹陽。以張濟為驃騎將軍,復還屯陝。遷郭汜車騎將軍,楊定後將軍,楊奉興義將軍。又以故牛輔部曲董承為安集將軍。〔3〕汜等並侍送乘輿。汜遂復欲脅帝幸郿,定、奉、承不聽。汜恐變生,乃棄軍還就李催。車駕進至華陰。〔4〕寧輯將軍段煨乃具服御及公卿以下資儲,請帝幸其營。初,楊定與煨有隙,遂誣煨欲反,乃攻其營,十餘日不下。〔5〕而煨猶奉給御膳,稟贍百官,終無二意。

【注】

〔1〕袁宏《紀》曰:"濟使太官令孫篤、校尉張式[三七]宣諭十反。"

〔2〕《獻帝起居注》曰:"初,天子出,到宣平門,當度橋,汜兵數百人遮橋曰:'是天子非?'[三八]車不得前。催兵數百人皆持大戟在乘輿車前,侍中劉艾大呼云:'是天子也!'使侍中楊琦高舉車帷。帝言諸兵:'汝却,何敢迫近至尊邪!'汜等兵乃却。既度橋,士衆咸稱萬歲。"

〔3〕《蜀志》曰:"承,獻帝舅也。"裴松之注曰:"承,靈帝母太后之姪。"

〔4〕《帝王紀》曰:"帝以尚書郎郭溥喻汜,汜以屯部未定,乞須留之。溥因罵汜曰:'卿真庸人賤夫,為國上將,今天子有命,何須留之?吾不忍見卿所行,請先殺我,以章卿惡。'汜得溥言切,意乃少喻。"

〔5〕袁宏《紀》曰:"煨與楊定有隙,煨迎乘輿,不敢下馬,揖馬上。侍中种輯素與定親,乃言曰:'段煨欲反。'上曰:'煨屬來迎,何謂反?'對曰:'迎不至界,拜不下馬,其色變,必有異心。'太尉楊彪等曰:'煨不反,臣等敢以死保,車駕可幸其營。'董承、楊定言曰:'郭汜今且將七百騎來入煨營。'天子信之,遂露次於道南,奉、承、定等功也。"

李傕、郭汜既悔令天子東,乃來救段煨,因欲劫帝而西。楊定為汜所遮,亡奔荊州。而張濟與楊奉、董承不相平,乃反合傕、汜,共追乘輿,大戰於弘農東澗。承、奉軍敗,百官士卒死者不可勝數,皆弃其婦女輜重,御物符策典籍,略無所遺。[1]射聲校尉沮儁被創墜馬。李傕謂左右曰:"尚可活不?"儁罵之曰:"汝等凶逆,逼迫天子,亂臣賊子,未有如汝者!"傕使殺之。[2]天子遂露次曹陽。承、奉乃譎傕等與連和,而密遣閒使至河東,招故白波帥李樂、韓暹、胡才及南匈奴右賢王去卑,並率其衆數千騎來,與承、奉共擊傕等,大破之,斬首數千級,乘輿乃得進。董承、李樂擁衛左右,胡才、楊奉、韓暹、去卑為後距。傕等復來戰，奉等大敗，死者甚於東澗。自東澗兵相連綴四十里中，方得至陝，乃結營自守。時殘破之餘，虎賁羽林不滿百人，皆有離心。承、奉等夜乃潛議過河，[3]使李樂先度具舟舡，舉火為應。帝步出營，臨河欲濟，岸高十餘丈，乃以絹縋而下。[4]餘人或匍匐岸側，或從上自投，死亡傷殘，不復相知。爭赴舡者，不可禁制，董承以戈擊披之，斷手指於舟中者可掬。同濟唯皇后、宋貴人、[5]楊彪、董承及后父執金吾伏完等數十人。其宮女皆為催兵所掠奪，凍溺死者甚衆。既到大陽，止於人家，[6]然後幸李樂營。百官飢餓，河內太守張楊[7]使數千人負米貢餉。帝乃御牛車，因都安邑。河東太守王邑奉獻綿帛，悉賦公卿以下。封邑為列侯，[8]拜胡才征東將軍，[三九]張楊為安國將軍，皆假節、開府。其壘壁群豎，競求拜職，刻印不給，至乃以錐畫之。或齎酒肉就天子燕飲。[9]又遣太僕韓融至弘農，與催、氾等連和。催乃放遣公卿百官，頗歸宮人婦女，及乘輿器服。

【注】

[1]《獻帝傳》曰："掠婦女衣被，遲違不時解，即斫刺之。有美髮者斷取。凍死及嬰兒隨流而浮者塞水。"

[2]袁山松《書》曰："儁年二十五，[四〇]其督戰訾寶[四一]負其屍而瘞之。"

[3]袁宏《紀》曰："催、氾繞營叫呼，吏士失色，各有分散意。李樂懼，欲令車駕御舡過砥柱，出盟津。楊彪曰：'臣弘農人也。自此以東，有三十六灘，[四二]非萬乘所當登。'宗正劉艾亦曰：'臣前為陝令，知其危險。舊故〔有〕河師，猶時有傾危，[四三]況今無師。太尉所慮是也。'"

[4]縋音直類反。

[5]宋貴人名都，常山太守泓之女也。見《獻帝起居注》。[四四]

[6]大陽，縣，屬河東郡。《前書音義》曰"在大河之陽"也。即今陝州河北縣是也。《十三州記》曰："傅巖在其界，今住穴尚存。"

[7]《魏志》曰："楊字稚叔，雲中人。"

〔8〕邑字文都,北地涇陽人,鎮北將軍。見《同歲名》。
〔9〕《魏(志)〔書〕》曰〔四五〕"乘輿時居棘籬中,門戶無關閉,天子與群臣會,兵士伏籬上觀,互相鎮壓以為笑。諸將或遣婢詣省問,〔四六〕或齎酒送天子,侍中不通,喧呼罵詈"也。

初,帝入關,三輔戶口尚數十萬,自傕汜相攻,天子東歸後,長安城空四十餘日,強者四散,羸者相食,二三年間,關中無復人跡。建安元年春,諸將爭權,韓暹遂攻董承,承奔張楊,楊乃使承先繕修洛宮。七月,帝還至洛陽,幸楊安殿。張楊以為己功,故因以"楊"名殿。〔1〕乃謂諸將曰:"天子當與天下共之,朝廷自有公卿大臣,楊當出扞外難,何事京師?"遂還野王。楊奉亦出屯梁。乃以張楊為大司馬,楊奉為車騎將軍,韓暹為大將軍,領司隸校尉,皆假節鉞。暹與董承並留宿衛。

【注】
〔1〕《獻帝起居注》曰:"舊時宮殿悉壞,倉卒之際,拾撦故瓦材木,工匠無法度之制,所作並無足觀也。"

暹矜功恣睢,〔1〕干亂政事,董承患之,潛召兗州牧曹操。操乃詣闕貢獻,稟公卿以下,因奏韓暹、張楊之罪。暹懼誅,單騎奔楊奉。帝以暹、楊有翼車駕之功,詔一切勿問。於是封衛將軍董承、輔國將軍伏完等十餘人為列侯,贈沮儁為弘農太守。〔2〕曹操以洛陽殘荒,遂移帝幸許。楊奉、韓暹欲要遮車駕,不及,曹操擊之,〔3〕奉、暹奔袁術,遂縱暴楊、徐閒。明年,左將軍劉備誘奉斬之。〔四七〕暹懼,走還并州,道為人所殺。〔4〕胡才、李樂留河東,才為怨家所害,樂自病死。張濟飢餓,出至南陽,攻穰,戰死。郭汜為其將伍習所殺。

【注】
〔1〕恣睢,自任用之貌。睢音火季反。

〔2〕袁宏《紀》曰："誅議郎侯祈、尚書馮碩、侍中(壺)〔臺〕崇,〔四八〕討有罪也。封衛將軍董承、輔國將軍伏完、侍中丁沖、种輯、尚書僕射鍾繇、尚書郭溥、御史中丞董芬、彭城相劉艾、馮翊韓斌、東郡太守楊衆、議郎羅邵、伏德、趙蕤為列侯,賞有功也。贈射聲校尉沮儁為弘農太守,旌死節也。"
〔3〕《獻帝春秋》曰："車駕出洛陽,自轘轅而東,楊奉、韓暹引軍追之。輕騎既至,操設伏兵要於陽城山峽中,大敗之。"
〔4〕《九州春秋》曰："暹失奉,孤特,與千餘騎欲歸并州,為張宣所殺。"

三年,使謁者僕射裴茂詔關中諸將段煨等討李傕,夷三族。〔1〕以段煨為安南將軍,封閿鄉侯。〔2〕

【注】
〔1〕《典略》曰："傕頭至,有詔高縣之。"
〔2〕閿鄉,今虢州縣也。《説文》"閺",今作"閿",流俗誤也。

四年,張楊為其將楊醜所殺。〔1〕〔四九〕以董承為車騎將軍,開府。

【注】
〔1〕《魏志》曰："楊素與呂布善。曹公之圍布,楊欲救之不能,乃出兵東市,遥為之埶。其將楊醜殺楊以應曹公。"

自都許之後,權歸曹氏,天子總己,百官備員而已。帝忌操專偪,乃密詔董承,使結天下義士共誅之。承遂與劉備同謀,未發,會備出征,承更與偏將軍王服、長水校尉种輯、議郎吴碩結謀。事泄,承、服、輯、碩皆為操所誅。
韓遂與馬騰自還涼州,更相戰爭,乃下隴據關中。操方事河北,慮其乘閒為亂,七年,乃拜騰征南將軍,遂征西將軍,並開府。後徵段煨為大鴻臚,病卒。復徵馬騰為衞尉,封槐里侯。騰乃應召,而留子超領其部曲。十六年,超與韓遂舉關中背曹操,操擊破之,遂、超敗走,騰坐夷三族。超攻殺涼州刺史韋康,〔1〕復據隴右。十九年,天水人楊阜破超,〔2〕超奔漢中,降劉備。〔3〕韓遂走金城羌中,為其帳下所殺。初,隴西人宗建在枹罕,自稱"河首平漢王",〔4〕署置百官三十許年。曹操因遣夏侯淵擊建,斬之,涼州悉平。〔5〕

【注】

〔1〕太僕端之子也。〔五〇〕弟誕,魏光祿大夫。

〔2〕《魏志》曰:"阜字義山,天水冀人也。韋康以為別駕。馬超率萬餘人攻冀城,阜率國士大夫及宗族子弟勝兵者千餘人,使弟岳於城上作偃月營,〔五一〕與超接戰。自正月至八月拒守,而救兵不至。超入,拘岳於冀,殺刺史太守。阜內有報超之志,而未得其便。外兄姜敍屯歷城,阜少長(詣)敍家,〔五二〕見敍母,說前在冀中時事,歔欷悲甚。敍曰:'何為爾?'阜曰:'守城不能完,君亡不能死,亦何面目以視息天下?'時敍母慨然勅從阜計。超聞阜等兵起,自將出襲歷城,得敍母。[敍母]罵之曰〔五三〕:'若背父之逆子,殺君之桀賊,天地豈久容,敢以面目視人乎!'超怒,殺之。阜與戰,身被五創,宗族昆季死者七人,超遂南奔張魯。"

〔3〕《蜀志》曰:"超字孟起。既奔漢中,聞備圍劉璋於成都,密書請降。備遣迎超,將兵徑到城下。漢中震怖,璋即稽首。"

〔4〕建以居河上流,故稱"河首"也。

〔5〕《魏志》曰:"淵字妙才,〔五四〕沛國人也,為征西護軍。魏太祖使帥諸將討建,拔之。"

論曰:董卓初以虓闞為情,〔1〕因遭崩剝之埶,〔2〕故得蹈藉彝倫,毀裂畿服。〔3〕夫以剖肝斮趾之性,〔4〕則群生不足以厭其快,然猶折意縉紳,遲疑陵奪。〔5〕尚有盜竊之道焉。〔6〕及殘寇乘之,倒山傾海,〔7〕崐岡之火,自茲而焚,〔8〕《版》《蕩》之篇,於焉而極。〔9〕嗚呼,人之生也難矣！[10]天地之不仁甚矣！[11]

【注】

[1]《詩·大雅》曰：“闞如虓虎。”毛傳曰：“虎怒之貌也。”

[2]剝猶亂也。《左傳》曰：“天實剝亂。”

[3]彝，常也。倫，理也。《書》云：“我不知其彝倫攸敘。”《左傳》曰：“裂冠毀冕。”畿謂王畿也。服，九服也。

[4]刳，剖也。斮，斬也。紂刳剔孕婦，剖比干之心，斮朝涉之脛。

[5]折，屈也。謂忍性屈情，擢用鄭泰、蔡邕、何顒、荀爽等。

[6]《莊子》曰：“跖之徒問於跖曰：‘盜亦有道乎？’跖曰：‘何適無有邪？夫妄意室中之藏，聖也；入先，勇也；出後，義也；知可否，智也；分均，仁也：五者不備而能成大盜者，天下未之有也。’”

[7]殘寇謂催、汜等。

[8]《書》曰：“火炎崑岡，玉石俱焚。”

[9]《詩·大雅》曰：“上帝版版，下人卒癉。”毛萇注：“版，反也。癉，病也。言厲王為政，反先王之道，下人盡病也。”又《蕩之什》曰：“蕩蕩上帝，下人之辟，疾威上帝，其命多辟。”鄭玄注云：“蕩蕩，法度廢壞之貌。”

[10]《左傳》曰：“人生實難，其有不獲死乎？”

[11]《老子》曰：“天地不仁，以萬物為芻狗。”

贊曰：百六有會，[1]《過》《剝》成災。[2]董卓滔天，干逆三才。[3]方夏崩沸，[4]皇京烟埃。無禮雖及，餘祲遂廣。[5]矢延王輅，兵纏魏象。[6]區服傾回，人神波蕩。

【注】

[1]《前書音義》曰：“四千五百歲為一元，一元之中有九戹，陽戹五，陰戹四。陽為旱，陰為水。”初入元百六歲有陽戹，故曰“百六之會”。

[2]《易》曰《大過》：“棟撓，本末弱也。”《剝》：“不利有攸往，小

人長也。"

〔3〕滔,漫也。《書》曰:"象龔滔天。"

〔4〕方,四方;夏,華夏也。《詩・小雅》云:"百川沸騰,山冢崒崩。"

〔5〕《左傳》曰:"多行無禮,必自及。"

〔6〕《周禮》巾車氏掌王之五輅。〔五五〕纏,遶也。魏象,闕也。

【校勘記】

〔一〕董卓字仲穎　按:《刊誤》謂依注則"穎"當作"穎"。

〔二〕殺護羌校尉泠徵　按:沈家本謂《靈紀》"泠"作"伶"。

〔三〕涼州義從宋建王國等反　"涼"原譌"梁",各本同,逕改正。按:《种暠傳》"後涼州羌動,以暠為涼州刺史",汲本、殿本"涼"並譌"梁",《集解》引陳景雲說,謂"梁"當作"涼",漢無梁州,至晉始置耳。

〔四〕太守陳懿勸之使(王)〔往〕　按:《刊誤》謂此"王"當作"往",陳懿勸約使往也。今據改。

〔五〕國等扶以到護羌營　按:《校補》謂作"扶"無義,當是"挾"之譌。

〔六〕又無壯事　按:殿本"事"作"士",疑譌。

〔七〕濁亂海内　按:《集解》引王補說,謂袁《紀》"濁"作"汨"。

〔八〕中常侍段珪　"段"原譌"叚",逕改正。下同,不悉出校記。

〔九〕晉趙鞅取晉陽之甲以逐荀寅與士吉射〔荀寅與士吉射〕者曷為〔者也〕　注有脱文,不可句讀,今據公羊傳補。

〔一〇〕下數百萬膏腴美田　按:沈家本謂"下"字不可解,當依《魏志・董卓傳》注作"京畿諸郡"四字。

〔一一〕今岐州縣　按:"岐"原譌"歧",逕改正。

〔一二〕置(丞)令〔丞〕　《刊誤》謂《漢書》内皆言"令丞",此不合倒之。今據改。按:《魏志・卓傳》作"置家令丞"。

〔一三〕漢陽周珌　按:《集解》引錢大昕說,謂章懷注引《英雄記》,云周毖武威人,此與《蜀志・許靖傳》俱云"漢陽",未知孰是。又引惠棟說,謂袁宏《紀》云"侍中周毖",《魏志》亦作"毖"。

〔一四〕侍中汝南伍瓊　按:《集解》引惠棟説,謂《魏志》云"城門校尉汝南伍瓊"。

〔一五〕獻帝春秋咨作資　按:《魏志》亦作"資"。

〔一六〕悉燒宮廟官府居家　按:《集解》引惠棟説,謂《魏志》引《續漢書》"居家"作"民家"。

〔一七〕聚兵於陝　"陝"原譌"陜",逕改正。下同。

〔一八〕從東第三門　按:《刊誤》謂案文少"名宣陽"三字。

〔一九〕(貢)〔賷〕饋周急　據殿本改。按:王先謙謂作"賷"是。

〔二〇〕今俗以事干人者謂之相竿摩　汲本"相竿摩"之"竿"作"干"。按:《校補》謂注本通竿於干,承上"干人"來,作"干"為長。

〔二一〕卓施帳幔飲設　按:《校補》謂案《魏志》原文本無"設"字,此"飲設"當作"設飲"。

〔二二〕偃轉(柸)〔杯〕案閒　按:"柸"非"杯"字,各本並譌,今改正。

〔二三〕騎都尉李肅　按:《通鑑考異》謂袁《紀》作"李順"。

〔二四〕主簿田儀　按:《魏志》作"田景"。

〔二五〕瑞字君榮　殿本《考證》謂何焯校本"榮"改"策"。按:《王允傳》作"策"。

〔二六〕封子萌津亭侯　按:殿本"津"作"車"。

〔二七〕俠叉卓車　汲本"俠"作"挾"。按:俠與挾通。

〔二八〕衛尉种拂　按:《集解》引錢大昕説,謂案《獻帝紀》《种拂傳》皆云"太常",非"衛尉"也。

〔二九〕袁宏紀曰　"紀"原作"記",逕改正。按:注中紀記互誤,各本多有,以後逕改正,不出校記。

〔三〇〕右中郎將劉範　《集解》引惠棟説,謂本紀及《种劭傳》皆云"左中郎將"。按:沈家本謂《魏志‧卓傳》、《蜀志‧劉焉傳》並作"左中郎將"。

〔三一〕前涼州刺史种劭　按："劭"原譌"邵"，各本並譌，逕改正。

〔三二〕便忿憤恚怒　按："恚"原譌"喜"，逕據汲本、殿本改正。

〔三三〕皆詣省閤謝　按：《刊誤》謂案文"閤"當作"閣"。

〔三四〕尋復欲徙帝於池陽黃白城　按："徙"原譌"徒"，逕改正。

〔三五〕歌謳擊鼓下神祭　按：沈家本謂《魏志》裴注引《獻帝起居注》，"祭"上有"祠"字，此奪。

〔三六〕左中郎將李國持節拜傕為大司馬　按：沈家本謂《魏志》注"李國"作"李固"。又按："持"原譌"特"，逕改正。

〔三七〕濟使太官令孫篤校尉張式　按：《校補》引柳從辰説，謂袁《紀》作"太官令狐篤、綏民校尉張裁"。

〔三八〕是天子非　按：袁《紀》作"此天子非也"。沈家本謂《魏志》注"非"作"邪"。

〔三九〕拜胡才征東將軍　按：《校補》謂案照下文"征"上亦應有"為"字。

〔四〇〕儁年二十五　按："儁"原譌"俊"，逕據汲本、殿本改正。

〔四一〕其督戰訾寶　按：《校補》引柳從辰説，謂袁《紀》"訾寶"作"訾置"。

〔四二〕有三十六難　按：袁《紀》同。汲本、殿本"難"作"灘"，《魏志》注引《獻帝紀》同。

〔四三〕舊故〔有〕河師猶時有傾危　"舊故河師"不成文理，今據袁《紀》補一"有"字。按：《魏志》注作"有師猶有傾覆"。

〔四四〕按：《校補》謂此注當在上文"唯皇后、宋貴人俱"下。

〔四五〕魏（志）〔書〕曰　據惠棟《補注》改。按：注所引乃王沈《魏書》文，《魏志·董卓傳》裴注亦引之。

〔四六〕諸將或遣婢詣省問　《刊誤》謂"問"當作"閤"。今按：《魏志·董卓傳》裴注引正作"閤"。《集解》引周壽昌説，謂此時天子居棘籬中，尚有何省閤可詣乎？省問即存問，恐《魏書》本如是，不必作"閤"字也。

〔四七〕明年左將軍劉備誘奉斬之　按：李慈銘謂案《三國志·先主傳》，

是時尚為鎮東將軍,未拜左將軍也。

〔四八〕侍中(壺)〔臺〕崇　《集解》引惠棟説,謂"壺"當作"臺",詳見《獻帝紀》。今據改。

〔四九〕四年張楊為其將楊醜所殺　《集解》引錢大昕説,謂案《獻帝紀》,在三年十二月。按:《校補》謂袁《紀》亦屬之三年,與《獻紀》合。又"楊醜"袁《紀》作"眭固",亦異。

〔五〇〕太僕端之子也　按:殿本"端"作"瑞"。

〔五一〕使弟岳於城上作偃月營　按:"岳"原作"嶽",而下文又作"岳",今據汲本、殿本逕改為"岳",俾前後一致,與《魏志》亦合。

〔五二〕阜少長(詣)敍家　《刊誤》謂此言阜自少長於敍家,後人不曉,妄加一"詣"字。按:《魏志‧楊阜傳》亦作"阜少長敍家",今據删。

〔五三〕得敍母〔敍母〕罵之曰　按:不重"敍母"二字,則文意不明,今據《魏志‧楊阜傳》補。

〔五四〕泉字妙才　汲本、殿本"泉"作"淵"。按:此避唐諱,漏未追改。

〔五五〕掌王之五輅　按:"王"原譌"主",逕改正。

後漢書卷七十三

劉虞公孫瓚陶謙列傳第六十三

　　劉虞字伯安,東海郯人也。[1]祖父嘉,光祿勳。虞初舉孝廉,稍遷幽州刺史,民夷感其德化,自鮮卑、烏桓、夫餘、穢貊之輩,皆隨時朝貢,無敢擾邊者,百姓歌悅之。公事去官。中平初,黃巾作亂,攻破冀州諸郡,拜虞甘陵相,綏撫荒餘,以疏儉率下。遷宗正。

【注】

〔1〕謝承《書》曰:"虞父舒,丹陽太守。虞通五經,東海(王)恭〔王〕之後。"〔一〕

　　後車騎將軍張溫討賊邊章等,發幽州烏桓三千突騎,而牢稟逋懸,皆畔還本國。[1]前中山相張純[二]私謂前太山太守張舉曰:"今烏桓既畔,皆願為亂,涼州賊起,朝廷不能禁。又洛陽人妻生子兩頭,此漢祚衰盡,天下有兩主之徵也。子若與吾共率烏桓之眾以起兵,庶幾可定大業。"舉因然之。四年,純等遂與烏桓大人共連盟,攻薊下,燔燒城郭,虜略百姓,殺護烏桓校尉箕稠、右北平太守劉政、遼東太守陽終等,眾至十餘萬,屯肥如。[2]舉稱"天子",純稱"彌天將軍安定王",移書州郡,云舉當代漢,告天子避位,勑公卿奉迎。純又使烏桓峭王等[3]步騎五萬,入青冀二州,攻破清河、平原,殺害吏民。朝廷以虞威信素著，恩積北方，明年，復拜幽州牧。虞到薊，罷省屯兵，務廣恩信。遣使告峭王等以朝恩寬弘，開許善路。又設賞購舉、純。舉、純走出塞，餘皆降散。純為其客王政所殺，送首詣虞。靈帝遣使者就拜太尉，封容丘侯。[4]

【注】
[1]《前書音義》曰："牢，賈直也。"稟，食也。言軍糧不續也。
[2]肥如，縣，屬遼西郡，故城在今平州。
[3]峭音七笑反。
[4]容丘，縣，屬東海郡。

及董卓秉政，遣使者授虞大司馬，進封襄賁侯。初平元年，復徵代袁隗為太傅。道路隔塞，王命竟不得達。舊幽部應接荒外，資費甚廣，歲常割青、冀賦調二億有餘，以給足之。時處處斷絕，委輸不至，而虞務存寬政，勸督農植，開上谷胡市之利，通漁陽鹽鐵之饒，民悅年登，穀石三十。青、徐士庶避黃巾之難歸虞者百餘萬口，皆收視溫恤，為安立生業，流民皆忘其遷徙。虞雖為上公，天性節約，敝衣繩履，食無兼肉，遠近豪俊夙僭奢者，莫不改操而歸心焉。[1]

【注】
[1]夙猶舊也。

初，詔令公孫瓚討烏桓，受虞節度。瓚但務會徒眾以自強大，而縱任部曲，頗侵擾百姓，而虞為政仁愛，念利民物，由是與瓚漸不相平。二年，冀州刺史韓馥、勃海太守袁紹及山東諸將議，以朝廷幼沖，逼於董卓，[1]遠隔關塞，不知存否，以虞宗室長者，欲立為主。乃遣故樂浪太守張岐等齎議，上虞尊號。虞見岐等，厲色叱之曰："今天下崩亂，主上蒙塵。[2]吾被重恩，未能清雪國恥。諸君各據州郡，宜共勠力，[3]

盡心王室，而反造逆謀，以相垢誤邪！"固拒之。馥等又請虞領尚書事，承制封拜，復不聽。遂收斬使人。於是選掾右北平田疇、從事鮮于銀[4]蒙險閒行，奉使長安。獻帝既思東歸，見疇等大悦。時虞子和為侍中，因此遣和潛從武關出，告虞將兵來迎。道由南陽，後將軍袁術聞其狀，遂質和，使報虞遣兵俱西。虞乃使數千騎就和奉迎天子，而術竟不遣之。

【注】
〔1〕時獻帝年十歲。
〔2〕《左傳》曰，周襄王出奔于鄭，魯臧文仲曰："天子蒙塵于外。"
〔3〕《説文》曰："勠力，并力也。"《左傳》曰："勠力同心。"音力凋反，又音六。
〔4〕《魏志》曰："疇字子春，[三]右北平無終人。好讀書，善擊劒。劉虞署為從事。太祖北征烏桓，令疇將衆（止）[上]徐無，[四]出盧龍，歷平剛，[五]登白狼堆。去柳城二百餘里，虜乃驚，太祖與戰，大斬獲，論功封疇。疇上疏自陳，太祖令夏侯惇喻之。疇曰：'豈可賣盧龍塞以易賞祿哉？'"

初，公孫瓚知術詐，固止虞遣兵，虞不從，瓚乃陰勸術執和，使奪其兵，自是與瓚仇怨益深。和尋得逃術還北，復為袁紹所留。瓚既累為紹所敗，而猶攻之不已，虞患其黷武，[1]且慮得志不可復制，固不許行，而稍節其稟假。瓚怒，屢違節度，又復侵犯百姓。虞所賚賞典當胡夷，[2]瓚數抄奪之。積不能禁，乃遣驛使奉章陳其暴掠之罪，瓚亦上虞稟糧不周，二奏交馳，互相非毁，朝廷依違而已。瓚乃築京於薊城以備虞。[3]虞數請瓚，輒稱病不應。虞乃密謀討之，以告東曹掾右北平魏攸。攸曰："今天下引領，以公為歸，謀臣爪牙，不可無也。瓚文武才力足恃，雖有小惡，固宜容忍。"虞乃止。

【注】

〔1〕黷猶慢也，數也。《尚書》曰"黷于祭祀"也。

〔2〕當音丁浪反。

〔3〕京，高丘也，言高築丘壘以備虞焉。解見《獻帝紀》。

頃之攸卒，而積忿不已。四年冬，遂自率諸屯兵衆合十萬人以攻瓚。將行，從事代郡程緒免冑而前曰："公孫瓚雖有過惡，而罪名未正。明公不先告曉使得改行，而兵起蕭牆，非國之利。加勝敗難保，不如駐兵，以武臨之，瓚必悔禍謝罪，所謂不戰而服人者也。"虞以緒臨事沮議，遂斬之以徇。戒軍士曰："無傷餘人，殺一伯珪而已。"時州從事公孫紀者，瓚以同姓厚待遇之。紀知虞謀而夜告瓚。瓚時部曲放散在外，倉卒自懼不免，乃掘東城欲走。虞兵不習戰，又愛人廬舍，勑不聽焚燒，急攻圍不下。瓚乃簡募銳士數百人，因風縱火，直衝突之。虞遂大敗，與官屬北奔居庸縣。〔1〕瓚追攻之，三日城陷，遂執虞并妻子還薊，猶使領州文書。會天子遣使者段訓〔六〕增虞封邑，督六州事；拜瓚前將軍，封易侯，假節督幽、并、(司)〔青〕、冀。〔七〕瓚乃誣虞前與袁紹等欲稱尊號，脅訓斬虞於薊市。先坐而呪曰："若虞應為天子者，天當風雨以相救。"時旱熱炎盛，遂斬焉。傳首京師，故吏尾敦於路劫虞首歸葬之。〔2〕瓚乃上訓為幽州刺史。虞以恩厚得衆，懷被北州，百姓流舊，莫不痛惜焉。

【注】

〔1〕居庸縣屬上谷郡，有關。

〔2〕尾敦，姓名。

初，虞以儉素為操，冠敝不改，乃就補其穿。及遇害，瓚兵搜其內，而妻妾服羅紈，盛綺飾，時人以此疑之。和後從袁紹報瓚云。

公孫瓚字伯珪，遼西令支人也。[1]家世二千石。瓚以母賤，遂為郡小吏。為人美姿貌，大音聲，言事辯慧。[2]太守奇其才，以女妻之。[3]後從涿郡盧植學於緱氏山中，略見書傳。舉上計吏。太守劉君坐事檻車徵，官法不聽吏下親近，瓚乃改容服，詐稱侍卒，身執徒養，御車到洛陽。太守當徙日南，瓚具豚酒於北芒上，祭辭先人，酹觴祝曰："昔為人子，今為人臣，當詣日南。日南多瘴氣，恐或不還，便當長辭墳塋。"慷慨悲泣，再拜而去，觀者莫不歎息。既行，於道得赦。

【注】

〔1〕令音力定反。支音巨移反。
〔2〕《典略》曰："瓚性辯慧，每白事，常兼數曹，無有忘誤。"
〔3〕《魏志》曰："侯太守妻之以女。"

瓚還郡，舉孝廉，除遼東屬國長史。嘗從數十騎出行塞下，卒逢鮮卑數百騎。瓚乃退入空亭，約其從者曰："今不奔之，則死盡矣。"乃自持兩刃矛，馳出衝賊，殺傷數十人，瓚左右亦亡其半，遂得免。

中平中，以瓚督烏桓突騎，車騎將軍張溫討涼州賊。[1][八]會烏桓反畔，與賊張純等攻擊薊中，瓚率所領追討純等有功，遷騎都尉。張純復與畔胡丘力居等寇漁陽、河間、勃海，入平原，多所殺略。瓚追擊戰於屬國石門，[2]虜遂大敗，弃妻子踰塞走，悉得其所略男女。瓚深入無繼，反為丘力居等所圍於遼西管子城，二百餘日，糧盡食馬，馬盡煑弩楯，力戰不敵，乃與士卒辭訣，各分散還。時多雨雪，隊阬死者十五六，虜亦飢困，遠走柳城。[九]詔拜瓚降虜校尉，封都亭侯，復兼領屬國長史。職統戎馬，連接邊寇。每聞有警，瓚輒厲色憤怒，如赴讎敵，望塵奔逐，或繼之以夜戰。虜識瓚聲，憚其勇，莫敢抗犯。

【注】

〔1〕賊即邊章等。

〔2〕石門，山名，在今營州柳城縣西南。

　　瓚常與善射之士數十人，〔一〇〕皆乘白馬，以為左右翼，自號"白馬義從"。烏桓更相告語，避白馬長史。乃畫作瓚形，馳騎射之，中者咸稱萬歲。虜自此之後，遂遠竄塞外。

　　瓚志埽滅烏桓，而劉虞欲以恩信招降，由是與虞相忤。初平二年，青、徐黃巾三十萬衆入勃海界，欲與黑山合。瓚率步騎二萬人，逆擊於東光南，大破之，〔1〕斬首三萬餘級。賊弃其車重數萬兩，奔走度河。瓚因其半濟薄之，賊復大破，死者數萬，流血丹水，收得生口七萬餘人，車甲財物不可勝筭，威名大震。拜奮武將軍，封薊侯。

【注】
〔1〕東光，今滄州縣。

　　瓚既諫劉虞遣兵就袁術，而懼術知怨之，乃使從弟越將千餘騎詣術自結。術遣越隨其將孫堅，擊袁紹將周昕，〔一一〕越為流矢所中死。瓚因此怒紹，遂出軍屯槃河，〔一二〕將以報紹。〔1〕乃上疏曰："臣聞皇羲已來，君臣道著，張禮以導人，設刑以禁暴。今車騎將軍袁紹，託承先軌，爵任崇厚，而性本淫亂，情行浮薄。昔為司隸，值國多難，太后承攝，何氏輔朝。〔2〕紹不能舉直措枉，而專為邪媚，招來不軌，疑誤社稷，至令丁原焚燒孟津，〔3〕董卓造為亂始。紹罪一也。卓既無禮，帝主見質。紹不能開設權謀，以濟君父，而弃置節傳，〔4〕迸竄逃亡。忝辱爵命，背違人主，紹罪二也。紹為勃海，當攻董卓，而默選戎馬，不告父兄，至使太傅一門，縶然同斃。不仁不孝，紹罪三也。〔5〕紹既興兵，涉歷二載，不恤國難，廣自封植。乃多引資糧，專為不急，割刻無方，考責百姓，其為痛怨，莫不咨嗟。紹罪四也。逼迫韓馥，竊奪其州，矯刻金玉，以為印璽，每有所下，輒皁囊施檢，文稱詔書。〔6〕昔亡新僭佾，漸以即真。〔7〕觀紹所擬，將必階亂。〔8〕紹罪五也。紹令星工伺望祥妖，〔9〕

賂遺財貨，與共飲食，剋會期日，攻鈔郡縣。此豈大臣所當施為？紹罪六也。紹與故虎牙都尉劉勳，首共造兵，勳降服張楊，累有功効，而以小忿枉加酷害。信用讒慝，濟其無道，紹罪七也。故上谷太守高焉，故甘陵相姚貢，紹以貪恡，〔10〕橫責其錢，錢不備畢，二人并命。紹罪八也。《春秋》之義，子以母貴。〔11〕紹母親為傅婢，地實微賤，據職高重，享福豐隆。有苟進之志，無虛退之心，紹罪九也。又長沙太守孫堅，前領豫州刺史，遂能驅走董卓，埽除陵廟，忠勤王室，其功莫大。紹遣小將盜居其位，斷絕堅糧，不得深入，使董卓久不服誅。紹罪十也。昔姬周政弱，王道陵遲，天子遷徙，諸侯背畔，故齊桓立柯（會）〔亭〕之盟，〔12〕〔一三〕晉文為踐土之會，〔13〕伐荊楚以致菁茅，〔14〕誅曹、衞以章無禮。〔15〕臣雖闒茸，名非先賢，〔16〕蒙被朝恩，負荷重任，職在鈇鉞，奉辭伐罪，〔17〕輒與諸將州郡共討紹等。若大事克捷，罪人斯得，〔18〕庶續桓文忠誠之効。"遂舉兵攻紹，於是冀州諸城悉畔從瓚。

【注】

〔1〕般即《爾雅》九河鉤槃之河也。〔一四〕其枯河在今滄州樂陵縣東南。

〔2〕謂何進也。

〔3〕《續漢書》曰："何進欲誅中常侍趙忠等，進乃詐令武猛都尉丁原放兵數千人，為賊於河內，稱'黑山伯'，上事以誅忠等為辭，燒平陰、河津莫府人舍，以怖動太后。"

〔4〕傅音丁戀反。

〔5〕《左傳》曰："兩釋纍囚。"杜預曰："纍，繫也。"《前書音義》曰："諸不以罪死曰纍。"斃，踣也。董卓恨紹起兵山東，乃誅紹叔父太傅隗，及宗族在京師者，盡誅滅之。

〔6〕《漢官儀》曰："凡章表皆啓封，其言密事得皁囊。"《説文》曰："檢，書署也。"今俗謂之排，其字從"木"。

〔7〕亡新，王莽。

〔8〕階，梯也。《詩》曰："職為亂階。"

〔9〕星工，善星者。

〔10〕惏音力含反。

〔11〕《公羊傳》曰"桓公幼而貴，隱公長而卑，子以母貴，母以子貴"也。

〔12〕《春秋》："公會齊侯盟于柯。"《公羊傳》曰："齊桓公之信著于天下，自柯之盟始也。"

〔13〕踐土，鄭地也。《左傳》，周襄王出居於鄭，晉文公重耳為踐土之會，率諸侯朝天子，以成霸功。

〔14〕菁茅，靈茅，以供祭祀也。《左傳》曰僖四年，齊桓伐楚，責之曰："爾貢苞茅不入，王祭不供，無以縮酒，寡人是徵。"

〔15〕《左傳》僖二十八年，晉侯伐曹，假道于衛，衛人不許，還自河南濟，侵曹伐衛，責其無禮也。

〔16〕闟猶下也。茸，細也。闟音吐盍反。茸音人勇反。

〔17〕釱音方于反。莖，刃也。鏚，斧也。

〔18〕《尚書》："周公東征，三年，罪人斯得。"

紹懼，乃以所佩勃海太守印綬授瓚從弟範，遣之郡，欲以相結。而範遂背紹，領勃海兵以助瓚。瓚乃自署其將帥為青、冀、兗三州刺史，又悉置郡縣守令，與紹大戰於界橋。〔1〕瓚軍敗還薊。紹遣將崔巨業將兵數萬攻圍故安不下，退軍南還。瓚將步騎三萬人追擊於巨馬水，〔2〕大破其眾，死者七八千〔人〕。〔一五〕乘勝而南，攻下郡縣，遂至平原，乃遣其青州刺史田楷〔一六〕據有齊地。紹復遣兵數萬與楷連戰二年，糧食並盡，士卒疲困，互掠百姓，野無青草。〔3〕紹乃遣子譚為青州刺史，楷與戰，敗退還。

【注】

〔1〕橋名。解見《獻帝紀》。

〔2〕水在幽州歸義縣界，自易州遒縣界流入。

〔3〕《左傳》齊侯伐魯，語展喜曰："室如懸罄，野無青草，何恃而不恐？"

是歲，瓚破禽劉虞，盡有幽州之地，猛志益盛。前此有童謠曰："燕南垂，趙北際，中央不合大如礪，唯有此中可避世。"瓚自以為易地當之，遂徙鎮焉。[1]乃盛修營壘，樓觀數十，臨易河，通遼海。

【注】
〔1〕《前書》易縣屬涿郡，《續漢志》曰屬河間。瓚所居易京故城在今幽州歸義縣南十八里。

劉虞從事漁陽鮮于輔等，合率州兵，欲共報瓚。輔以燕國閻柔素有恩信，推為烏桓司馬。柔招誘胡漢數萬人，與瓚所置漁陽太守鄒丹戰于潞北，斬丹等四千餘級。烏桓峭王感虞恩德，率種人及鮮卑七千餘騎，共輔南迎虞子和，與袁紹將麴義合兵十萬，共攻瓚。興平二年，破瓚於鮑丘，[1]斬首二萬餘級。瓚遂保易京，開置屯田，稍得自支。相持歲餘，麴義軍糧盡，士卒飢困，餘衆數千人退走。瓚徼破之，盡得其車重。

【注】
〔1〕鮑丘，水名也，又名路水，在今幽州漁陽縣。

是時旱蝗穀貴，民相食。瓚恃其才力，不恤百姓，記過忘善，睚眥必報，州里善士名在其右者，必以法害之。常言"衣冠皆自以職分富貴，不謝人惠"。故所寵愛，類多商販庸兒。所在侵暴，百姓怨之。於是代郡、廣陽、上谷、右北平各殺瓚所置長吏，復與輔、和兵合。瓚慮有非常，乃居於高京，以鐵為門。斥去左右，男人七歲以上不得入易門。專侍姬妾，其文簿書記皆汲而上之。令婦人習為大言聲，使聞數百步，以傳宣教令。疏遠賓客，無所親信，故謀臣猛將，稍有乖散。自此之後，希復攻戰。或問其故。瓚曰："我昔驅畔胡於塞表，埽黃巾於孟津,當此之時,謂天下指麾可定。[1]至於今日,兵革方始,觀此非我所決,不如休兵力耕,以救凶年。兵法百樓不攻。今吾諸營樓櫓千里,[2]積穀三百萬斛,食此足以待天下之變。"

【注】
[1]《九州春秋》曰:"瓚曰:'始天下兵起,我謂唾掌而決。'"[一七]
[2]"樐"即"櫓"字,見《說文》。《釋名》曰:"櫓,露也。上無覆屋。"

建安三年,袁紹復大攻瓚。瓚遣子續請救於黑山諸帥,而欲自將突騎直出,傍西山以斷紹後。長史關靖諫曰:"今將軍將士,莫不懷瓦解之心,所以猶能相守者,顧戀其老小,而恃將軍為主故耳。堅守曠日,或可使紹自退。若舍之而出,後無鎮重,易京之危,可立待也。"瓚乃止。紹漸相攻逼,瓚眾日蹙,乃却,築三重營以自固。
四年春,黑山賊帥張燕與續率兵十萬,三道來救瓚。未及至,瓚乃密使行人齎書告續曰:"昔周末喪亂,僵屍蔽地,以意而推,猶為否也。不圖今日親當其鋒。袁氏之攻,狀若鬼神,梯衝舞吾樓上,鼓角鳴於地中,日窮月急,不遑啓處。鳥尾歸人,滀水陵高,[1]汝當碎首於張燕,馳驟以告急。父子天性,不言而動。[2]且屬五千鐵騎於北隰之中,[3]起火為應,吾當自內出,奮揚威武,決命於斯。不然,吾亡之後,天下雖廣,不容汝足矣。"紹候得其書,[4]如期舉火,瓚以為救至,遂便出戰。紹設伏,瓚遂大敗,復還保中小城。自計必無全,乃悉縊其姊妹妻子,然後引火自焚。紹兵趣登臺斬之。

【注】
[1]滀音丑六反,喻急也。
[2]言相感也。
[3]下溼曰隰。
[4]《獻帝春秋》"候者得書,紹使陳琳易其詞",即此書。

關靖見瓚敗,歎恨曰:"前若不止將軍自行,未必不濟。吾聞君子陷人於危,必同其難,豈可以獨生乎!"乃策馬赴紹軍而死。續為屠各所殺。[1]田楷與袁紹戰死。

【注】
[1]屠各,胡號。

鮮于輔將其眾歸曹操,操以輔為度遼將軍,封都亭侯。閻柔將部曲從曹操擊烏桓,拜護烏桓校尉,封關內侯。

張燕既為紹所敗,人眾稍散。曹操將定冀州,乃率眾詣鄴降,拜平北將軍,封安國亭侯。

論曰:自帝室王公之胄,皆生長脂腴,不知稼穡,其能屬行飭身,卓然不群者,或未聞焉。[1]劉虞守道慕名,以忠厚自牧。[2]美哉乎,季漢之名宗子也!若虞瓚無間,同情共力,糾人完聚,稱保燕、薊之饒,[3][一八]繕兵昭武,[4]以臨群雄之隙,舍諸天運,[一九]徵乎人文,則古之休烈,何遠之有![5]

【注】
[1]《前書》班固曰:"夫唯大雅,卓爾不群者,河閒獻王之謂與?"故論引焉。
[2]牧,養也。《易》曰:"卑以自牧。"
[3]糾,收也。
[4]繕,修也。《左傳》曰:"繕甲兵。"
[5]天運猶天命也。人文猶人事也。《易》曰"觀乎人文,以化成天下"。

陶謙字恭祖,丹陽人也。[1]少為諸生,仕州郡,[2]四遷為車騎將軍張溫司馬，〔二〇〕西討邊章。會徐州黃巾起，以謙為徐州刺史，擊黃巾，大破走之，境内晏然。

【注】
〔1〕丹陽郡丹陽縣人也。《吳書》曰：「陶謙父，故餘姚長。謙少孤，始以不羈聞於縣中。年十四，猶綴帛為幡，乘竹馬而戲，邑中兒童皆隨之。故倉梧太守同縣甘公出遇之，見其容貌，異而呼之，與語甚悦，許妻以女。甘夫人怒曰：『陶家兒遨戲無度，於何以女許之？』甘公曰：『彼有奇表，長必大成。』遂與之。」
〔2〕《吳書》曰：「陶謙察孝廉，拜尚書郎，除舒令。郡太守張磐，同郡先輩，與謙父友，謙恥為之屈。嘗［以］舞屬謙，〔二一〕謙不為起，固強之乃舞，舞又不轉。磐曰：『不當轉邪？』曰：『不可轉，轉則勝人。』」

時董卓雖誅，而李傕、郭汜作亂關中。是時四方斷絕，謙每遣使間行，奉貢西京。詔遷為徐州牧，加安東將軍，封溧陽侯。[1]是時徐方百姓殷盛，穀實甚豐，流民多歸之。而謙信用非所，刑政不理。别駕從事趙昱，知名士也，而以忠直見疎，出為廣陵太守。[2]曹宏等讒慝小人，謙甚親任之，良善多被其害。由斯漸亂。下邳（闔）［闕］宣自稱「天子」，〔二二〕謙始與合從，後遂殺之而并其衆。

【注】
〔1〕溧陽今宣州縣也。溧音栗。
〔2〕謝承《書》曰：「謙奏昱茂才，遷為太守。」

初，曹操父嵩避難琅邪，時謙别將守陰平，[1]士卒利嵩財寶，遂襲殺之。初平四年，曹操擊謙，破彭城傅陽。[2]謙退保郯，〔二三〕操攻之不能克，乃還。過拔取慮、睢陵、夏丘，皆屠之。[3]凡殺男女數十萬人，雞犬無餘，泗水為之不流，自是五縣城保，無復行迹。初三輔遭李傕

亂，百姓流移依謙者皆殲。〔4〕

【注】
〔1〕縣名，屬東海國，故城在沂州承縣西南。
〔2〕縣名，屬彭城國，本春秋時偪陽也。楚宣王滅宋，改曰傅陽，故城在今沂州承縣南。
〔3〕取慮音秋閭，縣名，屬下邳郡，故城在今泗州下邳縣西南。睢陵，縣，在下邳縣東南。夏丘，縣，屬沛郡，故城今泗州虹縣是。
〔4〕殲、盡也。《左傳》曰："門官殲焉。"

興平元年，曹操復擊謙，略定琅邪、東海諸縣，謙懼不免，欲走歸丹陽。會張邈迎呂布據兗州，操還擊布。是歲，謙病死。

初，同郡人笮融，〔1〕聚衆數百，往依於謙，謙使督廣陵、下邳、彭城運糧。遂斷三郡委輸，大起浮屠寺。〔2〕上累金盤，下為重樓，又堂閣周回，可容三千許人，作黄金塗像，衣以錦綵。每浴佛，輒多設飲飯，布席於路，其有就食及觀者且萬餘人。〔3〕及曹操擊謙，徐方不安，融乃將男女萬口、馬三千匹走廣陵。廣陵太守趙昱待以賓禮。融利廣陵資貨，遂乘酒酣殺昱，放兵大掠，因以過江，南奔豫章，殺郡守朱皓，〔二四〕入據其城。後為楊州刺史劉繇所破，走入山中，為人所殺。

【注】
〔1〕笮音側格反。
〔2〕浮屠，佛也。解見《西羌傳》。
〔3〕《獻帝春秋》曰："融敷席方四五里，費以巨萬。"

昱字元達，琅邪人。清己疾惡，潛志好學，雖親友希得見之。為人耳不邪聽，目不妄視。太僕种拂舉為方正。

贊曰：襄賁勵德，維城燕北。[1]仁能洽下，忠以衛國。伯珪疎獷，武才趫猛。[2]虞好無終，紹執難並。徐方殲耗，實謙為梗。

【注】
〔1〕勵，勉也。
〔2〕趫音去驕反。

【校勘記】
〔一〕東海（王）恭［王］之後　《刊誤》謂"王恭"當作"恭王"。按：《魏志·公孫瓚傳》裴注引《吳書》亦作"東海恭王"，今據改。
〔二〕前中山相張純　《集解》引錢大昕説，謂《南匈奴》《烏桓傳》俱作"前中山太守"。按：張森楷《校勘記》謂中山是國，兩漢初未為郡，不應有太守，作"相"是也，兩傳自誤耳。
〔三〕疇字子春　按：《魏志》"春"作"泰"，袁《紀》同。
〔四〕令疇將眾（止）［上］徐無　據殿本改。按：王先謙謂作"上"是。
〔五〕歷平剛　按：《魏志》"剛"作"岡"。
〔六〕使者段訓　"段"原譌"叚"，逕改正。按：《校補》引柳從辰説，謂袁《紀》"段"作"殷"。
〔七〕假節督幽并（司）［青］冀　據汲本、殿本改。
〔八〕以瓚督烏桓突騎車騎將軍張溫討涼州賊　按：沈家本謂"突騎"下疑有奪字，或是"從"字，或是"屬"字。
〔九〕遠走柳城　按：《刊誤》謂"遠"當作"還"。
〔一〇〕善射之士數十人　按：《集解》引惠棟説，謂依《英雄記》"十"當作"千"，數十人安能為左右翼也？
〔一一〕擊袁紹將周昕　按：殿本《考證》謂"昕"《魏志》作"昂"。
〔一二〕遂出軍屯槃河　《魏志》"槃"作"磐"。按：槃磐通作。
〔一三〕故齊桓立柯（會）［亭］之盟　《集解》引錢大昕説，謂"會"當作"亭"。按：《魏志》裴注引《典略》作"亭"，今據改。

〔一四〕般即爾雅九河鉤槃之河也　汲本、殿本"槃"作"般"。按：般、槃、磐三字通作。趙一清謂磐河即般河，《水經·河水注》所謂"東入般縣為般河"也。

〔一五〕死者七八千〔人〕　據汲本、殿本補。

〔一六〕乃遣其青州刺史田揩　按：《校補》謂"揩"《魏志》作"楷"，《通鑑》從之。

〔一七〕我謂唾掌而決　按：汲本、殿本"掌"作"手"。

〔一八〕糾人完聚稸保燕薊之饒　《刊誤》謂"人"下當有一"衆"字。《集解》引周壽昌說，謂以"糾人完聚"為句，"稸"字屬下讀亦可，稸即畜字。《校補》謂"人"下蓋本有"民"字，乃"糾人民"句，"完聚稸"句，"保燕、薊之饒"句，唐本避諱，省去"民"字，遂乖文法耳。按：諸說皆言之成理，今依周說，以"稸"字屬下讀為句。

〔一九〕舍諸天運　按：殿本《考證》王會汾謂案文義"舍"當作"合"。

〔二〇〕為車騎將軍張溫司馬　按：《集解》引惠棟說，謂《魏志》云參車騎將軍張溫軍事也。

〔二一〕嘗〔以〕舞屬謙　沈家本謂"嘗"下奪"以"字，當據《魏志》注補。今據補。

〔二二〕下邳（闍）〔闕〕宣自稱天子　《刊誤》謂案紀作"闕宣"，仍云闕黨童子之後，此作"闍"，誤。又《集解》引惠棟說，謂《魏志》作"闕"。今據改。

〔二三〕謙退保郯　按："郯"原譌"剡"，逕據汲本、殿本改正。

〔二四〕殺郡守朱皓　按：《集解》本"皓"作"晧"，引惠棟說，謂晧字文淵，見《獻帝春秋》，俗作"皓"。